Alles klar?

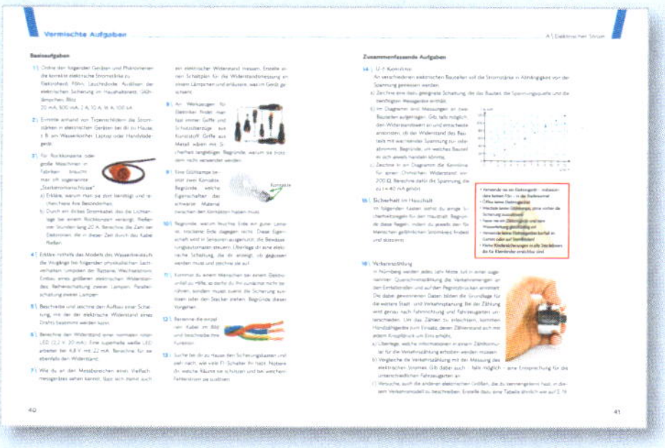

Vermischte Aufgaben

Hier findest du zum Ende des Kapitels nochmal einige umfangreiche Aufgaben, die teilweise materialbasiert sind. Die „Basisaufgaben" auf der ersten Seite sind etwas kürzer gehalten und befassen sich immer mit einem einzelnen Thema. Die „Zusammenfassenden Aufgaben" können alle Themen des Kapitels aufgreifen und miteinander vernetzen. Sie helfen dir also dabei, das im Kapitel Gelernte nochmal zu vertiefen und bereiten dich dadurch gut auf den im Anschluss folgenden Selbsttest vor.

Ziel erreicht?

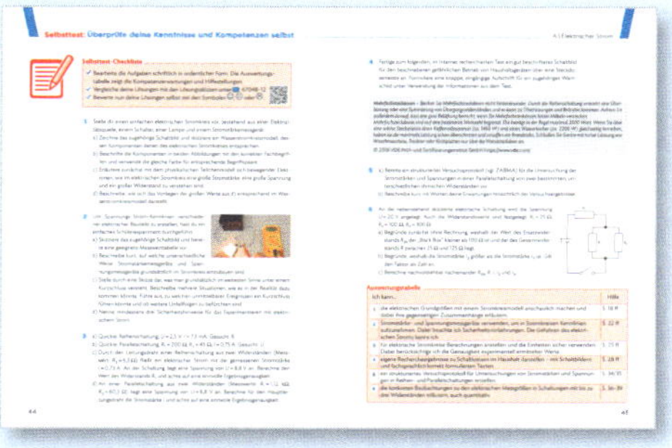

Selbsttest

Die Seiten helfen dir dabei festzustellen, ob du die neuen Inhalte des Kapitels verstanden hast. Es gibt zu jedem Kompetenzbereich Aufgaben, die du lösen und mit den bereitgestellten Lösungen abgleichen kannst. Du kannst deine Leistung dabei selbst bewerten. Schneidest du in einem Bereich nicht so gut ab, bekommst du im Auswertungskasten Informationen, wo du noch einmal nachlesen solltest.

Das weiß ich – das kann ich

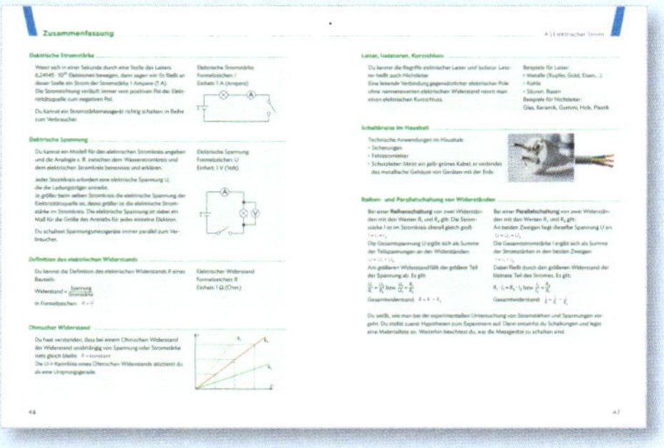

Zusammenfassung

Die wichtigsten Inhalte und Kompetenzen, die du zum jeweiligen Thema gelernt hast, werden auf diesen Seiten kompakt zusammengefasst. Damit kannst du dich gut auf eine Klassenarbeit vorbereiten.

Bildlich gesprochen: Erklärung der Symbole

V Versuch, den du selbst durchführen kannst.

! Warnsymbol; befolge unbedingt den angegebenen Hinweis!

i Information; hier werden dir zusätzliche Informationen geliefert.

1 \ Basisaufgaben

2 \ Fortgeschrittene Aufgaben; zu diesen Aufgaben findest du bis zu drei + Lösungshinweise auf den angegebenen Seiten im Anhang.

1* \ Aufgaben, die über den Lehrplan hinaus gehen.

MC Mediencode; die angegebene Nummer kannst du unter www.ccbuchner.de im Suchfeld eingeben (z. B. Eingabe „67048-09") und gelangst so zu weiteren Materialien.

8 Physik

Herausgegeben von
Rainer Dietrich, Robert Jäger und Rüdiger Janner

Bearbeitet von
Rainer Dietrich
Christian Fauser
Stephan Feuerpfeil
Robert Jäger
Rüdiger Janner
Wolfgang Kellner
Eva-Maria Meyer
Wolfgang Riffelmacher
Martin Schalk
Ruprecht Steinhübl
Christine Waltner

C.C.Buchner

Physik 8

Gymnasium Bayern
Herausgegeben von Rainer Dietrich, Robert Jäger und Rüdiger Janner

Bearbeitet von Rainer Dietrich, Christian Fauser, Stephan Feuerpfeil, Robert Jäger, Rüdiger Janner, Wolfgang Kellner, Eva-Maria Meyer, Wolfgang Riffelmacher, Martin Schalk, Ruprecht Steinhübl und Christine Waltner unter Mitarbeit der Verlagsredaktion

Zu diesem Lehrwerk sind erhältlich:
· Digitales Lehrermaterial: **click & teach** Einzellizenz, Bestell-Nr. 670581
· Digitales Lehrermaterial: **click & teach** Box (Karte mit Freischaltcode), ISBN 978-3-661-67058-4
Weitere Materialien finden Sie unter www.ccbuchner.de.

Dieser Titel ist auch als digitale Ausgabe **click & study** unter www.ccbuchner.de erhältlich.

Dieses Werk folgt der reformierten Rechtschreibung und Zeichensetzung. Ausnahmen bilden Texte, bei denen künstlerische, philologische oder lizenzrechtliche Gründe einer Änderung entgegenstehen.

Die Mediencodes enthalten zusätzliche Unterrichtsmaterialien, die der Verlag in eigener Verantwortung zur Verfügung stellt.

Bitte beachten: An keiner Stelle im Schülerbuch dürfen Eintragungen vorgenommen werden.
Dies gilt besonders für die Leerstellen in Aufgaben und Tabellen.

1. Auflage, 1. Druck 2020
Alle Drucke dieser Auflage sind, weil untereinander unverändert, nebeneinander benutzbar.

Redaktion: Frederik Töpfer
Illustrationen: Stelzner Illustration & Grafikdesign, Frankfurt
Artegraph GbR, Rainer Götze, Berlin
Christian Mentzel, mentzel-illustration.com, Wiesbaden
newVISION! GmbH, Pattensen
Umschlag: Wildner + Designer GmbH, Fürth
Layout, Satz, Druck und Bindung: mgo360 GmbH & Co. KG, Bamberg

www.ccbuchner.de

ISBN: 978-3-661-**67048**-5

Inhalt

Inhalt

Inhalt

Verhalten in Fachräumen der Physik

1. Fachräume dürfen nur bei Anwesenheit einer Lehrkraft betreten werden.

2. In Fachräumen darf weder gegessen noch getrunken werden.

3. Schultaschen und Jacken sind so abzulegen, dass niemand darüber stolpert bzw. genügend Platz zum Vorbeigehen ist.

4. Geräte und Versuchsaufbauten (z. B. am Experimentiertisch vorne) dürfen ohne Erlaubnis der Lehrkraft keinesfalls berührt werden, auch wenn die Situation völlig ungefährlich erscheint.

5. Die elektrische Energie- und Gasversorgung darf eigenmächtig nicht bedient werden.

6. Beschädigte Steckdosen, Stecker, Geräte oder Kabel sowie offene Gashähne, Gasgeruch oder andere Gefahrenstellen sind sofort der Lehrerin oder dem Lehrer zu melden.

7. Im Gefahrenfall einen Not-Aus-Schalter betätigen; Standorte und die Bedienung von Not-Aus-Schaltern sind bekannt.

8. Wer anderen im Gefahrenfall hilft, achtet auf seine eigene Sicherheit.

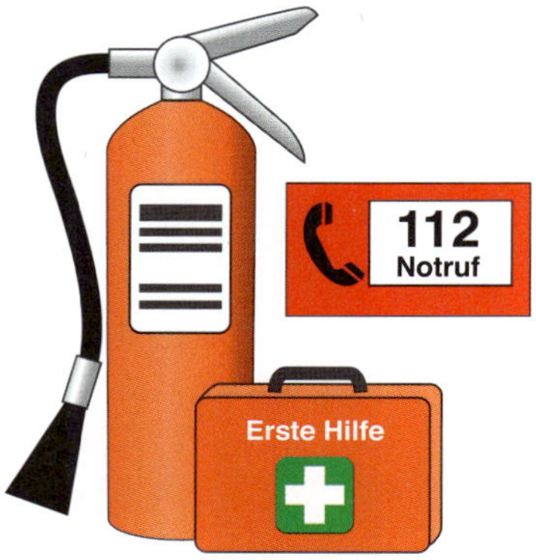

9. Die Standorte ...
   der Feuerlöscheinrichtungen,
   des Erste-Hilfe-Materials und
   des nächsten Telefons (im Notfall ggf. auch Handy nutzen) sind bekannt.
   Notrufnummern 112 (integrierte Leitstelle) oder 110 (Polizei)
   (beim Schultelefon muss erst 0 gewählt werden und dann 112 bzw. 110).

10. Bei einem Feueralarm sind die Verhaltensregeln zu beachten; der Fluchtweg ist bekannt.

Verhalten beim Experimentieren

1. Beim Experimentieren dürfen Mappen und Kleidungsstücke nicht auf dem Experimentiertisch abgelegt werden. Es ist darauf zu achten, dass es keine Stolperfallen (z. B. Schultaschen) gibt und genügend Platz zum Arbeiten ist.

2. Die Schülerinnen und Schüler befolgen die Arbeitsanweisungen der Lehrkraft gewissenhaft. Versuchsanleitungen sind sorgfältig zu lesen. Bei Unklarheiten fragen die Schülerinnen und Schüler die Lehrkraft.

3. Die von der Lehrkraft angeordneten Schutzmaßnahmen sind zu befolgen (u. a. bei offenen Flammen, erwärmten Flüssigkeiten oder bei elektrischer Gefährdung), um sich selbst und andere Personen nicht zu gefährden.

4. Beschädigte Steckdosen, Stecker, Geräte oder Kabel sowie offene Gashähne, Gasgeruch oder andere Gefahrenstellen sind sofort der Lehrerin oder dem Lehrer zu melden. Geräte sind sorgfältig zu handhaben.

5. Ohne die Erlaubnis der Lehrkraft (ggf. Lehrkraft zum eigenen Experimentierplatz holen und um Kontrolle des Aufbaus bitten)
   - dürfen keine Geräte eingeschaltet werden,
   - darf die Arbeit mit den Versuchsmaterialien nicht begonnen werden.

6. Eigenmächtig „mal etwas ausprobieren“ ist ohne Erlaubnis der Lehrerin oder des Lehrers untersagt.

7. Im Gefahrenfall oder bei einem Unfall ist sofort die Lehrkraft zu rufen.

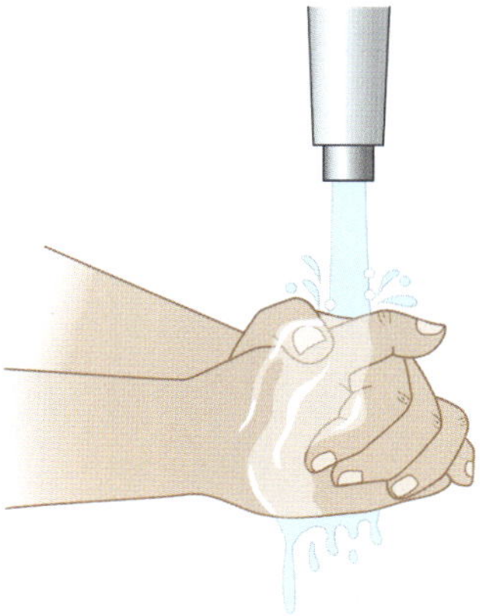

8. Nach Beendigung des Versuchs
   - wird dieser ordnungsgemäß abgebaut (z. B. Elektroschalter ausschalten),
   - werden Versuchsmaterialien an ihren Platz zurückgebracht,
   - wird der Arbeitsplatz falls nötig gesäubert; ggf. auch die Hände gewaschen.

9. Aus Sicherheitsgründen dürfen Experimente, die in der Schule gezeigt oder unter Aufsicht der Lehrkraft von Schülerinnen und Schülern durchgeführt wurden, nicht gedankenlos oder leichtsinnig zu Hause wiederholt werden. Bei Heimexperimenten ist auch auf Sicherheit zu achten.

A \ Elektrischer Strom

Du kannst in diesem Kapitel entdecken, ...

- was elektrischer Strom ist und wie du diesen messen kannst.
- wie ein Modell für den elektrischen Stromkreis aussieht und welche Rolle die elektrische Spannung dabei spielt.
- was ein Ohmscher Widerstand ist und was Isolatoren sind.
- wie Schaltkreise im Haushalt aufgebaut sind und welche Sicherheitsaspekte dabei zu beachten sind.
- wie Parallel- und Reihenschaltungen aufgebaut sind und wie sich Spannung und Stromstärke bei mehr als einem Widerstand verhalten.

1 Elektrische Stromstärke

2 Elektrische Spannung

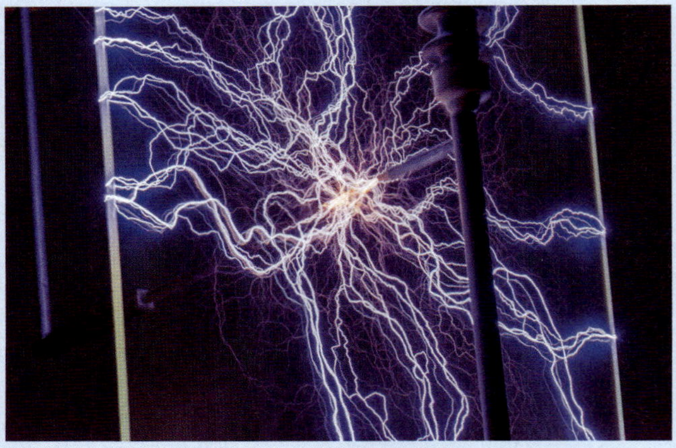

3 Elektrischer Widerstand

4 Schaltkreise im Haushalt

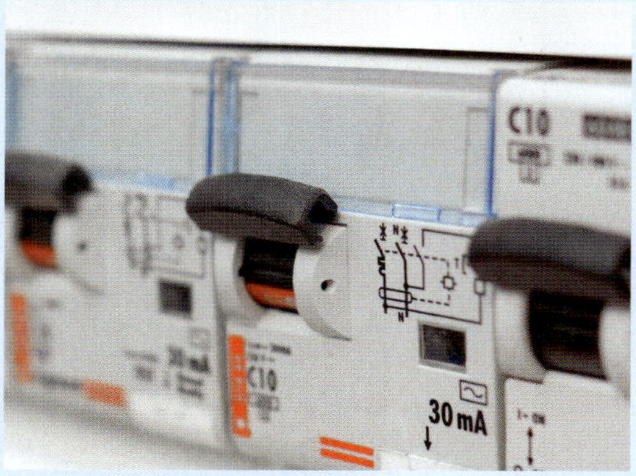

5 Parallel- und Reihenschaltung

1 Elektrische Stromstärke

Versuche und Materialien zu Kapitel 1.1

M1 Verschiedene „Ströme“

Autos auf einer Straße, Menschen bei einem Marathonlauf, Sand, der durch eine Sanduhr rieselt – überall „fließt“ etwas.
Auch wenn es sich auf den ersten Blick um Situationen aus völlig unterschiedlichen Bereichen handelt, lassen sie sich doch mit einem gemeinsamen Begriff beschreiben. Man spricht hier von Strömen, beispielsweise von einem Verkehrsstrom oder einem Menschenstrom.

Arbeitsauftrag

a) Halte Gemeinsamkeiten zwischen den abgebildeten Situationen in einer Tabelle fest.
b) Überlegt euch in Partnerarbeit, ob sich diese Gemeinsamkeiten auch auf den elektrischen Strom übertragen lassen.
c) Suche weitere Beispiele für Ströme und verfahre ebenso.

M2 Räumung des Schulhauses – Ein Modell für den elektrischen Strom

Bei einem elektrischen Stromkreis sind Elektronen in Bewegung. Um uns eine bessere Vorstellung davon machen zu können, wollen wir ein einfaches Modell verwenden. In dieser Modellvorstellung vergleichen wir die Elektronen mit dem Verhalten von Schülerinnen und Schülern bei Schulschluss:
Wenn die Schule zu Ende ist, gehen alle Schülerinnen und Schüler nach Hause. Dabei müssen die meisten durch den Haupteingang laufen. Stelle dir vor, du beobachtest den Haupteingang in verschiedenen Situationen.

Arbeitsauftrag

a) Schätze, wie lange es am Freitag nach Schulschluss dauert, bis die meisten Schülerinnen und Schüler dein Schulgebäude verlassen haben.
b) Bei Feueralarm gibt es eine Vorgabe, dass ein Schulgebäude innerhalb von 2 Minuten zu räumen ist. Erkläre Gemeinsamkeiten und Unterschiede zur Situation aus a).
c) Überlege dir mithilfe der Modellvorstellung, welchen Zusammenhang du zwischen der Stärke des elektrischen Stroms und der Anzahl der Elektronen herstellen kannst.

M3 Die Gefahren von Strom

Die Nerven in unserem Körper arbeiten mithilfe von sehr schwachen elektrischen Strömen. Daher kann es für unsere Gesundheit sehr gefährlich sein, wenn Strom durch den Körper fließt. Die Gefahr ist umso größer, je stärker der fließende Strom ist und je länger dieser Strom fließt. Das Diagramm stellt den Zusammenhang zwischen diesen beiden Größen dar.

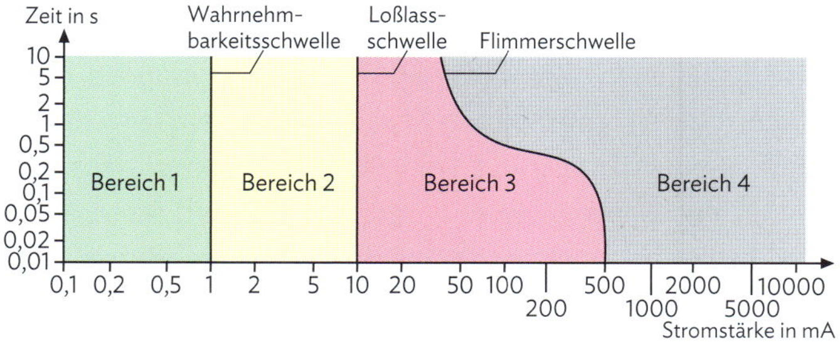

In waagrechter Richtung wird die Stromstärke in Milliampere (mA) angezeigt, in senkrechter Richtung die Zeit in Sekunden (s), in der der Strom durch den Körper fließt. Die „Stromstärke" ist ein Maß dafür, wie groß der elektrische Strom ist.

Bereich 1: Ströme, die wir nicht bemerken
Bereich 2: Kribbeln in Fingern, Füßen und Gelenken
Bereich 3: Ströme führen zu Muskelkrämpfen
Bereich 4: Ströme sind tödlich; Herzmuskel kann nicht arbeiten

Arbeitsauftrag

a) Erkläre, was der Begriff „Wahrnehmbarkeitsschwelle" bedeutet. Begründe, dass sie senkrecht verläuft.
b) Entnimm dem Diagramm die Auswirkungen eines Stroms, der 0,1 s durch den Körper fließt und der eine Stromstärke von 200 mA besitzt.
c) Begründe, dass die „Loslassschwelle" von links oben nach rechts unten verläuft.
d) Begründe, dass eine Stromstärke von 1000 mA = 1 A lebensgefährlich ist.
e) Erläutere, dass die Linie, die Bereich 3 von Bereich 4 trennt, „Flimmerschwelle" genannt wird.

M4 Messen der „Wasserstromstärke"

Die Vorgänge in einem elektrischen Stromkreis lassen sich sehr gut mithilfe eines Wasserstromkreises veranschaulichen. So ist beispielsweise das Wasservolumen, das in einer bestimmten Zeiteinheit durch ein Wasserrohr fließt, ein Modell für die elektrische Stromstärke. Diese „Wasserstromstärke" wird in der Technik „Wasserdurchfluss" genannt und beispielsweise in der Einheit $\frac{l}{min}$ angegeben.
Das Bild zeigt einen typischen Wasserzähler im Keller eines Hauses. Die vier roten Zeiger geben das fließende Wasservolumen (von links nach rechts) in den Größen 0,1 Liter, 1 Liter, 10 Liter und 100 Liter an. In der oberen Anzeige kann man das gesamte Wasservolumen in m^3 ablesen, das seit dem Einbau des Wasserzählers durch das Wasserrohr geflossen ist.

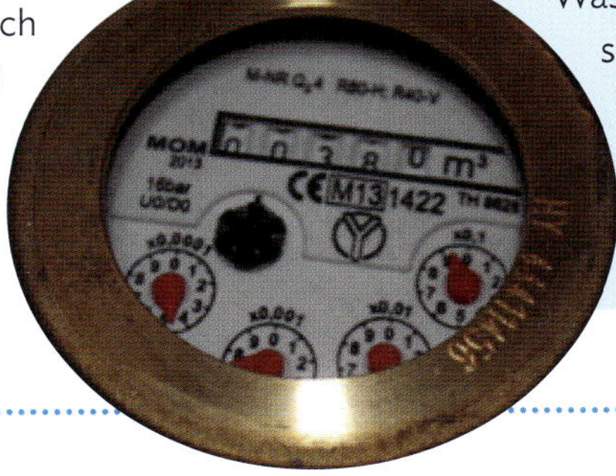

Arbeitsauftrag

v Mache dich mit der Anzeige des Wasserzählers in deinem Haus bzw. in deiner Wohnung vertraut.
Beobachte den Wasserdurchfluss bei verschiedenen Aktivitäten, z. B. Duschen, Geschirrspülmaschine, offener Wasserhahn ... Miss jeweils das Wasservolumen in Litern sowie die Zeit in Minuten und bestimme damit den Wasserdurchfluss in $\frac{l}{min}$.

Elektrische Größen

Elektrischer Strom kann für den Menschen sehr gefährlich werden: Sicher kennst du die Warnschilder mit der Aufschrift „Starkstrom". Andererseits ist aber der Strom, den eine Taschenlampenbatterie fließen lässt, ungefährlich. Um verschiedene Ströme miteinander vergleichen zu können, benötigt man eine Größe, die die Stärke des Stromes angibt.
In der 7. Klasse ist dir schon die Dichte als physikalische Größe begegnet. Dort hast du bereits gelernt: Erst nachdem man eine Größe genau festgelegt hat, kann man eine Messung durchführen.
Auch für die Stärke von Strom wurde eine neue Größe erfunden, die dann einfach Stromstärke (Formelzeichen: I) genannt wurde. Weil jeder Strom durch die Bewegung von Ladungen entsteht, ist es sinnvoll, diese Bewegung zu benutzen, um festzulegen, wie groß die Stromstärke ist: Stelle dir vor, jemand beobachtet eine bestimmte Stelle in einem Metalldraht und zählt, wie viele Elektronen in einer gewissen Zeit an dieser Stelle vorbeikommen (vgl. B1). Wenn kein Strom fließt, ist diese Zahl 0. Nimmt die Stromstärke zu, dann nimmt auch die Anzahl der durchfließenden Elektronen zu.
Könnte man tatsächlich die Elektronen zählen, dann würde man feststellen, dass bei gewöhnlichen Stromstärken diese Anzahlen riesig groß wären. Daher hat man eine vereinfachte Einheit für die Stromstärke erfunden.

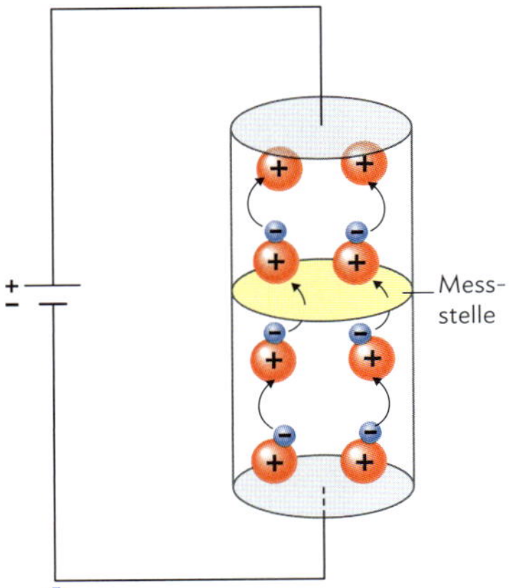

B1 Die Stromstärke ist um so größer, je mehr Elektronen die Messstelle in der Sekunde passieren.

Wenn sich in einer Sekunde durch eine Stelle des Leiters $6{,}24151 \cdot 10^{18}$ Elektronen bewegen, dann sagen wir: Es fließt an dieser Stelle ein Strom I mit der Stromstärke 1 Ampere (1 A).
Wenn sich im Stromkreis andere Ladungsträger bewegen, z. B. Ionen, dann muss bei 1 A deren Ladungsmenge genau so groß sein wie die der genannten Anzahl von Elektronen.

i Die Ladungsmenge von Elektronen konnte man erst lange nach Einführung der Einheit Ampere messen. Daher dieser etwas seltsame Wert.

i Die Einheit wurde nach dem Physiker André-Marie Ampère (1775-1836) benannt.

Es gibt viele Anwendungen, bei denen neben der Stromstärke auch die Richtung entscheidend ist, in der die Ladungen fließen. Als einheitliche Sprechweise wurde vereinbart:

Die Stromrichtung verläuft immer vom positiven Pol der Elektrizitätsquelle zum negativen Pol.

i In B1 ist die Stromrichtung also entgegen der Bewegung der Elektronen gerichtet.

Hier siehst du Beispiele für verschiedene Stromstärken:

spürbare Stromstärke	ab $0{,}001\,A = \frac{1}{1000}\,A = 1\,mA$
schmerzhafte Verkrampfungen	ab 0,01 A = 10 mA
LED-Strahler	ca. 1 A
Straßenbahntriebwagen	bis 600 A = 0,6 kA
Blitz	ca. 100 000 A = 100 kA = 0,1 MA

i Vorsilben erleichtern die Angabe von sehr kleinen und sehr großen Maßangaben:
$1\,\mu A = \frac{1}{1\,000\,000}\,A$
$1\,mA = \frac{1}{1000}\,A$
1 kA = 1000 A
1 MA = 1000 000 A

Stromstärkemessgeräte

Um die Stromstärke messen zu können, verwendet man Stromstärkemessgeräte. Diese zählen nicht in Wirklichkeit Elektronen. Stattdessen wird eine Wirkung des Stroms, der gemessen werden soll, festgestellt. Wir sprechen von einer indirekten Messung.

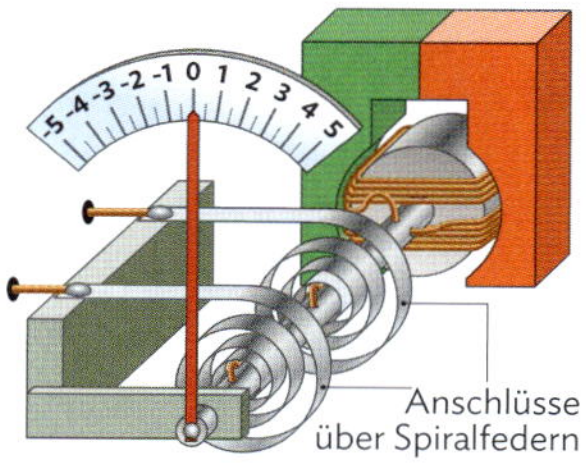

B2 \ Drehspulinstrument.

Das Drehspulinstrument nutzt beispielsweise die Magnetwirkung des Stroms aus (vgl. B2): Der Strom, der gemessen werden soll, fließt durch eine kleine Spule, die sich zwischen zwei Magnetpolen befindet. Durch die Magnetwirkung des Stroms entstehen Kräfte, die die Spule umso stärker drehen, je größer die Stromstärke ist.

Stromstärkemessgeräte werden direkt in den Stromkreis eingebaut, so dass alle Elektronen hindurchfließen müssen (vgl. B3).

i In der 7. Klasse hast du bereits verschiedene Wirkungen des elektrischen Stroms kennengelernt:
- Magnetwirkung
- Leuchtwirkung
- Wärmewirkung

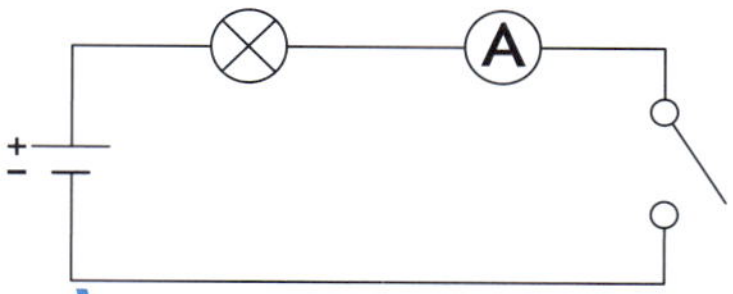

B3 \ Stromstärkemessgerät im Stromkreis.

Musteraufgabe

Erkläre, wieso die Stromstärke in jedem Teil eines unverzweigten Stromkreises (vgl. B3) gleich groß ist.

Lösung

Durch jede Stelle des Drahtes fließen in einer gewissen Zeit genauso viele Elektronen, wie den Minuspol der Batterie verlassen und am Pluspol ankommen. „Unterwegs" kommt kein Elektron dazu oder geht verloren. Und an keiner Stelle des Drahtes stauen sich die Elektronen an.

Arbeitsaufträge

1 \ Die Nerven im Körper kann man mit Stromleitungen vergleichen, die das Gehirn mit den Muskeln verbinden. Ein Signal, das ein Zusammenziehen eines Muskels bewirkt, ist ein kurzer Stromstoß mit der Stromstärke von etwa 30 mA.
Entnimm der Tabelle auf S. 14 die für Menschen gefährliche Stromstärke und erkläre, wieso sie in dieser Größenordnung liegt.

2 \ Bei einer Messung, die wie der Stromkreis in B3 aufgebaut ist, zeigt das Stromstärkemessgerät einen Strom der Stärke 0,55 A an. Überlege dir, was das Stromstärkemessgerät anzeigen würde, wenn du es mit der Lampe vertauschst. Begründe deine Antwort.

weitere passende Aufgaben:
S. 41, Nr. 1, 2, 3; S. 42, Nr. 16 a, b; S. 43, Nr. 17

3 \ Du siehst hier einen verzweigten Stromkreis mit zwei Lampen und drei Stromstärkemessgeräten. Daniela behauptet, dass das Messgerät links genau den Wert anzeigt, den die beiden anderen zusammengerechnet anzeigen würden.

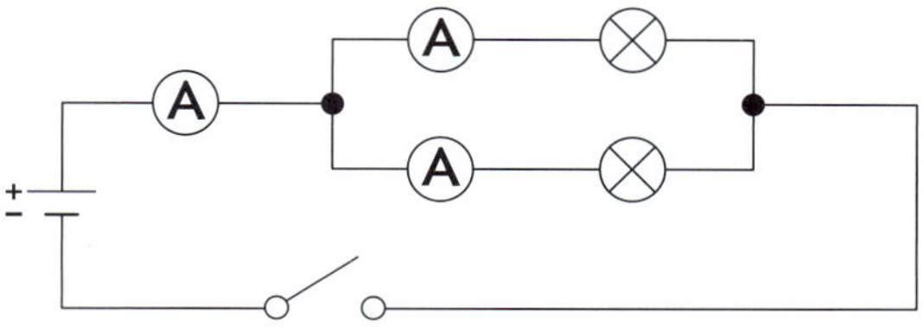

Überlege dir, ob Daniela Recht hat und begründe deine Antwort.

Hilfestellung auf Seite 196-198

2 Elektrische Spannung

Versuche und Materialien zu Kapitel 2.1

M1 Modellvorstellung des elektrischen Stromkreises

Die Abbildung zeigt eine Kugelbahn: Eine Transportkette befördert die Kugeln rechts nach oben. Von dort rollen sie in der Bahn zurück zum Startpunkt am unteren Ende der Kette. Zusätzlich wird ein Rad knapp über der Bahn von den Kugeln angetrieben, wenn sie vorbeirollen.
Die Kugelbahn lässt sich als Modell eines einfachen Stromkreises nutzen.

Arbeitsauftrag

a) Erstelle eine Liste der Bestandteile eines Stromkreises. Überlege dir, welcher Teil der Kugelbahn zu welchem Teil des Stromkreises passt.
b) In der Kugelbahn kommt kein Gegenstück eines Schalters vor. Überlege, was man einbauen könnte, um einen Schalter zu symbolisieren.
c) Das Schaufelrad, das von den Kugeln angetrieben wird, soll sich schneller drehen. Erkläre, wie sich das erreichen lässt und was das für den Stromkreis, den wir als Modell darstellen wollen, bedeuten würde.
d) Sabine ist mit dieser Modellvorstellung für einen Stromkreis nicht zufrieden. Sie meint: „Die Kugeln rollen ja von ganz alleine nach unten und wenn die Kette langsam läuft, dann gibt es am untersten Punkt einen Stau“. Beurteile ihre Einwände.

M2 Galvanische Zellen und Akkumulatoren - Stromkreise

Galvanische Zellen (umgangssprachlich: Batterien) und Akkumulatoren (kurz: Akkus) kommen in vielen Geräten zum Einsatz. Form und Größe sind dabei verschieden. Das Bild gibt einen

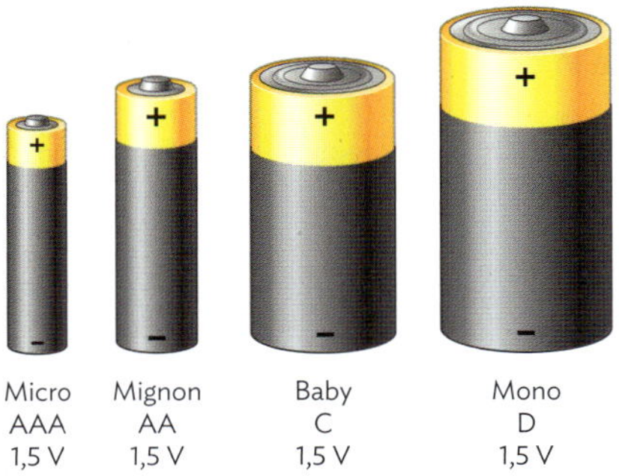

Arbeitsauftrag

a) V Baue einen Stromkreis aus einem Glühlämpchen und einer Flachbatterie auf. Ersetze dann die Flachbatterie durch eine Batterie des Typs AA. Halte deine Beobachtung fest.

Überblick über die häufigsten Typen. Für besonders kleine Geräte gibt es noch sogenannte Knopfzellen. Im Unterschied zu Batterien können Akkus wieder aufgeladen werden.

i Beachte: Batterien und Akkus sind in entsprechenden Sammelbehältern zu entsorgen, da sie giftige Chemikalien enthalten.

Flachbatterie 4,5 V

Blockbatterie 9,0 V

b) Verwende nun eine Halterung für vier AA-Zellen statt der Flachbatterie. Setze die Zellen zunächst in der vorgesehenen Richtung ein und ändere dann die Richtung einzelner Zellen. Notiere Deine Beobachtungen.
V

c) Überlege dir, wie eine Flachbatterie aufgebaut sein könnte, indem du sie mit den AA-Zellen vergleichst und deine Erkenntnisse aus b) nutzt.

Versuche und Materialien zu Kapitel 3.3

M3 Vorsicht Spannung

Hochspannungsleitungen spielen für die Stromversorgung eine sehr bedeutende Rolle, da Kraftwerk und Haushalt meist weit voneinander entfernt liegen. An den Leitungen liegt eine hohe Spannung an, sodass sie gut gegenüber den Masten isoliert sein müssen. Das geschieht mit einem Bauteil, das den elektrischen Strom nicht leitet und dadurch einen Kontakt zwischen Mast und Leitung verhindert.

An einem Elektrozaun um eine Weide liegt eine viel kleinere Spannung an. Trotzdem muss auch bei einem Elektrozaun der elektrische Leiter gegenüber der Erde isoliert werden!

i Bei sogenannten Freileitungen unterscheidet man:

Niederspannung:	**unter 1 kV**
Mittelspannung:	**1 kV bis 30 kV**
Hochspannung:	**30 kV bis 150 kV**
Höchstspannung:	**über 150 kV**

Arbeitsauftrag

a) Recherchiere im Internet, welche Spannung an einem elektrischen Weidezaun anliegt und weshalb sie trotzdem für Menschen und Tiere ungefährlich ist.

b) Du kannst bei unterschiedlichen Materialien testen, ob sie den elektrischen Strom leiten. Baue mit einer Flachbatterie einen geeigneten Stromkreis auf und zeichne das zugehörige Schaltbild. Halte deine Beobachtungen in einer Tabelle fest.
V

c) Überlege, warum die abgebildeten Isolatoren so unterschiedlich aussehen. Suche in deiner Umgebung weitere Isolatoren und mache eine Aussage über die Spannungen, die ohne Isolator zwischen Leitung und Mast anliegen würden.

! Halte ausreichend Abstand zu Strommasten!

Modellbildung als Triebfeder der Physik

Bereits aus der 7. Jahrgangsstufe kennst du Modelle wie das Kern-Hülle-Modell oder das Modell der Lichtstrahlen als wichtige Hilfsmittel, um experimentelle Ergebnisse zu deuten und unsere Vorstellungen von physikalischen Zusammenhängen zu veranschaulichen. Dabei dienen die Modelle nicht nur der Erklärung, sondern helfen uns ebenso, theoretische Vorstellungen weiterzuentwickeln.

Das Elektron, dargestellt als kleines, negativ geladenes Kügelchen.

Das ist ein häufig verwendetes Modell. Niemand weiß jedoch, wie ein Elektron tatsächlich aussieht.

Ein Modell ist eine vereinfachte, oftmals bildliche, Darstellung der Wirklichkeit. Mithilfe von Modellen lassen sich komplizierte reale Sachverhalte und Vorgänge anschaulich beschreiben und erklären.

Ein Modell ist umso besser, je mehr Gemeinsamkeiten und je weniger Unterschiede es zwischen ihm und dem realen Sachverhalt gibt. Da jedes Modell aber auch seine Grenzen hat, gibt es oftmals zu dem gleichen Sachverhalt auch unterschiedliche Modelle, die jeweils bestimmte Gesichtspunkte besonders gut veranschaulichen.

Wasserstromkreis als Modell des elektrischen Stromkreises

Die Vorgänge des elektrischen Stromkreises lassen sich durch den Vergleich mit einem Wasserstromkreis veranschaulichen, wie er in ähnlicher Form als Heizwasserkreislauf in vielen Wohnungen eingesetzt wird.
In B2 ist ein einfacher Stromkreis abgebildet: Er besteht aus einer Elektrizitätsquelle, einem Schalter, einer Lampe und einem Stromstärkemessgerät. Der entsprechende Wasserstromkreis besteht aus einer Pumpe mit je einem Wasserbecken unten und oben, einem Absperrventil, einem Wasserrad, dessen Drehbewegung genutzt wird, sowie einem Durchflusszähler.

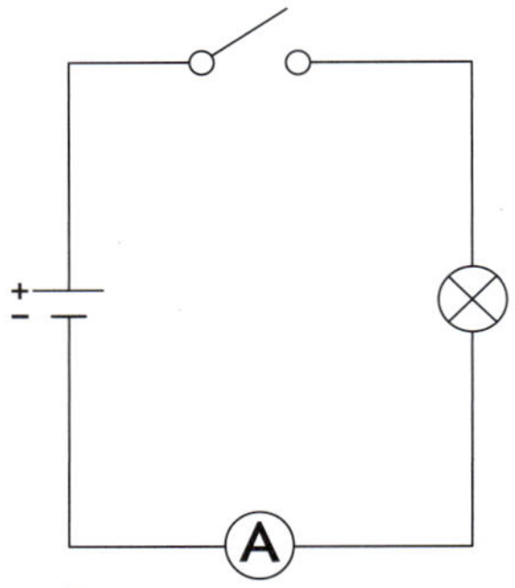

B1 Schaltbild eines elektrischen Stromkreises.

Einen Vergleich zwischen Strom- und Wasserkreislauf findest du in der Tabelle auf der nächsten Seite.

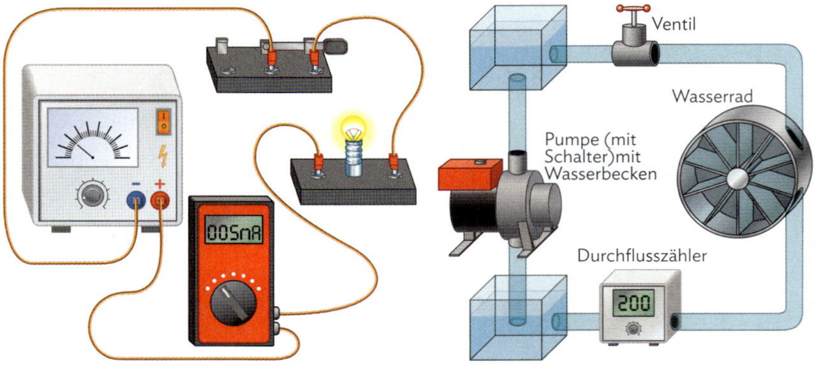

B2 Ein einfacher elektrischer Stromkreis und ein entsprechender Wasserstromkreis.

Vorgänge im Wasserstromkreis	Vorgänge im elektrischen Stromkreis
Die Pumpe hebt Wasser nach oben in das obere Becken.	Die Elektrizitätsquelle stellt Elektronen am Minuspol bereit.
Wird das Absperrventil geöffnet, fließt das Wasser zum unteren Becken. Dabei bewegen sich alle Wasserteilchen in der Wasserleitung sofort.	Wird der Schalter geschlossen, fließen die Elektronen zum Pluspol. Dabei bewegen sich alle Elektronen in der Stromleitung sofort.
Fließt das Wasser durch das Wasserrad, beginnt sich das Wasserrad zu drehen.	Fließen die Elektronen durch den Draht der Lampe, beginnt die Lampe zu leuchten.
Der Durchflusszähler misst die Wassermenge, die pro Sekunde durch den Leitungsquerschnitt fließt.	Das Stromstärkemessgerät misst die Ladungsmenge, die pro Sekunde durch den Leiterquerschnitt fließt.
Die Pumpe ersetzt die Wassermenge, die aus dem oberen Becken abfließt, durch Wasser aus dem unteren Becken.	Die Elektrizitätsquelle ersetzt die Elektronen, die am Minuspol abfließen, durch andere, die durch Ladungstrennung im Inneren frei werden.
Der Wasserstrom ist überall in der Wasserleitung gleich groß, es fließen keine Wasserteilchen ab.	Die elektrische Stromstärke ist überall in der Stromleitung gleich groß, es entweichen keine Elektronen.
Wird das Absperrventil zugedreht, bleibt das Wasser in der Wasserleitung stehen, das Wasserrad stoppt. Der Wasserdurchfluss sinkt auf null.	Wird der Schalter geöffnet, stoppen alle Elektronen in der Leitung sofort, die Lampe erlischt. Die Stromstärke sinkt auf null.

Aber kein Modell ist perfekt! Eine Schwäche dieses Modells ist z. B.: Aus einer undichten Wasserleitung tritt Wasser aus, während Elektronen in einem Draht bleiben.

! Fasse nie offene Stromleitungen an!

Musteraufgabe

Im täglichen Leben spricht man oft vom „Stromverbrauch“. Begründe mithilfe des Wasserstromkreises, dass dieser Begriff physikalisch gesehen nicht richtig ist.

Lösung
Die Wasserteilchen bewegen sich von dem einen Wasserbecken zum anderen, ohne dass sie verlorengehen. Sie werden also nicht „verbraucht.“ Gleiches gilt für die Elektronen im Stromkreis. Physikalisch gesehen wird also kein Strom „verbraucht“.

Arbeitsaufträge

**1 ** In einem Stromkreis lassen sich die Anschlüsse an der Elektrizitätsquelle vertauschen. Erkläre mithilfe des Modells eines Wasserstromkreises, in welcher Weise sich die Vorgänge im elektrischen Stromkreis nach diesem Umpolen verändert haben.

**2 ** Durch Experimente und Berechnungen lässt sich herausfinden, dass die Geschwindigkeit, mit der sich die Elektronen in einem elektrischen Leiter bewegen, in der Regel nur wenige zehntel Millimeter pro Sekunde beträgt. Erkläre, warum eine Deckenlampe trotzdem sofort leuchtet, wenn man den Lichtschalter betätigt, obwohl er einige Meter von der Lampe entfernt ist.

**3 ** Erstelle den Schaltplan einer UND- bzw. einer ODER-Schaltung. Erläutere für beide Schaltungen, wie das Wasserstromkreismodell angepasst werden muss. Erkläre dann die entsprechenden physikalischen Vorgänge im jeweiligen Stromkreis.

+ Hilfestellung auf Seite 196–198

Elektrische Spannung als Antrieb für den elektrischen Strom

B1 Funktionsüberprüfung einer Autobatterie vor dem Winter.

Batterien und Akkumulatoren („Akkus") gibt es in verschiedenen Bauformen und Größen, beispielsweise auch in jedem Auto als Autobatterie. Vor allem in Elektroautos haben sie als Energiespeicher zunehmende Bedeutung. Wie du bei vielen Batterien sehen kannst, werden sie oftmals durch eine Aufschrift wie z. B. „4,5 V" charakterisiert.

Diese beispielhafte Angabe beschreibt, wie stark die Elektronen auf ihrem Weg durch den Leitungsdraht und das Lämpchen von der Batterie angetrieben werden. Ist der Antrieb stärker, so fließen beim gleichen Stromkreis in einer Sekunde auch mehr Elektronen vom Minus- zum Plus-pol. Die Stromstärke ist also größer und das Lämpchen leuchtet heller. Um einen elektrischen Stromkreis zu beschreiben, benötigen wir somit neben der Stromstärke noch eine weitere physikalische Größe, die uns angibt, wie stark die Elektrizitätsquelle die Ladungsträger antreibt. Wir nennen sie die elektrische Spannung *U*. Ihre Einheit ist 1 Volt (1 V).

i Abkürzend schreibt man manchmal auch $[U] = 1\,\text{V}$.

i Die ersten zuverlässigen Elektrizitätsquellen waren Zellen mit unterschiedlichen Metallen, zwischen denen chemische Reaktionen abliefen. Die Spannung 1 V wurde deshalb früher mithilfe von genau festgelegten „Einheitszellen" definiert.

Jeder Stromkreis erfordert eine elektrische Spannung *U*, die die Ladungsträger antreibt. Je größer beim selben Stromkreis die elektrische Spannung der Elektrizitätsquelle ist, desto größer ist die elektrische Stromstärke im Stromkreis. Die elektrische Spannung ist dabei ein Maß für die Größe des Antriebs für jedes einzelne Elektron.

Hier findest du einige Beispiele für Spannungswerte im Alltag:

EEG (Elektroenzephalogramm) von Gehirnzellen	5-100 µV
EKG (Elektrokardiogramm) vom Herzmuskel	0,1-1,5 mV
Steckdose (in Deutschland)	230 V
Hochspannungsleitungen	1-380 kV
Blitz	1-100 MV

i Auch hier gelten die bekannten Vorsilben:

$1\,\mu\text{V} = \frac{1}{1\,000\,000}\,\text{V}$

$1\,\text{mV} = \frac{1}{1000}\,\text{V}$

$1\,\text{kV} = 1000\,\text{V}$

$1\,\text{MV} = 1\,000\,000\,\text{V}$

Gleich- und Wechselspannung

Werden die Ladungsträger von der Elektrizitätsquelle immer in die gleiche Richtung angetrieben, dann spricht man von Gleichstrom. Die Elektrizitätsquelle liefert Gleichspannung (Beispiel: Batterie). Treibt die Elektrizitätsquelle dagegen die Ladungsträger abwechselnd in die eine und dann wieder in die andere Richtung, so sprechen wir von Wechselstrom (vgl. B2). Die Elektrizitätsquelle vertauscht also ständig die Pole und liefert eine sogenannte Wechselspannung (Beispiel: Steckdose).

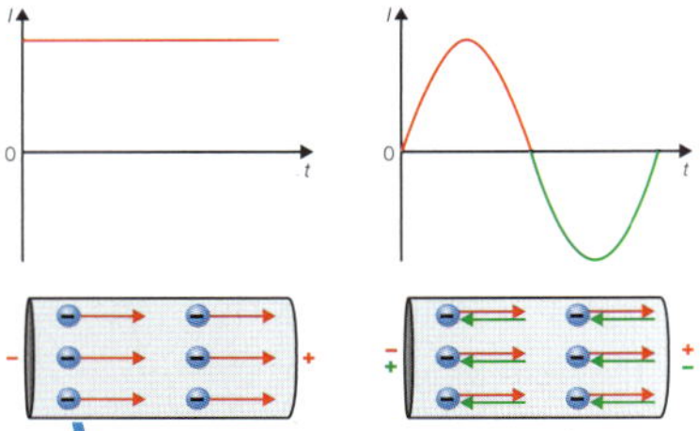

B2 Gleichstrom (links) und Wechselstrom (rechts).

Die Spannung im Wasserstromkreismodell

Vorgänge im Wasserstromkreis	Vorgänge im elektrischen Stromkreis
Die Pumpe bewirkt einen Höhenunterschied des Wassers.	Die Elektrizitätsquelle erzeugt eine Spannung.
Der Höhenunterschied zwischen den beiden Wasserbecken ist ein Maß für die Stärke des Antriebs für jedes einzelne Wasserteilchen.	Die elektrische Spannung ist ein Maß für die Stärke des Antriebs für jedes einzelne Elektron.
Fließt das Wasser aus einer größeren Höhe durch die Wasserleitung, so fließt es schneller. Der Wasserdurchfluss ist höher.	Bei einer höheren Spannung fließen die Elektronen schneller durch denselben Stromkreis. Die elektrische Stromstärke ist größer.

Schaltungen mit Batterien

In Versuchen sehen wir: Schalten wir Batterien jeweils mit Minus- an Pluspol in eine Reihe, so addieren sich die Batteriespannungen zur Gesamtspannung.
Schaltet man dagegen alle Pluspole und alle Minuspole zusammen, so bleibt die Gesamtspannung gleich. Hier kann jedoch im selben Stromkreis länger ein Strom fließen, weil jede Batterie nur eine gewisse Menge an Ladungsträgern zur Verfügung stellen kann.

i Autobatterien bestehen daher aus mehreren einzelnen Bleiakkumulatoren, die jeweils eine Spannung von 2 V liefern.

Musteraufgabe

Erkläre mit dem Wasserstromkreismodell, dass sich Spannungen von Elektrizitätsquellen addieren, die wie eine Autobatterie aufgebaut sind.

Lösung
Die Elektrizitätsquellen entsprechen aufeinanderfolgenden Pumpen, die das Wasser noch weiter nach oben pumpen. Mit jeder Pumpe nimmt die Höhe des obersten Wasserbeckens zu.

Arbeitsaufträge

1 \ Gib folgende Spannungen ohne Vorsilbe und in Zehnerpotenzschreibweise an:
8 mV; 12,4 kV; 5 MV; 3 µV; 1400 mV; 0,007 MV

2 \ Erkläre mit dem Wasserstromkreismodell, dass die Gesamtspannung beim Parallelschalten von identischen Elektrizitätsquellen gleich bleibt.

3 \ Vier AA-Batterien lassen sich in unterschiedlicher Weise hintereinander schalten. Dabei ergeben sich verschiedene Spannungen. Überlege dir, welche Spannungswerte möglich sind und erstelle jeweils einen Schaltplan für die Batterien.

4 \ Auch im Tierreich spielen elektrische Spannungen eine Rolle. Recherchiere, welche Tiere elektrische Spannungen einsetzen. Halte jeweils den Wert der erzeugten Spannung fest und wozu sie dient.

↳ weitere passende Aufgaben: S. 41, Nr. 4

5 \ Die Spannung im Stromnetz kann je nach Land unterschiedlich sein. Während in Europa vielfach 230 V anliegen, sind es in den USA nur 110 V. Ein Fön für Reisen hat daher einen Umschaltknopf. Erkläre, wieso das erforderlich ist.

6 \ Auf elektrischen Geräten findest du wichtige Informationen auf dem sogenannten Typenschild:

Halte für ein Ladegerät die Angaben zu den elektrischen Größen fest und versuche sie zu deuten.

✚ Hilfestellung auf Seite 196-198

3 Elektrischer Widerstand

3.1 Schülerexperiment: Messen elektrischer Größen

V1 Messen elektrischer Größen

Vorgehen

1. Zur Messung von Spannung und Stromstärke musst du dich mit Vielfachmessgeräten (Multimetern) vertraut machen. Sie unterteilen sich in die Anzeige, die Messbereichseinstellung und die Anschlussbuchsen. Du verwendest immer die COM-Buchse und dann diejenige Buchse, die mit der entsprechenden Maßeinheit beschriftet ist.

Arbeitsaufträge

a) Mache dich mit dem Multimeter vertraut. Du kannst den Einsatz des Geräts auch mit einer Simulation trainieren.

MC 67048-05

b) Zeichne in einen einfachen Stromkreis sinnvoll Stromstärke- oder Spannungsmessgeräte an verschiedenen Positionen ein.

! Arbeite nur mit Spannungen bis 25 V, außer du bist über die Gefahren belehrt worden!

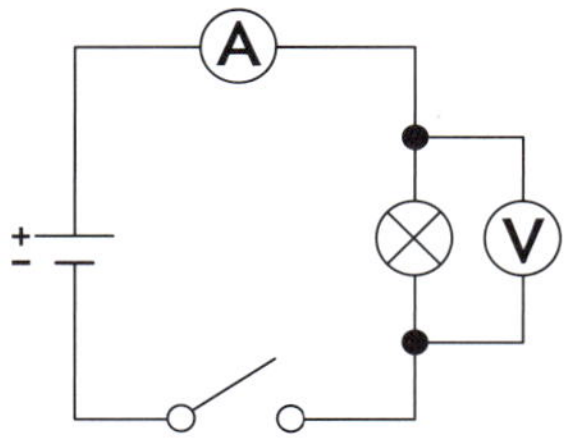

2. Da das Stromstärkemessgerät (Amperemeter) alle Elektronen registrieren soll, die pro Sekunde durch den Leiterquerschnitt fließen, muss es direkt in die Leitung eingefügt werden, die zur Lampe führt. Das Spannungsmessgerät (Voltmeter) soll dagegen die Spannung zwischen zwei Punkten anzeigen, sodass es vor und nach dem Lämpchen anzuschließen ist.

3. Bevor du den Stromkreis schließt, musst du den Messbereich der Messgeräte so einstellen, dass sie während der Messung nicht beschädigt werden. Im Zweifelsfall wählst du jeweils den höchsten Messbereich und passt ihn später solange an, bis du den Messwert am genauesten ablesen kannst.

Methode

Messgenauigkeit

Je nach Messgerät kannst du mehr oder weniger genau messen. Bei einem digitalen Multimeter kannst du dich an der letzten Stelle der Anzeige orientieren. Wenn die Anzeige z. B. 10,32 V lautet, dann kannst du bestenfalls auf 0,01 V genau messen. Das hat auch Auswirkungen auf Rechnungen. Es ist unsinnig, ein Ergebnis genauer anzugeben als die Werte, aus denen es berechnet wird. Für das Vorgehen gibt es eine Faustregel.

Faustregel:
Das Ergebnis einer Rechnung hat nur so viele gültige Ziffern wie der ungenaueste Messwert, der in der Rechnung verwendet wird. Gültige Ziffern (gZ) sind dabei alle vorkommenden Ziffern bis auf Nullen, die am Anfang stehen:
10,05 V hat 4 gZ, 0,05 V hat 1 gZ.

Beispiele:
9,406 V − 0,4 V = 9 V (wegen 1 gZ)
3,02 V + 0,040 V = 3,060 V = 3,1 V (wegen 2 gZ)

V2 Erstellen von Spannung-Strom-Kennlinien

Wenn du ein Lämpchen an Batterien mit verschiedenen Spannungswerten anschließt, wird es unterschiedlich hell leuchten. Dabei stellt sich die Frage, ob bei doppelter oder dreifacher Spannung auch die doppelte oder dreifache Stromstärke fließt. Um das zu untersuchen, müssen wir für verschiedene Spannungen *U* die Stromstärke *I* messen und in einem Diagramm eintragen (*U*-*I*-Kennlinie).

Vorgehen

1. Zur Bestimmung einer *U*-*I*-Kennlinie genügt ein einfacher Stromkreis mit Strom- und Spannungsmessgerät, so wie auf der linken Seite dargestellt. Statt einer Batterie verwendest du eine regelbare Elektrizitätsquelle, ein sogenanntes Netzgerät. Dabei ist auf die richtige Auswahl der Buchsen (Plus- und Minuspol für Gleichspannung) oder auch des Drehknopfs zu achten.

2. Nach Möglichkeit veränderst du die Spannung in gleichbleibenden Schritten und misst dazu jeweils die Stromstärke. Eine sorgfältige Messung sollte 5 bis 10 Messpaare umfassen. Die Ergebnisse hältst du in einer Tabelle fest – die dritte Zeile bleibt noch leer:

***U* in V**						
***I* in A**						

KEINE EINTRAGUNG!

3. Zur Veranschaulichung der Ergebnisse dient ein *U*-*I*-Diagramm. Das ist ein Koordinatensystem, bei dem die Spannung *U* nach rechts und die Stromstärke *I* nach oben aufgetragen wird. Denke an die vollständige Beschriftung der Achsen: *U* in V und *I* in A oder mA.

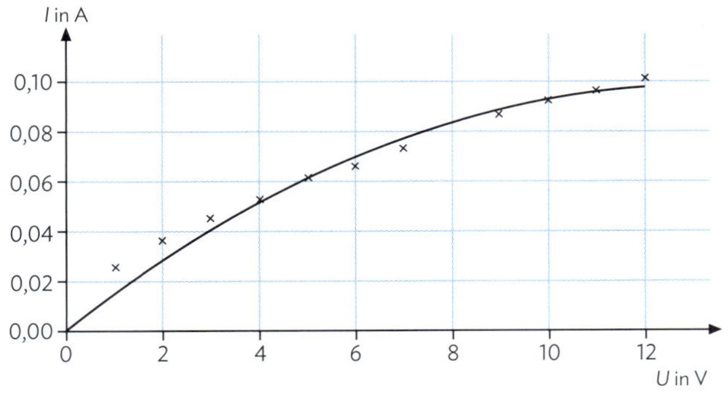

4. Die Messpunkte im Diagramm verbindest du durch eine glatte Freihandkurve so, dass alle Punkte der Kurve möglichst nahe kommen. Diese Kurve, bei der es sich auch um eine Gerade handeln kann, bezeichnen wir als *U*-*I*-Kennlinie. Damit drücken wir aus, wo wir weitere Messwerte zwischen unseren Messpunkten erwarten würden, ohne es sicher zu wissen.

Methode

Versuchsprotokoll

Erinnere dich: Ein Versuchsprotokoll gliedert sich in („ZABMA“):
- Ziel (Z) des Versuchs
- Aufbau (A)
- Beschreibung (B) der Versuchsdurchführung
- Messergebnisse (M)
- Auswertung (A)

Arbeitsauftrag

a) Bestimme in einem Experiment die *U*-*I*-Kennlinie für ein Lämpchen und erstelle dazu ein Versuchsprotokoll mit den in der Methode aufgeführten Schritten.

b) Wiederhole die letzten beiden Schritte, wobei du das Lämpchen durch ein spezielles elektrisches Bauteil zur Strombegrenzung („Widerstand“) ersetzt.

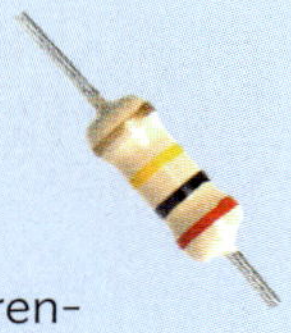

c) Beschreibe den Verlauf der beiden *U*-*I*-Kennlinien. Erläutere die Vorteile einer grafischen Darstellung gegenüber einer Tabelle.

Bestimmung des elektrischen Widerstands

Untersuchen wir die Spannung und die Stromstärke für verschiedene Glühlämpchen (vgl. Schülerexperiment S. 23), so erhalten wir bei gleicher Spannung ganz unterschiedliche Stromstärken. Obwohl also der Antrieb für die Ladungsträger durch die Elektrizitätsquelle jeweils gleich ist, können sich die Ladungsträger offensichtlich jeweils unterschiedlich leicht durch das Material bewegen. Man sagt: Jedes Bauteil setzt den Ladungsträgern einen bestimmten elektrischen Widerstand entgegen.

Legen wir an zwei Bauteile die gleiche Spannung an, dann deutet eine kleine Stromstärke auf einen großen elektrischen Widerstand hin; eine große Stromstärke bedeutet einen kleinen elektrischen Widerstand. Somit verhält sich der elektrische Widerstand entgegengesetzt zur Stromstärke, wenn in beiden Fällen die anliegende Spannung gleich ist. Wir definieren den elektrischen Widerstand R so, dass er mit der Stromstärke I multipliziert die angelegte Spannung U ergeben soll. Kurz: $R \cdot I = U$.

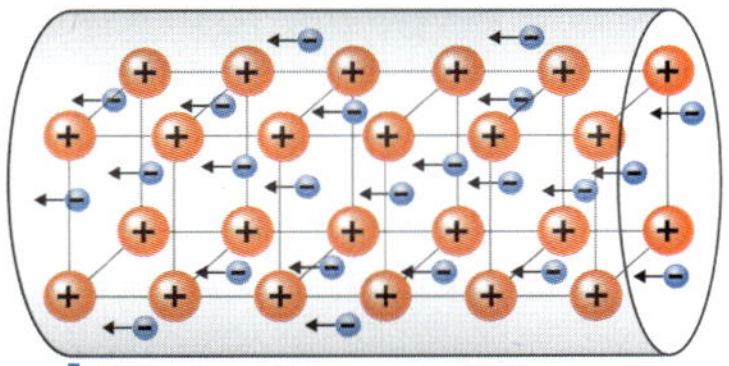
B1 Elektronenstrom im Metalldraht.

ℹ *R* wie resistance (engl., franz.)

ℹ $U = R \cdot I$ oder kurz „URI"

ℹ Die Merkregel gilt nicht für alle Materialien! Im Allgemeinen ändert sich der Widerstand je nach angelegter Spannung!

Teilen wir die Spannung U, die an den Anschlüssen eines Bauteils anliegt, durch die Stromstärke I, die durch das Bauteil fließt, so erhalten wir den elektrischen Widerstand R des Bauteils.
Kurz: $\text{Widerstand} = \frac{\text{Spannung}}{\text{Stromstärke}}$ oder mit Formelzeichen: $R = \frac{U}{I}$

Die Einheit des Widerstands heißt Ohm (1 Ω). Aus der Gleichung für den Widerstand erhalten wir: $[R] = 1\,\Omega = 1\,\frac{\text{V}}{\text{A}}$.

ℹ Unterscheide die physikalische Größe R und die zugehörige Einheit Ω.

ℹ Erinnerung:
Für ein Rechteck gilt $A = l \cdot b$
Du weißt bereits: $l = \frac{A}{b}; b = \frac{A}{l}$
Vergleiche:
$R = \frac{U}{I}$ $\quad 5 = \frac{10}{2}$
Dann gilt:
$R \cdot I = U$ $\quad 5 \cdot 2 = 10$
und
$I = \frac{U}{R}$ $\quad 2 = \frac{10}{5}$

Methode

Rechnen mit Einheiten

Durch Einheiten können wir kontrollieren, ob wir richtig gerechnet haben. Ausgehend von $[R] = 1\,\Omega = 1\,\frac{\text{V}}{\text{A}}$ ergibt sich für die Gleichung $U = R \cdot I$:
$[U] = 1\,\Omega \cdot \text{A} = 1\,\frac{\text{V}}{\text{A}} \cdot \text{A} = 1\,\text{V}$.
Und bei der Gleichung $I = \frac{U}{R}$ erhalten wir, wenn wir mit dem Kehrbruch des Nenners multiplizieren: $[I] = 1\,\frac{\text{V}}{\Omega} = 1\,\frac{\text{V}}{\frac{\text{V}}{\text{A}}} = 1\,\text{V} \cdot \frac{\text{A}}{\text{V}} = 1\,\text{A}$.

ℹ Widerstand: Einerseits elektrische Größe, andererseits Bauteil!

ℹ Orientierungswerte:
Fön 40 Ω
Sparlampe 2 kΩ
Radio 8 kΩ
Spannungsmessgerät 10 MΩ

Musteraufgabe

Eine Flachbatterie mit der Spannung $U = 4{,}5$ V ist an ein Lämpchen angeschlossen. Die Stromstärke im Stromkreis beträgt $I = 100$ mA. Bestimme den Widerstand des Lämpchens. Achte dabei auch auf die gültigen Ziffern.

Lösung
Für die Berechnung müssen die Größen immer in den Einheiten V, A und Ω angegeben werden:
$I = 0{,}100$ A.
$R = \frac{U}{I} = \frac{4{,}5\,\text{V}}{0{,}100\,\text{A}} = 45\,\Omega$
Es gilt die Regel mit den gültigen Ziffern. Hier sind es 2, wegen der Spannungsangabe.

Der Widerstand im Wasserstromkreismodell

Auch der elektrische Widerstand lässt sich im Wasserstromkreismodell veranschaulichen: Je schwerer sich das Wasserrad drehen lässt, desto größer ist sein mechanischer Widerstand. Damit weiterhin die gleiche Wassermenge pro Zeit durch das Rad fließt und es sich somit gleich schnell dreht, muss auch der Höhenunterschied zwischen den beiden Wasserbecken entsprechend größer werden.

B2 \ Schaltzeichen für einen Ohmschen Widerstand.

Ohmscher Widerstand

Wie sich im Experiment zeigt, ändert sich mit der angelegten Spannung oftmals nicht nur die Stromstärke, sondern auch der elektrische Widerstand eines Bauteils. Es gibt aber auch Bauteile, bei denen der elektrische Widerstand konstant bleibt. Solche Bauteile (Schaltzeichen: siehe B2) sind nützlich, wenn es darum geht, die Stromstärke in einer elektrischen Schaltung zu begrenzen und so Gefahren zu vermeiden. Es gibt deshalb eine eigene Bezeichnung:

Bei einem Ohmschen Widerstand bleibt der Widerstand unabhängig von Spannung oder Stromstärke stets gleich. Die *U*-*I*-Kennlinie eines Ohmschen Widerstands ist eine Ursprungshalbgerade.

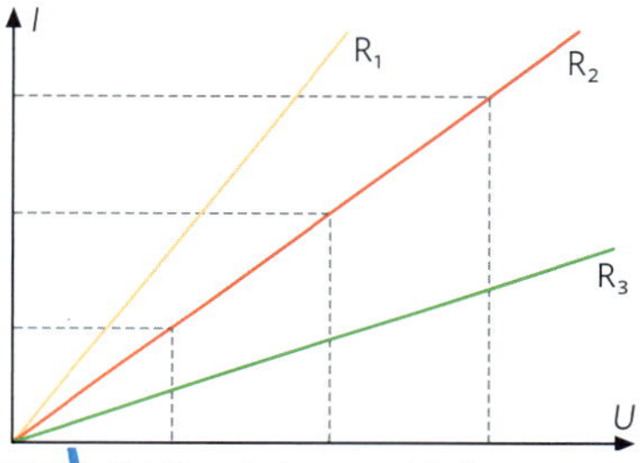

B3 \ *U*-*I*-Kennlinien verschiedener Ohmscher Widerstände.

Musteraufgabe

Bei Hochspannungsgeräten verwendet man oft Schutzwiderstände, z. B. mit $R = 10\ \text{M}\Omega$. Berechne die Stromstärke durch den Schutzwiderstand, wenn er an die Spannung $U = 24\ \text{kV}$ angeschlossen wird.

Lösung

Einheitenumrechnung:

$R = 10\ \text{M}\Omega = 10\,000\,000\ \Omega$; $U = 24\ \text{kV} = 24\,000\ \text{V}$.

Berechnung der Stromstärke: Aus $R = \frac{U}{I}$ ergibt sich $R \cdot I = U$ und

$I = \frac{U}{R} = \frac{24\,000\ \text{V}}{10\,000\,000\ \Omega} = 0{,}0024\ \text{V} \cdot \frac{\text{A}}{\text{V}} = 2{,}4\ \text{mA}$ (2 gülitge Ziffern!)

Arbeitsaufträge

1 \ In den Tabellen zum Schülerexperiment (S. 23) ist noch eine Zeile frei. Berechne darin jeweils aus *U* und *I* den elektrischen Widerstand *R* in Ω.

2 \ Stelle in einer Übersicht die drei bekannten elektrischen Größen mit Namen, Formelzeichen und Grundeinheit dar. Gib, sofern möglich, auch die Definitionsgleichung an und nenne weitere häufig vorkommende Einheiten.

3 \ Gehe von der Gleichung $U = R \cdot I$ aus und gib einer der Größen einen festen Wert. Beschreibe mit Je-desto-Aussagen, wie die beiden anderen Größen dann noch veränderbar sind. Veranschauliche diese Beziehungen am Wasserstromkreismodell.

↳ weitere passende Aufgaben:
S. 41, Nr. 5, 6, 7; S. 42, Nr. 14, 16 c; S. 43, Nr. 18; S. 44, Nr. 19

4 \ a) Erläutere, wie die Widerstandswerte im Schülerexperiment auf S. 23 mit dem Verlauf der Kennlinien zusammenhängen.

b) Deine Messwerte für *U* und *I* sind nicht genau, sondern können in der letzten Ziffer um 1 höher oder niedriger sein. Schätze die Ungenauigkeit der Widerstandswerte ab, indem du jeweils den kleinstmöglichen und den größtmöglichen Wert berechnest. Vergleiche mit der Regel der gültigen Ziffern.

5 \ Zeichne ein *U*-*I*-Diagramm mit den Kennlinien eines Ohmschen Widerstandes und eines Bauteils, dessen Widerstand mit der Spannung zunimmt.

B1 Strommast mit Vogelschutz über der Stromleitung bei den Isolatoren.

Leiter und Isolatoren

Ein Vogel kann auf einer Stromleitung sitzen, weil das Metallkabel den Strom viel besser leitet als der Vogelkörper. Der Strom fließt deshalb fast ausschließlich durch das Kabel. Keramik- oder Glashalterungen an den Strommasten verhindern dagegen, dass der Strom zur Erde fließen kann. Berührt der Vogel mit seinen Flügeln jedoch zwei Stromleitungen oder eine Stromleitung und den Strommast, so kann die hohe Spannung trotz des Widerstands einen tödlichen Strom durch seinen Körper treiben. Wir unterteilen daher Materialien nach ihrer Leitfähigkeit in zwei Gruppen: Materialien, die den Strom leiten, und solche, durch die kein Strom fließen kann.

Materialien, durch die ein elektrischer Strom fließen kann, nennt man elektrische Leiter. Materialien, durch die kein Strom fließen kann, heißen Nichtleiter oder Isolatoren.

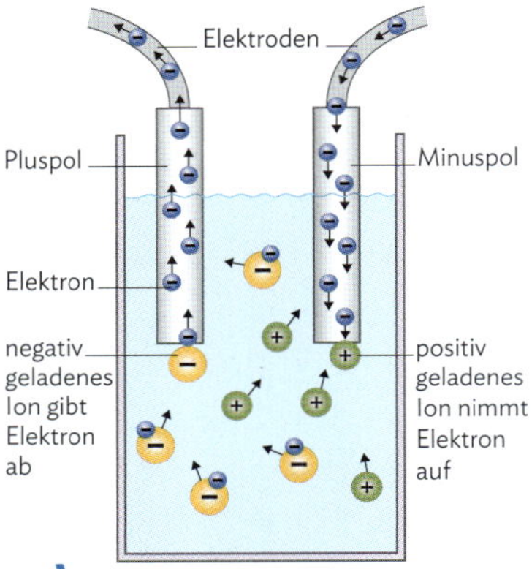

B2 Ionenleitung in Salzwasser.

Wie du bereits weißt, erfolgt die Stromleitung in Metallen durch Elektronen. Daher spricht man auch von Elektronenleitung. Aber auch Flüssigkeiten (z. B. Wasser oder Essig) und vor allem heiße Gase (z. B. die Luft beim Blitz) können den Strom leiten (vgl. B2). Voraussetzung dafür sind Atome, die Elektronen abgegeben oder aufgenommen haben und dadurch positiv oder negativ geladen sind, sognannte Ionen. Sie bewegen sich jeweils zum entgegengesetzt geladenen Pol der Elektrizitätsquelle und werden dort entladen. Diesen Vorgang nennt man Ionenleitung.

Beispiele für gute Leiter sind alle Metalle, Grafit (Kohle), Salzlösungen, Säuren, Laugen und sehr heiße Gase. Isolatoren sind dagegen Glas, Porzellan, Keramik, verschiedene Kunststoffe, trockenes Holz, destilliertes Wasser und trockene Luft.

Da Wasser in der Regel auch unterschiedliche Ionen enthält, werden manche Nichtleiter zu Leitern, sobald sie nass werden. Dafür kann bereits ein Feuchtigkeitsfilm an der Oberfläche genügen. Daher Vorsicht bei feuchten Körpern im Stromkreis!

! Arbeite nur mit trockenen Händen an elektrischen Schaltungen!

Musteraufgabe

Ein Vogel sitzt auf einer Stromleitung. Erstelle ein Schaltbild der Situation. Überlege dir dabei, durch welches elektronische Bauteil du den Vogel ersetzen musst.

Lösung

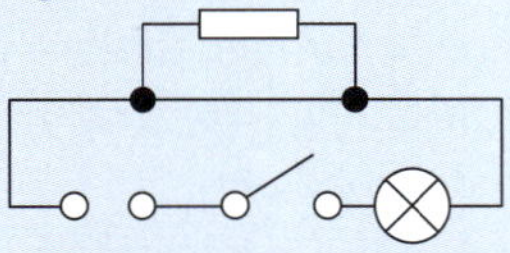

Der Vogel berührt mit beiden Füßen den Leiter. Sein Widerstand ist durch den Leiter überbrückt.

Kurzschluss

Bisher haben wir nur den Widerstand von Lämpchen und anderen Bauteilen in einem Stromkreis betrachtet. Tatsächlich haben aber auch die Kabel einen elektrischen Widerstand. Weil diese gute Leiter sind, ist ihr Widerstand sehr gering und kann meistens vernachlässigt werden.
Verbindest du aber beide Pole einer Elektrizitätsquelle direkt, so stellt der Widerstand des Kabels die einzige Begrenzung des Stromes dar. Weil der elektrische Widerstand dann so gering ist, kann ein sehr großer Strom fließen. Deshalb musst du beim Experimentieren vor dem Anschalten eines Stromkreises überprüfen, dass du die Pole nicht kurzgeschlossen hast!

Eine leitende Verbindung gegensätzlicher elektrischer Pole ohne nennenswerten elektrischen Widerstand nennt man einen elektrischen Kurzschluss. Von der dabei auftretenden hohen Stromstärke gehen erhebliche Gefahren aus, z. B. Brandgefahr!

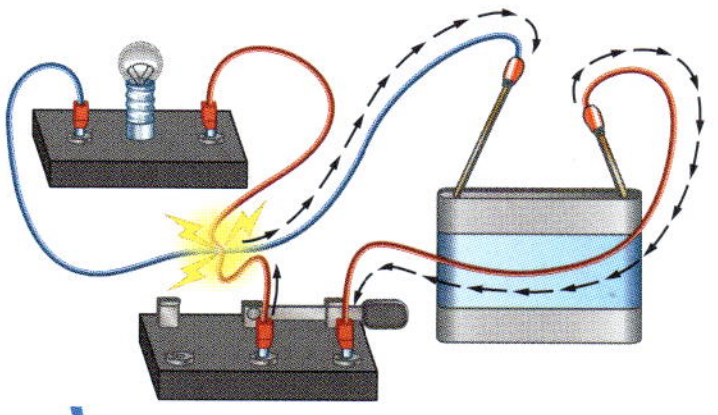

B3 \ Kurzschluss im Stromkreis durch einen Isolationsfehler der Kabel.

In der Regel entstehen Kurzschlüsse unbeabsichtigt, indem beispielsweise die Isolierung von Drähten beschädigt wird (vgl. B3). Verbindet man dagegen bewusst z. B. die Oberleitung der Eisenbahn mit der Erde, um sicherzustellen, dass kein Strom mehr fließt, so spricht man von einer Erdung.

Musteraufgabe

Aus Unachtsamkeit verbindest du beim Aufbau eines Stromkreises die beiden Pole einer Flachbatterie ($U = 4{,}5\ \text{V}$) durch ein Kabel ($R = 0{,}1\ \Omega$) direkt miteinander. Beurteile die auftretenden Gefahren unter Berücksichtigung der maximalen Stromstärke.

Lösung
Aus den Werten ergibt sich die Stromstärke:
$I = \frac{U}{R} = \frac{4{,}5\ \text{V}}{0{,}1\ \Omega} = 45\ \text{A}$. Die hohe Stromstärke wird das Kabel stark erhitzen, sodass die Isolierung des Kabels schmelzen kann. Da die Batterie aber nur eine geringe Spannung besitzt und auch nur begrenzt Elektronen für den Stromfluss zur Verfügung stellt, sollte es zu keinem Brand kommen.

Arbeitsaufträge

1 \ Für einen Vogel ist es gefährlich, gleichzeitig zwei Stromleitungen zu berühren, da sie zu unterschiedlichen Stromkreisen gehören. Zeichne dazu einen Schaltplan.

2 \ Mit einem Vielfachmessgerät kannst du auch direkt elektrische Widerstände bestimmen. Miss damit den Widerstand zwischen deinen Händen. Experimentiere und dokumentiere, wie du den Körperwiderstand erhöhen oder verringern kannst.

3 \ Stelle das Kern-Hülle-Modell in einer Zeichnung dar. Erkläre, dass Ionen nur dadurch entstehen können, dass sich die Elektronenzahl im Atom verändert.

↳ weitere passende Aufgaben: S. 41, Nr. 8, 9, 10

4 \ Für die Weihnachtsdekoration wird oft „Engelshaar" verwendet, es besteht einfach aus einem Knäuel mit blankem Kupferdraht. Auf einer Packung steht der Warnhinweis: „Es darf nicht mit spannungsführenden Verbrauchern, z. B. Lichterketten, über 24 V Betriebsspannung in Verbindung gebracht werden." Begründe diesen Hinweis aus physikalischer Sicht.

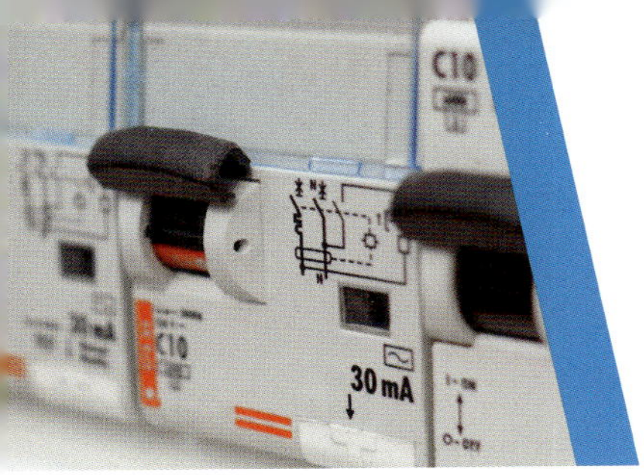

4 Schaltkreise im Haushalt

Versuche und Materialien zu Kapitel 4.1

M1 Schaltung von Lampen - Schaltbilder

In der Abbildung siehst du den Aufbau eines sogenannten Stromstoßrelais. Es besteht aus einem Schalter, der dadurch umgeschaltet wird, dass ein kurzer Stromimpuls durch einen zweiten Stromkreis fließt.

Um den Stromstoß zu erzeugen, werden Taster benutzt. Das sind Schalter, die den Stromkreis nur dann schließen, während sie gedrückt sind.

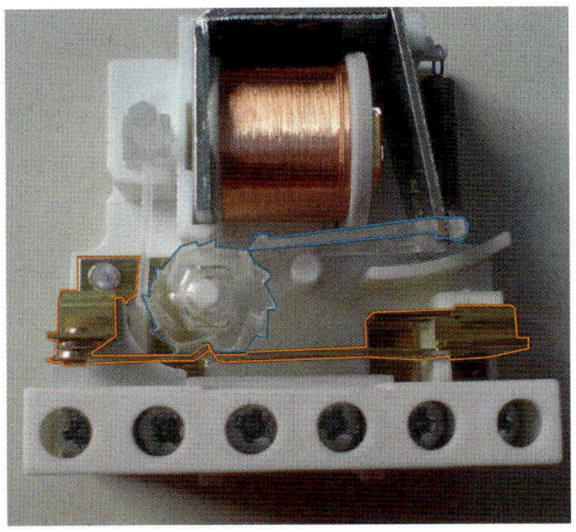

Arbeitsauftrag

a) Recherchiere, z. B. im Internet oder in deinen Aufzeichungen, den Aufbau einer Wechselschaltung und zeichne das Schaltbild.

b) Betrachte die Abbildung des Stromstoßrelais und beschreibe seine Funktionsweise.

c) Recherchiere nun die Schaltsymbole für ein Stromstoßrelais und erstelle das Schaltbild für einen einfachen Stromkreis, bei dem eine Lampe über ein Stromstoßrelais ein- und ausgeschaltet werden kann.

M2 Schmelzsicherungen - Schaltbilder

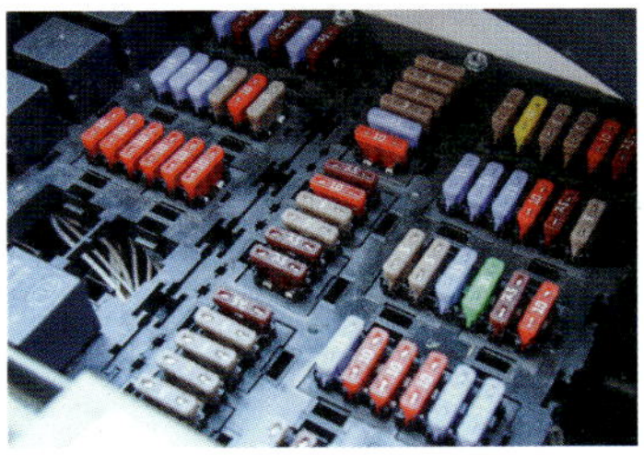

Auf dem linken Bild siehst du einen Sicherungskasten, wie er sich in jedem Auto befindet. Die farbigen Stecker sind sogenannte Schmelzsicherungen. Rechts ist eine der Schmelzsicherungen zu sehen, wenn sie nicht in den Sicherungskasten eingesetzt ist. Jede Sicherung wird direkt an Stelle einer Leitung zu den elektrischen Geräten in den Stromkreis eingefügt (Reihenschaltung, vgl. Kap. 5.2).

Arbeitsauftrag

a) Zeichne einen Schaltplan für einen Stromkreis, in dem sich eine Schmelzsicherung befindet. Ermittle dazu im Internet, wie das Schaltzeichen einer Schmelzsicherung aussieht.

b) Schreibe einen Text für eine Website, in dem du den Sinn einer Sicherung den Besuchern der Seite verständlich machst.

c) Schmelzsicherungen für verschiedene Stromstärken besitzen unterschiedlich dicke Schmelzdrähte. Erkläre den Zusammenhang zwischen der maximalen Stromstärke und der Dicke des Schmelzdrahtes.

M3 Der Sicherungsautomat

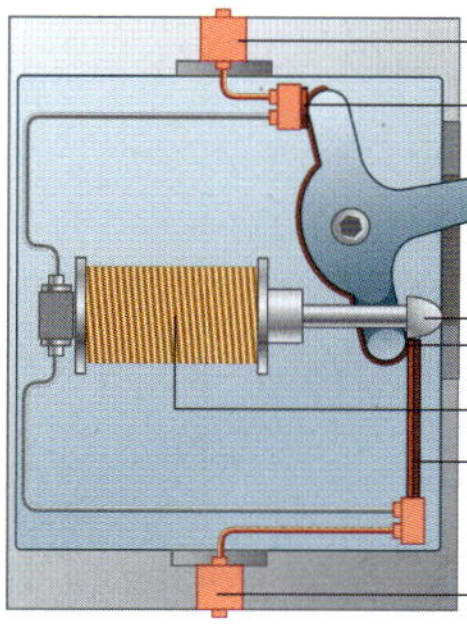

In Häusern werden Stromkreise mithilfe von sogenannten Sicherungsautomaten vor zu großem Stromfluss geschützt. In dem Sicherungskasten befindet sich für jeden einzelnen Teilstromkreis ein Sicherungsautomat.

Ein Sicherungsautomat ist ein Schalter, der von selbst ausgeschaltet wird, wenn zu viel Strom fließt. Es gibt zwei verschiedene Bestandteile, die die Unterbrechung auslösen können:

1. Einen Elektromagneten, der bei viel zu großen Stromstärken sehr schnell den Stromkreis unterbricht.
2. Ein Bimetall, das bei nur etwas zu großen Stromstärken den Stromkreis unterbricht, wenn sie zu lange fließen.

In beiden Fällen wird der Kippschalter ausgelöst und springt nach unten.

i Ein Bimetall besteht aus zwei verschiedenen Metallen, die fest miteinander verbunden sind. Wenn es erwärmt wird, biegt es sich von selbst durch. Wenn es wieder abkühlt, kehrt es wieder in den ursprünglichen Zustand zurück.

Arbeitsauftrag

a) Erkläre mithilfe der Darstellung, wie der Stromkreis automatisch unterbrochen werden kann.

b) Erkläre, durch welche Stromwirkungen die Unterbrechung in beiden Fällen jeweils ausgelöst wird.

c) Begründe, dass das Bimetall erst nach einiger Zeit den Strom unterbricht.

d) Informiere dich, bei welcher Stromstärke in Haushalten der Stromkreis unterbrochen wird, z. B. über folgenden Link:

MC 67048-08

M4 Aufbau von Stromkabeln im Haushalt

Wir haben gelernt, dass für einen Stromkreis eine Verbindung zwischen der Elektrizitätsquelle und dem elektrischen Gerät immer aus zwei Leitern bestehen muss. Wenn man aber Stromkabel untersucht, wie sie für Elektrogeräte im Haushalt eingesetzt werden, dann kann man feststellen, dass unter der Isolierung drei getrennte Adern verlaufen.

Arbeitsauftrag

a) Die einzelnen Adern des Kabels sind normalerweise immer mit den gleichen Farben markiert.
Beschreibe die Bedeutung der drei Adern. Ermittle dafür im Internet die Bedeutung der unterschiedlichen Farben und ihre Namen, z. B. über folgenden Link:

MC 67048-09

b) Zeichne das Schaltbild eines Stromkreises mit einer Lampe, indem du mithilfe der üblichen Farben alle drei Adern einzeichnest.

Sicherheit im Stromnetz

Bei unseren Experimenten setzen wir meist ungefährliche Stromstärken ein. Um aber Strom wirklich technisch zu nutzen, werden häufig deutlich größere Stromstärken benötigt. Damit steigt natürlich das Risiko, dass im Fall eines Unfalls größere Schäden entstehen können.
Bei der Planung unserer Stromnetze wurden daher eine Reihe von Sicherheitsvorkehrungen eingebaut, um gefährliche Situationen zu vermeiden.

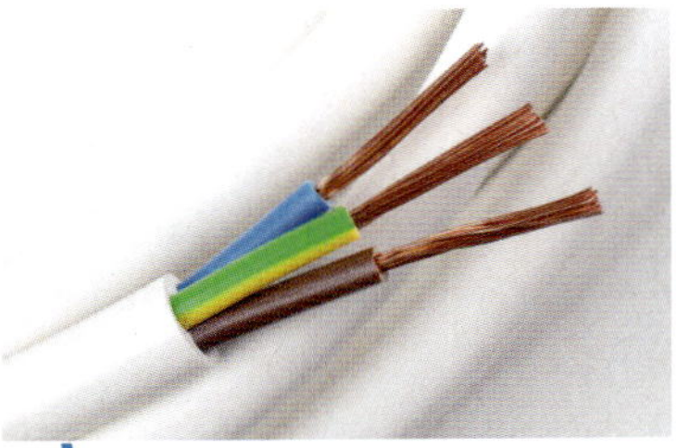

B1 Die Stromleitungen in Häusern sind mit einem besonderen Farbcode versehen: Der braune Leiter wird Phase genannt, der blaue Nullleiter und der grün-gelbe heißt Erdleitung.

Sicherungen

Werden zu viele elektrische Geräte an demselben Stromkreis angeschlossen, fließt ein zu großer Strom durch die Leitungen, und es könnte so zu Schäden in den Zuleitungen kommen. In jedem Stromkreis befindet sich daher eine Sicherung. Stellt diese eine zu große Stromstärke fest, unterbricht sie den gesamten Stromkreis (vgl. M3).

Sicherungen im Stromkreis verhindern einen zu großen Stromfluss.

i Techniker nennen den Fehlstromschalter gerne FI-Schalter (F für Fehler und I als Symbol für die Stromstärke). Fehlstromschalter unterbrechen bereits bei einem Stromstärkenunterschied von wenigen mA den Stromkreis.

Fehlstromschalter

Wenn wegen eines Unfalls der Strom die geplanten Wege (die Kabel) verlässt und unkontrolliert abfließt, muss unbedingt der Stromfluss unterbrochen werden. Dazu befindet sich in jedem Haus ein sogenannter Fehlstromschalter. Dieser vergleicht die Stromstärken, die durch die beiden Zuleitungen (Phase und Nullleiter, vgl. B1) fließen. Sind die Stromstärken auch nur leicht unterschiedlich, unterbricht der Schalter den Stromkreis.

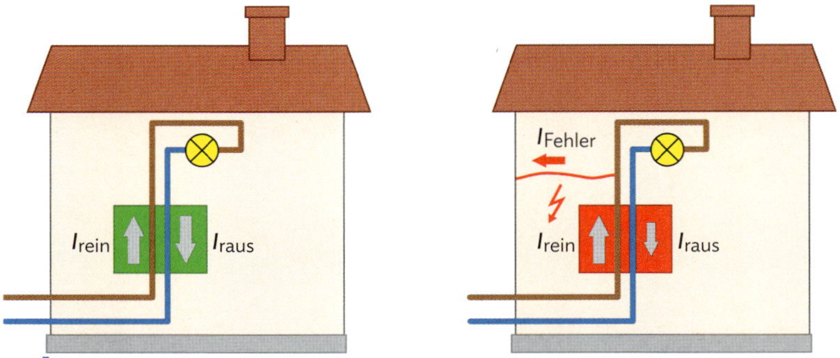

B2 Fließt irgendwo Strom ab, dann unterbricht der Fehlstromschalter den Stromkreis.

Der Fehlstromschalter unterbricht den Stromkreis, wenn sich die Stromstärken in den beiden Anschlussleitungen unterscheiden.

Der Schutzleiter

Wenn sich im Inneren eines Gerätes die Isolierung von einem Kabel gelöst hat, dann könnte es sein, dass stromleitende Kabel die Verkleidung des Geräts von innen berühren. Jeder Kontakt mit dem Gerät wäre dann lebensgefährlich. Um in diesem Fall den Strom abzuleiten und die Sicherung auszulösen, gibt es einen zusätzlichen Leiter, der mit dem Gehäuse verbunden ist (vgl. B3 und B4). Dieser heißt Schutzleiter (vgl. B1). Er führt wie ein Blitzableiter in den Boden (vgl. B3).

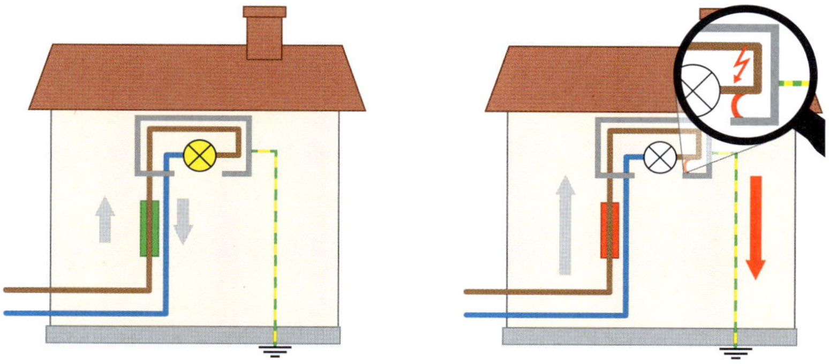

B3 \ Berührt ein offener Draht die Verkleidung, wird der Strom über den Schutzleiter abgeleitet.

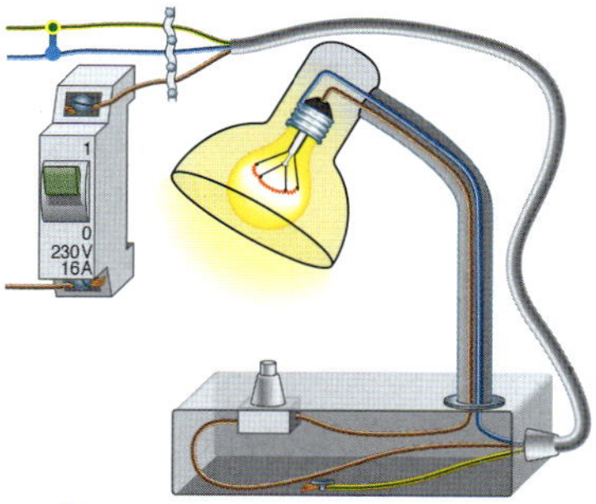

B4 \ Anschluss der drei Adern in einer Lampe.

B5 \ Das Symbol wird „Erde" genannt. Es bedeutet, dass das Stromkabel mit dem Erdboden verbunden ist und alle Ladungen hier abfließen können. Auch der Nullleiter ist mit der Erde verbunden.

Der Schutzleiter ist ein zusätzlicher Leiter, der metallische Gehäuse von Geräten mit der Erde verbindet.

Musteraufgabe

Im Haushalt befinden sich häufig Geräte, wie Elektroherd oder Waschmaschine, in einem eigenen Stromkreis, während alle übrigen Verbraucher in dem Raum sich in einem zweiten Stromkreis mit eigener Sicherung befinden. Erkläre den Grund für diese getrennten Schaltungen.

Lösung

Sicherungen sind dazu da, einen zu großen Stromfluss in einzelnen Stromkreisen zu verhindern. Durch einen Elektroherd oder die Waschmaschine fließt Strom mit einer so großen Stromstärke, dass die Sicherung sofort auslösen würde, wenn sich im Stromkreis zusätzlich noch weitere größere Verbraucher befinden würden.

Arbeitsaufträge

1 \ Entscheide und begründe, welche der Schutzvorrichtungen bei den beschriebenen Stromkreisfehlern in Aktion treten wird.

a) Als Peter in die Wand ein Loch für einen Dübel bohrt, dringt der Metallbohrer in das dort verlegte Stromkabel ein.

b) Als die Lampe auf Renates Schreibtisch heruntergefallen ist, ist im Inneren die Isolierung der Zuleitung aufgerissen und das blanke Kabel berührt jetzt das Gehäuse.

c) Ein Gerät, das für den amerikanischen Markt mit 110 V Spannung eingerichtet ist, wird versehentlich an eine deutsche Steckdose angeschlossen.

↳ weitere passende Aufgaben: S. 41, Nr. 11, 12, 13; S. 42, Nr. 15

2 \ Die Abbildung zeigt eine sogenannte Schuko-Steckdose (kurz für Schutzkontaktsteckdose).

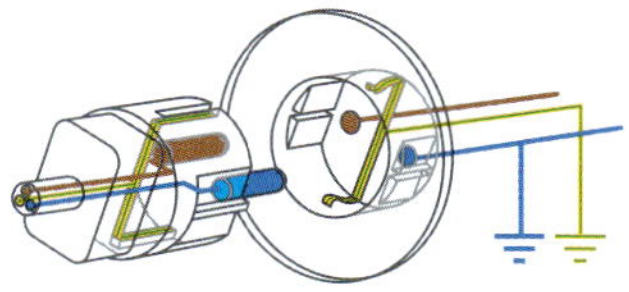

Beschreibe in einem kurzen Text ihre Funktionsweise. Gehe dabei auch auf die folgenden Fragen ein:

- Wie lautet die Bezeichnung der Adern, die nach rechts aus der Steckdose laufen?
- Warum befinden sich in der Steckdose und im Stecker die beiden (hier grün dargestellten) Anschlüsse?

5 Parallel- und Reihenschaltungen

Versuche und Materialien zu Kapitel 5.2

M1 Elektrische Widerstände als Vorwiderstand

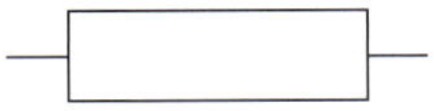

In elektrischen Schaltungen müssen Ströme vielfach begrenzt werden, um wichtige Bauteile wie z. B. eine Leuchtdiode (kurz: LED für (engl.) light-emitting diode) zu schützen. Weil z. B. durch die Batterie die Spannung vorgegeben ist, lässt sich das erreichen, indem man es den Elektronen erschwert, sich durch den Draht zu bewegen. In den Stromkreis muss also ein Widerstand eingebaut werden; man spricht dabei von einem Vorwiderstand.

Die Abbildung oben zeigt eine typische Bauform eines elektrischen Widerstands – einen sogenannten Festwiderstand, der als Ohmscher Widerstand einen festen Widerstandswert besitzt. Festwiderstände gibt es mit ganz unterschiedlichen Widerstandswerten, die durch die Farbmarkierungen auf dem Widerstandsbauteil angegeben werden.

i Zur Erinnerung: Das Schaltsymbol für eine LED. Die Spitze des Dreieckssymbols muss dabei immer zum Minuspol der Elektrizitätsquelle zeigen.

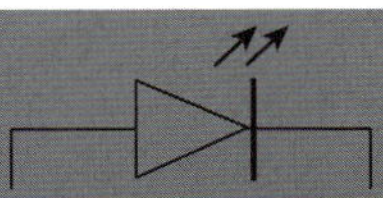

Arbeitsauftrag

a) Erstelle einen Schaltplan für einen Stromkreis mit einer Leuchtdiode und dem Vorwiderstand. Begründe kurz anhand des Wasserstromkreismodells, wie der Vorwiderstand einzubauen ist.

b) An einer LED darf maximal eine Spannung von 1,9 V anliegen. Begründe, wieder mit dem Wasserstromkreismodell, wie groß die Spannung am Vorwiderstand ist, wenn die LED an eine Flachbatterie (4,5 V) angeschlossen wird.

c) In der Situation von b) fließt ein Strom von 20 mA. Berechne den nötigen Vorwiderstand, um die LED anzuschließen.

d) Recherchiere, wie sich anhand der Farbmarkierung der Widerstandswert eines Festwiderstands bestimmen lässt. Fasse deine Ergebnisse in einem kurzen Text zusammen und bestimme für den oben abgebildeten Festwiderstand den Widerstandswert.

M2 Potentiometerschaltung

Du weißt bereits, dass auch ein Draht einen Widerstand besitzt. Um ein Glühlämpchen unterschiedlich hell leuchten zu lassen, benötigen wir bei fest vorgegebener Spannung einen veränderlichen Widerstand.

Er wird hergestellt, indem ein Draht auf einen Keramikkörper gewickelt und an den Enden mit Anschlüssen verbunden wird. Ein drit-

Arbeitsauftrag

a) Erstelle für das Potentiometer ein Ersatzschaltbild aus zwei Widerständen.

b) Entwirf eine Schaltung aus V Potentiometer und Glühlämpchen, sodass sich die

ter Anschluss kann über einen Drehknopf so verschoben werden, dass sich die Drahtlänge zwischen diesem dritten Anschluss und jeweils einem der beiden Enden verändert. Damit wird auch der Widerstand größer oder kleiner. Man spricht von einem Potentiometer.

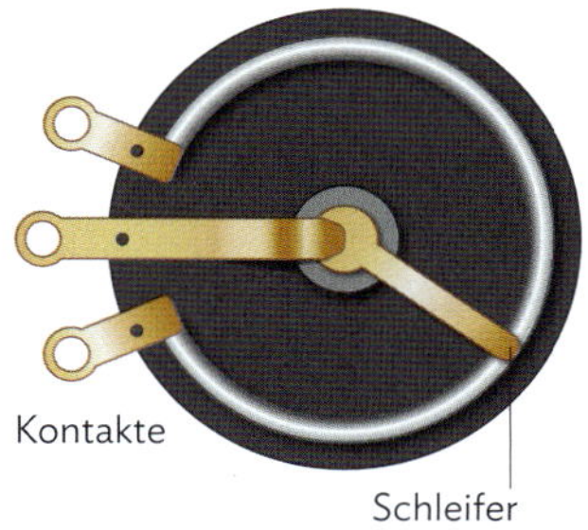

Schaltsymbol:

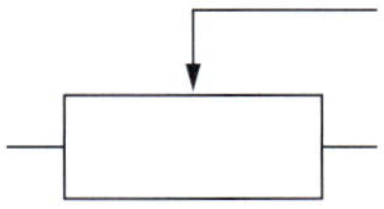

Helligkeit des Lämpchens regeln lässt. Erkläre deine Schaltung und überprüfe sie experimentell oder in einer Simulation.

! Achte darauf, dass kein Kurzschluss entstehen kann!

M3 Siebentaktschaltung einer Kochplatte

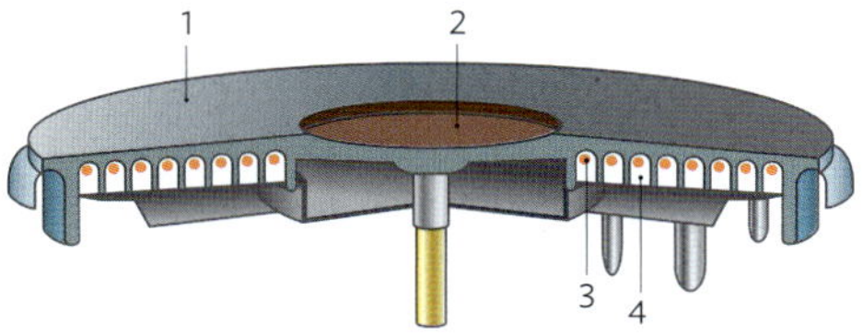

1 beheizter Plattenteil
2 unbeheizter Plattenteil
3 Heizdraht
4 keramische Isoliermasse

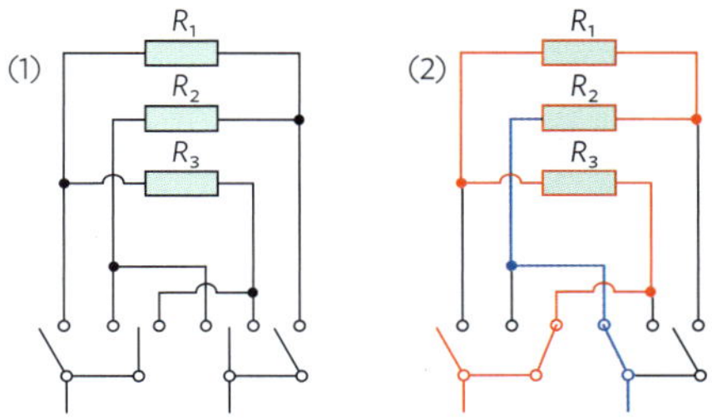

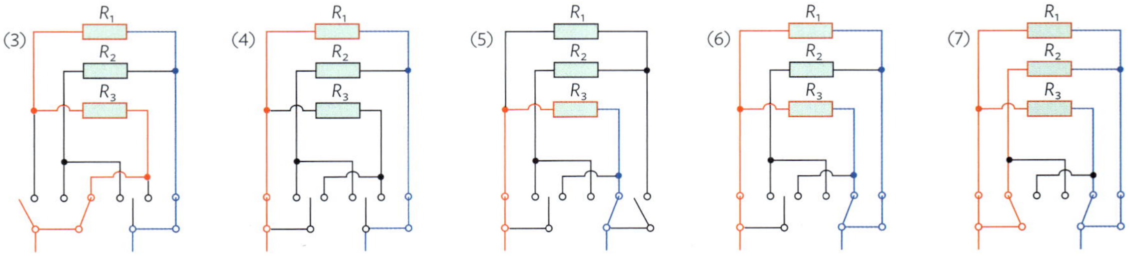

Eine klassische Kochplatte besteht aus einem Heizdraht, der sich bei Stromfluss entsprechend erhitzt und die Herdplatte beheizt. Um sie auf unterschiedliche Temperaturen einstellen zu können, unterteilt man den Heizdraht in drei Abschnitte, die unterschiedliche Widerstandswerte besitzen (z. B. $R_1 = 212\ \Omega$; $R_2 = 71\ \Omega$; $R_3 = 106\ \Omega$). Durch die Verbindung der Heizdrähte in wechselnden Schaltungen mit der Elektrizitätsquelle lässt sich die Stromstärke steuern und damit die Temperatur der Heizplatte regulieren. Legt man stets die gleiche Spannung an, so wird in der Reihenschaltung der drei Widerstände (Schaltplan 2) ein kleinerer Strom fließen als in der Parallelschaltung (Schaltplan 7). Mit einem Schaltknopf lassen sich der Reihe nach alle diese sieben Schaltungen einstellen; man spricht deshalb auch von einer „Siebentaktschaltung".

Arbeitsauftrag

a) Erstelle für jede der Schaltstufen ein vereinfachtes Ersatzschaltbild. Vergleiche dann in der Klasse und suche die übersichtlichste Lösung für jede Schaltung. Formuliere Regeln, wie sich elektrische Schaltungen besonders klar und deutlich darstellen lassen.

b) Erkläre, in welcher Schaltstufe sich überprüfen lässt, ob alle Heizdrähte in Ordnung sind.

V1 Stromkreise mit Reihen- und Parallelschaltungen

Elektrogeräte werden meistens nebeneinander in einem Stromkreis geschaltet, wie bei einer Mehrfachsteckdose. Wir sprechen hier von einer Parallelschaltung. Bei manchen Geräten sind aber auch bestimmte Elemente in einer Reihe hintereinander geschaltet, wie z. B. bei einer einfachen Lichterkette. Wir sprechen von einer Reihenschaltung.

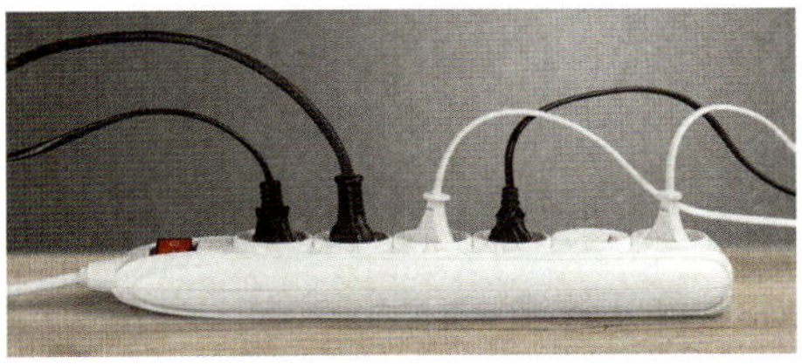

Regeln der Reihen- und Parallelschaltung

Um Stromkreise planen und beurteilen zu können, müssen wir die Regeln kennen, die für Stromstärken und Spannungen in einer Reihen- oder Parallelschaltung gelten. Die Abbildungen zeigen die beiden Schaltpläne:

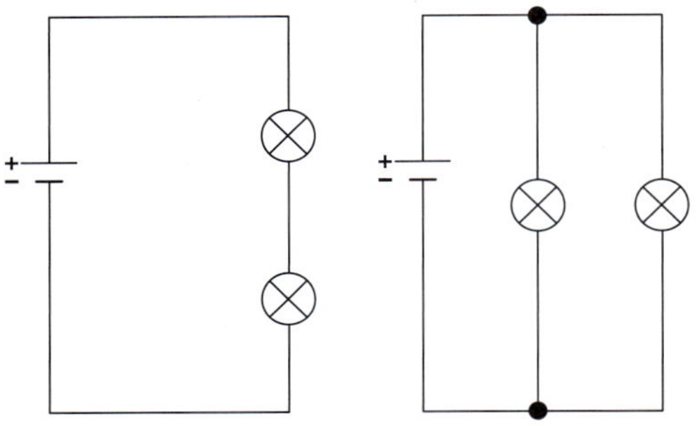

Dazu sollst du im Folgenden selbstständig ein Experiment planen, durchführen und strukturiert protokollieren.

! Arbeite nur mit Spannungen bis max. 25 V! Achte auch auf die maximal zulässige Spannung der einzelnen Lampen!

Methode

Modelle für Vorhersagen nutzen

Zur physikalischen Vorgehensweise gehört es, vor einem Experiment bisherige Erkenntnisse insbesondere in Form von Modellen zu nutzen, um zunächst Vermutungen aufzustellen und Vorhersagen zu treffen. Die Stärke eines Modells zeigt sich dann darin, dass die Vermutungen im Experiment bestätigt werden. Andernfalls ist die Modellvorstellung entsprechend zu korrigieren.

Arbeitsauftrag

a) Stelle die Reihen- und Parallelschaltung im Wasserstromkreismodell dar.

b) Formuliere mithilfe des Modells jeweils Vermutungen, wie sich Stromstärken und Spannungen bei Reihen- bzw. Parallelschaltungen verhalten. Überlege dir als Hilfe, wo du Messgeräte sinnvoll einfügen kannst und was sie anzeigen werden.

Methode

Experimente schrittweise planen

1. Als Grundlage der Planung musst du das Ziel des Experimentes klären: Welche Fragestellung oder Größe soll untersucht werden?
2. Dann ist ein erster experimenteller Aufbau, z. B. eine Schaltung, zu entwerfen oder zu beschreiben. Dabei ist auch zu überlegen, welche Materialien für den Aufbau nötig sind. In einer Materialliste werden alle Bauteile mit den wichtigsten Daten (z. B. „zwei Glühlampen, 6 V, 100 mA“) angegeben.
3. Betrachte nun, welche Größen zu messen sind und wie das geschieht, z. B. durch den Einbau von Messgeräten. Daher sind im Entwurf des Aufbaus und in der Materialliste die Messgeräte zu ergänzen oder der Aufbau so zu überarbeiten, dass eine Messung möglich ist.

Damit haben wir bereits auch die Schritte des Versuchsprotokolls (ZABMA) vorbereitet.

V2 Untersuchung von Stromstärken und Spannungen in Reihen- und Parallelschaltungen

Verwendung von Vielfachmessgeräten

Der Einsatz von Vielfachmessgeräten wurde bereits in Kapitel 3.1 ausführlich erklärt: Ein Stromstärkemessgerät wird immer an einer Stelle in die Stromleitung eingefügt, ein Spannungsmessgerät an zwei Stellen (vor und nach einem Bauteil).

Merkhilfe:
Das Formelzeichen *I* der Stromstärke sieht wie eine gerade Stromleitung aus, in die das Amperemeter eingefügt wird.
Das Formelzeichen *U* der Spannung gleicht dagegen dem Bogen der Kabel in einer Parallelschaltung, in dem sich das Voltmeter befindet.

! Starte deine Messung erst, wenn eine Lehrkraft deine Schaltung überprüft hat!

Simulationen mit Bedacht nutzen

In einer Simulation werden stets bereits bekannte Gesetze oder Phänomene aufbereitet, was sich oft an viel exakteren Ergebnissen als in der Realität zeigt. Daher ist eine Simulation nie einem realen Experiment gleichwertig, in dem das Verhalten der Natur untersucht wird. Dennoch kann eine Simulation zur Vorbereitung eines Experiments helfen, um z. B. den Aufbau einer Schaltung oder den Einsatz von Messgeräten ohne Schaden zu üben (vgl. Flugsimulator). Ebenso kann eine Simulation zur Nachbereitung oder als Ersatz dienen, wenn zu Hause die nötigen Materialien fehlen.

Arbeitsauftrag

1 \ a) Plane jeweils das Experiment zur Untersuchung von Stromstärken und Spannungen bei einer Reihen- bzw. Parallelschaltung. Verwende als Bauteile zunächst wie auf S. 34 zwei baugleiche Lampen und ersetze sie durch zwei unterschiedliche Ohmsche Widerstände (z. B. 50 Ω und 100 Ω). Erstelle dabei insbesondere eine Materialliste und einen Schaltplan mit allen Messgeräten.
b) Baue nun deine Schaltung aus a) wie geplant mit allen Messgeräten auf. Führe deine Messungen durch und halte deinen Versuch strukturiert fest („ZABMA“, vgl. Kapitel 3.1). Stelle dabei deine Beobachtungen zu Stromstärken und Spannungen in Worten und mit physikalischen Abkürzungen.
c) Gib an, ob du mit deinen Modellvorstellungen (Arbeitsauftrag b) von S. 34) die Ergebnisse richtig vorhersagen konntest.

2 \ Wir fügen in die Reihen- bzw. Parallelschaltung zweier Lampen eine dritte baugleiche Lampe ein.
Begründe, ob bzw. wie sich die Helligkeit der bisherigen Lampen jeweils ändert und wie sich Stromstärken und Spannungen verhalten.
Überprüfe experimentell oder z. B. mit folgender Simulation:

MC 67048-10

Methode

Aufbau von Schaltungen

Um eine Schaltung korrekt und übersichtlich aufzubauen, legst du am besten alle Bauteile oder Geräte sinnvoll aus und verbindest sie erst danach miteinander. Beginne dabei mit dem einfachsten Weg vom Pluspol über eine oder mehrere Lampen zum Minuspol. Anschließend ergänzt du alle weiteren Stromzweige durch die restlichen Lampen und Messgeräte. Im letzten Schritt verbindest du die Elektrizitätsquelle – aber erst, nachdem deine Lehrkraft die Schaltung kontrolliert hat!

5.2 Stromstärken und Spannungen in elektrischen Schaltungen mit maximal drei Widerständen

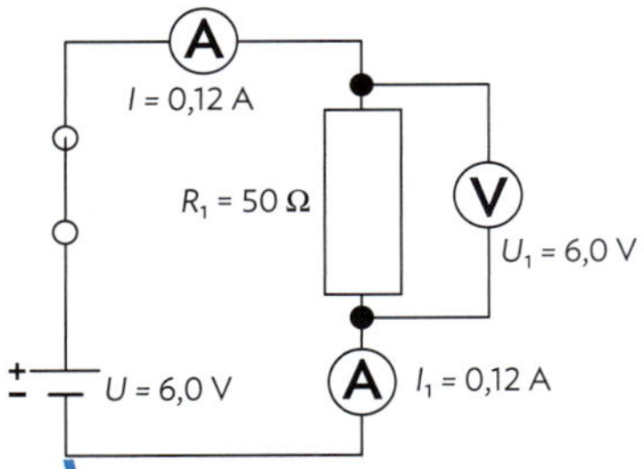

B1 Beispiel einfacher Stromkreis.

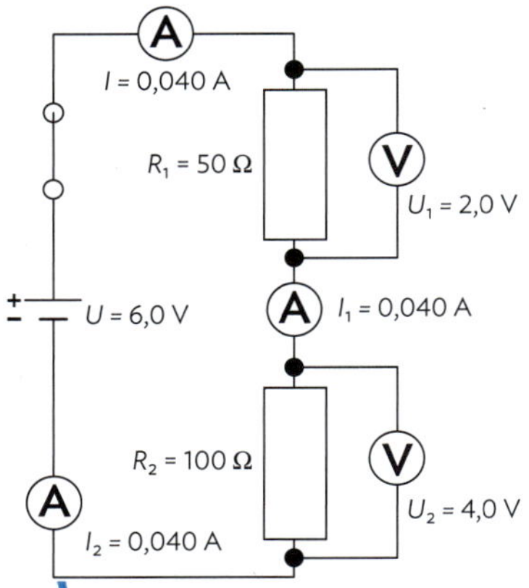

B2 Beispiel Reihenschaltung.

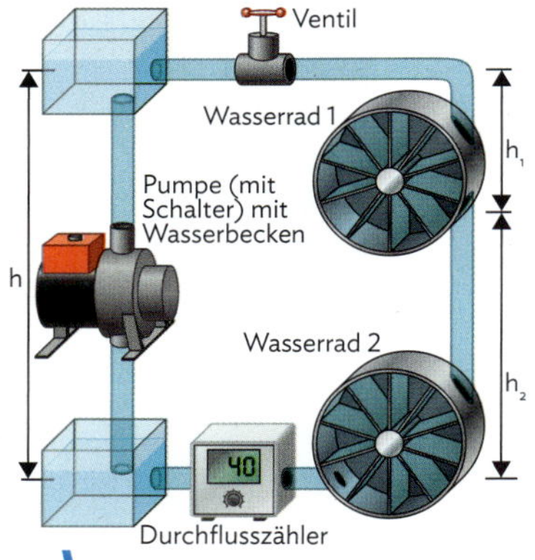

B3 Reihenschaltung im Modell.

Die Reihenschaltung

Bei einer Reihenschaltung (vgl. V1 und V2) werden alle Lampen mit einer durchgehenden Leitung verbunden. Im Wasserkreislaufmodell entspricht das einer Abfolge von zwei oder mehr Wasserrädern hintereinander.

Schalten wir zusätzlich zu dem vorhandenen Widerstand in B1 einen weiteren in Reihe dazu (B2), so wird es für die Ladungsträger noch schwieriger, sich vom einen Pol der Elektrizitätsquelle zum anderen zu bewegen. Entsprechend sinkt bei gleicher Spannung die Stromstärke durch die neue Schaltung ab. Im Wasserstromkreis (B3) wird das Wasser sowohl durch das erste als auch durch das zweite Wasserrad gebremst und kann sich deshalb nur langsam durch das gesamte System bewegen.

Weil es keine Verzweigungen gibt, muss durch jede Stelle des Wasserkreislaufs dieselbe Wassermenge pro Sekunde fließen. Analog dazu herrscht auch im Stromkreis überall die gleiche Stromstärke: $I = I_1 = I_2$.

Haben die Wasserräder einen unterschiedlichen mechanischen Widerstand, bedeutet die gleiche Wassermenge pro Sekunde: Auf das Wasserrad mit dem größeren Widerstand muss eine höhere Wassersäule drücken. So wie sich die Höhen der Wassersäulen zum Höhenunterschied der Wasserbecken addieren ($h = h_1 + h_2$), addieren sich auch die Teilspannungen an den Lampen zur Gesamtspannung: $U = U_1 + U_2$.

In B2 ist zu sehen, dass die Teilspannungen an den Bauteilen im gleichen Verhältnis wie ihre Widerstandswerte stehen. Ein doppelt so großer Widerstand bedeutet also auch eine doppelt so große anliegende Spannung. Rechnerisch ergibt sich diese Beobachtung aus der überall gleichen Stromstärke. Mit der Gleichung für den Widerstand ($R = \frac{U}{I}$ bzw. $I = \frac{U}{R}$) ergibt sich aus $I = I_1 = I_2$: $\frac{U_1}{R_1} = \frac{U_2}{R_2}$ oder durch Umformung $\frac{U_1}{U_2} = \frac{R_1}{R_2}$

Bei einer Reihenschaltung von zwei Widerständen mit den Werten R_1 und R_2 gilt:

- Die Stromstärke I ist im Stromkreis überall gleich groß: $I = I_1 = I_2$.
- Die Gesamtspannung U ergibt sich als Summe der Teilspannungen an den Widerständen: $U = U_1 + U_2$. Dabei fällt am größeren Widerstand der größere Teil der Spannung ab.
- Es gilt: $\frac{U_1}{R_1} = \frac{U_2}{R_2}$ bzw. $\frac{U_1}{U_2} = \frac{R_1}{R_2}$.

Musteraufgabe

Zwei Lampen ($R_1 = 15\ \Omega$ und $R_2 = 30\ \Omega$) werden in Reihe an eine Batterie ($U = 4{,}5\ \text{V}$) angeschlossen. Berechne die Stromstärken und die Teilspannungen im Stromkreis.

Lösung

Die Teilspannungen verhalten sich wie die Widerstände: $\frac{U_1}{U_2} = \frac{R_1}{R_2} = \frac{15\ \Omega}{30\ \Omega} = \frac{1}{2}$

Daher teilen wir die Gesamtspannung in $1 + 2 = 3$ Teile: $\frac{4{,}5}{3}\ \text{V} = 1{,}5\ \text{V}$ und erhalten: $U_1 = 1 \cdot 1{,}5\ \text{V} = 1{,}5\ \text{V}$, $U_2 = 2 \cdot 1{,}5\ \text{V} = 3{,}0\ \text{V}$. Die Stromstärke ist überall gleich. Berechnung: $R = \frac{U}{I} \Rightarrow I = \frac{U}{R}$ bzw. $I_1 = \frac{U_1}{R_1} = \frac{1{,}5\ \text{V}}{15\ \Omega} = 0{,}10\ \text{A}$ und $I_2 = \frac{U_2}{R_2} = \frac{3{,}0\ \text{V}}{30\ \Omega} = 0{,}10\ \text{A}$, also $I = I_1 = I_2 = 0{,}10\ \text{A}$.

Die Parallelschaltung

Damit Geräte unabhängig voneinander betrieben werden können, schalten wir sie meist parallel, wie z. B. an einer Mehrfachsteckdose. Solche Schaltungen haben den Vorteil, dass die einzelnen Zweige der Schaltung unabhängig voneinander sind. Ist eines der Bauteile defekt, funktionieren die anderen trotzdem noch. Im Vergleich zur der Schaltung mit nur einem Widerstand gibt es jetzt für die Ladungsträger mehrere Wege, wie sie vom einen Pol der Elektrizitätsquelle zum anderen gelangen können. Sie können sich also leichter bewegen und bei gleicher Spannung nimmt deshalb die Gesamtstromstärke durch die neue Schaltung zu.

Durch den Zähler 3 des Wasserkreislaufmodells in B5 muss pro Sekunde die gleiche Wassermenge fließen wie durch die Zähler 1 und 2 zusammen. In der Schaltung in B4 setzt sich die Gesamtstromstärke analog dazu aus den Einzelstromstärken der beiden Zweige zusammen: $I = I_1 + I_2$.

Anhand des Wasserkreislaufmodells lässt sich leicht klarmachen, dass an jedem Parallelzweig dieselbe Spannung anliegt: Die Höhe der Wassersäule ist für beide Wasserräder die gleiche. Es muss gelten: $U = U_1 = U_2$.

Wenn die Wasserräder einen unterschiedlichen mechanischen Widerstand haben, dann wird aber durch das schwerergängige Rad auch nur eine geringere Wassermenge pro Sekunde fließen können. Analog dazu führt im Stromkreis ein doppelt so großer Widerstand zu einer halb so großen Stromstärke. Die Stromstärken in beiden Zweigen verhalten sich also umgekehrt wie die Widerstände. Rechnerisch ergibt sich diese Beobachtung aus der in beiden Zweigen gleichen Spannung. Mit der Gleichung für den Widerstand $R = \frac{U}{I}$ bzw. $U = R \cdot I$ und aus $U = U_1 = U_2$ ergibt sich:
$R_1 \cdot I_1 = R_2 \cdot I_2$ oder durch Umformung $\frac{I_1}{I_2} = \frac{R_2}{R_1}$.

Das ist bei einer Reihenschaltung nicht der Fall: Wenn dort eines der Bauteile defekt ist, wird der komplette Stromkreis unterbrochen.

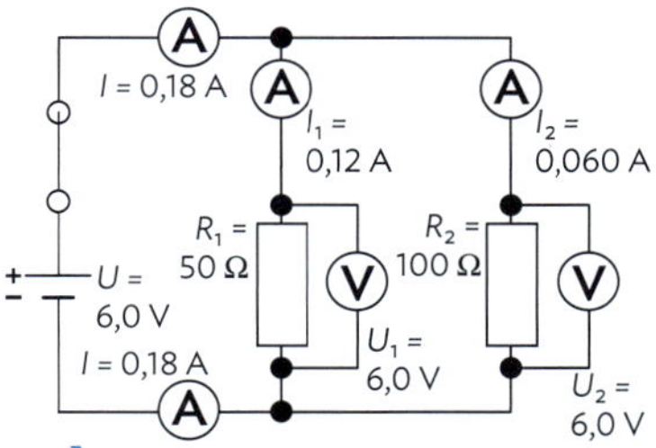

B4 \ Beispiel Parallelschaltung.

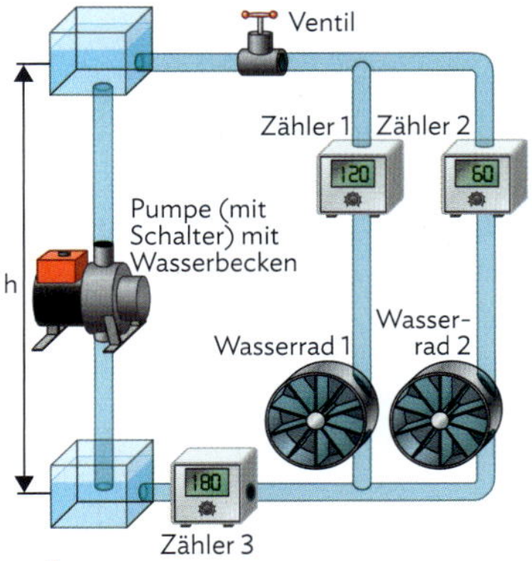

B5 \ Parallelschaltung im Wasserkreislaufmodell.

Bei einer Parallelschaltung von zwei Widerständen mit den Werten R_1 und R_2 gilt:

- An beiden Zweigen liegt dieselbe Spannung U an: $U = U_1 = U_2$.
- Die Gesamtstromstärke I ergibt sich als Summe der Stromstärken in den beiden Zweigen: $I = I_1 + I_2$. Dabei fließt durch den größeren Widerstand der kleinere Teil des Stromes.
- Es gilt: $R_1 \cdot I_1 = R_2 \cdot I_2$ bzw. $\frac{I_1}{I_2} = \frac{R_2}{R_1}$.

Musteraufgabe

Zwei Lampen mit $R_2 = 3 \cdot R_1$ sind parallel an eine Batterie ($U = 9{,}00$ V) angeschlossen. Die Gesamtstromstärke beträgt $I = 240$ mA. Berechne die Stromstärken und die Widerstandswerte im Stromkreis.

Lösung

Die Stromstärken verhalten sich umgekehrt wie die Widerstände:
$\frac{I_1}{I_2} = \frac{R_2}{R_1} = \frac{3 \cdot R_1}{R_1} = \frac{3}{1}$.
Wir teilen die Gesamtstromstärke in 3 + 1 = 4 Teile: $\frac{240}{4}$ mA = 60,0 mA und erhalten: $I_1 = 3 \cdot 60{,}0$ mA = 180 mA, $I_2 = 1 \cdot 60{,}0$ mA = 60,0 mA.
Widerstände: $R_1 = \frac{U_1}{I_1} = \frac{9{,}00\ \text{V}}{0{,}180\ \text{A}} = 50{,}0\ \Omega$, $R_2 = \frac{9{,}00\ \text{V}}{0{,}0600\ \text{A}} = 150\ \Omega$

5.2 Stromstärken und Spannungen in elektrischen Schaltungen mit maximal drei Widerständen

Schaltungen mit drei Widerständen

Schließen wir eine Lichterkette neben einer Tischlampe an die Mehrfachsteckdose an, so sind zwar die Lampen der Lichterkette in Reihe geschaltet (siehe R_1 und R_2 in B6), aber die Tischlampe (R_3) ist dazu parallel geschaltet.

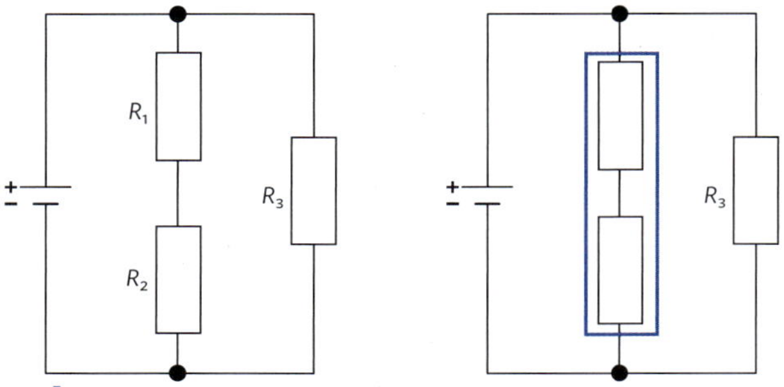

B6 Links: Schaltplan einer Reihenschaltung in einer Parallelschaltung.
Rechts: Einfache Parallelschaltung mit einer „Black Box“.

Um die Schaltung im linken Teil von B6 übersichtlicher darzustellen, hilft es, die Lichterkette als ein einziges Bauteil zu betrachten. Wir verpacken gewissermaßen die Lichterkette in eine „Black Box“ (B6 rechts). Jetzt haben wir eine einfache Parallelschaltung, wie sie bereits auf S. 37 behandelt wurde.

Wenn die Batteriespannung U bekannt ist, lässt sich also die Stromstärke durch die Tischlampe wie gewohnt berechnen: $I_3 = \frac{U}{R_3}$.

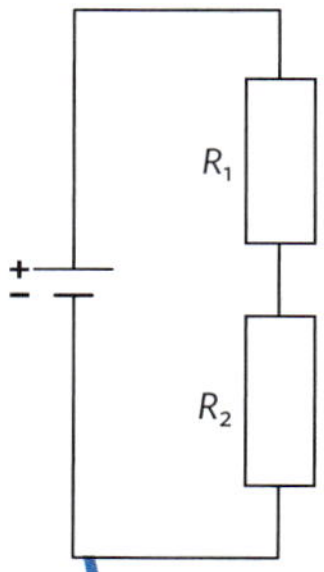

B7 Die „Black Box“ entpackt.

Für die Berechnung der Stromstärke durch die Lichterkette „packen wir die Black Box aus“ (B7). Ihre Anschlüsse liegen direkt an der Batterie, das bedeutet, dass sich deren Spannung aufteilt gemäß $\frac{U_1}{U_2} = \frac{R_1}{R_2}$. Außerdem ergibt die Summe der beiden Teilspannungen die Batteriespannung $U = U_1 + U_2$. Mit diesen Werten können wir dann auch die Stromstärken durch die Lämpchen der Lichterkette berechnen.
Es gilt: $I_1 = \frac{U_1}{R_1}$ und $I_2 = \frac{U_2}{R_2}$.

Methode

Untersuchung komplizierterer Schaltungen

Teile größere Schaltungen in Reihen- und Parallelschaltungen auf. Dazu darfst du im ersten Schritt Widerstände in einer „Black Box“ zusammenfassen. Erst hinterher betrachtest du die „Black Box“ genauer.
Parallelschaltungen erkennst du daran, dass der Stromkreis verzweigt; bei Reihenschaltungen gibt es einen durchgehenden Stromweg.

Musteraufgabe

Wir betrachten B6 mit den folgenden Daten: Gesamtspannung $U = 6{,}0\ \text{V}$, Widerstände $R_1 = R_2 = 15\ \Omega$, $R_3 = 15\ \Omega$. Im Vergleich zu B4 wurde also im linken Zweig der Parallelschaltung ein weiterer Widerstand ergänzt. Berechne alle Stromstärken in diesem Stromkreis und vergleiche mit B4.

Lösung

Wenn wir die beiden 50-Ohm-Widerstände zu einer „Black Box“ zusammenfassen, dann liegt eine einfache Parallelschaltung vor. Der 100-Ohm-Widerstand ist direkt an die Spannung 6,0 V angeschlossen. Also ist in diesem Zweig die Stromstärke unverändert 60 mA. Jetzt betrachten wir die „Black Box“ genauer. Die beiden 50-Ohm-Widerstände sind in Reihe geschaltet, das bedeutet, dass an jedem von ihnen nur die halbe Gesamtspannung anliegt, also jeweils 3,0 V. Die Stromstärke berechnet sich dann zu $I = \frac{U}{R} = \frac{3{,}0\ \text{V}}{50\ \Omega} = 60\ \text{mA}$. Sie ist für R_1 und R_2 die gleiche. Durch beide Zweige der Parallelschaltung fließen also 60 mA, das ergibt einen Gesamtstrom von 120 mA.

Verglichen mit B4 ist die Gesamtstromstärke geringer. Das liegt daran, dass im linken Zweig ein zusätzlicher Widerstand verbaut ist und den Stromfluss erschwert.

Arbeitsaufträge

1 \ Zwei gleiche Widerstände werden einmal in Reihe und einmal parallel an die gleiche Elektrizitätsquelle angeschlossen.

a) Beschreibe für beide Schaltungen das entsprechende Wasserkreislaufmodell und erkläre damit, dass sich beide Male die Gesamtstromstärke im Vergleich zur Schaltung mit nur einem Widerstand ändert.

b) Bestimme diese Änderungen rechnerisch und beschreibe dein Vorgehen.

c) Übertrage die Argumentation aus b) auf den Fall, dass drei gleiche Widerstände in Reihe bzw. parallel geschaltet werden.

2 \ Zeichne für die Reihen- und für die Parallelschaltung von zwei Glühlampen je drei unterschiedliche Schaltpläne. Verändere dabei die Anordnung der Lampen und erkläre, bei welchen Schaltplänen Verwechslungsgefahr droht.

3 \ Zwei Lampen ($500\ \Omega$; $800\ \Omega$) sind parallel an die Netzspannung (230 V) angeschlossen. Zeichne das Schaltbild und berechne alle Stromstärken.

4 \ An die Reihenschaltung von zwei Glühlampen ($50\ \Omega$; $200\ \Omega$) wird eine Spannung von 4,5 V gelegt. Berechne die Spannungen an den Lampen und die Stromstärken.

↳ **weitere passende Aufgaben:** S. 44, Nr. 20, 21; S. 45, Nr. 23, 24

5 \ Wegen einer Baustelle ist in einer zweispurigen Hauptverkehrsstraße nur eine Fahrspur nutzbar. Zur Entlastung wird eine Umgehungsstrecke eingerichtet.

a) Beschreibe genau, in welchem Sinn die Umgehungsstrecke den Verkehr entlastet.

b) Die dargestellte Situation kann als Modell für einen elektrischen Stromkreis verwendet werden. Stelle in einer Tabelle die entsprechenden Größen einander gegenüber.

c) Gib die Art der Schaltung an, die durch die dargestellte Situation veranschaulicht wird. Vergleiche deine Beschreibung aus a) mit dem Verhalten der physikalischen Größen bei dieser Schaltungsart.

d) Sammle Argumente, die für oder gegen eine Verwendung dieses „Verkehrsmodells“ sprechen. Berücksichtige dabei auch weitere Schaltungsarten und die Voraussagen, die das Modell für sie liefert.

6 \ An einer Schaltung wie in B6 ($R_1 = R_2 = 100\ \Omega$; $R_3 = 120\ \Omega$) liegt eine Spannung von 8,0 V an.

a) Berechne alle auftretenden Spannungen und Stromstärken.

b) Überprüfe die Ergebnisse mit einer Simulation.

Exkurs: Gesamtwiderstand

In Kapitel 5.2 haben wir Schaltungen mit Widerständen untersucht. Je nach Wahl der Widerstandswerte lassen sich dabei Stromstärken und Spannungen in den einzelnen Zweigen der Schaltungen kontrollieren.

Wenn man nur an der Strombegrenzung interessiert ist, dann braucht man natürlich nicht zwei Widerstände, sondern kann sie durch einen einzigen mit dem entsprechenden Widerstandswert ersetzen. Man spricht vom Gesamtwiderstand der Schaltung.

- Berechnung bei der Reihenschaltung:
  Wegen $U = U_1 + U_2$ und $I = I_1 = I_2$ ist der Gesamtwiderstand $R = \frac{U}{I} = \frac{U_1}{I} + \frac{U_2}{I} = \frac{U_1}{I_1} + \frac{U_2}{I_2} = R_1 + R_2$.
  Es werden also einfach die Einzelwiderstände addiert.
- Berechnung bei der Parallelschaltung:
  Wegen $I = I_1 + I_2$ und $U = U_1 = U_2$ ist $\frac{1}{R} = \frac{I}{U} = \frac{I_1}{U} + \frac{I_2}{U} = \frac{I_1}{U_1} + \frac{I_2}{U_2} = \frac{1}{R_1} + \frac{1}{R_2}$. Hier addieren sich die Kehrwerte!

Der Gesamtwiderstand einer Schaltung kann auch helfen, Stromstärken und Spannungen zu berechnen. Wir betrachten dazu noch einmal die Musteraufgabe von S. 36.

Musteraufgabe

Zwei Glühlampen mit $R_1 = 15\ \Omega$ und $R_2 = 30\ \Omega$ werden in Reihe an eine Batterie ($U = 4{,}5$ V) angeschlossen. Berechne die Stromstärken und die Teilspannungen im Stromkreis.

Lösung

Der Gesamtwiderstand ist die Summe der Einzelwiderstände:
$R = R_1 + R_2 = 15\ \Omega + 30\ \Omega = 45\ \Omega$.
Wir können uns also vorstellen, dass an der Batterie einfach ein 45 Ω-Widerstand angeschlossen ist. Die Stromstärke ist dann $\left(\text{wegen } R = \frac{U}{I}\right)$:
$I = \frac{U}{R} = \frac{4{,}5\text{ V}}{45\ \Omega} = 0{,}10\text{ A} = I_1 = I_2$.
Die Teilspannungen finden wir mit $U = R \cdot I$ und damit:
$U_1 = R_1 \cdot I_1 = 15\ \Omega \cdot 0{,}10\text{ A} = 1{,}5\ V$ und $U_2 = R_2 \cdot I_2 = 30\ \Omega \cdot 0{,}10\text{ A} = 3{,}0\ V$

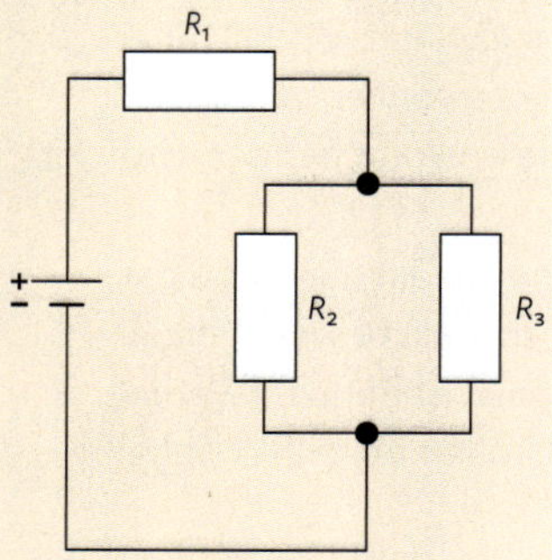

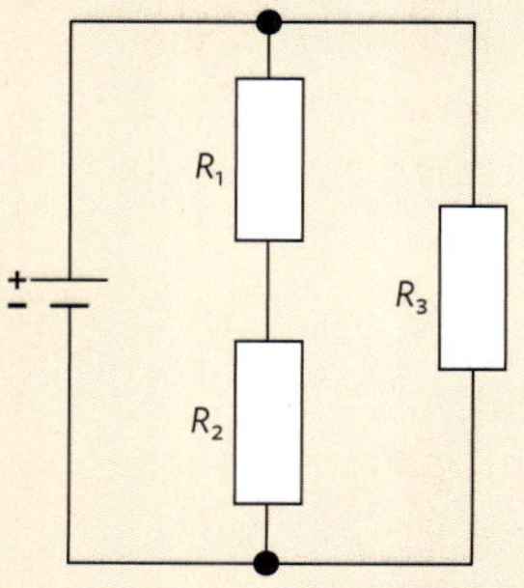

Die Idee des Gesamtwiderstands kann auch bei Schaltungen mit drei Widerständen helfen. Auf S. 38 wurde bereits die Methode der „Black Box“ vorgestellt. Mit den Regeln für den Gesamtwiderstand lässt sich jetzt der Widerstand einer solchen „Black Box“ bestimmen; man spricht deshalb auch von einem Ersatzwiderstand.

Arbeitsauftrag

a) In den beiden Schaltplänen ist einmal eine „Reihenschaltung in einer Parallelschaltung“ und einmal eine „Parallelschaltung in einer Reihenschaltung“ dargestellt. Ordne die Bilder den beiden Schaltungstypen zu und begründe deine Entscheidung.

b) Beschreibe mit eigenen Worten und unter Verwendung geeigneter Gleichungen, wie du jeweils den Gesamtwiderstand berechnen kannst.

c) Berechne für beide Schaltungen für $R_1 = 50\ \Omega$, $R_2 = 100\ \Omega$ und $R_3 = 150\ \Omega$ den Gesamtwiderstand. Vergleiche die Ergebnisse miteinander und begründe, welcher Schaltungstyp besser geeignet wäre, wenn der Gesamtwiderstand möglichst klein sein soll.

d) Berechne nun jeweils für eine Gesamtspannung von $U = 5{,}0$ V die Werte der Teilspannungen an den einzelnen Widerständen.

Basisaufgaben

**1 ** Ordne den folgenden Geräten und Phänomenen die korrekte elektrische Stromstärke zu:
Elektroherd; Föhn; Leuchtdiode; Auslösen der elektrischen Sicherung im Haushaltsnetz; Glühlämpchen; Blitz
20 mA; 500 mA; 2 A; 10 A; 16 A; 100 kA

**2 ** Ermittle anhand von Typenschildern die Stromstärken in elektrischen Geräten bei dir zu Hause, z. B. am Wasserkocher, Laptop oder Handyladegerät.

**3 ** Für Rockkonzerte oder große Maschinen in Fabriken braucht man oft sogenannte „Starkstromanschlüsse".

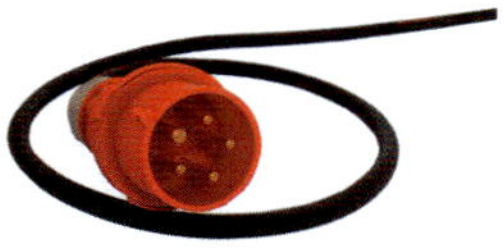

a) Erkläre, warum man sie dort benötigt und recherchiere ihre Besonderheit.

b) Durch ein dickes Stromkabel, das die Lichtanlage bei einem Rockkonzert versorgt, fließen vier Stunden lang 20 A. Berechne die Zahl der Elektronen, die in dieser Zeit durch das Kabel fließen.

**4 ** Erkläre mithilfe des Modells des Wasserkreislaufs die Vorgänge bei folgenden physikalischen Sachverhalten: Umpolen der Batterie; Wechselstrom; Einbau eines größeren elektrischen Widerstandes; Reihenschaltung zweier Lampen; Parallelschaltung zweier Lampen

**5 ** Beschreibe und zeichne den Aufbau einer Schaltung, mit der der elektrische Widerstand eines Drahts bestimmt werden kann.

**6 ** Berechne den Widerstand einer normalen roten LED (2,2 V; 20 mA). Eine superhelle weiße LED arbeitet bei 4,8 V mit 22 mA. Berechne für sie ebenfalls den Widerstand.

**7 ** Wie du an den Messbereichen eines Vielfachmessgerätes sehen kannst, lässt sich damit auch ein elektrischer Widerstand messen. Erstelle einen Schaltplan für die Widerstandsmessung an einem Lämpchen und erläutere den Messvorgang im Gerät.

**8 ** An Werkzeugen für Elektriker findet man fast immer Griffe und Schutzüberzüge aus Kunststoff. Griffe aus Metall wären mit Sicherheit langlebiger. Begründe, dass sie trotzdem nicht verwendet werden.

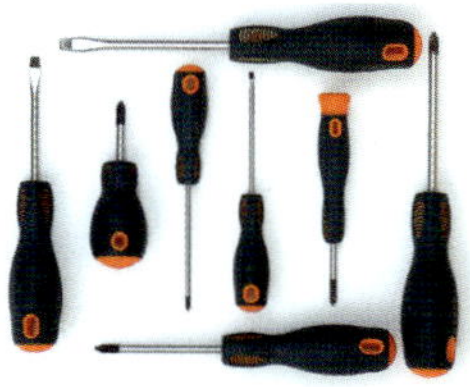

**9 ** Eine Glühlampe besitzt zwei Kontakte. Beschreibe die Eigenschaften des schwarzen Materials zwischen den Kontakten und begründe deine Entscheidung.

**10 ** Begründe, dass feuchte Erde ein guter Leiter ist, trockene Erde dagegen nicht. Diese Eigenschaft wird in Sensoren ausgenutzt, die Bewässerungsautomaten steuern. Überlege dir eine elektrische Schaltung, die dir anzeigt, ob gegossen werden muss und zeichne sie auf.

**11 ** Kommst du einem Menschen bei einem Elektrounfall zu Hilfe, so darfst du ihn zunächst nicht berühren, sondern musst zuerst die Sicherung auslösen oder den Stecker ziehen. Begründe dieses Vorgehen.

**12 ** Benenne die einzelnen Kabel im Bild und beschreibe ihre Funktion.

**13 ** Suche bei dir zu Hause den Sicherungskasten und sieh nach, wie viele FI-Schalter ihr habt. Notiere dir, welche Räume sie schützen und bei welchem Fehlerstrom sie auslösen.

Zusammenfassende Aufgaben

14 \ *U*-*I*-Kennlinie

An verschiedenen elektrischen Bauteilen soll die Stromstärke in Abhängigkeit von der Spannung gemessen werden.

a) Zeichne eine dazu geeignete Schaltung, die das Bauteil, die Spannungsquelle und die benötigten Messgeräte enthält.

b) Im Diagramm sind Messungen an zwei Bauteilen aufgetragen. Gib, falls möglich, den Widerstandswert an und entscheide ansonsten, ob der Widerstand des Bauteils mit wachsender Spannung zu- oder abnimmt. Begründe, um welches Bauteil es sich jeweils handeln könnte.

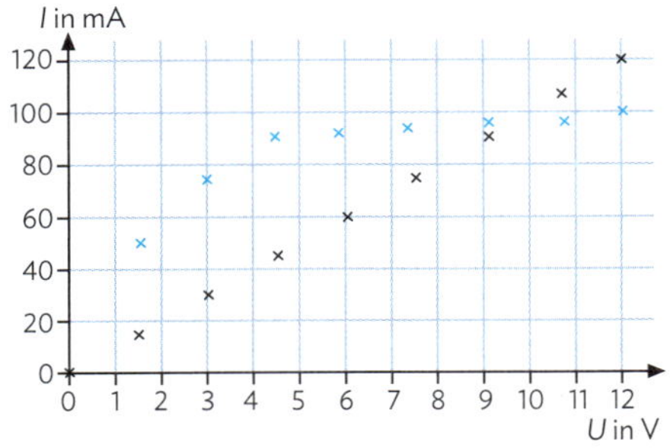

c) Zeichne in ein neues Diagramm die Kennlinie für einen Ohmschen Widerstand von 200 Ω. Berechne dafür die Spannung, die zu $I = 40$ mA gehört.

15 \ Sicherheit im Haushalt

Im folgenden Kasten siehst du einige Sicherheitsregeln für den Haushalt. Begründe diese Regeln, indem du jeweils den für Menschen gefährlichen Stromkreis findest und skizzierst.

- Verwende nie ein Elektrogerät – insbesondere keinen Fön – in der Badewanne!
- Öffne keine Elektrogeräte!
- Wechsle keine Glühlampe, ohne vorher die Sicherung auszulösen!
- Fasse nie ein Elektrogerät und eine Wasserleitung gleichzeitig an!
- Verwende keine Elektrogeräte barfuß im Garten oder auf Steinböden!
- Klebe Kindersicherungen in alle Steckdosen, die für Kleinkinder erreichbar sind.

16 \ Verkehrszählung

In Nürnberg werden jedes Jahr Mitte Juli in einer sogenannten Querschnittszählung die Verkehrsmengen an den Einfallstraßen und auf den Pegnitzbrücken ermittelt. Die dabei gewonnenen Daten bilden die Grundlage für die weitere Stadt- und Verkehrsplanung. Bei der Zählung wird genau nach Fahrtrichtung und Fahrzeugarten unterschieden. Um das Zählen zu erleichtern, kommen Handzählgeräte zum Einsatz, deren Zählerstand sich mit jedem Knopfdruck um Eins erhöht.

a) Erstelle eine Liste mit den Informationen, die in einem Zählformular für die Verkehrszählung erhoben werden müssen.

b) Vergleiche die Verkehrszählung mit der Messung des elektrischen Stromes. Erkläre in diesem Zusammenhang auch die Bedeutung von mehreren Fahrspuren und von unterschiedlichen Fahrzeugarten. Nimm Stellung dazu, ob jedes Detail des Modells eine Entsprechung in der physikalischen Realität haben muss.

c) Beschreibe, falls möglich, in diesem Verkehrsmodell auch die anderen elektrischen Größen, die du kennengelernt hast. Erstelle dazu eine Tabelle ähnlich wie auf S. 19.

17 \ Stromzange

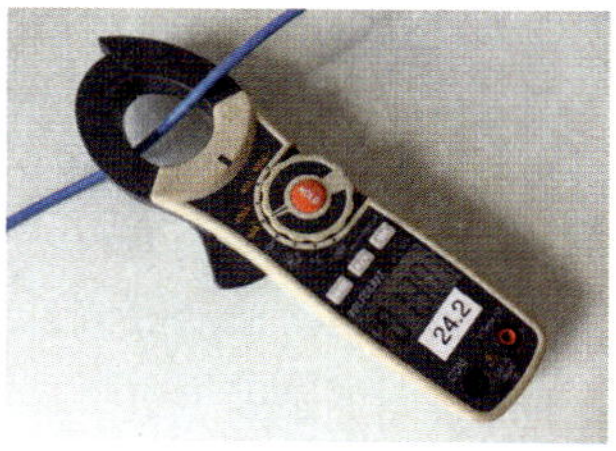

Die Abbildung zeigt ein weiteres Messgerät, mit dem sich der elektrische Strom messen lässt: eine sogenannte Stromzange. Man kann sie an einer beliebigen Stelle um ein Kabel herum schließen. Der Strom an dieser Stelle wird kontaktlos über die magnetische Wirkung des elektrischen Stromes gemessen.

a) Erkläre, dass durch eine solche punktuelle Messung zwar Stromstärken, jedoch keine Spannungen gemessen werden können. Mache dir dies auch anhand eines geeigneten Modells des elektrischen Stromkreises klar.

b) Teste die Funktionsweise einer Stromzange in verschiedenen Stromkreisen. Prüfe **V** nach, wie sich die Stromstärken in Parallel- und in Reihenschaltungen verhalten.

c) Mit der Stromzange lässt sich auch die Stromrichtung bestimmen. Probiere das aus, **V** indem du die Stromzange an der gleichen Stelle um 180° drehst. Was geschieht, wenn die Stromzange zwei Kabel gleichzeitig umschließt?

d) Überprüfe, ob es Unterschiede in der Stromstärke vor und hinter einem Glühlämpchen gibt. Beurteile mit dem Ergebnis die Formulierung „Das Glühlämpchen verbraucht Strom.“. Versuche, den Satz physikalisch besser zu formulieren.

18 \ Messbereichserweiterung

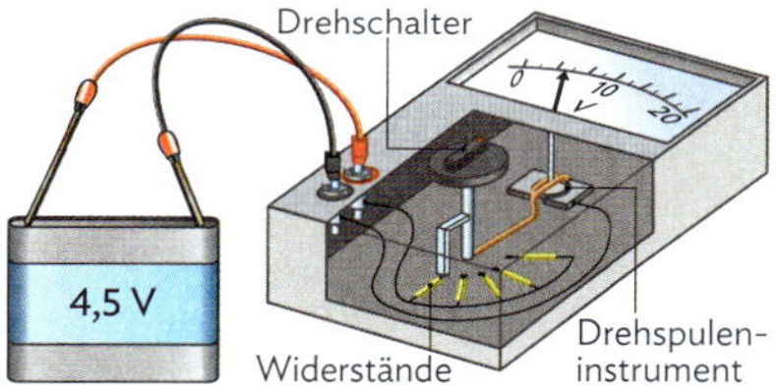

In einem Multimeter befindet sich ein Messwerk, das einen bestimmten elektrischen Widerstand besitzt und das die maximal zulässige Stromstärke festlegt. Die meisten Messgeräte bieten heute Umschaltmöglichkeiten für verschiedene Bereiche der Stromstärke-, Spannungs- oder Widerstandsmessung. Man spricht deshalb von einer Messbereichserweiterung. Dabei wird im Messwerk ein entsprechender Widerstand dazu geschaltet, um die vorgegebene Stromstärke nicht zu überschreiten. Je nach Größe dieses Messwiderstands können verschiedene Strom-, Spannungs- oder Widerstandsbereiche abgedeckt werden.

a) Die Abbildung zeigt die Anordnung zur Messung von Spannungen. Erstelle für diese Situation einen übersichtlichen Schaltplan. Berücksichtige dabei nur den einen gerade gewählten Messwiderstand.

b) Durch das Drehspulinstrument fließen beim Vollausschlag 100 mA. Berechne den Messwiderstand, wenn Spannungen bis zu 300 V gemessen werden sollen.

c) Durch einen anderen Messwiderstand von $R_M = 10\ \text{M}\Omega$ fließt ein Strom der Stärke 65 mA. Berechne die Spannung, die das Gerät anzeigt.

d) Ein Spannungsmesser besteht also aus dem eigentlichen Messwerk und dem Messwiderstand. Erstelle damit einen realistischen Schaltplan für die Spannungsmessung an einem von zwei Glühlämpchen, die in Reihe geschaltet sind.

e) Beschreibe die Anforderung an den Messwiderstand in d), damit die Messung den realen Wert der Spannung am Glühlämpchen kaum beeinflusst.

f) Bearbeite die Aufgaben d) und e) für eine Strommessung.

19 \ Strom- und spannungsgenaue Messung

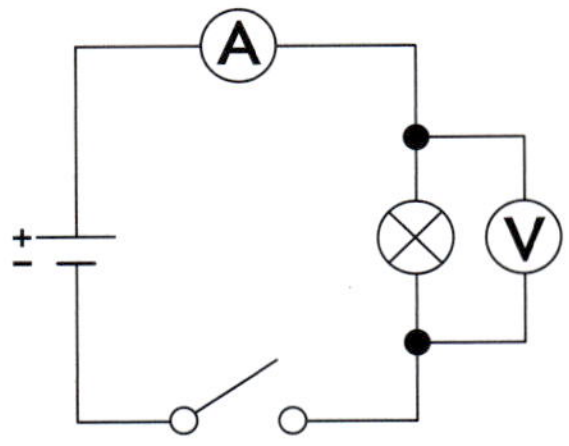

In Aufgabe 18 wird im Detail beschrieben, wie ein Multimeter aufgebaut ist. Insbesondere enthält es im Inneren Widerstände, die wir sonst noch nicht weiter beachtet hatten. Eine Schaltung wie, sie hier abgebildet ist, besteht also in Wirklichkeit nicht nur aus dem Glühlämpchen als Widerstand, sondern besitzt noch zwei weitere Widerstände im Voltmeter und im Amperemeter.

a) Natürlich sollen diese zusätzlichen Widerstände die Stromstärke und die Spannung am Lämpchen möglichst wenig beeinflussen. Begründe damit, dass der Innenwiderstand des Amperemeters möglichst klein, der Innenwiderstand des Voltmeters dagegen möglichst groß sein muss.

b) In der abgebildeten Schaltung wird die Spannung am Lämpchen direkt gemessen und ist deshalb exakt. Man spricht von einer spannungsgenauen Messung. Das Amperemeter misst hingegen nicht den genauen Strom, der durch das Lämpchen fließt. Begründe, ob der Messwert des Amperemeters größer oder kleiner als der exakte Wert durch das Lämpchen ist.

c) Um diesen Fehler zu vermeiden, kann man das Amperemeter direkt neben dem Lämpchen einbauen. Zeichne das entsprechende Schaltbild. Diese Messmethode nennt man stromgenaue Messung.

d) Begründe, ob in diesem Fall der Messwert des Voltmeters größer oder kleiner ist als der exakte Spannungswert am Lämpchen. Argumentiere mit den Gesetzmäßigkeiten im Stromkreis und verwende die physikalische Fachsprache.

e) Du weißt bereits, dass jede Messung Fehler enthält, weil du beispielsweise den Messwert nicht genau ablesen kannst. Wenn du eine Messung mehrfach wiederholst, sind die Messwerte deshalb einmal zu groß und ein anderes Mal zu klein. Bei der Situation hier ist das anders; die Abweichungen gehen immer in die gleiche Richtung. Man sagt deshalb auch: Es liegt ein systematischer Messfehler vor. Beschreibe andere Situationen, in denen Messungen systematisch falsche Ergebnisse liefern. Nimm dazu Stellung, ob diese Messfehler vermieden werden können.

20 \ Widerstände in Parallelschaltungen

In einer Parallelschaltung mit $R_1 = 100\ \Omega$ und $R_2 = 150\ \Omega$ beträgt die Gesamtstromstärke 200 mA. Zeichne ein Schaltbild und berechne alle Stromstärken und Spannungen.

21 \ Widerstände in Reihenschaltungen

Zwei Widerstände (je 100 Ω) werden in Reihe geschaltet und an eine 12 V-Spannung angeschlossen. Zu einem der Widerstände wird noch ein dritter Widerstand (200 Ω) parallel geschaltet, durch den dann eine Stromstärke von 24 mA fließt.

a) Zeichne einen Schaltplan und berechne alle Spannungen und Stromstärken im Stromkreis.

b) Beschreibe und begründe qualitativ, wie sich die Spannungen und Stromstärken ändern, wenn der größere Widerstand entfernt wird.

22* \ Vergleich von Stromstärken

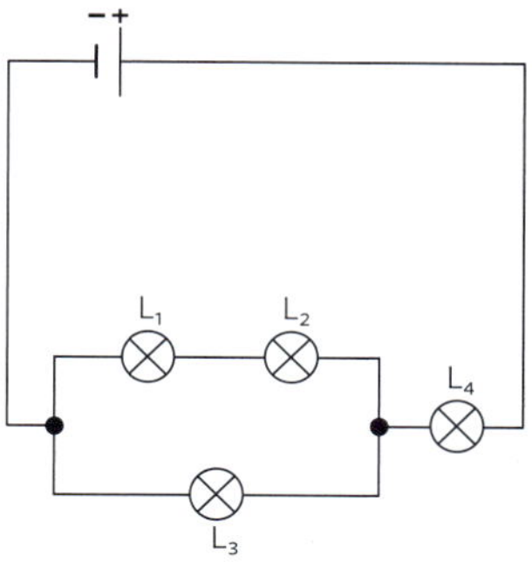

Unterscheide begründet richtige und falsche Aussagen zur dargestellten Schaltung.

a) Die Stromstärken von L_3 und L_4 sind gleich.

b) Die Stromstärken von L_1 und L_2 sind gleich.

c) Die Stromstärke von L_4 ist die Summe der Stromstärken von L_1 und L_3.

d) Die Summe der Stromstärken von L_1, L_2 und L_3 ergibt die Stromstärke von L_4.

23 \ Stromstärken richtig messen

Die Stromstärke, die durch das Lämpchen L_1 fließt, soll gemessen werden. Benenne die Schaltbilder a)–d), die korrekt eingebaute Stromstärkemessgeräte zeigen, und begründe deine Entscheidung.

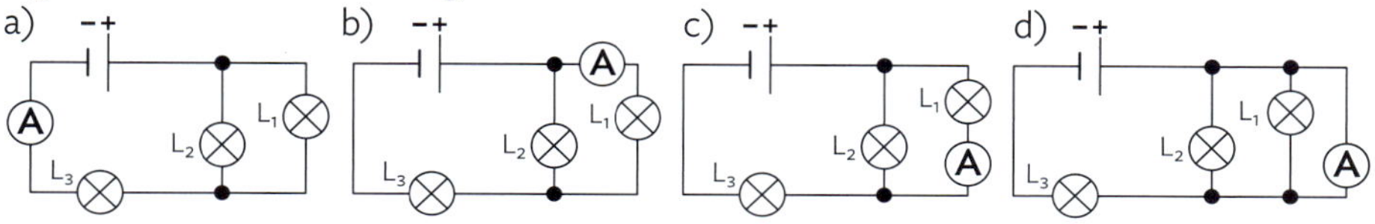

24 \ Phasenprüfer

Mit einem Phasenprüfer lässt sich die Funktion einer Steckdose kontrollieren.

a) Zeichne ein Schaltbild für den Fall, dass der Stromkreis geschlossen ist. Den Elektriker kannst du hierbei durch einen Widerstand R_E darstellen.

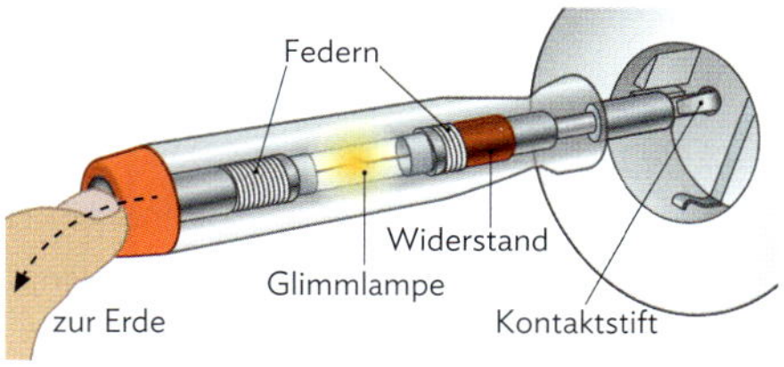

b) Begründe, dass die Glimmlampe nur bei einer der beiden Steckdosenbuchsen aufleuchtet.

c*) Trotz der hohen Spannung an der Steckdose von 230 V ist die Benutzung des Phasenprüfers ungefährlich. Das liegt an dem sehr großen eingebauten Widerstand *R*. Schätze die Stromstärke durch den Elektriker ab, indem du mit $R = 1\ \text{M}\Omega$ rechnest. Entnimm den Wert für R_E folgendem Infotext. Nimm zum Ergebnis Stellung.

„Auch der menschliche Körper besitzt einen gewissen elektrischen Widerstand, der sich aus dem Hautwiderstand und dem Körperinnenwiderstand zusammensetzt. Er hängt von verschiedenen Faktoren ab, wie z. B. der Feuchtigkeit an den Kontaktstellen oder der Größe der Kontaktfläche und sinkt mit zunehmender Spannung. Insbesondere sind die Werte natürlich je nach Größe und Körperbau individuell verschieden. Da verschiedene Stromwege möglich sind, wird der Körper in einzelne Abschnitte unterteilt. Für sie lässt sich dann ein Widerstandswert angeben, der aus Messungen für unterschiedliche Personen gemittelt wurde. Die Abbildung zeigt diese Widerstandswerte bei 230 V Netzspannung.“

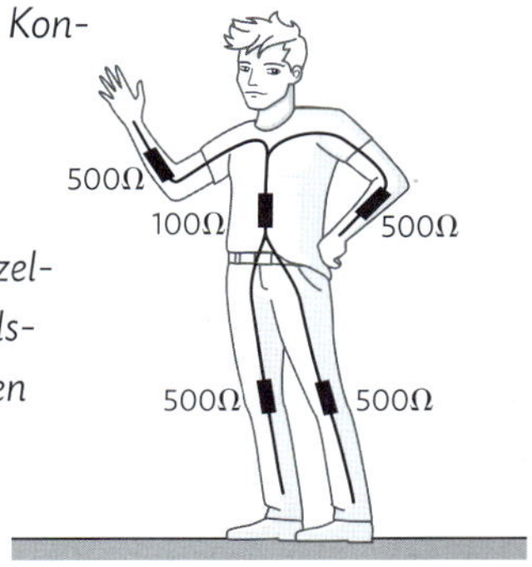

d) Bestimme diejenigen Wege durch den Körper, bei denen lebensgefährliche Ströme fließen.

Selbsttest: Überprüfe deine Kenntnisse und Kompetenzen selbst

Selbsttest-Checkliste

- ✓ Bearbeite die Aufgaben schriftlich in ordentlicher Form. Die Auswertungstabelle zeigt die Kompetenzerwartungen und Hilfestellungen.
- ✓ Vergleiche deine Lösungen mit den Lösungsskizzen auf Seite 181.
- ✓ Bewerte nun deine Lösungen selbst mit den Symbolen ☺, 😐 oder ☹.

1 Stelle dir einen einfachen elektrischen Stromkreis vor, bestehend aus einer Elektrizitätsquelle, einem Schalter, einer Lampe und einem Stromstärkemessgerät.

a) Zeichne das zugehörige Schaltbild und skizziere ein Wasserstromkreismodell, dessen Komponenten denen des elektrischen Stromkreises entsprechen.

b) Beschrifte die Komponenten in beiden Abbildungen mit den korrekten Fachbegriffen und verwende die gleiche Farbe für entsprechende Begriffspaare.

c) Erläutere zunächst mit dem physikalischen Teilchenmodell sich bewegender Elektronen, wie im elektrischen Stromkreis eine große Stromstärke, eine große Spannung und ein großer Widerstand zu verstehen sind.

d) Beschreibe, wie sich das Vorliegen der großen Werte aus c) entsprechend im Wasserstromkreismodell darstellt.

2 Um Spannungs-Strom-Kennlinien verschiedener elektrischer Bauteile zu erstellen, hast du ein einfaches Schülerexperiment durchgeführt.

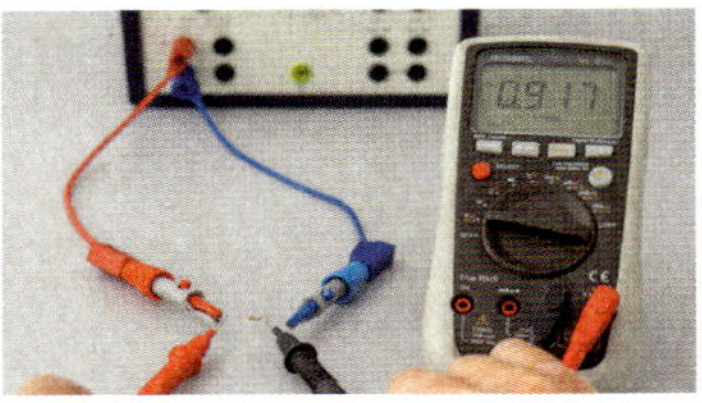

a) Skizziere das zum Schülerexperiment gehörige Schaltbild und bereite eine geeignete Messwerttabelle vor.

b) Beschreibe kurz, auf welche unterschiedliche Weise Stromstärkemessgeräte und Spannungsmessgeräte grundsätzlich im Stromkreis einzubauen sind.

c) Stelle durch eine Skizze dar, was man grundsätzlich im weitesten Sinne unter einem Kurzschluss versteht. Beschreibe mehrere Situationen, wie es in der Realität dazu kommen könnte. Führe aus, zu welchen unmittelbaren Ereignissen ein Kurzschluss führen könnte und ob weitere Unfallfolgen zu befürchten sind.

d) Nenne drei Sicherheitshinweise für Experimente mit elektrischem Strom.

3 a) Quickie: $U = 2{,}5$ V; $I = 7{,}3$ mA. Gesucht: R.

b) Quickie: Parallelschaltung; $R_1 = 200\ \Omega$; $R_2 = 50\ \Omega$; $I = 0{,}75$ A. Gesucht: U.

c) Durch den Leitungsdraht einer Reihenschaltung aus zwei Widerständen (Messwert: $R_2 = 6{,}3\ \Omega$) fließt ein elektrischer Strom mit der gemessenen Stromstärke $I = 0{,}73$ A. An der Schaltung liegt eine Spannung von $U = 8{,}8$ V an. Berechne den Wert des Widerstands R_1 und achte auf eine sinnvolle Ergebnisgenauigkeit.

d) An einer Parallelschaltung aus zwei Widerständen (Messwerte: $R_1 = 1{,}12\ \text{k}\Omega$; $R_2 = 60{,}3\ \Omega$) liegt eine Spannung von $U = 8{,}8$ V an. Berechne für den Hauptleitungsdraht die Stromstärke I und achte auf eine sinnvolle Ergebnisgenauigkeit.

4 Fertige zum folgenden, im Internet recherchierten Text ein gut beschriftetes Schaltbild für den beschriebenen gefährlichen Betrieb von Haushaltsgeräten über eine Steckdosenleiste an. Formuliere eine knappe, eingängige Aufschrift für ein zugehöriges Warnschild unter Verwendung der Informationen aus dem Text.

Mehrfachsteckdosen *– Stecken Sie Mehrfachsteckdosen nicht hintereinander. Durch die Reihenschaltung entsteht eine Überlastung oder eine Summierung von Übergangswiderständen und es kann zu Überhitzungen und Bränden kommen. Achten Sie außerdem darauf, dass eine gute Belüftung herrscht, wenn Sie Mehrfachsteckdosen hinter Möbeln verstecken.*
Mehrfachsteckdosen sind auf eine bestimmte Wattzahl begrenzt. Die beträgt in der Regel maximal 3500 Watt. Wenn Sie über eine solche Steckerleiste einen Kaffeevollautomat (ca. 1450 W) und einen Wasserkocher (ca. 2200 W) gleichzeitig betreiben, haben sie die maximale Leistung schon überschritten und schaffen ein Brandrisiko. Schließen Sie Geräte mit hoher Leistung wie Waschmaschine, Trockner oder Kochplatten nur über die Wandsteckdose an.

© 2019 VDE Prüf- und Zertifizierungsinstitut GmbH https://www.vde.com/

5 a) Bereite ein strukturiertes Versuchsprotokoll (vgl. ZABMA) für die Untersuchung der Stromstärken und Spannungen in einer Parallelschaltung von zwei bestimmten, unterschiedlichen Ohmschen Widerständen vor.
b) Beschreibe kurz mit Worten deine Erwartungen hinsichtlich der Versuchsergebnisse.

6 In der nebenstehend skizzierten elektrischen Schaltung wird die Stromstärke $I = 0{,}20\ \text{A}$ gemessen. Die Widerstandswerte sind festgelegt: $R_1 = 25\ \Omega$; $R_2 = 100\ \Omega$; $R_3 = 300\ \Omega$
a) Begründe, dass die Stromstärke I_2 größer als die Stromstärke I_3 ist. Gib den Faktor als Zahl an.
b) Berechne nachvollziehbar nacheinander I_3, I_2, U_1, $U_{BlackBox}$, U.

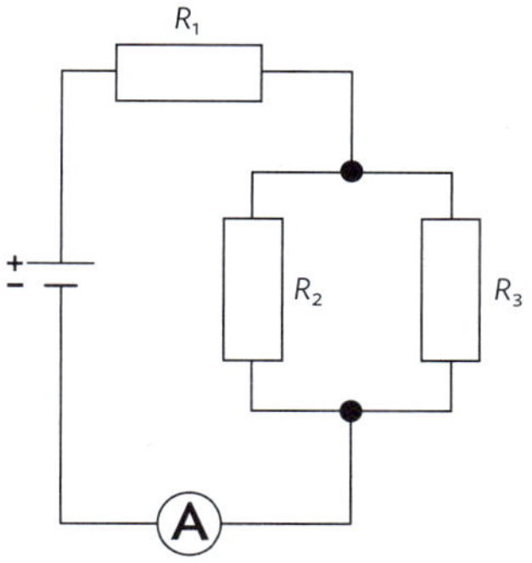

Auswertungstabelle

	Ich kann...	Hilfe
1	die elektrischen Grundgrößen mit einem Stromkreismodell anschaulich machen und dabei ihre gegenseitigen Zusammenhänge erläutern.	S. 18 ff
2	Stromstärke- und Spannungsmessgeräte verwenden, um in Stromkreisen Kennlinien aufzunehmen. Dabei beachte ich Sicherheitsvorkehrungen. Die Gefahren des elektrischen Stroms kenne ich.	S. 22 ff
3	für elektrische Stromkreise Berechnungen anstellen und die Einheiten sicher verwenden. Dabei berücksichtige ich die Genauigkeit experimentell ermittelter Werte.	S. 22 S. 24 ff
4	eigene Rechercheergebnisse zu Schaltkreisen im Haushalt darstellen – mit Schaltbildern und fachsprachlich korrekt formulierten Texten.	S. 28 ff
5	ein strukturiertes Versuchsprotokoll für Untersuchungen von Stromstärken und Spannungen in Reihen- und Parallelschaltungen erstellen.	S. 34/35 S. 202
6	die konkreten Beobachtungen zu den elektrischen Messgrößen in Schaltungen mit bis zu drei Widerständen erläutern, auch quantitativ.	S. 36–39

Zusammenfassung

Elektrische Stromstärke

Wenn sich in einer Sekunde durch eine Stelle des Leiters $6{,}24151 \cdot 10^{18}$ Elektronen bewegen, dann sagen wir: Es fließt an dieser Stelle ein Strom der Stromstärke 1 Ampere (1 A).
Die Stromrichtung verläuft immer vom positiven Pol der Elektrizitätsquelle zum negativen Pol.

Du kannst ein Stromstärkemessgerät richtig schalten: in Reihe zum Verbraucher.

Elektrische Stromstärke:
Formelzeichen: *I*
Einheit: 1 A (Ampere)

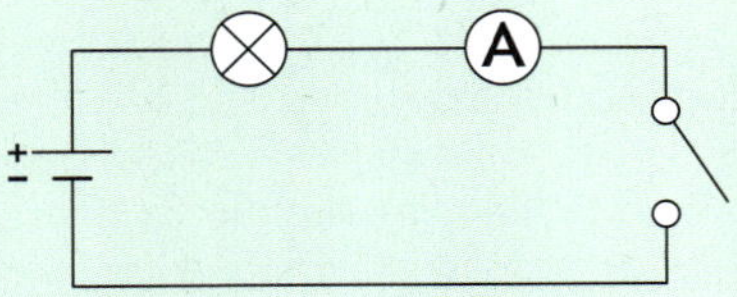

Elektrische Spannung

Du kannst ein Modell für den elektrischen Stromkreis angeben und die Analogie z. B. zwischen dem Wasserstromkreis und dem elektrischen Stromkreis benennen und erklären.

Jeder Stromkreis erfordert eine elektrische Spannung *U*, die die Ladungsträger antreibt.
Je größer beim selben Stromkreis die elektrische Spannung der Elektrizitätsquelle ist, desto größer ist die elektrische Stromstärke im Stromkreis. Die elektrische Spannung ist dabei ein Maß für die Größe des Antriebs für jedes einzelne Elektron.

Du schaltest Spannungsmessgeräte immer parallel zum Verbraucher.

Elektrische Spannung:
Formelzeichen: *U*
Einheit: 1 V (Volt)

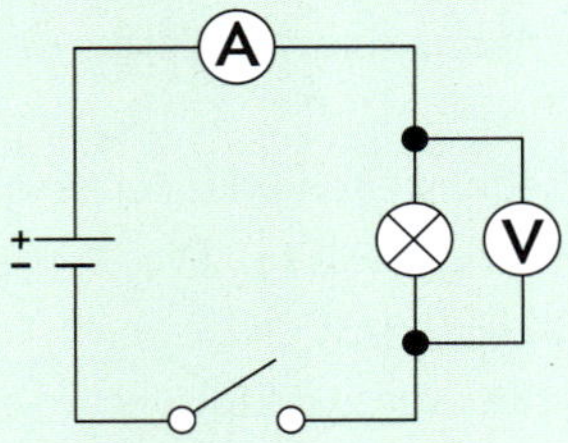

Definition des elektrischen Widerstands

Du kennst die Definition des elektrischen Widerstands *R* eines Bauteils:

$$\text{Widerstand} = \frac{\text{Spannung}}{\text{Stromstärke}}$$

In Formelzeichen: $R = \frac{U}{I}$

Elektrischer Widerstand:
Formelzeichen: *R*
Einheit: 1 Ω (Ohm)

Ohmscher Widerstand

Du hast verstanden, dass bei einem Ohmschen Widerstand der Widerstand unabhängig von Spannung oder Stromstärke stets gleich bleibt: $R = \text{konstant}$
Die *U*-*I*-Kennlinie eines Ohmschen Widerstands skizzierst du als eine Ursprungsgerade.

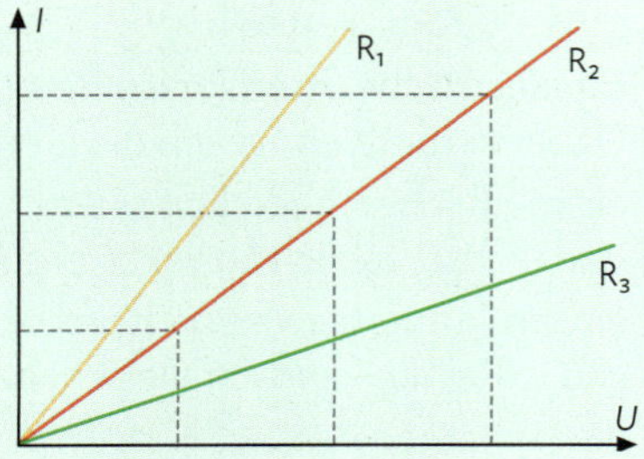

Leiter, Isolatoren, Kurzschluss

Du kennst die Begriffe elektrischer Leiter und Isolator. Letzter heißt auch Nichtleiter.
Eine leitende Verbindung gegensätzlicher elektrischer Pole ohne nennenswerten elektrischen Widerstand nennt man einen elektrischen Kurzschluss.

Beispiele für Leiter:
- Metalle (Kupfer, Gold, Eisen,...)
- Kohle
- Säuren, Basen

Beispiele für Nichtleiter:
Glas, Keramik, Gummi, Holz, Plastik

Schaltkreise im Haushalt

Technische Anwendungen im Haushalt:
- Sicherungen
- Fehlstromleiter
- Schutzleiter: Meist ein gelb-grünes Kabel; er verbindet das metallische Gehäuse von Geräten mit der Erde.

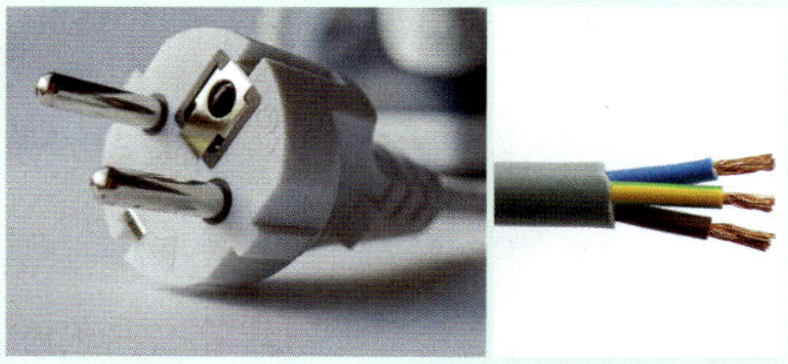

Reihen- und Parallelschaltung von Widerständen

Bei einer **Reihenschaltung** von zwei Widerständen mit den Werten R_1 und R_2 gilt: Die Stromstärke I ist im Stromkreis überall gleich groß:
$I = I_1 = I_2$
Die Gesamtspannung U ergibt sich als Summe der Teilspannungen an den Widerständen:
$U = U_1 + U_2$
Am größeren Widerstand fällt der größere Teil der Spannung ab. Es gilt:
$\frac{U_1}{R_1} = \frac{U_2}{R_2}$ bzw. $\frac{U_1}{U_2} = \frac{R_1}{R_2}$
Gesamtwiderstand: $R = R_1 + R_2$

Bei einer **Parallelschaltung** von zwei Widerständen mit den Werten R_1 und R_2 gilt:
An beiden Zweigen liegt dieselbe Spannung U an:
$U = U_1 = U_2$
Die Gesamtstromstärke I ergibt sich als Summe der Stromstärken in den beiden Zweigen:
$I = I_1 + I_2$
Dabei fließt durch den größeren Widerstand der kleinere Teil des Stromes. Es gilt:
$R_1 \cdot I_1 = R_2 \cdot I_2$ bzw. $\frac{I_1}{I_2} = \frac{R_2}{R_1}$
Gesamtwiderstand: $\frac{1}{R} = \frac{1}{R_1} + \frac{1}{R_2}$

Du weißt, wie man bei der experimentellen Untersuchung von Stromstärken und Spannungen vorgeht: Du stellst zuerst Hypothesen zum Experiment auf. Dann entwirfst du Schaltungen und legst eine Materialliste an. Weiterhin beachtest du, wie die Messgeräte zu schalten sind.

B \ Optik

Du kannst in diesem Kapitel entdecken, ...

- wie Spiegelbilder entstehen und wie das Reflexionsgesetz lautet.
- wie Licht beim Übergang zwischen zwei lichtdurchlässigen Materialien gebrochen wird.
- was Sammellinsen sind und wie du markante Größen wie Brennpunkt oder Bildweite bestimmen kannst.
- wie du reelle und virtuelle Bilder von Sammellinsen beobachten kannst.
- wie wir mit unserem Auge nahe und weit entfernte Bilder scharf wahrnehmen können.

6 Spiegelung

7 Brechung

8 Linsen

9 Auge und moderne Optik

6 Spiegelung

Versuche und Materialien zu Kapitel 6.2

M1 Achtung – toter Winkel!

Neben jedem Auto befindet sich ein Bereich, den Autofahrer trotz Spiegel nicht einsehen können. Als Radfahrer oder Fußgänger bleibt man daher besser hinter dem Auto. Denke daran: Wenn du den Fahrer im Spiegel nicht sehen kannst, kann er dich auch nicht sehen.

Inzwischen bieten einige Automarken auch Totwinkel-Assistenten an. Hierbei werden im Auto Sensoren verbaut, die speziell den Bereich des toten Winkels überwachen. Schon länger kann man zudem spezielle Spiegel nachrüsten, die den Bereich des toten Winkels reduzieren.

Arbeitsauftrag

a) Stelle dich mit einigen Mitschülern ab dem Bereich der Mittelsäule nach hinten um ein Auto herum auf. Einer ist der „Fahrer" und bittet diejenigen, die er im Spiegel sieht, wegzutreten. Die verbleibenden Schülerinnen und Schüler kann er nicht sehen, sie markieren daher den Bereich des toten Winkels. Dokumentiere deine Beobachtung anhand einer Skizze. V

b) Beschreibe den physikalischen Grund für den toten Winkel und präge dir den Bereich gut ein.

M2 Um-die-Ecke-Schauen mit dem Periskop

U-Boote haben Periskope an Bord, um unter Wasser über die Lage oberhalb des Wasserspiegels informiert zu sein. Man kann mit ihnen auch um Ecken oder über Mauern schauen, ohne direkt gesehen zu werden. Das Kernstück besteht aus zwei Spiegeln im Innern des Periskops, die die einfallenden Lichtstrahlen umlenken.

Für den Bau benötigst du einen länglichen Karton mit Deckel (z. B. einen Schuhkarton), zwei kleine Spiegel (z. B. Fliesen), Schere und Heißkleber oder Klebeband.

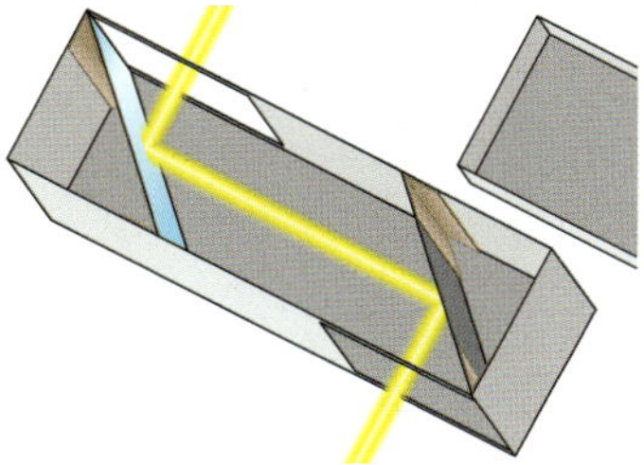

Arbeitsauftrag

a) Baue dein eigenes Periskop. Achte besonders darauf, dass die beiden Spiegel parallel zueinander stehen. Zum Schluss wird der Deckel wieder aufgelegt, um Lichtreflexe zu vermeiden. V

b) Verfolge den Strahlengang vom beobachteten Gegenstand bis zum Beobachter. Nutze das Modell der Lichtausbreitung, um den Weg des Lichtstrahls in eine Skizze deines Periskops einzuzeichnen.

c) Versuche eine Regel zu finden, wie ein Lichtstrahl von einem Spiegel reflektiert wird.

Versuche und Materialien zu Kapitel 6.3

M3 „Hologramme“ von eigenen Bildern

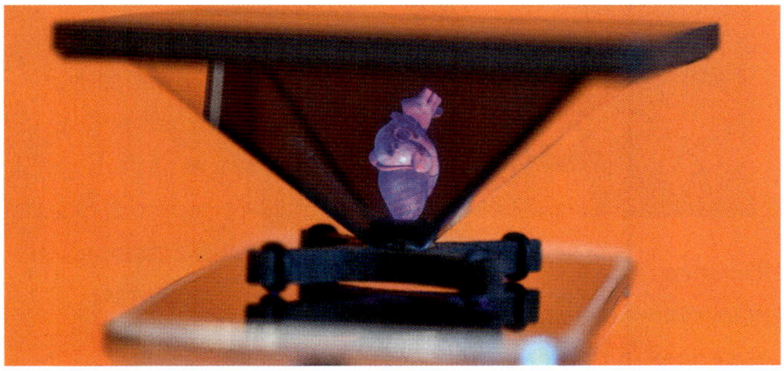

„In der Luft schwebende“ Bilder, ähnlich denen eines Hologramms, kannst du mit einer CD-Hülle und deinem Handy selbst herstellen. Entferne dazu das eingelegte Cover (Booklet) und fixiere den durchsichtigen Deckel mit ausreichend Tesafilm schräg, etwa 45°, über dem Boden. Stelle dein Handy auf volle Helligkeit ein, lege es, wie in der Zeichnung dargestellt, mittig auf den CD-Boden und betrachte die Spiegelung im Deckel. Wähle ein Bild oder ein Video mit dunklem Hintergrund.

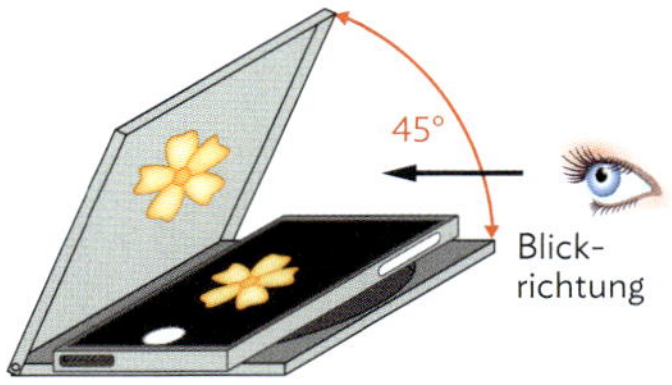

Diese Bilder sind im physikalischen Sinne keine Hologramme, weil man darunter eigentlich in einem aufwendigen Verfahren hergestellte Bilder versteht, die man von beliebigen Blickwinkeln aus dreidimensional sehen kann (wie z. B. auf Geldscheinen).

Arbeitsauftrag

a) Stelle, wie links beschrieben, dein eigenes „schwebendes Bild“ her.

b) Beschreibe, wie du dein Handy platzieren musst, damit das Video normal zu sehen ist, und beobachte, ob hier oben/unten, links/rechts und vorne/hinten vertauscht sind. Finde eine physikalische Erklärung für deine Beobachtung.

c) Mit etwas mehr Aufwand kannst du auch 3D-Hologramme herstellen. Hierzu benötigst du statt der CD-Hülle eine transparente Pyramide. Eine genaue Anleitung findest du z. B. hier:

MC 67048-13

M4 Auf die Position des Spiegels kommt es an

Spiegel vertauschen je nach Lage des Spiegels und des Blickwinkels des Beobachters oben und unten, links und rechts oder vorne und hinten. Links siehst du die Altstadt von Landshut, die sich im Wasser spiegelt, rechts das Empire State Building, das sich im Fenster spiegelt.

Arbeitsauftrag

a) Beschreibe, was die beiden Bilder jeweils vertauschen.

b) „Auf die Blickrichtung kommt es an.“ Zeige, dass dieser Satz stimmt, indem du die gleiche Situation dreimal aus verschiedenen Blickwinkeln fotografierst, sodass oben/unten, links/rechts und vorne/hinten mithilfe eines Spiegels vertauscht werden.

6.1 Schülerexperiment: Bildentstehung am Spiegel

V1 Reflexionen und Spiegelbilder

1. Die brennende Kerze im Wasserglas

Vielleicht hast du im ersten Moment tatsächlich gedacht, dass die Kerze auf dem Foto im Wasserglas brennt. Sicherlich hast du aber inzwischen erkannt, dass es sich dabei um eine optische Täuschung mithilfe einer Glasplatte handelt.

2. Gezielte Untersuchung von Spiegelbildern

Den Begriff „spiegelverkehrt" verwendet man, wenn etwas seitenverkehrt erscheint. Aber welche Seiten sind das genau? In diesem Versuch wirst du die Eigenschaften von Spiegelbildern bewusst betrachten.
Verwende zunächst einen Gegenstand und einen kleinen Spiegel. Verfolge dabei, was mit dem Spiegelbild passiert, wenn du den Gegenstand verschiebst oder wenn du deinen Blickwinkel änderst.
Nun betrachtest du dich selbst im Spiegel. Gehe langsam auf ihn zu. Wie groß erscheint dein Spiegelbild? Ändert sich seine Größe? Winke mit der rechten Hand. Was macht dein Spiegelbild?

3. Ein Experiment zum Reflexionsgesetz

Hier wird das Verhalten eines einzelnen Lichtbündels einer Halogenlampe am Spiegel untersucht.

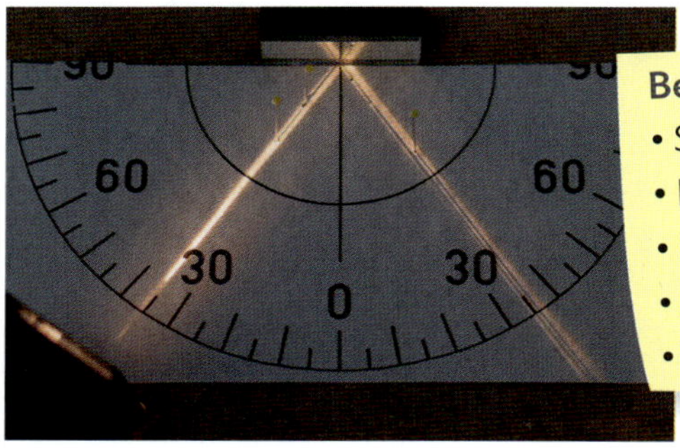

Benötigte Materialien:
- Spiegel mit Halterung
- Halogenlampe
- Korkplatte als Unterlage
- Stecknadeln
- Winkelskala auf Papier

Leuchte wie dargestellt unter verschiedenen Winkeln mit der Lampe auf einen Spiegel (Einfallswinkel) und beobachte, unter welchem Winkel das Lichtbündel reflektiert wird (Reflexionswinkel). Verwende Stecknadeln, um den Weg des Lichts auf dem Blatt mit der Winkelskala zu markieren und zeichne dann den ganzen Lichtstrahl stellvertretend für das Lichtbündel mit einem Lineal nach. Um exakte Messergebnisse zu erhalten, musst du darauf achten, dass das Lichtbündel den Spiegel genau auf dem Achsenkreuz trifft.
Wie du schon weißt, sind Lichtstrahlen und Lichtbündel natürlich nur ein Modell für die Ausbreitung des Lichts.

Arbeitsaufträge

1 \ Führe den Versuch selbst durch.
Überlege dir dabei, worauf man achten sollte, damit er besonders glaubwürdig wirkt. Erstelle anschließend eine aussagekräftige Skizze.

2 \ Plane anhand der Fragen im Text eine Versuchsreihe, mit der du möglichst viele Eigenschaften von Spiegelbildern untersuchen kannst. Dokumentiere die Experimente und notiere dann in einer Tabelle, ob – und wenn ja, wie – sich Gegenstand und Spiegelbild unterscheiden.

3 \ Führe den Versuch für verschiedene Winkel durch und formuliere als Ergebnis deines Versuchs ein Gesetz für die Reflexion einzelner Lichtbündel am Spiegel.
Hinweis: Zeichne eine Tabelle mit zwei Zeilen: Zeile 1 für den Einfalls- und Zeile 2 für den Reflexionswinkel.

! Achte beim Umgang mit hellem Licht darauf, dieses niemals in Richtung Augen zu lenken. Auch Reflexionen können gefährlich sein!

4. Simulationen zur genaueren Untersuchung von Spiegelbildern

Im Internet findet man verschiedene Simulationen, mit denen man die Größe und die Lage des Gegenstandes vor dem Spiegel verändern kann. Ein Vorteil gegenüber dem realen Experiment ist, dass das auf den Spiegel auftreffende Lichtbündel und das reflektierte Lichtbündel dargestellt sind und man beobachten kann, wie es sich verändert, wenn man die Gegenstandsgröße oder die Entfernung des Gegenstandes vom Spiegel verändert.

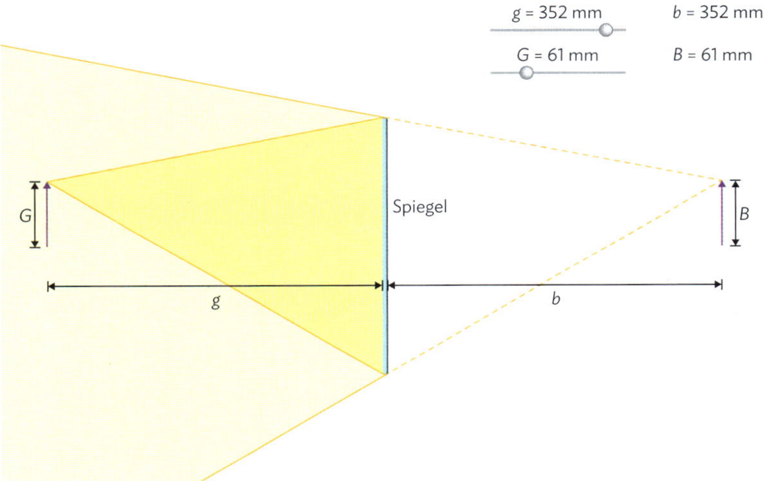

Auch das Reflexionsgesetz, das du schon auf der Vorseite untersucht hast, sieht man hier bei den Randstrahlen bestätigt. Die Pfeilspitze des Spiegelbildes *B* ergibt sich als Schnittpunkt der beiden reflektierten Randstrahlen hinter dem Spiegel. Man sieht das Bild an der Stelle, von der das Licht bei geradliniger Ausbreitung zu kommen scheint (vgl. S. 58, B3). Wir sehen das Spiegelbild, solange ein Teil des reflektierten Lichtbündels in unser Auge gelangt.

5. Ein Spiegelkabinett

Benötigte Materialien:
- zwei Spiegelfliesen
- eine Kerze

Räume, die ringsum verspiegelt sind, wie hier der Aufzug, nennt man Spiegelkabinett. Es entstehen verblüffende Effekte: Man sieht sich selbst immer kleiner werdend und immer weiter entfernt.

Arbeitsaufträge

**4 ** a) Teste anhand einer geeigneten Simulation deine bisherigen Beobachtungen bezüglich Größe und Entfernung des Spiegelbildes vom Spiegel.
Eine solche Simulation findest du z. B. hier:

MC 67048-14

b) Schreibe eine Anleitung, wie man mit Bleistift und Lineal das Spiegelbild eines Gegenstandes konstruiert.
c) Konstruiere für mehrere Beobachter an verschiedenen Stellen das Spiegelbild, wenn sich Position und Größe des Gegenstandes nicht verändern.
d) Beurteile anhand deiner Konstruktion aus c), ob die Lage des Spiegelbildes von der Position des Beobachters abhängt.

**5 ** Stelle zwei Spiegel so auf, dass sie mit den Spiegelseiten zueinander schauend parallel stehen und befestige sie. Stelle dann eine brennende Kerze dazwischen. Beobachte und beschreibe die Mehrfachspiegelungen.

6.2 Reflexionsgesetz

Du kennst bereits die Absorption von Licht. Näheres dazu kannst du nochmal auf S. 201 nachlesen. Der Karton in B1 erscheint beispielsweise deshalb schwarz, weil er alle Farben des Lichts absorbiert.

Reflexion und Streuung

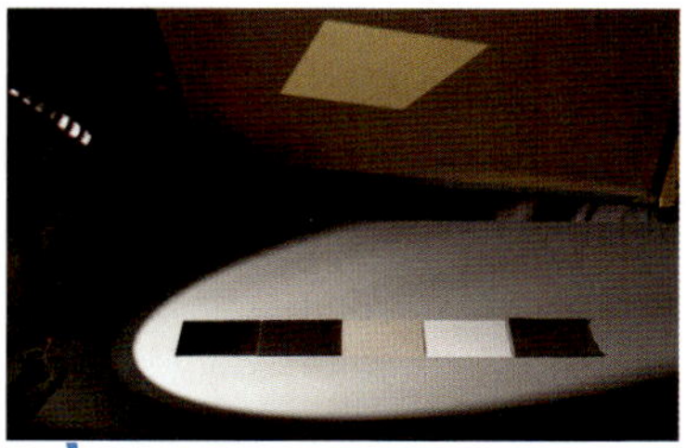

B1 Beleuchtung verschiedener Materialien (von links nach rechts): Spiegel, schwarzer, grauer und weißer Karton, Alufolie

Ein Experiment zeigt eindrucksvoll, wie unterschiedlich verschiedene Materialien aussehen, wenn sie im abgedunkelten Zimmer mit einer Lampe beleuchtet werden, vgl. B1.
Als Materialien verwenden wir einen Spiegel, schwarzen, grauen und weißen Karton sowie eine zerknitterte Alufolie. Wie erwartet, erscheinen die Kartons schwarz, grau und weiß. Die zerknitterte Alufolie sieht man glitzern und den Spiegel selbst sieht man als schwarze Fläche. Wir wissen schon aus der siebten Klasse, dass die Kartons jeweils unterschiedliche Farbanteile des einfallenden Lichts in alle Richtungen streuen (vgl. B2) und den anderen Teil absorbieren und somit als schwarz, grau oder weiß wahrgenommen werden.
Betrachten wir die Abbildung nun genauer, dann sehen wir an der Wand eine helle Fläche. Wenn du das Experiment selbst durchführst, kannst du ihre Lage verändern, indem du die Position der Lampe änderst. Der Spiegel streut das Licht also nicht in alle Richtungen, sondern er lenkt es in eine bestimmte Richtung um (vgl. B3 und M2). Er reflektiert das Licht.

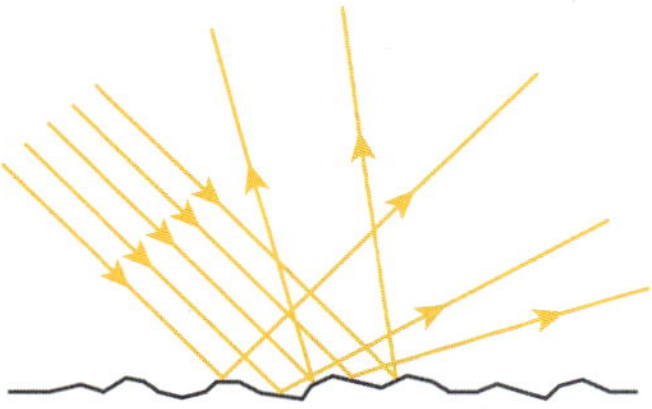

B2 Weg des gestreuten Lichts.

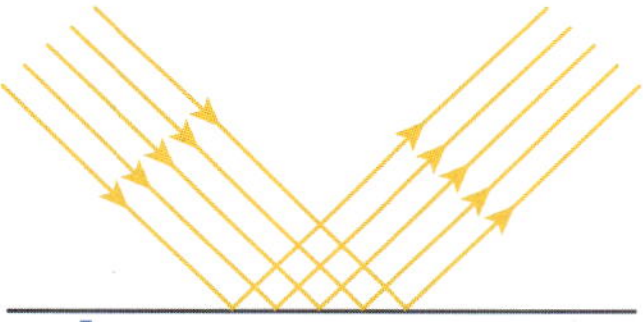

B3 Weg des reflektierten Lichts.

Streuung: Licht wird ungeordnet in alle Richtungen abgelenkt.
Reflexion: Licht wird in eine bestimmte Richtung zurückgeworfen.

Das Wort „reflektieren“ kommt von lat. *reflectere*: zurückbiegen.

Auf der zerknitterten Alufolie findet eine Mischung aus Reflexion und Streuung statt: Nur diejenigen Flächenstücke glitzern, die Licht in Augenrichtung reflektieren. Drehen wir die Alufolie, funkelt sie an anderen Stellen.

Das Reflexionsgesetz

Um die Reflexion von schmalen Lichtbündeln am Spiegel untersuchen zu können, verwenden wir einen Laserpointer mit einem sehr schmalen Lichtbündel. Wenn wir den Bildschirm an geeigneter Stelle aufstellen, können wir das am Spiegel reflektierte Lichtbündel auf dem Bildschirm als roten Punkt sehen.

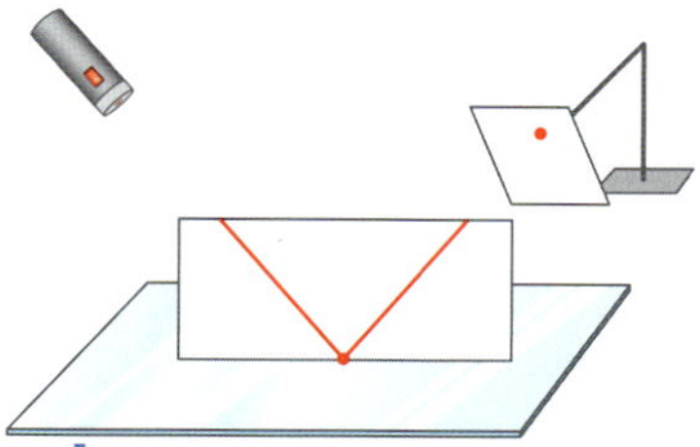

B4 Weg des am Spiegel reflektierten Lichts.

Achtung! Blicke niemals direkt in einen Laserpointer! Auch Reflexionen des Laserlichts können gefährlich sein!

Um auch den Weg des Lichtbündels verfolgen zu können, stellen wir nun einen zweiten Bildschirm oder einfach ein Stück feste Pappe so in den Lichtweg, dass das Lichtbündel den Bildschirm streift (vgl. B4).

Das gelingt leicht, weil einfallendes und ausfallendes Lichtbündel in einer Ebene verlaufen. Dabei sehen wir auch, dass das reflektierte Lichtbündel den Spiegel unter demselben Winkel wieder verlässt, unter dem das einfallende Lichtbündel auf den Spiegel aufgetroffen war.

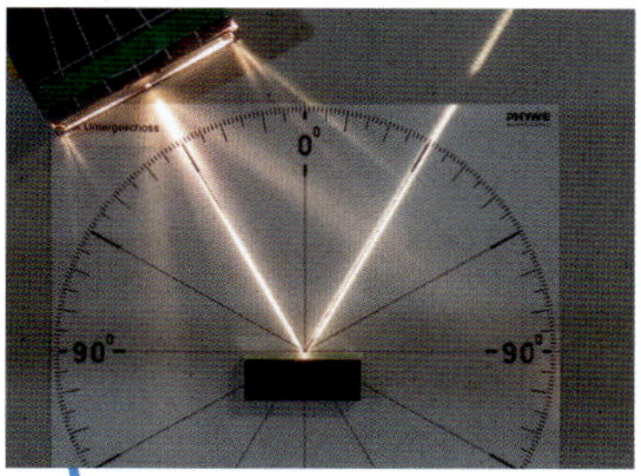

B5 \ Reflexion am Spiegel.

Nun wollen wir testen, ob diese Auffälligkeit auch für beliebige Winkel gilt und verwenden dazu eine optische Scheibe. An der Scheibe sind bereits ein Spiegel und eine Winkelskala angebracht sowie eine Lampe, die ein schmales Lichtbündel erzeugt, das man gut als Lichtstrahl auffassen kann. Man sieht: Der Winkel wird stets zwischen dem Lichtstrahl und dem Lot vom Auftreffpunkt des Lichtstrahls auf den Spiegel gemessen. Wir nennen die beiden Winkel Einfallswinkel α und Reflexionswinkel α'. Tatsächlich ist der Reflexionswinkel α' immer genauso groß wie der Einfallswinkel α.
Wir fassen unsere Beobachtungen im Reflexionsgesetz zusammen:

i Aus Gründen der Vereinfachung wird im Folgenden der Begriff Lichtstrahl benutzt, wenn sehr schmale Lichtbündel gemeint sind. Das Modell des Lichtstrahls als Darstellung für ein Lichtbündel kennst du bereits, vgl. S. 200.

Einfallender Lichtstrahl, reflektierter Lichtstrahl und Lot liegen in einer Ebene.
Einfallswinkel α und Reflexionswinkel α' sind immer gleich groß:
$\alpha = \alpha'$.

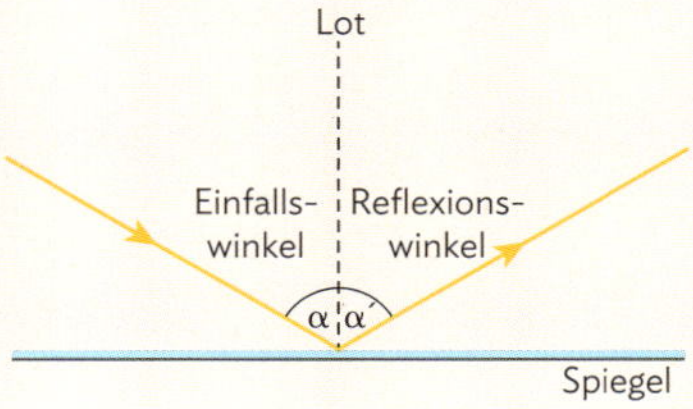

Arbeitsaufträge

1 \ Erkläre mithilfe einer Zeichnung ähnlich wie B2 und B3, warum zerknitterte Alufolie glitzert.

2 \ Wenn man eine indirekte, gleichmäßige Beleuchtung im Zimmer haben will, verwendet man gerne Standleuchten. Erläutere diese Art der Beleuchtung.

3 \ Zähle mindestens fünf Varianten für die Erzeugung oder Entstehung von Spiegelbildern auf. Begründe die Spiegelung mithilfe der Eigenschaft der jeweiligen Materialien.

4 \ Jan ist aufgefallen, dass die Sonne durch einen Spalt im Vorhang auf sein Geodreieck fällt, sodass er seine Mitschülerinnen und Mitschüler blenden kann.

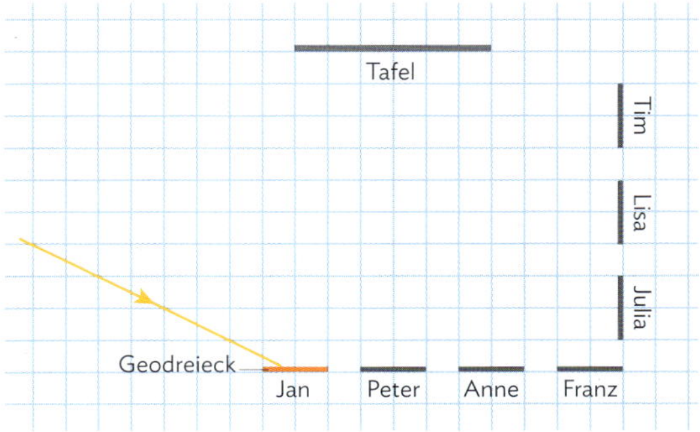

a) Übertrage die Skizze in dein Heft und finde heraus, ob Jan Lisa oder Julia blendet.

b) Probiere aus, wie Jan sein Geodreieck drehen muss, damit er Tim ein Signal geben kann. Zeichne dann den neuen Strahlenverlauf ein.

↳ weitere passende Aufgaben: S. 80, Nr. 2, 3, 4, 5, 6, 7; S. 82, Nr. 21

Eigenschaften von Spiegelbildern

B1 Knetbuchstaben und ihr Spiegelbild.

B2 Detailaufnahme mit dem Lineal.

In Abbildung B1 kann man einige Eigenschaften von Spiegelbildern gut erkennen: Die Größe von Gegenstand und Spiegelbild stimmen überein und auch oben und unten sowie links und rechts sind nicht vertauscht, denn man kann ja das Wort PHYSIK auch im Spiegelbild lesen. Ein Unterschied fällt aber auf: der Spiegel vertauscht vorne und hinten.
Das Spiegelbild ist nicht auf der Spiegeloberfläche zu sehen. Vielmehr befindet es sich gerade so weit hinter dem Spiegel, wie sich der Gegenstand davor befindet. Das sieht man besonders gut mit angelegtem Lineal wie in B2. Man bemerkt dann auch, dass eine gedachte Verbindungslinie von Gegenstand und Spiegelbild senkrecht auf dem Spiegel steht.
Bei einem liegenden Spiegel, wie beispielsweise einer Wasseroberfläche, gelten analoge Gesetzmäßigkeiten (vgl. M4, S. 53 unten).

Das Spiegelbild ist genauso groß wie der Gegenstand selbst. Je nach Position des Spiegels sind oben und unten, links und rechts oder vorne und hinten vertauscht. Das Spiegelbild befindet sich genau so weit „hinter" dem Spiegel wie der Gegenstand vor dem Spiegel steht.

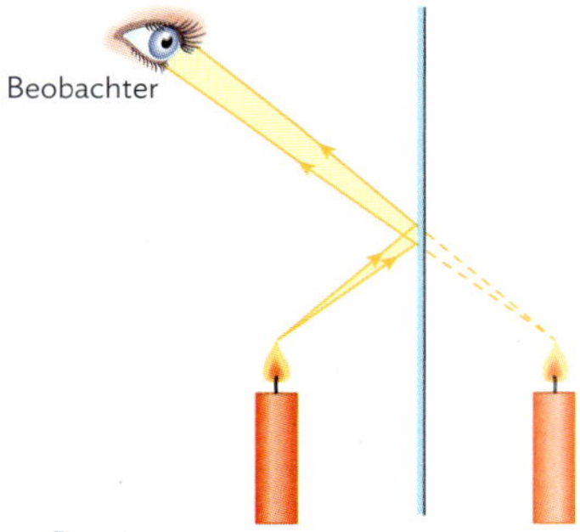

B3 Zwei Beobachter am Spiegel.

In B3 sehen wir den Strahlengang des Lichts einer Kerze, das auf einen Spiegel trifft. Dort werden die Strahlen reflektiert und gelangen in das Auge der Beobachter. Unser Gehirn interpretiert die ins Auge fallenden Lichtstrahlen und geht aufgrund seiner Erfahrung von einer geradlinigen Lichtausbreitung aus. Deshalb deutet es die Lichtstrahlen so, als ob sie von einem Punkt hinter dem Spiegel ausgehen würden, an dem sich die reflektierten Lichtstrahlen schneiden würden.
Tatsächlich sind aber hinter dem Spiegel keine Lichtstrahlen zu finden und auch das Spiegelbild ist nur scheinbar dort. Es könnte an dieser Stelle nicht auf einem Bildschirm aufgefangen werden. Wir sprechen in solchen Fällen von virtuellen Bildern.

i Das Wort „virtuell" kommt von franz. *virtuel*: scheinbar.

Konstruktionen rund um Spiegelbilder

Mithilfe unserer geometrischen Kenntnisse zur Konstruktion von Spiegelbildern und dem Reflexionsgesetz können wir nun verschiedene Fragen zu Spiegelbildern beantworten und Spiegelbilder konstruieren.

Musteraufgabe

Lisa hat einen neuen Spiegel in ihrem Zimmer aufgehängt. Sie ist 1,60 m groß, ihre Augen liegen 10 cm unter der Scheitelhöhe und sie will sich im Abstand von 50 cm vor dem Spiegel sehen. Der Spiegel ist 80 cm hoch und die Oberkante des Spiegels befindet sich 1,55 m über dem Boden. Untersuche mithilfe einer Spiegelbild-Konstruktion, ob Lisa sich tatsächlich komplett im Spiegel sehen kann.

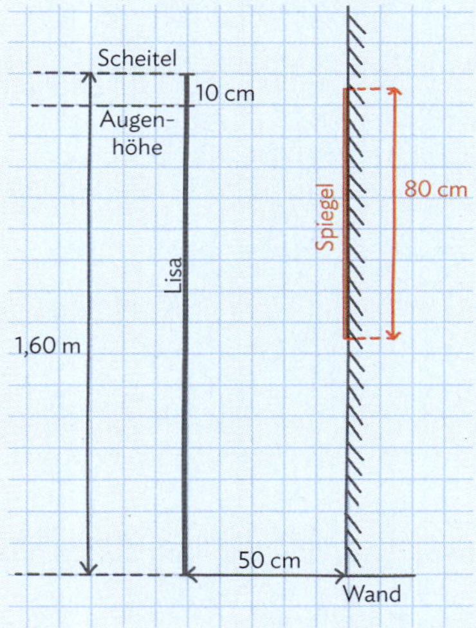

Lösung

1. Zeichne eine maßstabsgetreue Skizze mit Lisa, dem Spiegel und ihrem Spiegelbild, das sich im gleichen Abstand hinter der Wand befindet wie Lisa davorsteht.
2. Zeichne einen Lichtstrahl von Lisas Augen zum Scheitel des Spiegelbilds und einen zu dessen Füßen. So sollte sich Lisa komplett im Spiegel sehen können. Kennzeichne den Bereich, in dem der Lichtstrahl nicht wirklich existiert, mit gestrichelten Linien.
3. Diese beiden Lichtstrahlen und alle dazwischen müssen von dem Spiegel reflektiert werden, damit Lisa sich vollständig sehen kann. Man sieht hier, dass die beiden Randstrahlen gerade noch auf den Spiegel treffen, sie kann sich also komplett sehen.
4. Ergänze den Lichtverlauf (hier: grün).

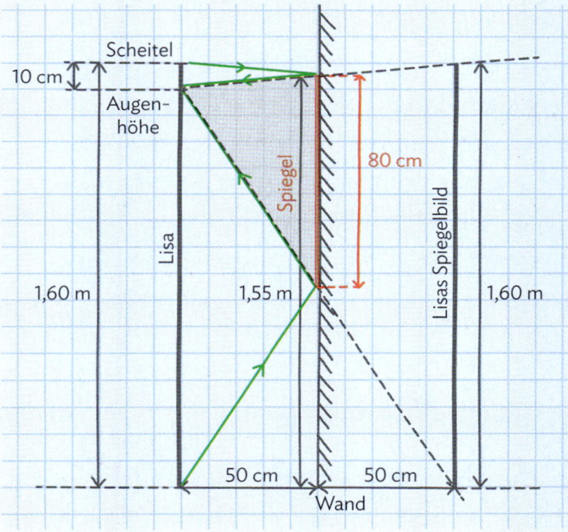

Arbeitsaufträge

1 \ Der Spiegel in der Musteraufgabe ist speziell für Lisas Zimmer angepasst.

a) Führe die Musteraufgabe nun auch für ein 1,0 m kleines Kind und einen 1,90 m großen Mann durch. Bestimme jeweils durch eine Zeichnung, wie groß der Spiegel sein muss und auf welcher Höhe er hängen muss, um das vollständige Spiegelbild zu sehen.

b) Stelle eine allgemeine Regel für Spiegelgröße und Spiegelhöhe auf.

↳ weitere passende Aufgaben: S. 80, Nr. 1, 6, 8

2 \ Wir haben beobachtet, dass das Spiegelbild genauso groß ist, wie der Gegenstand selbst. Doch auf diesem Foto sieht das Spiegelbild deutlich kleiner aus.

Erkläre, wie sich dieser scheinbare Widerspruch auflösen lässt.

7 Brechung

Versuche und Materialien zu Kapitel 7.1

M1 Der Salpa Maggiore – Lichtbrechung als Tarnung

Der Fischer Stewart Fraser fand beim Angeln an der Küste Neuseelands einen durchsichtigen Fisch, der auf der Meeresoberfläche trieb. Der Fisch heißt Salpa Maggiore und gehört zur Gattung der Salpen.
Durch die Transparenz hat der Fisch einen Schutz gegen Feinde entwickelt, da er deutlich schwerer zu erkennen ist als beispielsweise ein bunt schillernder Fisch.
Das Foto zeigt, wie der Fisch über der Wasseroberfläche aussieht. Aber wie sieht dieser Fisch unter Wasser aus? In den Naturwissenschaften versucht man, mit Experimenten die Natur möglichst genau nachzuempfinden. So kann man die Situation „Salpa unter Wasser“ z. B. mithilfe einer transparenten, mit Wasser gefüllten Plastiktüte in einer mit Wasser gefüllten Glaswanne (z. B. ein Aquarium) nachstellen.

Arbeitsauftrag

a) Stelle zunächst eine Vermutung auf, wie der Fisch unter Wasser aussieht. Teste sie dann, indem du das beschriebene Experiment mit der Plastiktüte durchführst.
b) Fertige eine Versuchsbeschreibung an. Gehe dabei auch auf folgende Gesichtspunkte ein:
- Schwierigkeiten bei der Durchführung
- Beobachtungen bei der Durchführung
- Erklärung deiner Beobachtungen

c) Beschreibe das Aussehen des Salpa Maggiore unter Wasser. Begründe deine Antwort.

M2 Zaubertrick „unsichtbare Münze“

Mithilfe des optischen Phänomens der Brechung kannst du eine zunächst „unsichtbare“ Münze sichtbar machen und ein Stück im Wasser „anheben“.

Benötigte Materialien:
- Tasse
- Münze
- Gefäß mit Wasser

Vorgehen
1. Lege die Münze auf den Boden der Tasse.
2. Stelle die Tasse so vor dir auf den Tisch, dass du die Münze gerade nicht mehr siehst. Bleibe nun in dieser Position.
3. Fülle Wasser in die Tasse und du wirst die Münze sehen. Dabei erscheint dir die Münze etwas angehoben vom Boden zu sein.

Arbeitsauftrag

a) Führe den Zaubertrick wie beschrieben durch.
b) Diesen Zaubertrick findet man auf vielen Internetseiten. Versuche eine Erklärung zu finden, die du nachvollziehen kannst.
c) Fertige nun eine komplette Versuchsbeschreibung mit Aufbau, Durchführung und Erklärung an.

M3 Die Münze unter Wasser – genauer untersucht

In M2 hast du gesehen, wie die zunächst nicht sichtbare Münze in der Tasse sichtbar wird, wenn die Tasse mit Wasser gefüllt ist. Im Internet findest du viele Seiten mit Erklärungen dafür. Aber wie weißt du, ob die Erklärung richtig ist? Dazu solltest du die Deutung selbst durch ein Experiment überprüfen.

Vorgehen

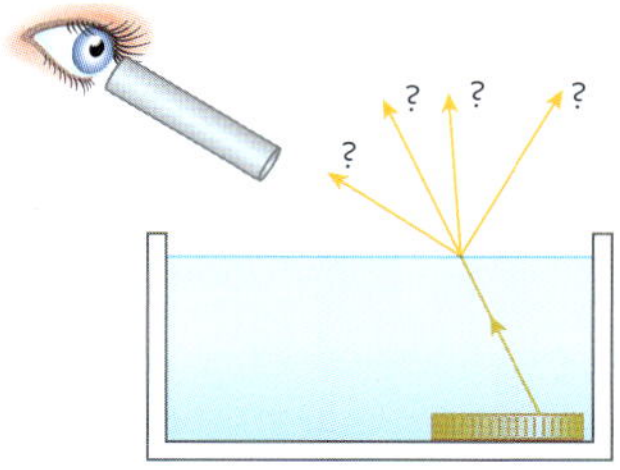

Benötigte Materialien:

- Mit Wasser gefüllte Glaswanne
- Münze
- Hohles Röhrchen (z. B. dicker Strohhalm)
- Stricknadel
- Laserpointer
- Ein paar Tropfen Milch

1. Lege die Münze in das Wasser und peile sie durch das Röhrchen an. In dieser Position muss das Röhrchen nun bleiben!
2. Stecke eine Stricknadel durch das Röhrchen und beobachte von der Seite, wo sie auf dem Wannenboden auftrifft.
3. Leuchte mit dem Laserpointer durch das Röhrchen oder lasse dir das Experiment von deinem Lehrer vorführen.
4. Schütte einige Tropfen Milch in das Wasser, um auch den Weg des Laserstrahls sehen zu können.

Arbeitsauftrag

a) Führe das Experiment durch und beschreibe deine Beobachtungen genau. Denke auch daran, zu notieren, ob die Münze durch die Stricknadel und den Laserstrahl jeweils getroffen wird.

b) Im letzten Teil des Experiments kannst du den Weg des Laserstrahls verfolgen. Zeichne den Weg des Lichts auf und formuliere eine Regel für dieses Phänomen, das man Lichtbrechung nennt.

c) Kontrolliere nun abschließend deine Erklärung für M2 noch einmal und verbessere oder ergänze sie, falls es nötig sein sollte.

! Achte beim Umgang mit Laserlicht darauf, es niemals in Richtung Augen zu lenken. Auch Reflexionen können gefährlich sein!

M4 Brechung in verschiedenen Flüssigkeiten

An jeder Grenzschicht von optisch verschieden dichten Medien kommt es zur Brechung. Diese Eigenschaft kann man sich für besondere, „gebrochene“ Effekte zunutze machen. Im abgebildeten Foto sind die drei Schichten Luft, Öl und blau eingefärbtes Wasser. Verwendest du ein dickes Glasgefäß, dann hast du hier bei geeignetem Blickwinkel noch zusätzliche Brechungseffekte.

Benötigte Materialien:

- Glasgefäß
- Öl
- Wasser
- Lebensmittelfarbe
- Gegenstand

Arbeitsauftrag

Fülle das Gefäß zunächst mit Wasser. Für besondere Farbeffekte kannst du es mit Lebensmittelfarbe einfärben. Gieße dann vorsichtig das Öl auf die Wasserschicht und stelle den Gegenstand hinein. Suche dir besonders reizvolle Blickwinkel und fotografiere den Gegenstand aus verschiedenen Perspektiven.
Formuliere eine Erklärung für deine Beobachtungen.

7.1 Brechung

Reflexion und Brechung

B2 Der senkrecht im Wasserglas stehende, ungeknickte Löffel.

B1 Ein schräg ins Wasserglas gestellter Löffel.

Der lange Löffel, der in B1 am Glasrand lehnt, scheint gleich mehrfach geknickt zu sein. Stellt man ihn aber wie in B2 senkrecht ins Glas, so sieht er ganz normal gerade aus. Den einen Knick können wir uns schon erklären: Der Löffel spiegelt sich an der Wasseroberfläche. Dies ist das kleine geknickte Teilstück. Wie aber entsteht der zweite Knick – an der Grenze zwischen Wasser und Luft? Um diese Frage zu beantworten, überlegen wir uns noch einmal genau, warum wir den Löffel überhaupt sehen. Wir erkennen ihn, weil Licht vom Löffel aus in unser Auge gelangt. Das Licht muss dazu das Wasser, die Wasser-Luft-Grenze und die Luft durchqueren. Die Durchquerung verschiedener Schichten sorgt für den Knick, vgl. M2 bis M4.

i Da das Glas in B1 eine geringe Wandstärke besitzt und sich Wasser und Glas hinsichtlich der Lichtbrechung sehr ähnlich verhalten, kann man in guter Näherung die Grenzübergänge am Glas vernachlässigen.

Lichtbrechung

Trifft Licht schräg auf die Grenzfläche zweier verschiedener, lichtdurchlässiger Materialien, so ändert es seine Richtung. Dieses Phänomen nennt man Brechung des Lichts.

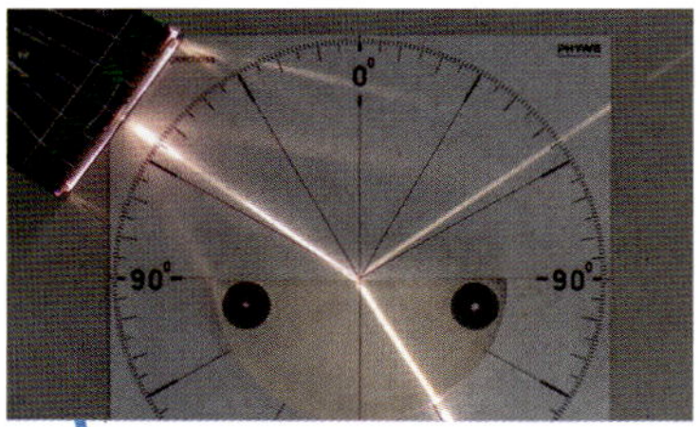

B3 Der Lichtstrahl wird an der Grenze Luft-Glas gebrochen.

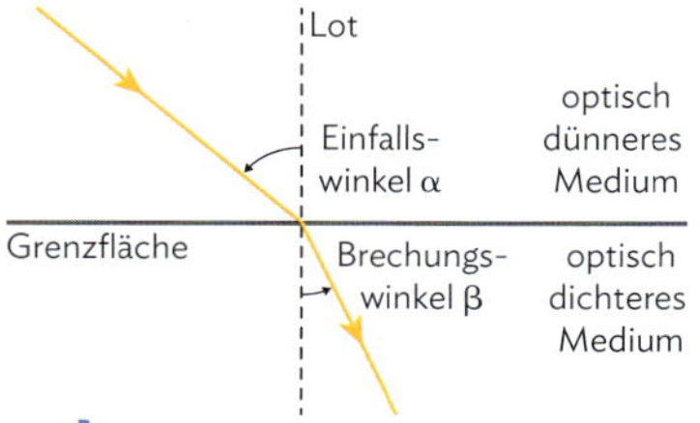

B4 Fachbegriffe der Lichtbrechung.

Wir lassen ein schmales Lichtbündel auf eine Wasseroberfläche fallen. Variieren wir nun den Einfallswinkel α, dann ist für schräg einfallendes Licht der Brechungswinkel β stets kleiner als der Einfallswinkel α. Nur wenn das Licht senkrecht auf die Wasseroberfläche trifft, behält es seine Richtung bei. Brechung beobachtet man nicht nur bei Wasser, sondern immer an der Grenzschicht zweier lichtdurchlässiger Materialien (vgl. B3).
Ist der Brechungswinkel β wie in B3 kleiner als der Einfallswinkel α, dann heißt Material 2 optisch dichter als Material 1. Material 1 ist dann das optisch dünnere Medium (vgl. B4).

i Einfalls- und Brechungswinkel misst man vom Lot aus.

Das Licht wird beim Übergang ins optisch dichtere Medium zum Lot hin gebrochen.

B5 \ Lichtquelle unter Wasser: Brechung und Reflexion

Welches das optisch dichtere Medium ist, hängt immer von der Kombination der beiden Materialien ab. So ist zum Beispiel bei der Kombination Luft – Wasser das Wasser optisch dichter, bei der Kombination Wasser – Glas aber das Glas das optisch dichtere Medium.
Wir verfolgen nun in B5 den Strahlengang beim Übergang vom optisch dichteren in das optisch dünnere Medium. Wie zu erwarten war, wird hier das Licht vom Lot weg gebrochen (Strahlen 1 – 7). Dies trifft für diese Strahlen aber nur auf einen Teil des Lichts zu; der andere Teil wird an der Wasseroberfläche reflektiert (gut zu sehen bei Strahl 7). Ab einem bestimmten Grenzwinkel beobachtet man nur noch eine Reflexion (Strahl 8). Das nennt man auch Totalreflexion, wie du noch lernen wirst.

Das Licht wird beim Übergang ins optisch dünnere Medium vom Lot weg gebrochen, vorausgesetzt der Einfallswinkel ist nicht zu groß.

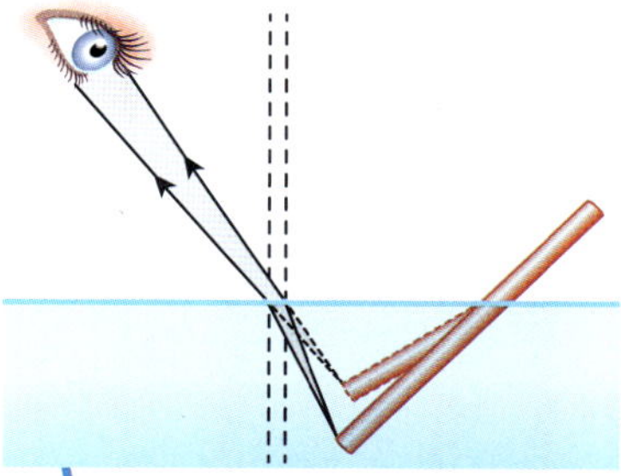
B6 \ Geknickter Stab.

Musteraufgabe

Begründe mithilfe einer Zeichnung genau, wieso ein in Wasser eingetauchter Stab geknickt aussieht. Achte besonders auf den Weg der Lichtstrahlen, wenn du zeichnest.

Lösung
Die Lichtstrahlen werden in B6 an der Wasseroberfläche gebrochen. Unser Gehirn interpretiert die Strahlen dann so, als ob sie sich geradlinig ausbreiten würden. Eigentlich ist aber der Weg des Lichts abgeknickt und der Stab gerade. Beim Zeichnen tragen wir den Lichtstrahl vom Stabende bis zur Wasseroberfläche ein, ergänzen hier das Lot zur Oberfläche und zeichnen dann den Lichtstrahl in der Luft vom Lot weg geknickt ein. Die gestrichelt eingezeichneten, rückwärtigen Verlängerungen der Lichtstrahlen ergeben die Position des scheinbar geknickten Stabes.

Arbeitsaufträge

1 \ Die beiden Bilder zeigen ein Ölfläschchen. Man entnimmt das Öl mit einer Pipette.

Beschreibe anhand der Fotos, was passiert, wenn du den Gummi zusammendrückst, damit das Öl in das Röhrchen gesaugt wird. Erkläre deine Beobachtung.

↳ weitere passende Aufgaben: S. 80, Nr. 9; S. 81, Nr. 10, 11

2 \ Mit Taucherbrillen können Taucher zwar unter Wasser besser sehen, schätzen dafür aber Entfernungen generell zu kurz ein. Begründe mithilfe des Bildes genau, was die Ursache dieser Fehleinschätzung ist.
Diskutiere mit deinem Sitznachbarn oder deiner Nachbarin, wieso der Taucher ohne Brille seine Umgebung nur verschwommen sehen würde.

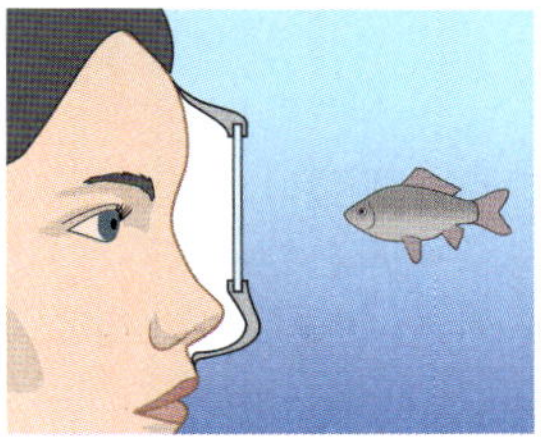

8 Linsen

Versuche und Materialien zu Kapitel 8.2

M1 Verschiedene Arten von Linsen

Linsen können Licht bündeln oder ein vergrößertes oder verkleinertes Bild eines Gegenstands erzeugen. Du wirst in diesem Experiment versuchen, Licht mithilfe verschiedener Linsen möglichst stark zu bündeln.
Suche dir einen Platz mit einer Lampe, sodass der Tisch möglichst gerade von oben beleuchtet wird.

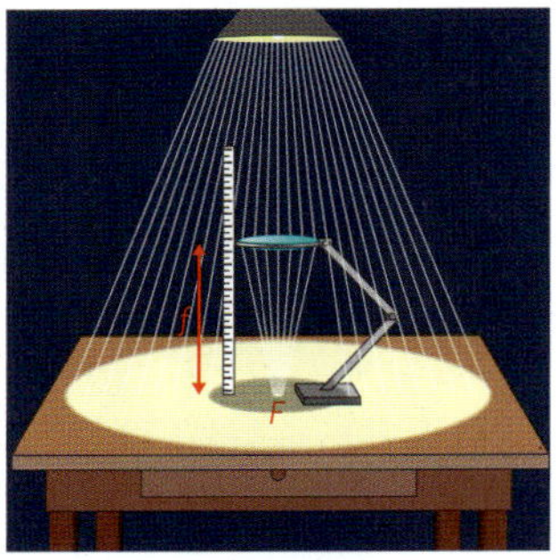

Lege ein Blatt Papier auf den Tisch und halte die Linse parallel dazu. Ändere die Entfernung der Linse zum Papier so lange, bis der Lichtfleck auf dem Papier möglichst klein ist. Dieser kleinste Lichtfleck, den du herstellen kannst, heißt Brennpunkt F. Den Abstand vom Brennpunkt F zur Mitte der Linse nennt man die Brennweite f der Linse. Die Brennweite ist die wichtigste Eigenschaft jeder Linse.

! Nicht mit Linsen in helle Lichtquellen blicken!

Arbeitsauftrag

a) Führe das Experiment mit verschiedenen Linsen durch. Teile die Linsen danach in zwei Gruppen auf: in diejenigen Linsen, mit denen du einen Brennpunkt erzeugen konntest und in diejenigen Linsen, bei denen das nicht möglich war. Vergleiche die Form der beiden Linsentypen und beschreibe die festgestellten Unterschiede möglichst treffend.
b) Miss bei allen Linsen, bei denen du einen Brennpunkt erzeugen konntest, die Brennweite f mit einem Lineal.
c) Stelle eine Vermutung auf, welche Form eine Linse mit möglichst kleiner Brennweite f hat. Begründe mithilfe des Brechungsgesetzes und einer aussagekräftigen Zeichnung.

M2 Gefahren durch gebündeltes Licht und Laserpointer

! Halte unbedingt etwas Wasser bereit, um ein eventuelles Feuer schnell löschen zu können! Blicke niemals mit der Linse in die Sonne!

Im Brennpunkt wird das komplette Licht, das auf eine Linse fällt, gebündelt. Deshalb wird es hier sehr heiß.
Wenn die Sonne richtig hell scheint oder deine Lampe sehr lichtintensiv ist, kannst du ein Papier oder ein Streichholz, das du mit dem Kopf in den Brennpunkt hältst, vielleicht sogar zum Rauchen bringen.
Auch ein Laserpointer erzeugt einen sehr stark gebündelten Lichtstrahl. Deshalb ist es sehr gefährlich, wenn dieser in das Auge gelangt.

Arbeitsauftrag

a) Führe den Versuch zum Brennpunkt mit verschiedenen Sammellinsen durch und beschreibe, wie das Experiment am besten gelingt.
b) Beantworte die Frage: „Sind Laserpointer wirklich gefährlich für das Auge oder ist das nur Panikmache?". Ergänze deine Antwort um Regeln zum verantwortungsbewussten Umgang mit Laserpointern.

Versuche und Materialien zu Kapitel 8.3

M3 Untersuchung der Sammellinsen-Bilder mit einer Simulationssoftware

Um ein erstes Gespür dafür zu bekommen, welche Bilder durch Sammellinsen entstehen können, verwenden wir eine Simulationssoftware. Diese hat den Vorteil, dass du den Weg einzelner Lichtstrahlen gut verfolgen und beliebig viel ausprobieren kannst, ohne jeweils das komplette Experiment umzubauen. Eine solche Software findest du z. B. hier: MC 67048-15

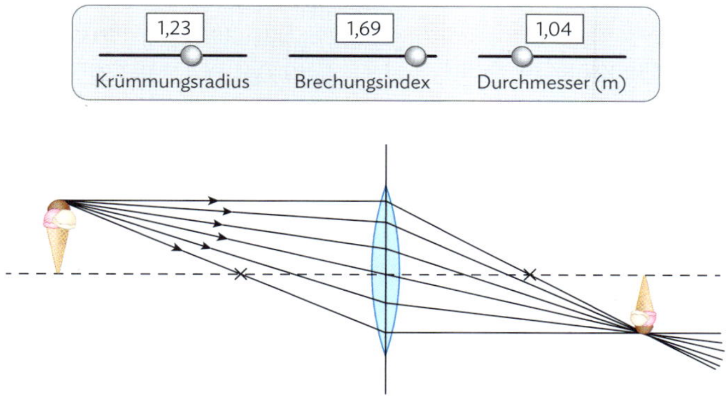

Wie wurde die Software erstellt und welche physikalischen Gesetze hat sie verwendet? Um diese Frage zu beantworten, verwenden wir viele Strahlen, die zusammen ein Lichtbündel ergeben. Egal wo der Gegenstand steht und welche Brennweite und welchen Durchmesser die Linse hat, verhält sich dieses Lichtbündel immer entsprechend des Brechungsgesetzes. Eine kleine Vereinfachung wurde vorgenommen: Die Brechung an beiden Grenzflächen wird als eine einzige Brechung an der Mittelachse gezeichnet.

Ist die Option für „virtuelle Bilder“ aktiviert, dann siehst du bei passendem Abstand des Gegenstands von der Linse ein ziemlich großes Bild des Gegenstands, das nun nicht mehr auf dem Kopf steht. Diese Eigenschaft von Sammellinsen nutzen wir immer, wenn wir sie als Lupe verwenden.

Mit der Abbildung rechts wird in einem Lehrbuch erklärt, wie man bei einer dünnen Sammellinse das virtuelle Bild konstruiert. *F* und *F*‘ sind die beiden Brennpunkte rechts und links von der Linse, *G* der Gegenstand, *B* das virtuelle Bild, usw. Du musst dir vorstellen, dass du von rechts durch die Linse blickst. So ähnlich sollte es mit deiner Software aussehen.

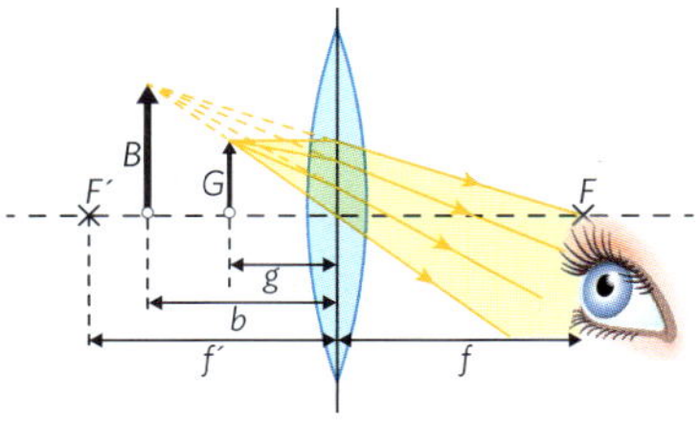

Arbeitsauftrag

a) Mach dich mit der Software vertraut. Probiere dazu zunächst erst einmal aus, was du alles verschieben und einstellen kannst.

b) Gehe nun gezielter vor und beschreibe jeweils deine Beobachtung zu den folgenden Fragen:
- Wie ändert sich das Bild, wenn du den Gegenstand verschiebst?
- Kannst du den Gegenstand so verschieben, dass auch das Bild wieder aufrecht und nicht mehr auf dem Kopf steht?
- Welchen Einfluss hat es auf das Bild, wenn du den Krümmungsradius der Linse, also ihre Brennweite, veränderst?

c) Die Software lässt sich auf Randstrahlen einstellen. Fertige zu den unterschiedlichen Fällen aus b) Skizzen an. Es genügt, das Lichtbündel zu zeichnen.

d) Probiere aus, wie du in der Software virtuelle Bilder erzeugen kannst und beschreibe, wo du den Gegenstand platzieren musst, damit sie erscheinen. Notiere auch, in welchem Abstand von der Linse sie zu sehen sind.

8.1 Schülerexperiment: Abbildung durch eine Sammellinse

V1 Sammellinsen erzeugen Bilder

Du wirst nun mit einer Sammellinse verschieden große Bilder einer brennenden Kerze scharf auf einer Mattscheibe abbilden. Dabei wirst du einen Eindruck davon bekommen, wie der Abstand der Linse vom Gegenstand mit der Bildgröße und dem Abstand der Linse von der Mattscheibe zusammenhängt. Abschließendes Ziel des Versuchs ist es, dass du selbst eine Regel formulierst, wie diese Größen zusammenhängen. Man nennt diese Regel auch die Bewegungsregel für Sammellinsen.

Dafür verwendet man die folgenden Begriffe:

- Größe des Gegenstands: Gegenstandsgröße *G*
- Größe des Bildes: Bildgröße *B*
- Abstand des Gegenstands von der Linse: Gegenstandsweite *g*
- Abstand des Bildes von der Linse: Bildweite *b*
- Abstand des Brennpunkts *F* von der Linse: Brennweite *f*

Benötigte Materialien:

- Zwei Sammellinsen mit unterschiedlichen Brennweiten
- …
- …
- …

Hier findest du noch einmal alle Größen in der Abbildung dargestellt:

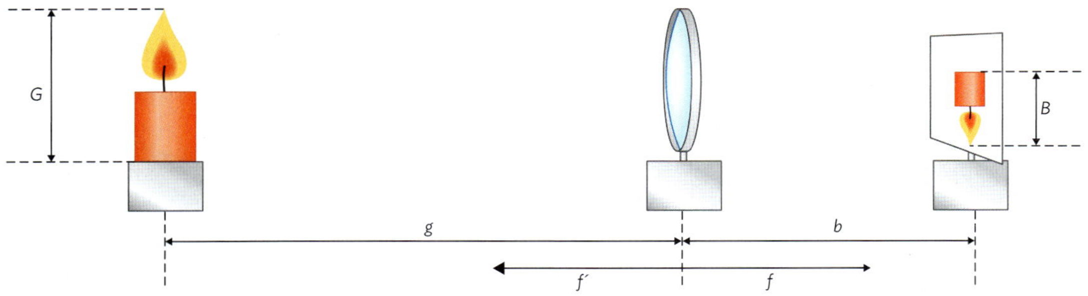

Vorgehen

1. Bestimme die Brennweite *f* der Linse wie in M1 auf S. 64 beschrieben und notiere sie dir. Du brauchst sie später zum Vergleich mit den gemessenen Abständen. Hinweis: Es gilt: $f = f'$.
2. Stelle die brennende Kerze in großer Entfernung (deutlich mehr als die doppelte Brennweite) vor der Linse auf und verschiebe den Bildschirm so lange, bis du ein scharfes Bild der Kerze auf der Mattscheibe erhältst.
3. Miss nun für zwei Gegenstandsweiten *g* die Bildweiten *b* und die Bildgrößen *B*. Notiere die Werte in einer Tabelle. Erkennst du einen Trend? Schreibe ihn auf.
4. Ergänze deine Tabelle um weitere sinnvoll gewählte Einträge.

Beispiel:

Brennweite *f* (cm)	Gegenstandsweite *g* (cm)	Bildweite *b* (cm)	Bildgröße *B* (cm)
28	39		
…	…	…	…

KEINE EINTRAGUNG!

Arbeitsauftrag

a) Führe die obenstehende Liste der benötigten Materialen in deinem Heft fort.

b) Führe das Experiment durch. Miss und notiere in Schritt 2 bis 4 für das scharfe Bild die Gegenstandsweite *g*, die Bildweite *b* und die Bildgröße *B*. Erstelle dazu die Tabelle mit deinen gemessenen Werten. Du solltest dabei einen Trend erkennen. Beschreibe ihn. Schreibe auch die Grenze für *g* auf, ab der kein scharfes Bild mehr auf der Mattscheibe erscheint.

Auswertung

Entnimm deinen Messwerten, für welche Gegenstandsweiten die Bildgröße größer, kleiner bzw. gleich der Gegenstandsgröße ist und wann kein Bild entsteht.
Für jede dieser vier allgemeinen Situationen sollen nun allgemein gehaltene Ungleichungen formuliert werden. Lege dazu eine entsprechende Tabelle an und nutze deine Messwerte, um diese Tabelle zu vervollständigen

Um zu testen, ob deine Auswertung wirklich allgemein für Sammellinsen gilt, solltest du sie zumindest mit einer zweiten, besser noch mit mehreren Linsen überprüfen.

c) Werte dein Experiment mithilfe der nebenstehenden Anleitung aus.
d) Kontrolliere deine Ergebnisse, indem du sie mit einer weiteren Linse testest.
e) Stelle eine allgemein gehaltene Regel über Art, Größe und Lage des Bildes in Abhängigkeit von der Gegenstandsweite *g* auf.

V2 Reelle und virtuelle Bilder

In den bisherigen Versuchen haben wir die Lichtflecke und Bilder beobachtet, die durch Linsen auf einer Unterlage oder auf einer Mattscheibe erzeugt wurden. Jetzt werden wir direkt durch die Linse schauen, so, wie wir es normalerweise tun, wenn wir Sammellinsen als Lupen verwenden.

Auf den beiden Bildern sind zwei verschiedene Situationen mit derselben Sammellinse dargestellt: links siehst du durch die Linse ein auf dem Kopf stehendes Bild einer Kerze, rechts ist es aufrechtstehend.

! Verwende keine zu helle Lichtquelle! Achte darauf, dass du beim Blick durch die Linse weiter von der Linse entfernt bist als ihr Brennpunkt!

Benötigte Materialien:
- Eine Sammellinse
- eine Kerze
- eine Mattscheibe
- ein Lineal

Arbeitsauftrag

a) Stelle die links dargestellten Situationen nach. Bestimme die Brennweite *f* der Linse und miss für beide Bilder die Gegenstandsweite g.
b) Überlege, ob die beiden Bilder jeweils reell oder virtuell sind. Teste deine Vermutung experimentell mit der Mattscheibe.
c) Ergänze die Bewegungsregel, die du im ersten Versuch in Aufgabe d) formuliert hast, nun noch um den Bereich der virtuellen Bilder.

Lichtbrechung an einer Sammellinse

Ganz allgemein kann man Linsen als gewölbt geformte, durchsichtige Körper aus Materialien wie Glas oder Kunststoff beschreiben. Eine häufig verwendete Linse ist die Sammellinse, deren Eigenschaften du bereits auf den Seiten 64-67 kennengelernt hast.

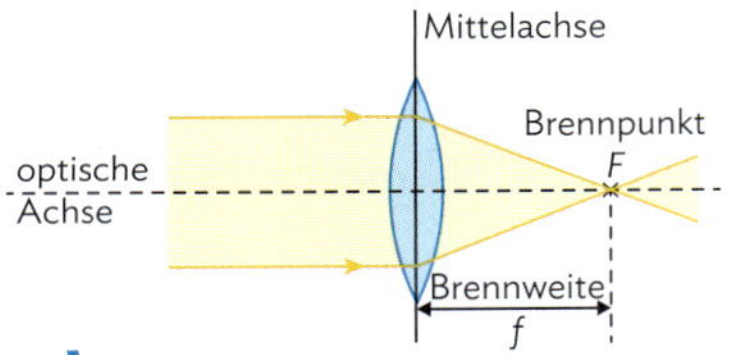

B1 Brennpunkt und Brennweite einer Sammellinse. Die optische Achse verläuft immer senkrecht zur Mittelachse durch den Mittelpunkt der Linse.

Sammellinse: Linse, die in der Mitte dicker ist als am Rand.

Fällt ein Lichtbündel, das von parallelen Lichtstrahlen begrenzt wird, senkrecht zur Mittelachse auf eine Sammellinse, dann lenkt die Linse das Licht mittels Brechung in eine bestimmte Richtung um. Dabei verlaufen alle Lichtstrahlen hinter der Linse durch einen gemeinsamen Schnittpunkt auf der optischen Achse (vgl. B1). Dieser Punkt ist der Brennpunkt F. Den Abstand zwischen Brennpunkt und Mittelachse nennt man die Brennweite f. Sie wird in der Regel in Millimetern angegeben.

i Brennpunkt heißt auf lateinisch *focus*. Daher verwendet man F als Zeichen.

Physikalische Erklärung

Das Licht wird bei einer Sammellinse zum Brennpunkt hin gebrochen, weil das Material der Sammellinse optisch dichter ist als Luft. Durch die Form der Linse werden die Lichtstrahlen dann im Brennpunkt gebündelt. Der tatsächliche Strahlengang an einer Sammellinse lässt sich mithilfe der Lichtbrechung erklären: Wir zerlegen dazu in Gedanken die Linse in einzelne Glasstücke (vgl. B2). Genau betrachtet, wird das Licht an beiden Grenzflächen jeweils gebrochen und somit abgelenkt (vgl. B3). In unseren Zeichnungen vereinfachen wir dies meist durch eine einzige Brechung an der Mittelachse. Diese Näherung liefert gute Ergebnisse, wenn die Linse dünn ist.

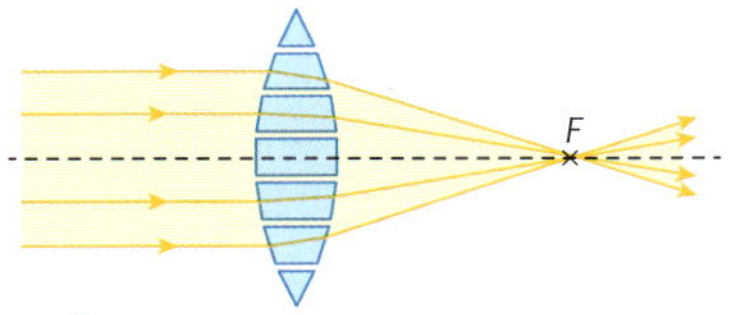

B2 Lichtbrechung an den Grenzflächen der Linse.

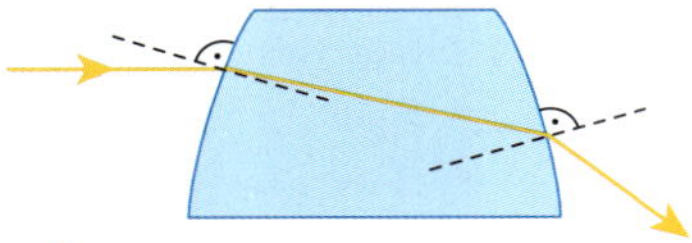

B3 Die Brechung des Lichts an beiden Grenzflächen im Detail.

Damit können wir erklären, wie sich Lichtbündel wandeln, die von selbstleuchtenden oder beleuchteten Punkten ausgehen: Sammellinsen machen beispielsweise aus einem divergenten Lichtbündel ein weniger divergentes Lichtbündel, ein paralleles Lichtbündel oder ein konvergentes Lichtbündel (vgl. B4). Welcher Fall eintritt, hängt vom Material und von der Krümmung der Linse sowie vom Öffnungswinkel des einfallenden Lichtbündels ab, vgl. Kap. 8.3.

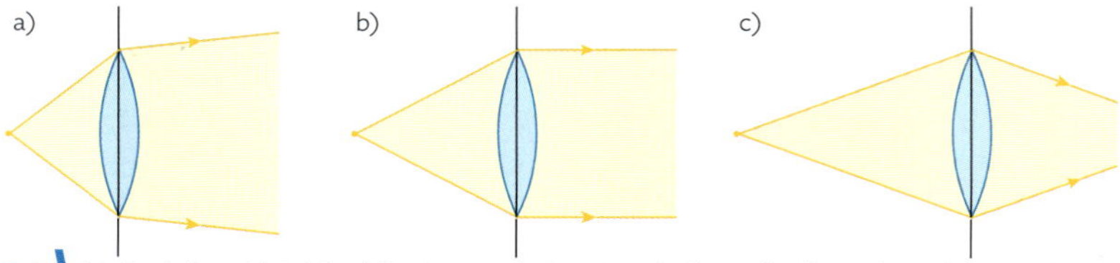

B4 Verlauf eines Lichtbündels einer punktförmigen Lichtquelle. Es ergibt sich hinter der Sammellinse ein (a) divergentes, (b) paralleles oder (c) konvergentes Lichtbündel.

Abbildung weit entfernter Gegenstände

Wie wir im Schülerversuch auf Seite 66/67 bereits gesehen haben, können wir mit Sammellinsen reelle Bilder erzeugen. Das funktioniert ähnlich wie bei einer Lochkamera, wobei die Bilder deutlich schärfer und lichtstärker sind. Wir stellen uns vor, dass jeder Gegenstand aus vielen beleuchteten oder selbstleuchtenden Punkten besteht, von denen jeweils ein Lichtbündel ausgeht. Wir setzen dann das Bild „pixelweise" (also Punkt für Punkt) entsprechend der bekannten Abbildung eines einzelnen Lichtpunkts zusammen. Die Lichtstrahlen der Lichtbündel werden dann nicht mehr auf einen einzelnen „Brennpunkt" fokussiert, die Schnittpunkte liegen vielmehr in einer gemeinsamen Ebene. Diese stimmt für weit entfernte Gegenstände ungefähr mit der sogenannten Brennebene überein (vgl. B5).

i Eine Lochkamera bildet Gegenstände durch sehr schmale Lichtbündel ab, die man in guter Näherung durch Lichtstrahlen darstellen kann. Jeder einzelne Lichtstrahl erzeugt dann quasi einen einzelnen Bildpunkt (vgl. S. 83, Aufgabe 23).

Ist der Gegenstand weit von der Sammellinse entfernt (erheblich weiter als der Brennpunkt der Linse), findet man das Bild in der Nähe der Brennebene. Das Bild steht auf dem Kopf und ist seitenverkehrt.

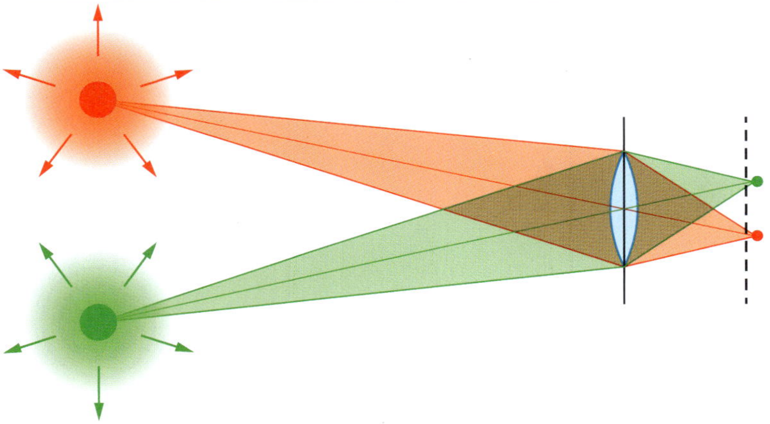

B5 \ Abbildung eines Gegenstandes, hier bestehend aus zwei Punkten, durch eine Sammellinse. Die gestrichelte Linie deutet die Brennebene an.

Arbeitsaufträge

1 \ Nutze die gleiche Simulation wie auf S. 65.

a) Stelle ein:
2 Quellen ✓ Randstrahlen ✓ Bildschirm ✓
Wähle für beide Lichtquellen dieselbe, große Gegenstandsweite aber verschiedene Abstände zur optischen Achse. Suche ein scharfes Bild und notiere deine Beobachtungen.

b) Wie bei a), die Lampen aber mit jeweils unterschiedlicher Gegenstandsweite.

c) Entferne nun das Häkchen bei Bildschirm und wähle einen Gegenstand. Übertrage deine Beobachtungen aus a) auf die Abbildung dieses Gegenstands und formuliere einen Merksatz.

2 \ a) Beschreibe ein Experiment zur Bestimmung des Brennpunkts einer Linse. Fertige dazu auch eine Skizze an. Trage in deine Skizze die Brennweite ein.

b) Erkläre den Begriff Brennebene.

c) **V** Nimm eine Sammellinse und bilde damit Fenster oder andere helle Gegenstände ab. Stelle einen Zusammenhang mit der Brennebene her.

↳ weitere passende Aufgaben: S. 83, Nr. 23; 24 a, b

✚ Hilfestellung auf Seite 196-198

Untersuchungen zur Lage und Größe des Bildes

Im vorherigen Kapitel und in den Schülerexperimenten haben wir beobachtet, wie Sammellinsen Lichtbündel verändern, und welche Bilder sie erzeugen können. Jetzt wollen wir mit einfachen Überlegungen über die Wandlung von Lichtbündeln durch Linsen Vorhersagen über die Lage und die Größe der erzeugten Abbildungen treffen. Ein scharfes Bild des Gegenstands erscheint dort, wo sich die Lichtstrahlen schneiden. Meist stellt man hier eine Mattscheibe auf, die das Licht in alle Richtungen streut. Dadurch kann man das Bild bequem von allen Seiten aus betrachten.

Alle Bilder, die mit einem Bildschirm aufgefangen werden können, nennt man reelle Bilder. Diese reellen Bilder von Sammellinsen stehen immer auf dem Kopf.

Rückt man die Kerze nun schrittweise näher an die Linse heran, dann entsteht das scharfe reelle Bild in immer größerem Abstand hinter der Linse. Das Bild wird dabei größer (vgl. B1 und B2). Eine passende physikalische Argumentation ist in der Methode auf der nächsten Seite beschrieben.

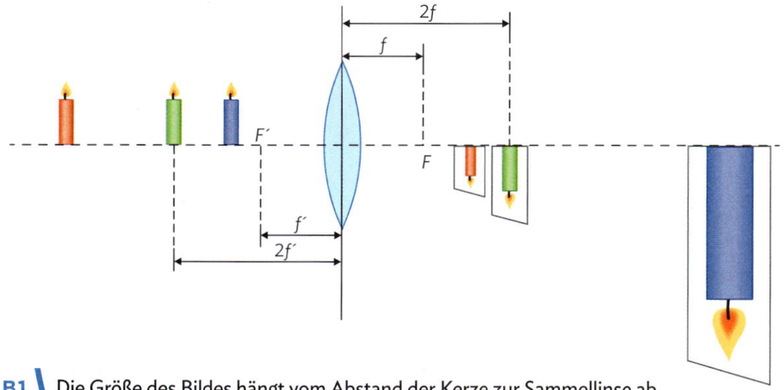

B1 Die Größe des Bildes hängt vom Abstand der Kerze zur Sammellinse ab.

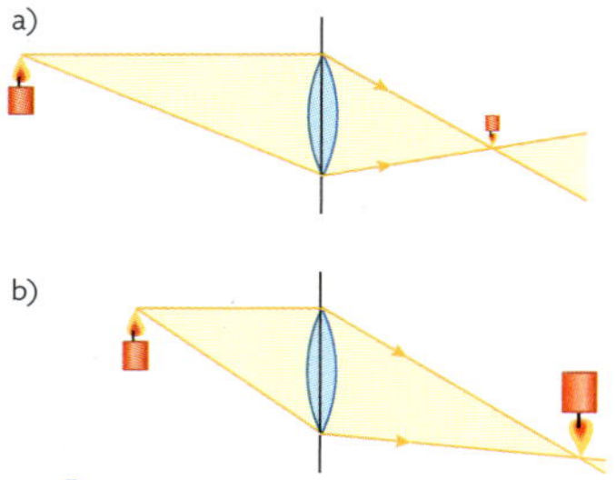

B2 Abgebildetes Lichtbündel von der Spitze der Kerze: a) große Gegenstandsweite, b) kleine Gegenstandsweite.

Wenn die Gegenstandsweite gerade der doppelten Brennweite entspricht, sind Bild und Gegenstand gleich groß. Rückt die Kerze noch näher an die Linse, dann erscheint das Bild vergrößert. Befindet sich die Kerze schließlich im Abstand der Brennweite oder noch näher bei der Linse, dann kann man auf dem Bildschirm kein scharfes Bild mehr erzeugen. Wenn man aber von rechts durch die Linse schaut, sieht man ein aufrechtstehendes, vergrößertes Bild, ein sogenanntes virtuelles Bild. In diesem Abstandsbereich nutzt man die Linse als Lupe (vgl. M2 und B3).

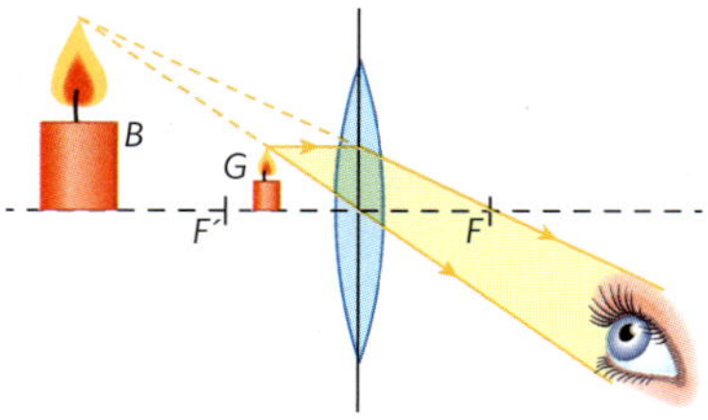

B3 Die große Kerze stellt das virtuelle Bild *B*, die kleine Kerze den Gegenstand *G* dar.

Wenn sich ein Gegenstand zwischen Brennpunkt und Sammellinse befindet, lässt sich ein virtuelles Bild beobachten. Man muss dafür durch die Linse in Richtung Gegenstand blicken. Das virtuelle Bild erscheint vergrößert und aufrecht stehend.

Die Brennpunkte F und F' einer dünnen Sammellinse liegen symmetrisch auf beiden Seiten der Linse im Abstand der Brennweite f (vgl. B1). Da der Lichtweg umkehrbar ist, kann man F und F' auch vertauschen und daher ist eine Unterscheidung zwischen F und F' nicht notwendig.

Methode

Physikalische Argumentationsweisen: Je-desto-Aussagen

In der Physik kann man oft Beobachtungen bzw. Resultate bei Experimenten in Je-desto-Aussagen zusammenfassen. So kann man gut argumentieren und damit zu physikalischen Erkenntnissen gelangen. Eine mögliche Argumentation kann dann so lauten (vgl. B2):

Je näher die Kerze an die Linse rückt...

- desto stärker divergieren die Lichtbündel, die von den Punkten der Kerze ausgehend auf die Linse fallen,
- desto weniger stark konvergieren diese Lichtbündel nach dem Durchgang durch die Linse,
- desto weiter von der Linse entfernt entsteht damit ein scharfer Bildpunkt,
- desto größer wird dadurch auch das Bild.

Insgesamt können wir unsere Überlegungen folgendermaßen zusammenfassen: Mithilfe des Brechungsgesetzes und dem Verständnis, wie Lichtbündel durch Sammellinsen beeinflusst werden, wird klar: *Je kleiner die Gegenstandsweite, desto größer die Bildweite.*

Diese Überlegungen gelten allerdings nur bis zur Grenze $f = g$. Für $g < f$ gibt es kein reelles Bild mehr, stattdessen beobachtet man jetzt ein virtuelles Bild.

i *Vorsicht: Je-desto-Formulierungen geben nur Trends zwischen Zahlenwerten an und stellen keine exakte mathematische Formulierung dar. So führt eine Halbierung der Gegenstandsweite g* ***nicht*** *zu einer Verdopplung der Bildweite b. Der mathematische Zusammenhang zwischen diesen Größen ist komplizierter, weil die Brennweite f dort noch eine Rolle spielt.*

Arbeitsaufträge

1 \ V Die beiden Bilder stellen einen Wassertropfen dar, der an einem Ast hängt, und ein Handydisplay, auf dem sich Regentropfen befinden. Wenn du genau hinschaust, erkennst du Bilder in den Wassertropfen.

a) Beschreibe, was du auf den Bildern der Wassertropfen siehst, und erkläre, wie die Bilder in den Tropfen zustande kommen.

b) Entscheide, ob es sich um reelle oder virtuelle Bilder handelt.

2 \ Eine Sammellinse steht so auf dem Pult, dass an der Wand ein verkleinertes Bild des gegenüberliegenden Fensters zu sehen ist.

a) Erkläre, wie die Lehrkraft die Linse verschieben müsste, damit ein vergrößertes Bild des Fensters entsteht.

b) Beurteile, ob sie stattdessen auch einfach die Linse durch eine neue Linse mit kleinerer Brennweite austauschen kann.

+ **Hilfestellung auf Seite 196-198**

↳ weitere passende Aufgaben: S. 81, Nr. 12, 13, 14, 15, 16, 17, 18

9 Auge und Optik in moderner Technik

Versuche und Materialien zu Kapitel 9.1

M1 Die Bildentstehung im Auge - Sachtext

Die Lichtstrahlen, die von einem Gegenstand in das Auge einfallen, werden durch einen optischen Apparat so gesammelt, dass auf der Netzhaut ein umgekehrtes und verkleinertes Bild entsteht. An der Lichtbrechung sind Hornhaut und Linse beteiligt. Da ihre Vorderseite an Luft grenzt, ist die Brechkraft der Hornhaut größer als diejenige der Linse; sie beträgt 43 Dioptrien.

Eine Dioptrie (= 1 D) entspricht der Brechkraft einer Linse von 100 cm Brennweite. Eine Linse von 2 D hat eine Brennweite von (100 : 2) cm = 50 cm, eine solche von 60 D eine Brennweite von 100 : 60 = 1,67 cm. Je größer die Dioptrienzahl ist, desto kleiner die Brennweite.

Die Linse wird durch den Ciliarkörper in ihrer Lage festgehalten. Sie ist kein starres Gebilde. Vielmehr kann die Krümmung besonders der vorderen Linsenfläche und damit die Brechkraft ziemlich stark verändert werden. Die Brechkraft schwankt zwischen 19 D bei Ferneinstellung und 33 D bei Naheinstellung. Die Einstellung erfolgt mit Hilfe des Ciliarkörpers. Er besteht aus dem Ciliarmuskel, der die Linse ringförmig umgibt. Von seiner Innenseite ziehen feine Fasern, die Linsenbänder, zum Rand der Linse. Sie zerren bei der Ferneinstellung des Auges ringsum an der Linse und flachen sie ab. Zum Betrachten naher Gegenstände akkommodiert das Auge. Dabei kontrahieren sich die Fasern des Ciliarmuskels. Dadurch werden die Linsenbänder entspannt, und die Linse kann sich, ihrer natürlichen Elastizität folgend, der Kugelform nähern. Dieser Vorgang vergrößert ihre Brechkraft. (...)

Der nächste Punkt, den man ohne Akkommodation scharf sieht, liegt 5 - 6 m vom Auge entfernt. Mit zunehmendem Alter verliert die Linse an Elastizität, so dass der nächste Punkt, der mit Akkommodation scharf gesehen wird, der Nahpunkt, immer weiter vom Auge abrückt. Bei Siebzigjährigen ist die Linse meist starr und kann sich nicht mehr auf Nahsehen einstellen.

Im Linsenauge wird auf der Netzhaut ein Bild der Umwelt erzeugt. Dieses Bild wird durch die Sinneszellen in einzelne Bildpunkte zerlegt: es wird aufgerastert. Im Facettenauge dagegen wird das Umweltbild schon durch den optischen Apparat in einzelne Bildpunkte zerlegt.

Arbeitsauftrag

a) Recherchiere im Internet zum Thema „Bildentstehung im Auge“. Notiere deine Internet-Links bzw. speichere diese Links in einer Datei.

b) Vergleiche den Inhalt deiner Internetquellen mit nebenstehendem Sachtext.

c) Ordne den unterschiedlichen Quellen eine Adressatengruppe zu (Professor, Student, Laie, ...).

d) Fasse zwei deiner Quellen in Form eines Sachtextes zusammen.

e) Fertige, möglichst gleich digitale, Zeichnungen passend zu den Sachtexten aus d) an. Analoge Zeichnungen musst du nachträglich digitalisieren.

f) Recherchiere im Internet und erkläre, woraus Linse und Netzhaut bestehen. Veranschauliche die physikalischen Zusammenhänge im Rahmen einer digitalen Präsentation. Nutze dabei erklärende Skizzen.

Versuche und Materialien zu Kapitel 9.2

M2 Regensensoren von Autos - Totalreflexion

In neueren Autos sind sogenannte Regensensoren in der Windschutzscheibe verbaut. Diese sollen automatisch erkennen, ob und wie stark es regnet. Mit dieser Information kann der Scheibenwischer automatisch bei Regen eingeschaltet werden. Dabei wird sich der Effekt der Totalreflexion zu Nutze gemacht. Dieser tritt auf, wenn Licht in einem bestimmten Winkel beim Übergang von einer optisch dünneren in eine optisch dichtere Schicht gebrochen wird. Diesen Effekt kennst du bereits aus Kapitel 7.1 (S. 63, B5).

(1) Lichtreflexion bei Trockenheit

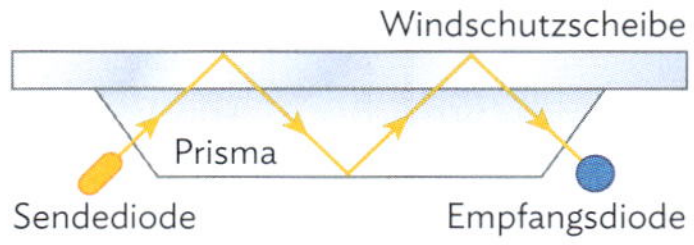

(2) Lichtreflexion bei Nässe

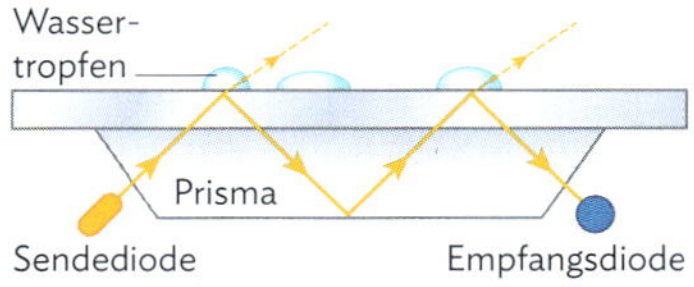

Arbeitsauftrag

a) Beschreibe und vergleiche die beiden Bilder links mit eigenen Worten.

b) „Ändert sich die Dichte des optischen Mediums, ändert sich auch der Winkel, unter dem eine Totalreflexion stattfindet."
Erkläre mithilfe dieser Aussage und deinen Beschreibungen aus a), wie ein Regensensor funktioniert.

M3 Der gespiegelte Felsen - Totalreflexion an Luftschichten

Vor der Küste von Grönland ist von Zeit zu Zeit ein seltsames Bild zu sehen. Bei diesem Phänomen handelt es sich um die Luftspiegelung eines Felsens. Dabei treffen die Lichtstrahlen von unten kommend auf die Grenze zwischen zwei unterschiedlichen Luftschichten verschiedener optischer Dichte und werden an dem Übergang totalreflektiert. In diesem Fall liegt das daran, dass die tiefere Luftschicht über dem Wasser kälter ist als die höher gelegene. Der obere Teil des Felsens liegt oberhalb der Schichten und wird daher nicht an der Grenzfläche gespiegelt.

Ein Modellexperiment zu dem Thema lässt sich wie folgt durchführen: In ein Glasgefäß mit geraden Wänden wird mit Tinte gefärbtes Zuckerwasser gegeben (50 g Zucker in 100 ml Wasser gelöst). Darüber wird eine Schicht ebenso gefärbten Wassers gefüllt - langsam an der Gefäßwand herunterrinnend! Der Lichtstrahl einer Lampe mit Blende wird eingestrahlt. Die Grenze zwischen zwei Wasserschichten entspricht den unterschiedlichen Luftschichten bei der Fata Morgana.

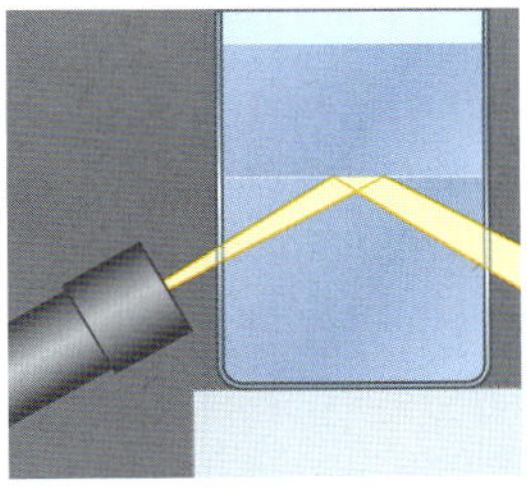

Arbeitsauftrag

a) Recherchiere und erkläre, was eine „Fata Morgana" ist.

b) Führe das Experiment mit den Zuckerwasser-Wasser-Schichten durch und skizziere den Weg des Lichtstrahls.

c) Skizziere die Totalreflexion an der Grenzfläche *kalte Luft-heiße Luft* in dein Heft und zeichne den links abgebildeten Felsen sowie dein Auge ein.

d) Erkläre, warum im Hochsommer heiße, trockene Straßen manchmal „nass" aussehen. Erstelle dafür eine geeignete Skizze, die ein Lichtbündel, die Straße und dein Auge enthält.

Bildentstehung im Auge

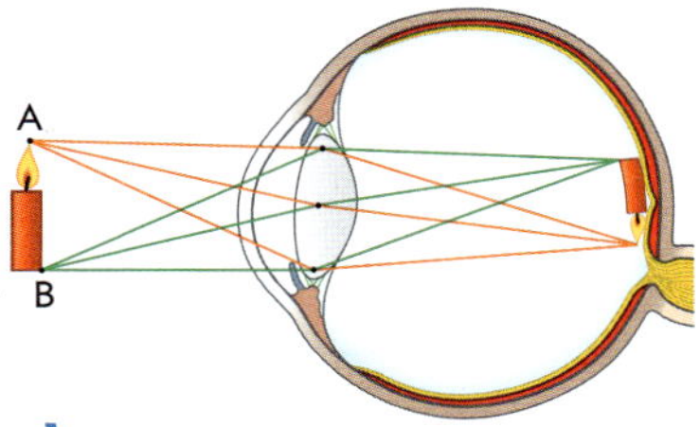

B1 \ Bildentstehung im Auge.

Im letzten Kapitel haben wir untersucht, wie das Licht in Sammellinsen gebrochen wird. Dabei haben wir gesehen, dass, je nach Brennweite der Linse, der Abstand, bei dem ein Bild scharf dargestellt wird, variiert.
Auch in unserem Auge befindet sich eine solche Sammellinse, damit wir unsere Umgebung scharf wahrnehmen können (vgl. B1).
Die von dem Punkt eines Gegenstandes ausgehenden Lichtstrahlen werden von der Augenlinse gebündelt und auf einen Punkt auf der Netzhaut abgebildet. Das Bild des Gegenstandes steht auf dem Kopf, ist seitenverkehrt und kleiner als das Original, weil Gegenstände fast immer weiter vom Auge entfernt sind als die doppelte Brennweite des Auges ($f \approx 20$ mm). Nähert sich der Gegenstand dem Auge, dann wird das Bild auf der Netzhaut größer.
Unser Auge stellt verschieden weit entfernte Gegenstände nicht nur unterschiedlich groß auf der Netzhaut dar, sondern vor allem als scharfes Bild. Da die Bildweite beim Auge fest vorgegeben ist, muss dafür die Brennweite unserer Augenlinse veränderlich sein. Diesen Vorgang nennt man Akkommodation (vgl. B2): Bei einem nahen Gegenstand laufen die Lichtstrahlen in Richtung Auge stark auseinander. Damit die Linse diese bündeln kann, muss sie stark gekrümmt sein, also eine kurze Brennweite haben.
Bei Anspannung eines Muskels im Auge geht die normalerweise flach auseinandergezogene, gallertartige Linse in ihre ursprüngliche, stark gekrümmte Form zurück. Mit Anstrengung können daher auch nahe Gegenstände scharf gesehen werden. Es gibt jedoch eine minimale Entfernung für scharfes Sehen, den so genannten Nahpunkt.

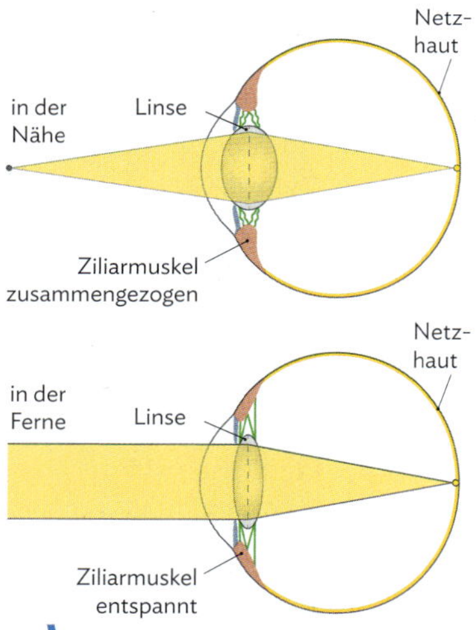

B2 \ Zusammenziehen und Strecken der Linse im Auge (Akkommodation).

Das Bild eines Gegenstandes auf der Netzhaut steht auf dem Kopf, ist seitenverkehrt und kleiner als das Original. Akkommodation ist die Veränderung der Brennweite der Augenlinse, angepasst an den Abstand des Gegenstandes.

Fehlsichtigkeit

Wie unterscheiden sich die Augen von Kurz- und Weitsichtigen jeweils im Vergleich zu Normalsichtigen?
Selbst bei Normalsichtigen kann die Augenlinse ihre Brennweite nur in einem gewissen Bereich verstellen. Ganze nahe sowie weit entfernte Gegenstände erscheinen daher unscharf.
Bei einer angeborenen Weitsichtigkeit ist der Augapfel zu kurz. Selbst die

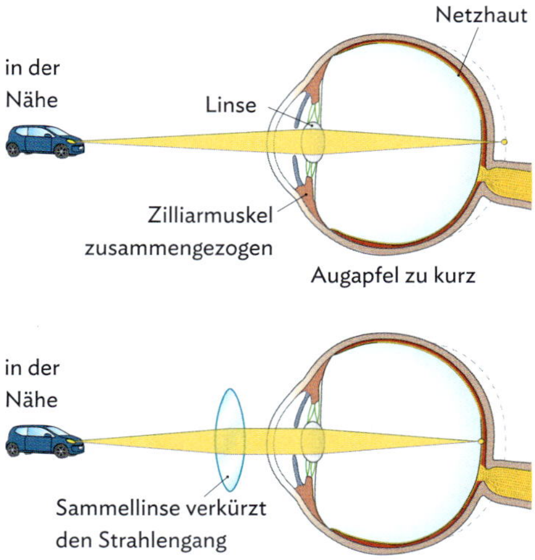

B3 \ Weitsichtigkeit und ihre Korrektur durch eine Sammellinse.

stark gekrümmte Linse bildet einen nahen Punkt erst hinter der Netzhaut scharf ab (vgl. B3).
Umgekehrt ist bei einer angeborenen Kurzsichtigkeit der Augapfel zu lang. Sogar die schwach gekrümmte Augenlinse bildet einen weit entfernten Punkt bereits vor der Netzhaut scharf ab.
Die Fehlsichtigkeit kann korrigiert werden. Bei Weitsichtigkeit ist die Augenlinse zu wenig gekrümmt und wird durch eine zweite Sammellinse unterstützt (vgl. B3). Als Brille wird diese vor das Auge gebracht oder als Kontaktlinse direkt auf die Hornhaut gelegt. Bei Kurzsichtigkeit ist die Linse zu stark gekrümmt. Es wird eine zusätzliche Linse zwischen Gegenstand und Auge gebracht, die in der Mitte dünner ist als am Rand, eine sogenannte Zerstreuungslinse, vgl. B4.

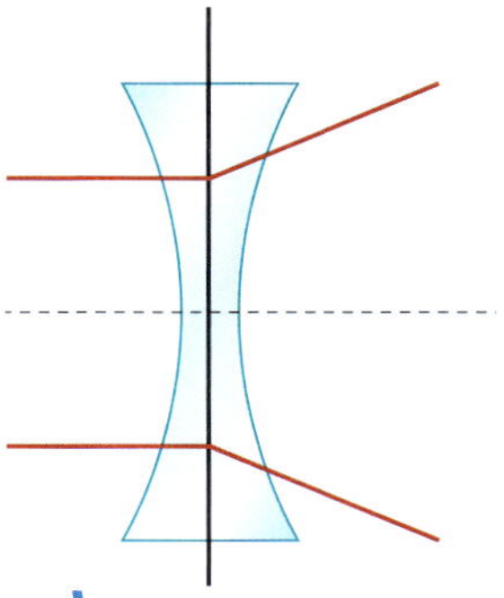
B4 \ Zerstreuungslinse.

i Alternativ kann die Hornhaut auf der optischen Achse durch eine Laser-Operation abgetragen werden.

Bei den angeborenen Weit- und Kurzsichtigkeiten sind die Bildweiten zu lang bzw. zu kurz. Weitsichtigkeit wird mit einer Sammellinse, Kurzsichtigkeit mit einer Zerstreuungslinse korrigiert. Die Linsen können als Brille oder Kontaktlinse getragen werden.

Arbeitsaufträge

1 \ Eine Person kommt von der Ferne auf dich zu. Beurteile das Bild auf deiner Netzhaut hinsichtlich der Größe und ob du die Person scharf siehst, wenn du…
1. normalsichtig bist.
2. kurzsichtig bist.
3. weitsichtig bist.
4. weitsichtig bist und eine Brille mit Sammellinse trägst.

2 \ Bei einer Akkommodationslinse kann die Krümmung durch Hineinpressen oder Herausziehen von Wasser verändert werden. In der Darstellung links bildet die Akkommodationslinse die Kerze scharf auf die Mattscheibe ab. Entscheide, ob Wasser in die Linse hineingedrückt oder herausgezogen werden muss, wenn die Kerze an die Linse herangerückt wird und weiterhin scharf auf der Mattscheibe zu sehen sein soll. Begründe deine Entscheidung.

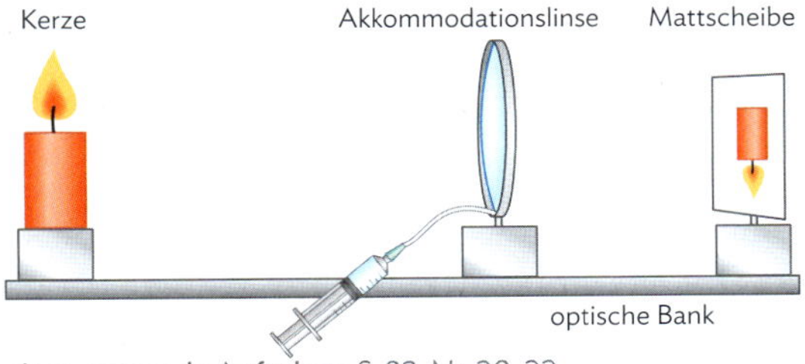

↳ weitere passende Aufgaben: S. 82, Nr. 20, 22

3 \ **V** Erkläre, was die Tabelle aussagt, und beurteile durch eigene Anschauung, ob und in welchem Bereich dir die Tabelle als richtig erscheint.

Alter in Jahren	5	35	55
Nahpunkt in cm	8	15	35

Ermittle dazu deinen Nahpunkt als Abstand, bei dem du mit einem Auge ein Kreuz auf deinem Daumennagel gerade noch scharf siehst.

Totalreflexion

B1 Totalreflexion eines Haifischs an der Wasseroberfläche.

In B1 siehst du einen Haifisch unter Wasser. Die Wasseroberfläche erscheint wie ein Spiegel, in dem das Bild des Hais zu sehen ist.
Beim Übergang vom optisch dichteren Stoff Wasser in den optisch dünneren Stoff Luft wird ein Teil eines Lichtstrahls an der Grenzfläche reflektiert, ein anderer Teil wird gebrochen (B2 links). Bei einem flachen Einfall des Lichtstrahls auf die Grenzfläche tritt der gebrochene Strahl nicht mehr in die Luft über (B2 Mitte). Dieses Phänomen wird Totalreflexion genannt. Es tritt ebenfalls bei einem noch flacheren Einfall des Lichtes auf (B2 rechts). Auch in M2 und M3 hast du dieses Phänomen bereits untersucht.

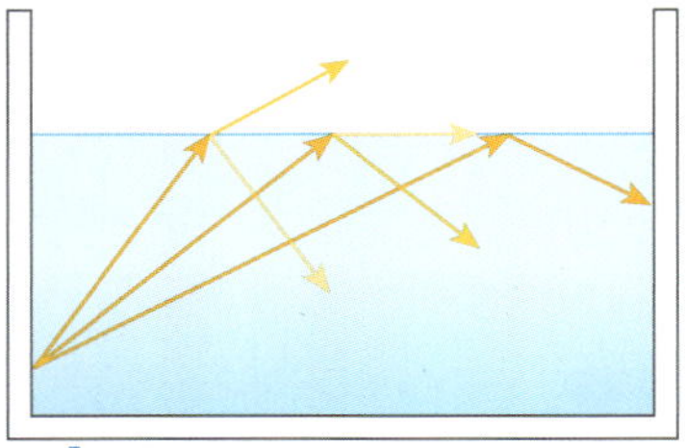
B2 Totalreflexion von Lichtstrahlen an der Wasseroberfläche.

> Beim Übergang von einem optisch dichteren Stoff in einen optisch dünneren Stoff wird Licht bei flachem Einfall an der Grenzfläche totalreflektiert.

In einem speziell geschliffenen Diamanten, einem sogenannten Brillanten (B3), werden die einfallenden Lichtstrahlen mehrfach an der Grenzfläche Diamant-Luft totalreflektiert und entgegen ihrer Einfallsrichtung reflektiert. Der Betrachter beobachtet ein „Funkeln und Glitzern" des Brillanten.
In einem Reflexionsprisma werden die einfallenden Lichtstrahlen zweimal an der Grenzfläche Glas – Luft totalreflektiert und genau entgegen der jeweiligen Einfallsrichtung reflektiert (B4).
Mehrere solche Reflexionsprismen wurden auf den Mond gebracht (B5). Damit werden Lichtblitze eines Lasers von der Erde zurückreflektiert. Aus den gemessenen Flugzeiten der Lichtblitze wird mithilfe der Lichtgeschwindigkeit die Entfernung Erde-Mond berechnet.

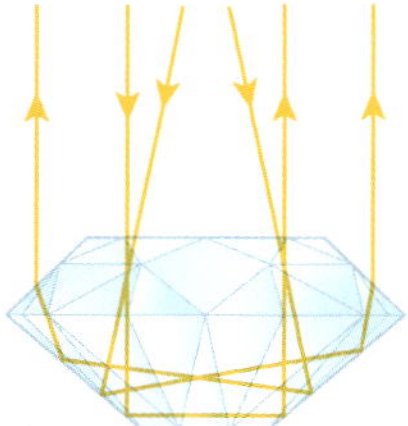
B3 Brillant.

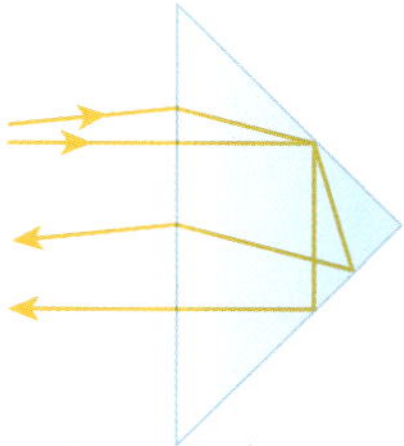
B4 Reflexionsprisma.

B5 Reflexionsprismen auf dem Mond.

Lichtleiter

Die Totalreflexion wird in vielen technischen Anwendungen verwendet. Eine der häufigsten ist der Lichtleiter, bei dem ein Lichtsignal über lange Strecken durch ein Kabel übertragen werden kann. Mit einem einfachen Experiment lässt sich das Prinzip verdeutlichen: In ein Reagenzglas mit

ausgehärteter Gelatine wird ein Lichtstrahl eingestrahlt und dessen Strahlenverlauf beobachtet (vgl. Nr. 3). Das Licht wird aufgrund der Totalreflexion an der Grenzschicht Glas-Luft im Reagenzglas weitergeleitet. Solche Lichtleiter werden in der Technik vollständig aus Glas gefertigt und können so Licht über größere Strecken leiten und um Kurven führen (B7).
Mithilfe von Lichtsignalen können durch Lichtleiter große Mengen an Daten übertragen werden, z. B. für das Streamen von Filmen. In der Zahnmedizin wird intensives, ultraviolettes Licht direkt auf Klebstoffe geleitet, um diese schnell auszuhärten. In der Medizin erlaubt ein Bündel von vielen dünnen nebeneinander liegenden Lichtleitern die punktweise Übertragung eines Bildes, z. B. aus dem Körperinneren. Auch in der Metallbearbeitung nutzt man bei starken Lasern oft Lichtleiter, um die Strahlung an den Einsatzort heranführen zu können.

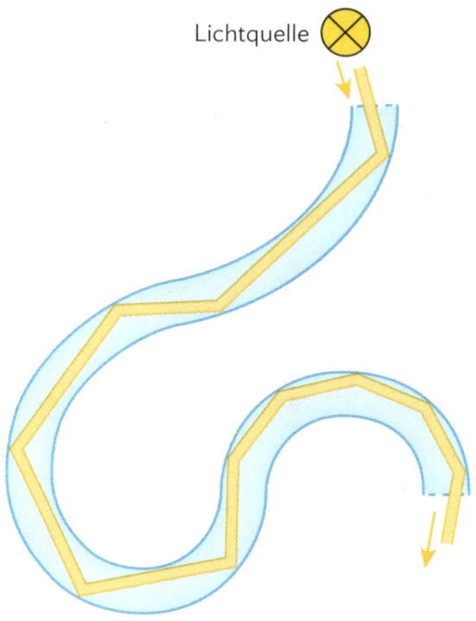

B7 \ Lichtleiter mit Totalreflexionen.

Lichtleiter transportieren Licht häufig aufgrund von Totalreflexionen. Die technischen Anwendungen sind zahlreich, z. B. bei der digitalen Signalübertragung.

Arbeitsaufträge

1 \ a) Zeichne ein Reflexionsprisma in Form eines gleichschenklig rechtwinkligen Dreiecks in dein Heft (vgl. B4). Zeichne dort unter Beachtung des Reflexionsgesetzes bei der Totalreflexion mindestens zwei komplette Wege der Lichtstrahlen ein. (V)
b) Ersetze das Reflexionsprisma durch einen Spiegel und zeichne auch dort die Strahlengänge ein. Vermute aufgrund der Zeichnung, warum auf dem Mond kein Spiegel statt dem Reflexionsprisma aufgestellt wurde.

2 \ Erkläre, warum die dargestellte Faser-Dekolampe hauptsächlich am Ende der Glasfaser leuchtet.

3 \ a) Fülle ein Reagenzglas mit Wasser, das ein wenig Milch enthält, und verschließe es mit einem Gummistopfen, sodass keine Luftblase enthalten ist.
Strahle einen Lichtstahl in das Reagenzglas und zeichne den Strahlengang.
b) Erkläre, warum die Lichtleitung mit Gelatine besser als mit Wasser funktionieren sollte, wenn die optischen Dichten von Gelatine und Glas in etwa gleich groß sind.
c) Führe das Experiment mit Gelatine durch und vergleiche die Ergebnisse mit Teilaufgabe a). (V)

4 \ Glasfasern besitzen eine Hülle aus einem optisch dünneren Stoff um einen Kern aus einem optisch dichteren Stoff.
a) Recherchiere technisch verwendete Materialien.
b) Nenne Gründe, warum die Hülle nicht weggelassen werden kann.

5 \ Das Mineral Ulexit wird „Fernsehstein" genannt. Recherchiere dessen besonderen Aufbau und erkläre damit die Beobachtung im Bild rechts.

weitere passende Aufgaben: S. 81, Nr. 19; S. 83, Nr. 24 c

Exkurs: Geometrische Optik

Besondere Strahlen eines Lichtbündels

Um zu verstehen, wieso eine Sammellinse Bilder von Gegenständen erzeugen kann, beobachten wir nun den Weg einzelner, besonders ausgewählter Lichtstrahlen. Diese heißen Parallelstrahl, Mittelpunktstrahl und Brennpunktstrahl.
Im Experiment erkennen wir, dass der Mittelpunktstrahl, der durch den Linsenmittelpunkt geht, seine Richtung nicht verändert. Parallelstrahlen, also Strahlen, die zunächst parallel zur optischen Achse verlaufen, werden an der Linse so gebrochen, dass sie hinter der Linse durch den Brennpunkt F verlaufen. Man sagt, der Parallelstrahl wird zu einem Brennpunktstrahl. Und umgekehrt wird ein Brennpunktstrahl nach Durchqueren der Linse zum Parallelstrahl.

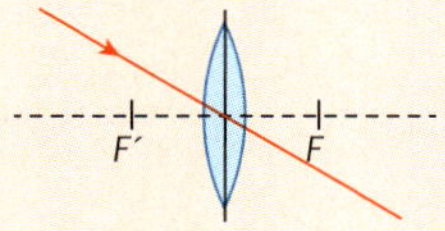

Mittelpunktstrahlen behalten ihre Richtung bei.

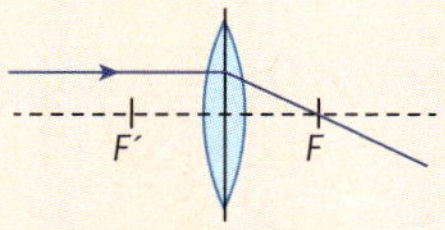

Parallelstrahlen werden zu Brennpunktstrahlen.

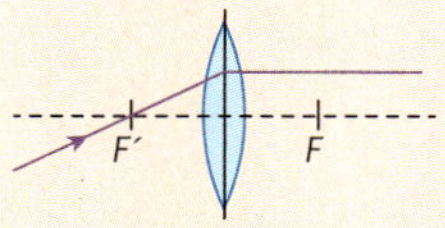

Brennpunktstrahlen werden zu Parallelstrahlen.

Geometrische Bildkonstruktion mit besonderen Strahlen

Mithilfe dieser besonderen Strahlen können wir nun vorhersagen, wo sich das Bild eines Gegenstands befinden wird. Wenn wir exakt zeichnen, können wir auch die Größe des Bildes mit der Zeichnung bestimmen. Zwei der besonderen Strahlen genügen dabei, um stellvertretend für alle Lichtstrahlen eines wirklichen Lichtbündels, das von einem Punkt ausgeht, den Weg des Lichts nachzuzeichnen. Zur Vorhersage können wir sogar solche Lichtstrahlen auswählen, die nicht auf die Linse treffen. Das genaue Vorgehen wird auf der nächsten Seite erläutert.

Verhältnis von Theorie, Modell und Experiment

Das hier beschriebene Verfahren gehört zum Modell der geometrischen Optik. Es handelt sich dabei um ein Modell über die Natur des Lichts. In den Grenzen dieses Modells hilft die geometrische Optik, ein Verständnis optischer Phänomene zu erlangen. Theorien sind allgemeiner und gehen über die Aussagekraft eines Modells hinaus. Sowohl Theorien als auch Modelle haben sich zum Ziel gesetzt, Phänomene zu beschreiben und zu erklären. Das Experiment dient in diesem Zusammenhang der Überprüfung. In der Regel sind dafür Idealisierungen notwendig, sowohl beim Experiment, also auch beim Modell. So versagt beispielsweise das Modell der geometrischen Optik bei einem ganz dünnen Spalt. Die Skizze stellt die Beziehungen im Überblick dar.

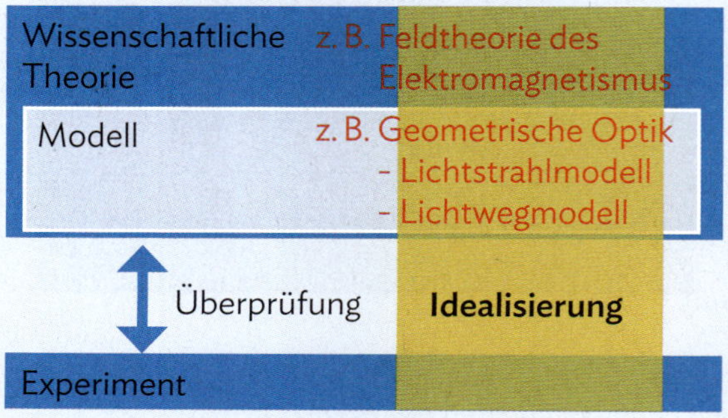

Geometrische Bildkonstruktion

Anhand des Beispiels einer Sammellinse mit $f = 2$ cm und einer Kerze mit $G = 2$ cm und $g = 6$ cm wollen wir Größe und Position des scharfen Bildes ermitteln.

1. Die Situation in Originalgröße oder in einem geeigneten Maßstab zeichnen. Bei den im Beispiel vorgegebenen Werten kannst du gut die Originalgrößen verwenden.

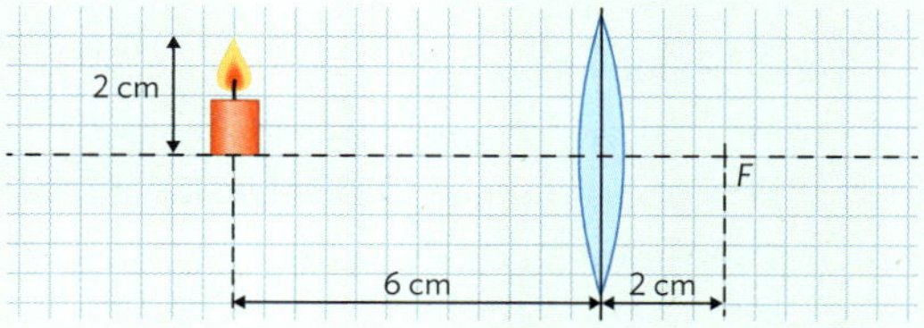

2. Den Verlauf des Mittelpunktstrahls und des Parallelstrahls von der Spitze der Kerzenflamme aus zeichnen. Du erhältst mit dem Schnittpunkt der beiden Lichtstrahlen den passenden Ort für die Mattscheibe. Der Abstand der Mattscheibe zur Linse kann nun gemessen werden (im Beispiel: $b = 3$ cm).

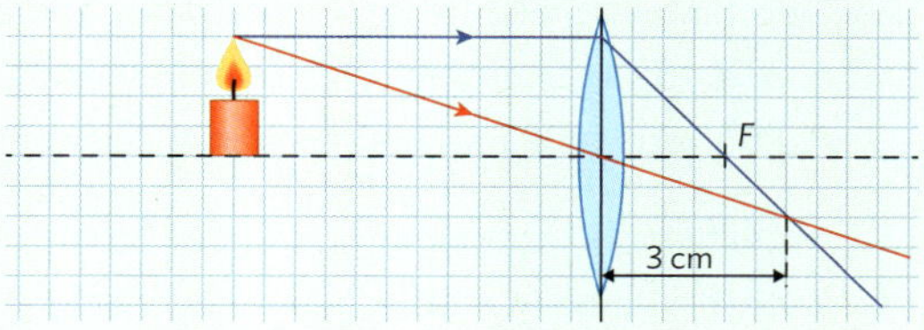

3. Auf der Mattscheibe das (in diesem Fall verkleinerte und auf dem Kopf stehende) Bild der Kerzenflamme einzeichnen. Die Bildgröße kann nun gemessen werden (im Beispiel: $B = 1$ cm). Zeichne zur Kontrolle noch den Brennpunktstrahl der Kerzenflammenspitze ein. Auch dieser muss durch den Schnittpunkt gehen.

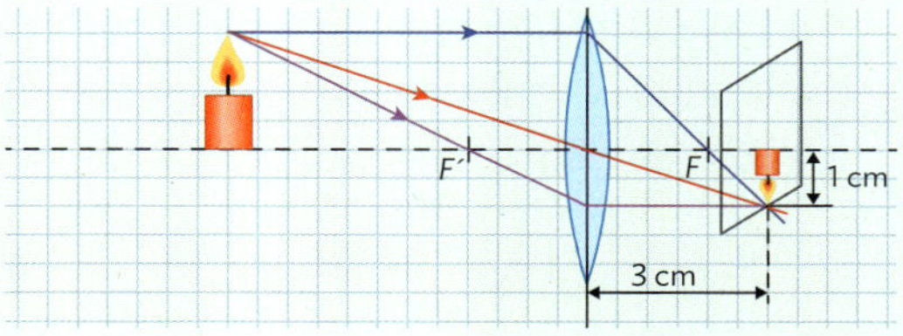

Bildkonstruktion beim virtuellen Bild

Wenn der Gegenstand zwischen Brennpunkt und Linse rückt, lässt sich kein reelles Bild mehr beobachten, weil die Strahlen sich nicht hinter der Linse schneiden: Wir sehen ein virtuelles Bild. Die Konstruktion der Situation ist rechts dargestellt. Die große Kerze stellt das virtuelle Bild *B*, die kleine Kerze den Gegenstand *G* dar.

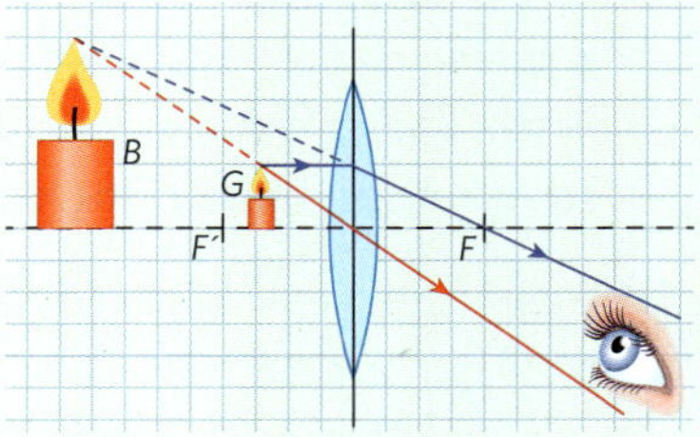

Arbeitsauftrag 1

Antonia möchte die Kerze aus dem Beispiel lieber vergrößert auf der Mattscheibe sehen. Stelle eine Vermutung auf, wo Kerze und Mattscheibe aufgestellt werden müssen und überprüfe sie mithilfe einer geometrischen Bildkonstruktion.

Arbeitsauftrag 2

Wie weit muss ein Gegenstand von der Sammellinse entfernt sein, damit sein Abbild wieder genauso groß ist wie er selbst?

a) Plane schriftlich ein Experiment, mit dem du diese Frage beantworten kannst. Führe es durch und notiere dir dann die Ergebnisse.

b) Kontrolliere dein Ergebnis mithilfe einer geometrischen Bildkonstruktion oder einer Simulationssoftware.

Arbeitsauftrag 3

Eine 5 cm hohe Kerze wird im Abstand von 3 cm vor einer Sammellinse mit Brennweite 4 cm aufgestellt.

a) Überlege, welche Art von Bild sich ergeben wird. Denke dabei sowohl an die Größe als auch an die Lage des Bildes.

b) Führe eine geometrische Konstruktion mit besonderen Strahlen durch und markiere die Stelle, an der sich das erzeugte Bild befindet.

Basisaufgaben

1 \ Auf der Motorhaube von Polizei-, Rettungs- und Feuerwehrwagen steht deren Name, aber oft verkehrt herum. Erläutere den Sinn dieser Anordnung.

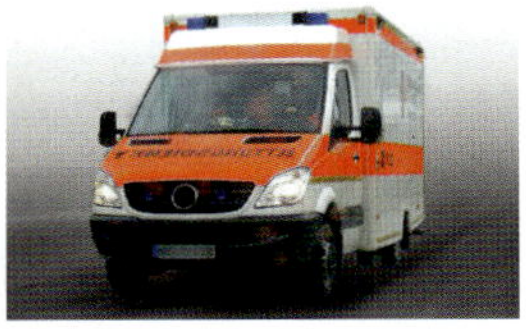

2 \ Der Einfallswinkel eines Lichtstrahls auf einen ebenen Spiegel beträgt 35°. Konstruiere den reflektierten Strahl und beschrifte die Zeichnung.

3 \ **V** Mithilfe einer Armbanduhr und des Sonnenlichts kannst du einen Lichtfleck an einer Wand erzeugen. Erkläre genau, wie es möglich ist, diesen an der Wand zu bewegen. Gehe dabei auch auf die Stellung des Uhrglases ein.

> **! Vorsicht, du darfst das Sonnenlicht nicht in die Augen von Mitschülern fallen lassen!**

4 \ Laptops kann man mit matten oder mit glänzenden Bildschirmen kaufen. Schreibe eine Kaufempfehlung mit Argumenten für beide Monitor-Arten und triff für dich eine begründete Entscheidung der beiden Möglichkeiten.

5 \ Übernimm die Abbildung entsprechend der Koordinaten in dein Heft. Entscheide mit einer geeigneten Konstruktion, welche der Beobachter B_1, B_2 und B_3 das Bild des Punktes P im Spiegel AB sehen können.

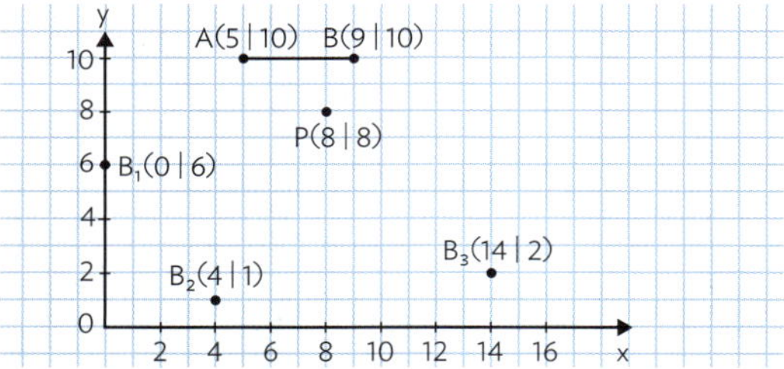

6 \ Bildkonstruktion im Koordinatensystem: Du stehst im Punkt I (2 | 3). Konstruiere den Standpunkt einer Lampe, wenn ihr Spiegelbild im Punkt L‘ (−4 | −2) liegt und der Spiegel …

a) auf der x-Achse liegt.

b) auf der y-Achse liegt.

7 \ Astrid (A), Benni (B), Cleo (C) und Damian (D) stehen in einem Spiegellabyrinth (Spiegel I bis IV) und leuchten mit ihren Laser-Pointern in die vorgegebenen Richtungen. Konstruiere die jeweiligen Lichtwege und gib die Lichtsensoren (1, 2 oder 3) an, die sie dabei treffen.

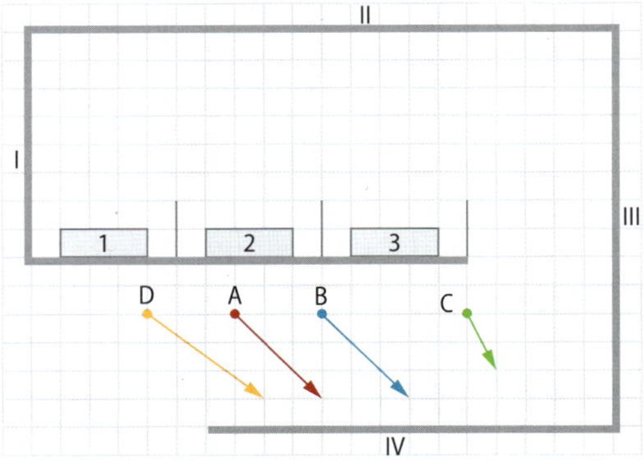

8 \ a) Konstruiere das Spiegelbild der Kerze und den Lichtweg der Kerzenflamme zum Auge.

b) Gib an, in welche Richtung man blicken muss, um die Kerzenflamme im Spiegel zu sehen.

c) Bestimme die Entfernung, auf die ein Fotoapparat eingestellt werden muss, damit das Spiegelbild der Flamme scharf fokussiert wird.

9 \ Der Jäger versucht mit seinem Speer, den Fisch zu treffen. Dazu zielt er …

1. genau auf den Fisch.
2. unterhalb des Fisches.
3. oberhalb des Fisches.

Begründe deine Wahl mit einer Skizze.

10 \ In Museen befinden sich wertvolle Ausstellungsstücke oft hinter dickem Panzerglas.
a) Gib die Blickrichtung an, bei der wir den Gegenstand an seinem „wahren“ Ort sehen.
b) Entscheide, ob wir bei schräger Blickrichtung den Gegenstand in seiner wirklichen Gestalt sehen und begründe mithilfe von Fachbegriffen.

11 \ Eine Taucherin befindet sich unter Wasser und schaut nach oben zur Wasseroberfläche. Beschreibe ihre Sicht auf die Umgebung.

12 \ Erkläre den Unterschied zwischen einem reellen und einem virtuellen Bild. Nenne optische Gegenstände, bei denen sie auftreten können und begründe deine Entscheidung.

13 \ V Suche in deiner Umgebung Sammellinsen (z. B. im Smartphone) und informiere dich über ihre Brennweiten. Stelle einen Zusammenhang mit den jeweiligen Einsatzzwecken her.

14 \ V Als Spielzeug gibt es „Kaleidoskoplinsen“, die keine glatte Oberfläche besitzen, sondern die aus kleinen dreidimensionalen Prismen zusammengesetzt sind. Untersuche sie und beschreibe, warum sie trotzdem Licht bündeln können. Bestimme experimentell ihre Brennweite.

15 \ Du experimentierst mit einer punktförmigen Lichtquelle und einer Sammellinse. Beschreibe die gegenseitige Lage der beiden Objekte, sodass durch die Linsenöffnung ein paralleles Lichtbündel austritt. Gib Situationen an, in denen das austretende Bündel sich nach der Linse weiter verbreitert und Situationen, in denen es schmaler wird.

16 \ Entscheide, ob man mit einer zweiten Sammellinse das virtuelle Bild einer anderen Linse reell machen kann. Begründe deine Antwort, indem du darauf eingehst, wie wir mit unseren Augen virtuelle Bilder wahrnehmen können.

17 \ Im Abstand von 30 cm, 40 cm und 60 cm stehen vor einer Sammellinse ($f = 20$ cm) drei je 20 cm hohe Kerzen. Beschreibe die Lage der jeweiligen Bilder und gib mit Begründung an, ob die Abbilder größer, kleiner oder gleich groß wie die Kerze sind.

18 \ Bearbeite die Aufgaben 15 und 17 auch mit einem geeigneten Simulationsprogramm.

19 \ Ein Lichtstrahl trifft von Luft ausgehend auf eine Wasseroberfläche.

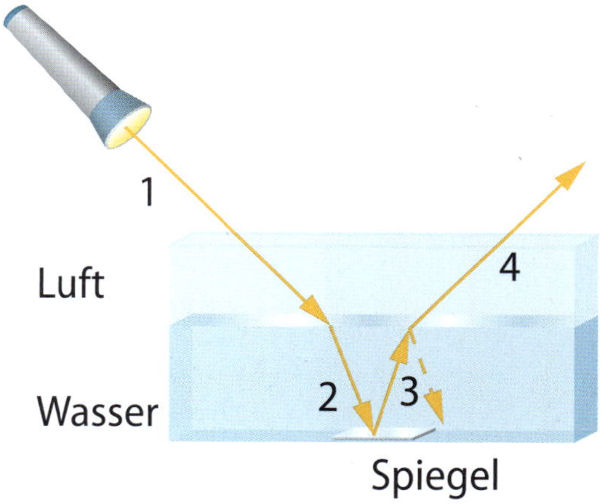

a) Beschreibe den Strahlengang in den Abschnitten 1 bis 4.
b) Skizziere einen vergrößerten Querschnitt der Anordnung ins Heft und trage die Lichtstrahlen ein. Bezeichne alle auftretenden Winkel.
c) Strahl 1 fällt unter einem Winkel von 30° ein und wird unter einem Winkel von 22° gebrochen. Gib die Größen aller anderen, von dir bezeichneten Winkel an.
d) Beurteile, ob es möglich ist, Strahl 1 so auftreffen zu lassen, dass Strahl 3 totalreflektiert wird.

Zusammenfassende Aufgaben

20 \ Fehlsichtigkeit

a) Beschreibe die Wirkungen der Brillen in den beiden Abbildungen.

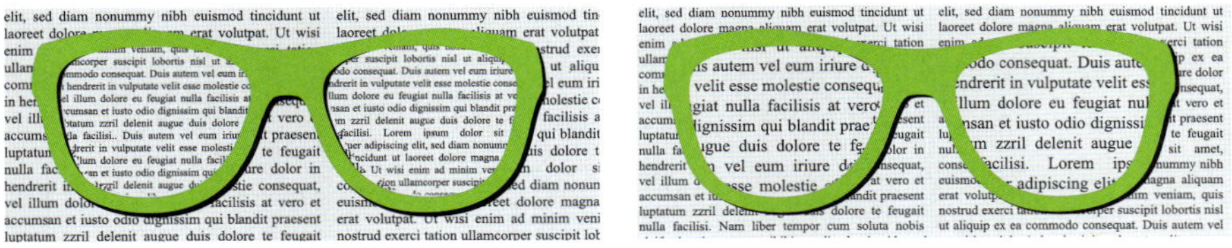

b) Ein Schüler aus der letzten Reihe kann das Tafelbild nicht erkennen. Erkläre die Art der Fehlsichtigkeit, die hier vorliegt. Empfiehl ihm eine der beiden Brillen, damit er das Tafelbild scharf erkennen kann.

c) Recherchiere den Unterschied zwischen Weit- und Alterssichtigkeit. Fasse deine Erkenntnisse in einem kurzen Text zusammen.

21 \ Winkelspiegel

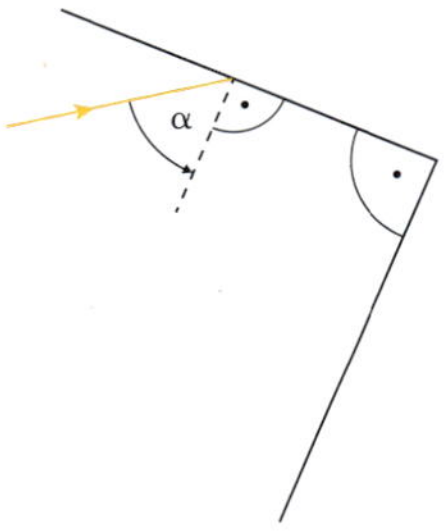

a) Zwei Spiegel bilden einen Winkel von 90° miteinander. Ein Lichtstrahl fällt unter dem Winkel α auf den einen Spiegel. Konstruiere den Lichtweg für $\alpha = 20°$; $\alpha = 40°$; $\alpha = 75°$. Formuliere dann eine Auffälligkeit.

b) Du kennst Lichtreflektoren am Fahrrad („Katzenaugen"). Untersuche ihren Aufbau und erkläre dann ihre Funktionsweise.

c) Stelle zwei Spiegel wie in der Skizze auf und lege einen kleinen Gegenstand in den Raum vor den Spiegeln. Verändere dann den Winkel zwischen den Spiegeln. Beschreibe deine Beobachtung und achte dabei vor allem darauf, bei welchen Winkeln ein neues Spiegelbild auftaucht oder verschwindet.

V

22 \ Kurz- und Weitsichtigkeit

Im Bild ist die Weitsichtigkeit schematisch dargestellt und wie sich diese mithilfe einer Sammellinse beheben lässt.

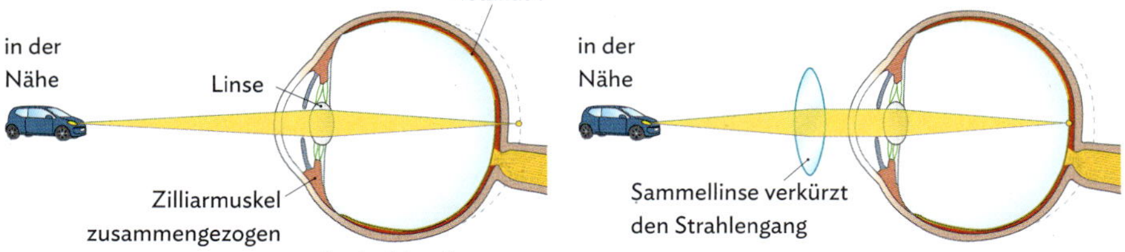

a) Beschreibe zunächst die Beeinträchtigungen, die bei Weit- und Kurzsichtigkeit entstehen und gib ihre Gründe an.

b) Erkläre die Wirkung der Linse zur Korrektur der Weitsichtigkeit.

c) Recherchiere die Wirkung der Zerstreuungslinse auf ein Lichtbündel.

d) Erstelle auch für die Kurzsichtigkeit eine Skizze ähnlich der Abbildung oben. Füge dort wie im Bild oben ebenfalls eine Linse ein und stelle die Korrektur der Kurzsichtigkeit dar. Nutze dafür deine Kenntnisse aus Aufgabe c).

23 \ Camera Obscura

Auch kleine Löcher erzeugen Bilder der Umgebung. Schon seit dem Mittelalter verwenden Maler die rechts dargestellte Art von Kasten, um Skizzen von Landschaften zu erhalten. Sie setzen sich in den völlig dunklen Raum, in den nur durch ein sehr kleines Loch Licht hineinfällt. Hat sich das Auge erst einmal an die Dunkelheit gewöhnt, dann sieht man auf der dem Loch gegenüberliegenden Seite ein verkleinertes, auf dem Kopf stehendes Bild von der Landschaft draußen.

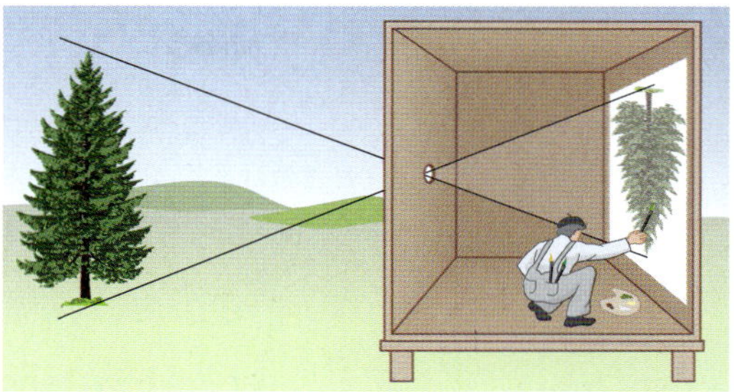

a) Baue dir eine Camera Obscura als Handkamera und beobachte erste Bilder. Im Internet findest du dazu genauere Anleitungen. V

b) Wenn man vor das Loch noch eine Sammellinse setzt, wird das Bild viel heller. Probiere es aus und erkläre den Grund dafür. V

24 \ Berechnung zur Brechung

Der Zusammenhang zwischen dem Einfallswinkel α und dem Brechungswinkel β gehorcht keiner einfachen mathematischen Formel. Im dargestellten Diagramm können wir aber den zum Einfallswinkel gehörigen Brechungswinkel gut ablesen. Beträgt etwa der Einfallswinkel in Luft 30°, dann ist der Brechungswinkel an der Grenzfläche zu Diamant 12°, an der Grenzfläche zu Glas 19° und an der Grenzfläche zu Wasser 22°. Wir können das Diagramm auch „umgekehrt" lesen: Beträgt beim Übergang von Glas zu Luft der Einfallswinkel im Glas 30°, dann ermittelt man den Brechungswinkel in Luft, indem man bei β = 30° beginnt und den beim Luft-Glas-Graphen zugehörigen Winkel α zu 50° abliest.

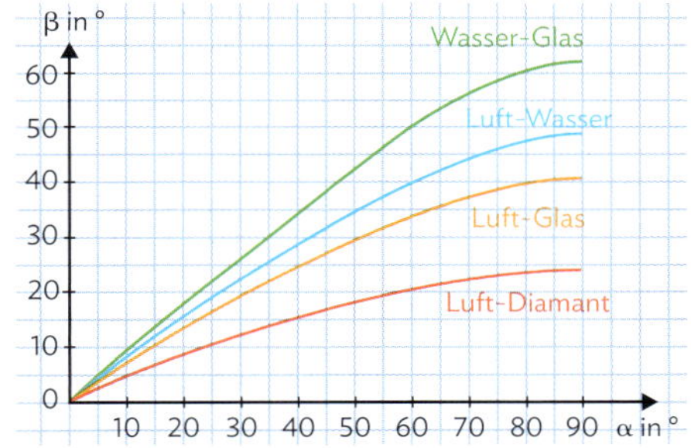

a) Ein Lichtstrahl trifft aus der Luft unter α = 40° auf die Oberfläche einer planparallelen Platte aus Glas (siehe Zeichnung rechts). Zeichne und erkläre den weiteren Verlauf des Lichtstrahls. Entnimm den zugehörigen Brechungswinkel dem Diagramm.

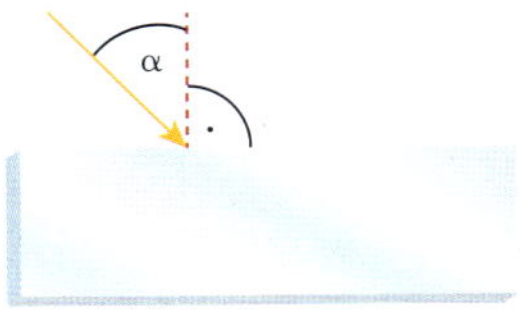

b) Kommt ein Lichtstrahl aus einem Diamanten, so kann er ab einem bestimmten Einfallswinkel die Grenzfläche Diamant–Luft nicht mehr durchdringen. Bestimme aus dem Diagramm diesen Grenzwinkel. Nenne den Fachbegriff für diesen Effekt.

c) Die genauen Winkel sind entscheidend für die Funktion eines Regensensors (vgl. M2 auf S. 73). Betrachte zunächst die obere Abbildung auf S. 73; bei ihr ist entscheidend, dass der Lichtstrahl total reflektiert wird. Bestimme aus dem Diagramm den größten Winkel β im Glas, unter dem das noch möglich ist. Begründe dann, dass unter dem gleichen Winkel β zwischen Glas und Wasser keine Totalreflexion geschieht. Erläutere die Konsequenzen für die Stärke des Lichts, das bei Regen noch am Sensor ankommt.

Selbsttest-Checkliste

- ✓ Bearbeite die Aufgaben schriftlich in ordentlicher Form. Die Auswertungstabelle zeigt die Kompetenzerwartungen und Hilfestellungen.
- ✓ Vergleiche deine Lösungen mit den Lösungsskizzen unter auf Seite 186.
- ✓ Bewerte nun deine Lösungen selbst mit den Symbolen ☺, 😐 oder ☹.

1 In der nebenstehenden Zeichnung wird durch Strahlengänge zum Auge des Betrachters verdeutlicht, weshalb ein kleiner, halbhoch aufgehängter ebener Spiegel genügt, um den eigenen Körper vom Scheitel bis zum Hüftbereich als Spiegelbild sehen zu können.

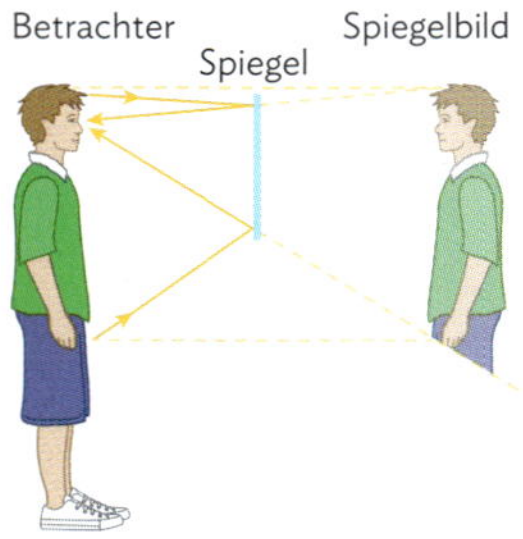

a) Erläutere dein zeichnerisches Vorgehen, um für die skizzierten realen Komponenten (Betrachter und Spiegel) die Ausmaße des Spiegelbilds wie in der Skizze zu erhalten.

b) Zeichne maßstäblich für eine Person deiner Körpergröße, z. B. 155 cm, und deiner Augenhöhe, z. B. 145 cm, das Spiegelbild. Die Person soll 60 cm vom Spiegel entfernt stehen. Die untere Kante des 60 cm hohen Spiegels befinde sich auf der Höhe 90 cm. Entscheide, ob die Person ihren Kopf, ihre Hüfte, ihre Knie, ihre Füße vollständig im Spiegel erkennen könnte.

c) Du kneifst dein rechtes Auge zu, hebst den linken Zeigefinger und betrachtest dein Spiegelbild mit dem linken Auge. Skizziere die Situation aus der Vogelperspektive um darzustellen, weshalb die „bekannte Person im Spiegel“ ihr linkes Auge zukneift und mahnend ihren rechten Zeigefinger hebt.

2 Du hast im Schülerexperiment die Abbildung eines leuchtenden Körpers durch eine Sammellinse auf eine Mattscheibe untersucht.

a) Benenne die fünf relevanten Größen in diesem Experiment. Stelle die erforschten Zusammenhänge zwischen ihnen übersichtlich in einer Tabelle dar.

b) Fertige eine saubere, beschriftete Skizze des Versuchsaufbaus an.

c) Beschreibe stichwortartig dein strukturiertes experimentelles Vorgehen, das zu den neuen Erkenntnissen geführt hat.

3 Mit einer Sammellinse soll für einen Gegenstand zunächst ein virtuelles, dann ein reelles Bild erzeugt und betrachtet werden.

a) Skizziere den Strahlengang für das virtuelle Bild bei selbst gewählter Linsenbrennweite, Gegenstandsgröße und Gegenstandsweite. Bestimme die nötige Blickrichtung des Betrachters, sodass er das Bild sehen kann.

b) Skizziere den Strahlengang für das reelle Bild bei selbst gewählter Linsenbrennweite, Gegenstandsgröße und Gegenstandsweite. Bestimme die nötige Blickrichtung des Betrachters, sodass er das Bild sehen kann.

4 Der Umgang mit hellen Lichtquellen und optischen Gerätschaften, wie Spiegel und Linsen, ist nicht ohne Gefährdungsrisiko. Nenne in diesem Zusammenhang mindestens drei Sicherheitshinweise, die man stets befolgen sollte. Erläutere den Schaden, den das menschliche Auge im Unglücksfall durch Lichtquellen und Linsen nehmen könnte.

5 Stelle auf einer übersichtlich gestalteten DIN A4-Seite oder auf drei digital erstellten Präsentationsfolien die wichtigsten und interessantesten Informationen dar, die du aus folgender, im Internet recherchierter Fundstelle entnehmen kannst.

Unsere Augen vollbringen permanent Höchstleistungen *– (...) Sie nehmen in jeder Sekunde mehr als 10 Millionen Informationen auf, die sie in rasanter Geschwindigkeit an das Gehirn weiterleiten. Quasi „nebenbei" unterscheiden sie zwischen 600.000 verschiedenen Farbtönen.*
Ein Großteil unserer Sehfähigkeiten und -leistungen wird von einem Punkt im Auge erbracht: dem Zentrum der Netzhaut, dem sogenannten gelben Fleck (Makula). (...) in der Makula liegen auf einer Fläche von 5 mm² rund 95 Prozent aller Sehzellen. Sie unterscheiden nicht nur zwischen Hell und Dunkel, sie sorgen auch dafür, dass wir scharf und farbig sehen können.
Wenn wir einen Gegenstand betrachten, beispielsweise eine Blume, treffen die von dieser Blume reflektierten Lichtstrahlen auf die Hornhaut. Die Hornhaut bündelt das Licht, das dann hinter der vorderen Augenkammer auf die Regenbogenhaut (Iris) trifft. Die Iris arbeitet wie eine Kamerablende: Bei Dunkelheit weitet sich die kreisförmige Öffnung (Pupille) der Iris, bei Helligkeit wird diese Öffnung kleiner. Die dahinterliegende Linse bündelt das einfallende Licht weiter und reguliert die Nah- und Fernsicht. Das Lichtbündel gelangt danach durch den Glaskörper hinter der Linse auf die Netzhaut (Retina). Die Netzhaut besteht unter anderem aus weit über 100 Millionen Sehzellen.
Es gibt zwei Typen von Sehzellen: die lichtempfindlicheren Zapfen, die für das Farbsehen sorgen, und die Stäbchen, die für das Dämmerungs- und Nachtsehen verantwortlich sind. Die Sehzellen setzen das Licht in Nervenimpulse um. Diese Impulse werden über den Sehnerv ins Gehirn weitergeleitet. Dort entsteht schließlich das Bild der Blume. (...)

6 a) Erläutere mithilfe einer ausführlich kommentierten Skizze zu einem Demonstrationsexperiment aus dem Physikunterricht das Phänomen der Totalreflexion.
b) Beschreibe zwei technische Anwendungen der Totalreflexion aus der Medizin und Nachrichtentechnik. Gehe auf die besondere Bedeutung im modernen Einsatz ein.

Auswertungstabelle

	Ich kann...	Hilfe
1	strukturierte Erklärungen zur Entstehung von Spiegelbildern mithilfe des Modells zur Lichtausbreitung und zum Reflexionsgesetz nachvollziehen.	S. 54-59
2	Experimente zur Untersuchung der Abbildung durch eine Sammellinse planen, durchführen und dokumentieren. Die sich dabei ergebenden Zusammenhänge der relevanten Größen kann ich formulieren.	S. 64-67
3	die Entstehung virtueller und reeller Bilder bei einer Sammellinse erklären und mithilfe von eigenen Zeichnungen veranschaulichen.	S. 66-71
4	Risiken beim Umgang mit Lichtquellen und optischen Geräten benennen und somit vorgegebene Sicherheitshinweise begründen.	S. 54-67
5	Sachtexte und Rechercheergebnisse zur Bildentstehung beim Auge korrekt zusammenfassen und dazu aussagekräftige Zeichnungen erstellen, auch mithilfe digitaler Medien.	S. 72 ff
6	technische Anwendungen der Totalreflexion beschreiben und deren Bedeutung für die Medizin oder die Nachrichtentechnik erläutern.	S. 76-77

Zusammenfassung

Reflexionsgesetz, Spiegel und virtuelles Bild

1. Du weißt, dass einfallender Lichtstrahl, reflektierter Lichtstrahl und Lot in einer Ebene liegen. Die Lichtstrahlen symbolisieren die entsprechenden Lichtbündel.
2. Einfallswinkel α und Reflexionswinkel α' sind immer gleich groß: $\alpha = \alpha'$.

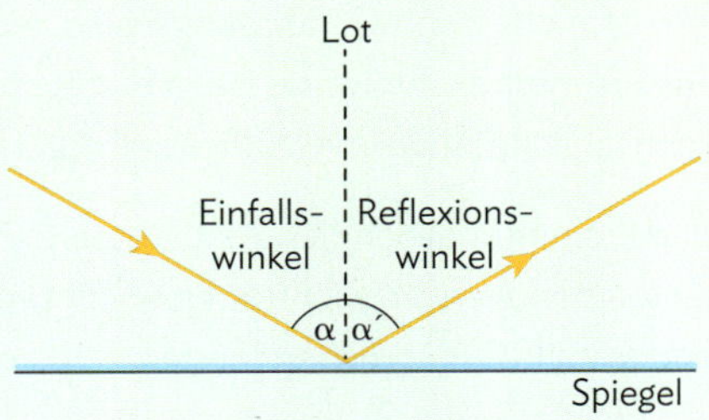

Du bist dir bewusst, dass man dies zusammen (1. und 2.) als Reflexionsgesetz bezeichnet.

Du weißt, dass Licht sich gut mit einem Modell beschreiben lässt. Zu Beispielen aus dem Alltag kannst du mit dem Modell des Lichtstrahls Erklärungen formulieren, wie das Spiegelbild entsteht. Das Spiegelbild ist genauso groß wie der Gegenstand selbst. Je nach Blickwinkel sind oben und unten, links und rechts oder vorne und hinten vertauscht. Das Spiegelbild befindet sich genauso weit hinter dem Spiegel wie der Gegenstand vor dem Spiegel steht.

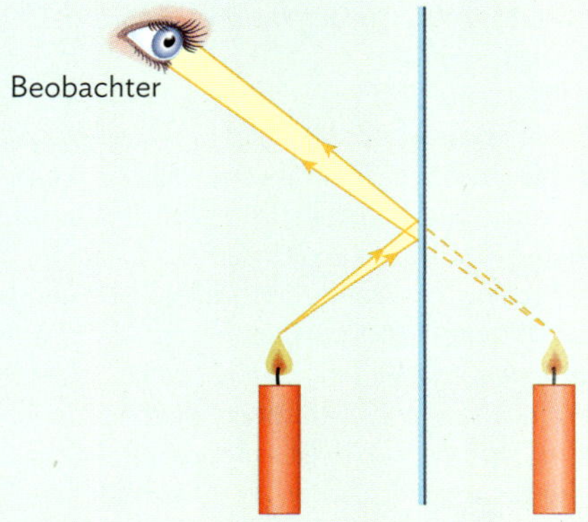

Wir bezeichnen das Spiegelbild als virtuelles Bild. Du kannst den Begriff begründen, weil dieses Bild nie auf einem Schirm abgebildet werden kann.

Brechung

Trifft Licht schräg auf die Grenzfläche zweier verschiedener, lichtdurchlässiger Materialien, so ändert es seine Richtung. Du kannst dieses Phänomen benennen, es heißt Brechung des Lichts.

Das Licht wird beim Übergang ins optisch dichtere Medium zum Lot hin gebrochen (siehe Abb.), im anderen Fall vom Lot weggebrochen.

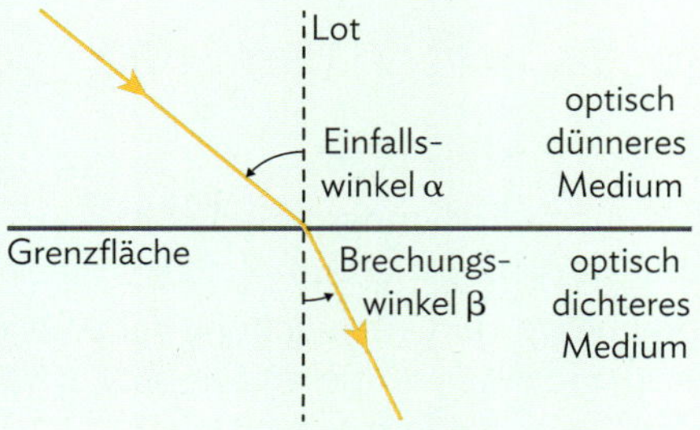

Linsen

Linsen, die in der Mitte dicker sind als am Rand, heißen Sammellinsen (Abb.). Im umgekehrten Fall handelt es sich um Zerstreuungslinsen.

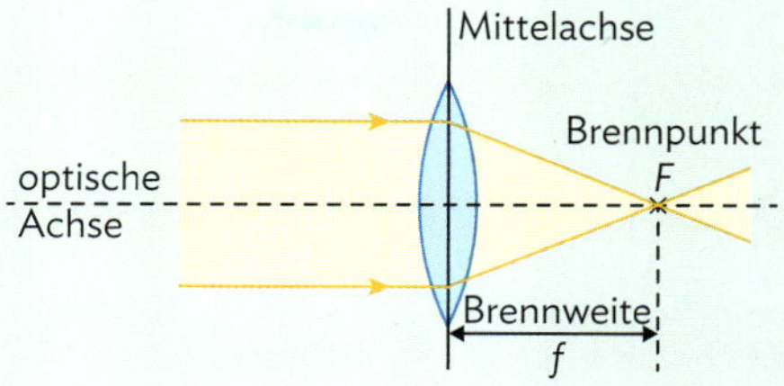

Du weißt, wie man die Brennweite einer Sammellinse bestimmen kann. Man nimmt ein Lichtbündel, das parallel zur optischen Achse einfällt. Der Schnittpunkt aller Lichtstrahlen hinter der Linse heißt Brennpunkt. Er liegt auf der optischen Achse. Aus dem Abstand zwischen Mittelachse und Brennpunkt ergibt sich die Brennweite *f*.

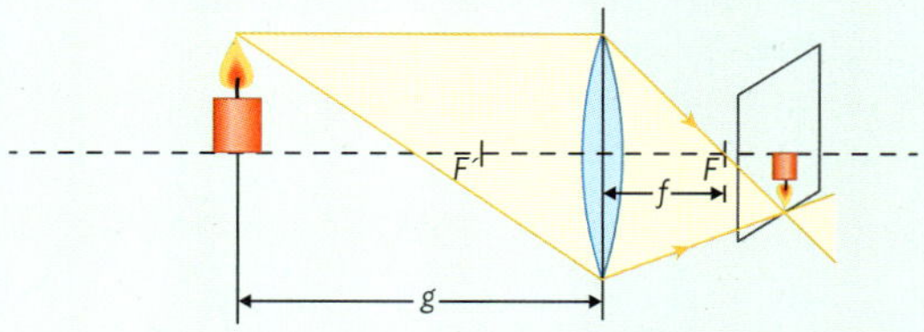

Mithilfe von Je-desto-Beziehungen kannst du Aussagen über reelle und virtuelle Bilder bei einer Sammellinse treffen.

Beispiel: Je näher die Kerze an die Linse rückt, desto größer wird dadurch das reelle Bild, solange $g > f$ (g: Gegenstandsweite).

Auge und Optik in moderner Technik

Du hast verstanden, wie im Auge das Bild auf der Netzhaut erzeugt wird. Das Bild eines Gegenstandes auf der Netzhaut steht auf dem Kopf, ist seitenverkehrt und kleiner als das Original. Akkommodation ist die Veränderung der Brennweite der Augenlinse, angepasst an den Abstand des Gegenstandes.

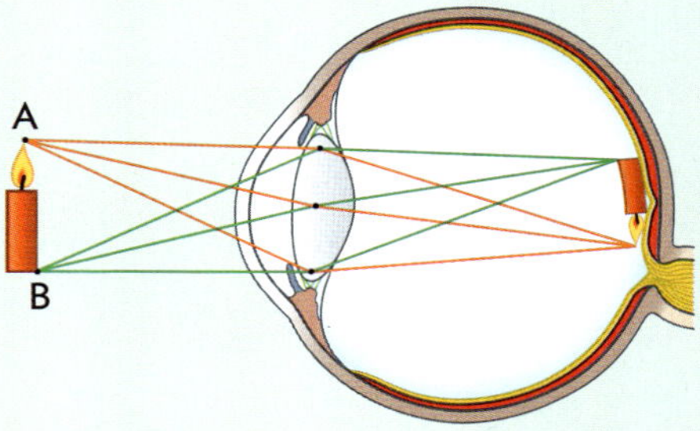

Bei den angeborenen Weit- und Kurzsichtigkeiten sind die Bildweiten zu lang bzw. zu kurz. Weitsichtigkeit wird mit einer Sammellinse, Kurzsichtigkeit mit einer Zerstreuungslinse korrigiert.

Beim Übergang von einem optisch dichteren Stoff in einen optisch dünneren Stoff wird Licht bei flachem Einfall an der Grenzfläche totalreflektiert. Du kannst technische Anwendungen wie den Lichtleiter oder den Regensensor mit der Totalreflexion erklären.

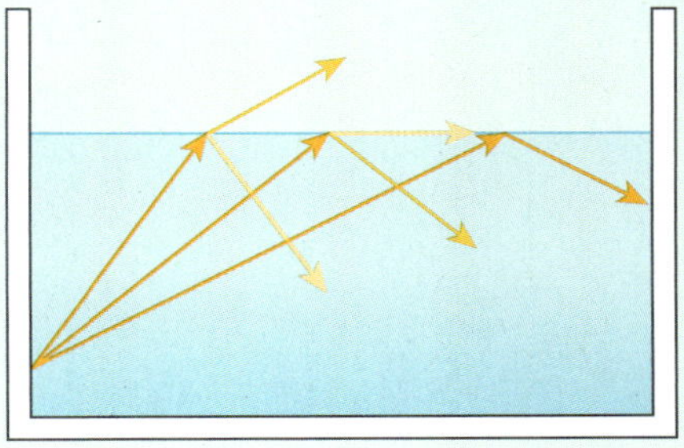

C \ Mechanik

Du kannst in diesem Kapitel entdecken, …

- wie du Betrag und Richtung von Geschwindigkeiten bei ein- und zweidimensionalen Bewegungen bestimmst.
- wie du Betrag und Richtung von Geschwindigkeitsänderungen bei zweidimensionalen Bewegungen bestimmst.
- wie du Kräfte mit dem 2. Newtonschen Gesetz beschreiben kannst.
- wie du Masse und Gewichtskraft voneinander unterscheiden kannst.
- wie du Kräfte zusammensetzt, zerlegst und statisch bzw. dynamisch deren Betrag bestimmst.

15 Gewichtskraft

16 Zusammensetzung und Zerlegung von Kräften

17 Kräftegleichgewicht und Trägheit

18 Hookesches Gesetz

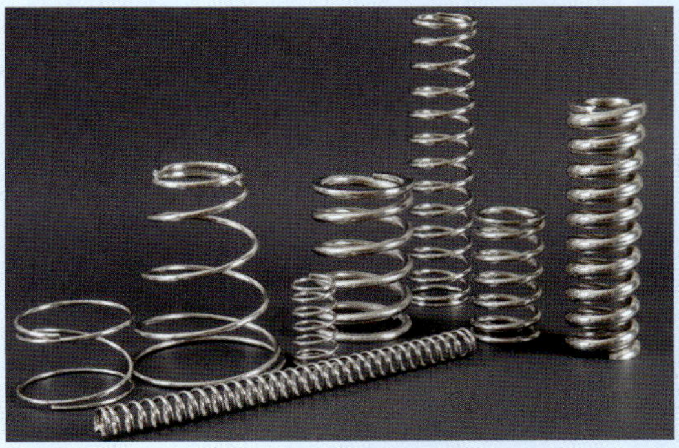

10 Geschwindigkeit bei eindimensionalen Bewegungen

Versuche und Materialien zu Kapitel 10.1 und 10.2

M1 Geschwindigkeiten im Alltag abschätzen und bestimmen

Wie schnell kannst du rennen? Wie schnell fährt ein Auto oder eine Modelleisenbahn?
Wie schnell sich ein Körper bewegt, beschreiben wir durch den Betrag der Geschwindigkeit. Dieser gibt an, welche Strecke ein Körper in einer bestimmten Zeit zurücklegt.
Für die Berechnung des Betrags der Geschwindigkeit v dividieren wir die zurückgelegte Strecke Δx durch die dafür benötigte Zeit Δt. In Formelschreibweise: $v = \frac{\Delta x}{\Delta t}$ (vgl. auch S. 92).

Gibt man die Strecke in Kilometer und die Zeit in Stunden an, so erhält man die Einheit $\frac{\text{km}}{\text{h}}$. Gibt man die Strecke in Meter und die Zeit in Sekunden an, so erhält man die Einheit $\frac{\text{m}}{\text{s}}$.

Arbeitsauftrag

a) Markiere eine Strecke der Länge $\Delta x = 10$ m.
V Schätze zuerst in $\frac{\text{km}}{\text{h}}$ ab, wie schnell du gleich gehen bzw. mit dem Rad fahren wirst. Beginne nun deine Bewegung bereits vor dem markierten Bereich, sodass du die 10 m mit gleichbleibender Geschwindigkeit zurücklegst. Stoppe dann die Zeit Δt, die du für die 10 m benötigst. Berechne jeweils den Betrag deiner Geschwindigkeit.
Fertige eine Tabelle an, in der du die abgeschätzten und die gemessenen Geschwindigkeitsbeträge gegenüberstellst.

b) Diskutiere die Gründe für Unterschiede zwischen der Schätzung und der Messung.

c) Verändere den Versuch so, dass der Ge-
V schwindigkeitsbetrag eines Modellautos oder einer Modelleisenbahn ermittelt werden kann. Hierzu bietet sich der Einsatz einer Lichtschranke aus der Physiksammlung an.

M2 Geschwindigkeiten schätzen - Geschwindigkeitsrekorde

Mit einem Raketenauto gelang ein Geschwindigkeitsrekord, der 1997 in einer Wüste in Nevada/ USA aufgestellt wurde. Mithilfe von zwei Raketentriebwerken schaffte die „ThrustSSC“ eine Geschwindigkeit mit einem Betrag von 1228 $\frac{\text{km}}{\text{h}}$ und war damit schneller als der Schall (Schallgeschwindigkeit bei 20 °C: 1224 $\frac{\text{km}}{\text{h}}$).

Arbeitsauftrag

Überlegt euch zu zweit oder in einer Gruppe verschiedene Kategorien für Geschwindigkeitsrekorde. Jeder schätzt den jeweiligen Geschwindigkeitsweltrekord. Recherchiert den wahren Wert. Wer am besten geschätzt hat, gewinnt die Runde.

M3 Messen der Schallgeschwindigkeit mit dem Smartphone oder dem Tablet

Die Schallgeschwindigkeit in Luft hat bei 20 °C einen Betrag von etwa 340 $\frac{\text{m}}{\text{s}}$, d. h. der Schall legt in Luft pro Sekunde eine Strecke von etwa 340 m zurück.

Aus diesem Grund ist der Versuch, die Schallgeschwindigkeit mit einer herkömmlichen Stoppuhr zu messen, nicht sinnvoll.

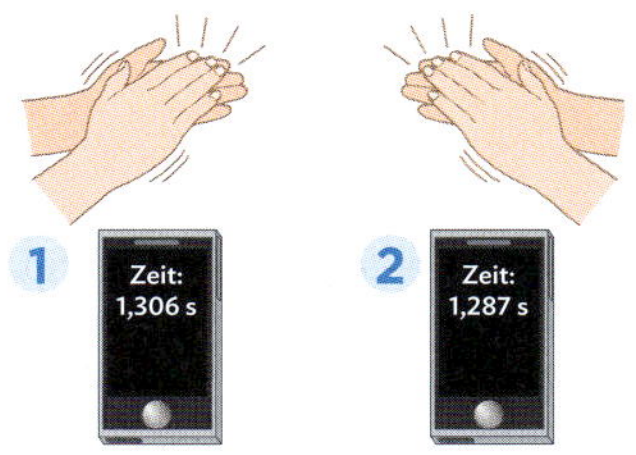

Es geht jedoch mit einer akustischen Stoppuhr, die beim Registrieren eines Schallpegels startet bzw. stoppt. Solche schallgesteuerten Stoppuhren gibt es für das Smartphone oder das Tablet als App. Für die Messung der Schallgeschwindigkeit müsst ihr zu zweit sein und benötigt zwei Smartphones oder Tablets mit einer solchen Stoppuhr.

Platziert die Geräte eine bestimmte Strecke Δx (z. B. 5 m) voneinander entfernt und aktiviert beide Stoppuhren. Die erste Person steht bei Gerät 1 und klatscht in die Hände. Damit werden die Stoppuhren beider Geräte gestartet. Kurz darauf klatscht Person 2 bei Gerät 2 in die Hände, woraufhin beide Stoppuhren die Zeitmessung stoppen. Lest die Messzeiten auf beiden Geräten ab. Bildet nun die Differenz Δt der beiden angezeigten Zeiten. Die Schallgeschwindigkeit c lässt sich nun mit der Formel $c = \frac{2 \cdot \Delta x}{\Delta t}$ berechnen.

Eine mögliche App findest du unter: MC 67048-18

Arbeitsauftrag

a) Führt den Versuch wie nebenstehend beschrieben durch.
Vergleicht den experimentell bestimmten Wert mit dem theoretischen Wert.

b) Gib eine Möglichkeit an, die Messgenauigkeit zu verbessern.

c) Begründe, dass sich die Schallgeschwindigkeit in diesem Experiment mit der Formel
$c = \frac{2 \cdot \Delta x}{\Delta t}$
bestimmen lässt.

d) Recherchiere die Schallgeschwindigkeit in Wasser und vergleiche sie mit der in Luft. Gib die Faktoren an, welche die Schallgeschwindigkeit beeinflussen können.

M4 Die Schallgeschwindigkeit sichtbar gemacht

Um die Ausbreitung des Schalls und die Schallgeschwindigkeit sichtbar zu machen, kann folgendes Gruppen-Experiment durchgeführt werden:

Stellt euch in einer Reihe hintereinander im Abstand von ca. 10 m auf. Die gesamte Strecke sollte etwa 100 m betragen. Alle Personen schauen in eine Richtung. Im Rücken der ersten Person steht eine Person mit einem Gegenstand, der ein lautes Geräusch verursacht, z. B. eine Trillerpfeife. Diese Person erzeugt nun ein lautes Geräusch und alle anderen heben eine Hand, sobald sie das Geräusch hören.

Arbeitsauftrag

a) Führt das Experiment durch. Ihr benötigt mindestens elf Personen.
- Person 1 erzeugt das Geräusch.
- Person 11 filmt das Hochheben der Hände.
- Achtet vor dem Filmen auf die Datenschutzerklärung von Schülern und Eltern.

b) Beschreibe das von euch im Video dokumentierte Versuchsergebnis und bewerte die physikalische Aussagekraft.

c) Bewerte aufgrund deiner gewonnenen Erfahrung die Möglichkeit der Durchführung des Experiments in einer Grundschulklasse.

B1 Anja beim 75 m-Lauf.

Die Definitionsgleichung des Betrags der Geschwindigkeit

Bei den Bundesjugendspielen läuft Anja 100 m in 15,4 s, ihr Bruder Oliver 75 m in 11,7 s. Wer von den beiden rennt schneller? Um diese Frage zu beantworten, muss man die Angaben so umrechnen, dass man sie vergleichen kann. Wer hat also die gleiche Strecke in kürzerer Zeit zurücklegt bzw. wer hat in der gleichen Zeit eine längere Strecke zurücklegt?

Betrachten wir, welche Strecke beide in 1 s zurücklegen, so erhalten wir:

Anja: In 15,4 s läuft sie 100 m weit.
$\Rightarrow$ In 1 s läuft sie $\frac{100\ \text{m}}{15{,}4} = 6{,}5$ m weit.

Oliver: In 11,7 s läuft er 75 m weit.
$\Rightarrow$ In 1 s läuft er $\frac{75\ \text{m}}{11{,}7} = 6{,}4$ m weit.

Anja ist also schneller, da sie pro Sekunde eine größere Strecke zurücklegt als Oliver. Ihre Geschwindigkeit beträgt 6,5 $\frac{\text{m}}{\text{s}}$, die von Oliver nur 6,4 $\frac{\text{m}}{\text{s}}$.

Für die Definitionsgleichung des Geschwindigkeitsbetrags bildet man den Quotienten aus der zurückgelegten Strecke Δx und der dafür benötigten Zeit Δt.

i Der griechische Buchstabe Δ (Delta) gibt in der Physik eine Differenz an: $\Delta x = x_2 - x_1$, d.h. Ort x_2 – Ort x_1. Δx ist also eine zurückgelegte Strecke.

Betrag der Geschwindigkeit = $\frac{\text{zurückgelegte Strecke}}{\text{dafür benötigte Zeit}}$.

In Formelschreibweise: $v = \frac{\Delta x}{\Delta t}$

i Der Buchstabe v kommt aus dem Englischen: velocity = Geschwindigkeit

Die international verwendete Einheit für die Geschwindigkeit ist $\frac{\text{m}}{\text{s}}$. Im Alltag ist bei uns ebenfalls $\frac{\text{km}}{\text{h}}$ gebräuchlich.

Der Betrag der Geschwindigkeit

Gibt man die Geschwindigkeit einer Bewegung mit einem Zahlenwert und der Einheit $\frac{\text{m}}{\text{s}}$ oder $\frac{\text{km}}{\text{h}}$ an, wird damit nur der Betrag der Geschwindigkeit beschrieben, nicht die Bewegungsrichtung. Der Betrag der Geschwindigkeit gibt lediglich an, wie viele Meter der Körper in einer Sekunde (Einheit $\frac{\text{m}}{\text{s}}$) bzw. wie viele Kilometer er in einer Stunde (Einheit $\frac{\text{km}}{\text{h}}$) zurücklegt.

i Die Einheiten $\frac{\text{m}}{\text{s}}$ und $\frac{\text{km}}{\text{h}}$ können ineinander umgewandelt werden (siehe Methode auf der nächsten Seite).

Der Betrag der Geschwindigkeit wird in der Einheit $\frac{\text{m}}{\text{s}}$ oder $\frac{\text{km}}{\text{h}}$ angegeben.
Beispiel: Hat der Betrag der Geschwindigkeit einen Wert von 5 $\frac{\text{m}}{\text{s}}$, so legt der Körper in der Zeit 1 s eine Strecke von 5 m zurück.

Fährt ein Auto im Stadtverkehr mit einer Geschwindigkeit, die den Betrag 50 $\frac{\text{km}}{\text{h}}$ hat, so würde es in einer Stunde eine Strecke von 50 km zurücklegen. Rechnen wir diese Angabe in $\frac{\text{m}}{\text{s}}$ um, so erhalten wir:

$50\ \frac{\text{km}}{\text{h}} = \frac{50}{3{,}6}\ \frac{\text{m}}{\text{s}} = 13{,}9\ \frac{\text{m}}{\text{s}}$.

Das Auto fährt pro Sekunde also ca. 14 m weit. Ein 3-Sekunden-Blick des Fahrers aufs Smartphone bedeutet somit rund 40 m „blind" zu fahren. Es besteht eine große Unfallgefahr.

„Die zulässige Höchstgeschwindigkeit beträgt auch unter günstigsten Umständen innerhalb geschlossener Ortschaften für alle Kraftfahrzeuge 50 km/h."

B2 Auszug aus der Straßenverkehrsordnung (StVO).

Methode

Umrechnen der Geschwindigkeitseinheiten

- Für das Umrechnen von $\frac{m}{s}$ in $\frac{km}{h}$ gilt:

$$1\,\frac{m}{s} = 1 \cdot \frac{\frac{1}{1000}\,km}{\frac{1}{3600}\,h} = 1 \cdot \frac{1}{1000} \cdot \frac{3600}{1}\,\frac{km}{h} = \frac{3600}{1000}\,\frac{km}{h} = 3{,}6\,\frac{km}{h}$$

Beispiel: $12\,\frac{m}{s} = 12 \cdot 3{,}6\,\frac{km}{h} = 43\,\frac{km}{h}$

- Für das Umrechnen von $\frac{km}{h}$ in $\frac{m}{s}$ gilt:

$$1\,\frac{km}{h} = 1 \cdot \frac{1000\,m}{3600\,s} = 1 \cdot \frac{1000}{3600}\,\frac{m}{s} = 1 \cdot \frac{1}{3{,}6}\,\frac{m}{s} = (1 : 3{,}6)\,\frac{m}{s}$$

Beispiel: $100\,\frac{km}{h} = \frac{100}{3{,}6}\,\frac{m}{s} = 27{,}8\,\frac{m}{s}$

i Erinnerung:
1 km = 1000 m
1 m = $\frac{1}{1000}$ km = 0,001 km
1 h = 60 min = 3600 s
1 s = $\frac{1}{60}$ min = $\frac{1}{3600}$ h

i Erinnerung:
Ein Bruch wird durch einen Bruch dividiert, indem man den ersten Bruch mit dem Kehrbruch des 2. Bruchs multipliziert.

Musteraufgabe

Du fährst Fahrrad mit einer gleichbleibenden Geschwindigkeit und benötigst für eine Strecke von 400 m genau 1 min und 20 s.
Berechne den Betrag deiner Geschwindigkeit sowohl in der Einheit $\frac{m}{s}$ als auch in der Einheit $\frac{km}{h}$.

Lösung

Der Betrag der Geschwindigkeit ist der Quotient aus zurückgelegter Strecke Δx und der dafür benötigten Zeit Δt.

Für die benötigte Zeit gilt: 1 min 20 s = 80 s.

Damit erhält man für den Betrag der Geschwindigkeit

$$v = \frac{\Delta x}{\Delta t} = \frac{400\,m}{80\,s} = 5{,}0\,\frac{m}{s} = 5{,}0 \cdot 3{,}6\,\frac{km}{h} = 18\,\frac{km}{h}$$

Arbeitsaufträge

**1 ** Die nachfolgende Tabelle zeigt einige Beispiele für Beträge von Geschwindigkeiten.
Rechne diese in die Einheit $\frac{m}{s}$ um und gib an, welche Strecke jeweils in der Zeit 1 s zurückgelegt wird.

Schnecke	$0{,}04\,\frac{km}{h}$
Fußgänger	$5\,\frac{km}{h}$
Radfahrer	$15\,\frac{km}{h}$
Rennpferd	$90\,\frac{km}{h}$
Gepard	$110\,\frac{km}{h}$
Auto auf der Autobahn	$130\,\frac{km}{h}$
Geschwindigkeitsrekord Formel 1 - Rennwagen	$372{,}6\,\frac{km}{h}$
Passagierflugzeug	$1000\,\frac{km}{h}$

**2 ** In den USA werden Geschwindigkeitsbeträge im Straßenverkehr in der Einheit „miles per hour (mph)" angegeben (1 mile = 1609 m).
Rechne die auf den Verkehrszeichen angegebenen Geschwindigkeiten in $\frac{km}{h}$ um.

**3 ** Am 16. August 2009 lief der Jamaikaner Usain Bolt die 100 m-Strecke in 9,58 s. Weltrekord!
Berechne den Betrag seiner damaligen, durchschnittlichen Geschwindigkeit in $\frac{m}{s}$ und in $\frac{km}{h}$.
Schätze ab, ob du ihn mit dem Fahrrad hinter dir gelassen hättest. Gehe dabei davon aus, dass du mit gleichbleibender Geschwindigkeit fährst.

weitere passende Aufgaben: S. 120, Nr. 1, 2, 3

Die eindimensionale Bewegung

Unter einer eindimensionalen Bewegung verstehen wir eine Bewegung, die geradlinig verläuft. So stellt ein 100 m-Lauf in der Leichtathletik eine solche eindimensionale Bewegung dar, da man hier geradlinig von der Start- bis zur Ziellinie läuft. Im Gegensatz dazu ist ein 200 m-Lauf auf der 400 m-Rundlaufbahn insgesamt keine eindimensionale Bewegung, schließlich muss auf den ersten 100 m in der Kurvenbahn gelaufen werden.

Zur eindeutigen Angabe des Ortes, an dem sich ein Körper zum Zeitpunkt t befindet, reicht bei einer eindimensionalen Bewegung die Angabe der Entfernung x zum Startpunkt ($x_0 = 0$; $t_0 = 0$) aus.

Die nachfolgende Tabelle zeigt, zu welchen Zeitpunkten nach dem Start ($t_0 = 0$) Usain Bolt bei seinem Weltrekordlauf 2009 die angegebenen Entfernungen zum Startpunkt zurückgelegt hat:

B1 Usain Bolts Weltrekord 2009: 100 m in 9,58 s.

Ort x	0 m	20 m	40 m	60 m	80 m	100 m
Zeitpunkt t	0 s	2,89 s	4,64 s	6,31 s	7,92 s	9,58 s

Größenberechnung bei eindimensionalen Bewegungen

Wir wissen bereits, dass sich der Betrag der Geschwindigkeit v mit $v = \frac{\Delta x}{\Delta t}$ berechnen lässt. Die Strecke Δx ergibt sich dabei aus der Differenz der Orte $x_2 = x(t_2)$ und $x_1 = x(t_1)$, die Zeitspanne Δt aus der Differenz der entsprechenden Zeitpunkte t_2 und t_1.

Befindet sich ein Körper bei einer eindimensionalen Bewegung zum Zeitpunkt t_1 am Ort x_1 und zum Zeitpunkt t_2 am Ort x_2, dann gilt für den Betrag seiner Geschwindigkeit:

$$v = \frac{\Delta x}{\Delta t} = \frac{x_2 - x_1}{t_2 - t_1}$$

Nr.	t in s	x in m
0	0	0
...	...	...
7	0,60	0,44
8	0,70	0,48
9	0,80	0,54
10	0,90	0,66
11	1,00	0,76
12	1,10	0,80
13	1,20	0,84
14	1,30	0,92
...	...	...

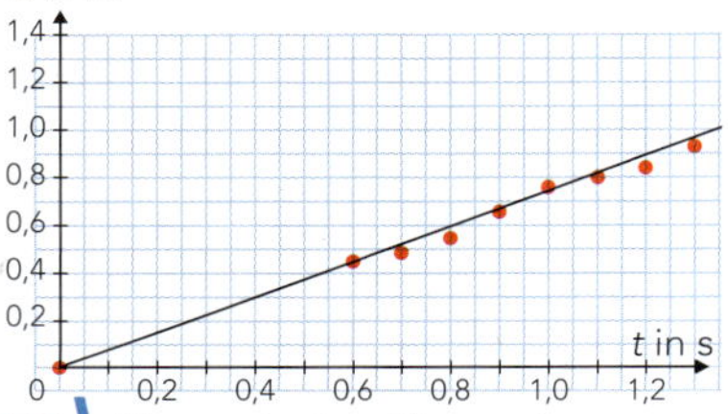

B2 Messwerte eines Messwerterfassungssystems.

Wenden wir dies auf den oben angegebenen 100 m-Lauf an, so berechnen wir für die ersten 20 m den folgenden Betrag der Geschwindigkeit:

$$v = \frac{\Delta x}{\Delta t} = \frac{x_1 - x_0}{t_1 - t_0} = \frac{20\,\text{m} - 0\,\text{m}}{2{,}89\,\text{s} - 0\,\text{s}} = 6{,}9\,\frac{\text{m}}{\text{s}} = 6{,}9 \cdot 3{,}6\,\frac{\text{km}}{\text{h}} = 25\,\frac{\text{km}}{\text{h}}$$

Für die letzten 20 m ergibt sich ein anderer Wert:

$$v = \frac{\Delta x}{\Delta t} = \frac{x_5 - x_4}{t_5 - t_4} = \frac{100\,\text{m} - 80\,\text{m}}{9{,}58\,\text{s} - 7{,}92\,\text{s}} = 12\,\frac{\text{m}}{\text{s}} = 43\,\frac{\text{km}}{\text{h}}$$

Die Geschwindigkeit des Läufers war während des Laufs nicht konstant. Mit der oben angegebenen Formel berechnen wir stets den Betrag der Durchschnittsgeschwindigkeit auf einem Streckenabschnitt.

Die Geschwindigkeit zu einem ganz bestimmten Zeitpunkt nennt man Momentangeschwindigkeit. Man erhält ihren Betrag recht genau, wenn Δt klein genug ist. Ein digitales Messwerterfassungssystem kann sehr viele Wertepaare, z. B. im Abstand von $\Delta t = 0{,}1$ s, dokumentieren (vgl. B2).

Sind bei einer gleichmäßig verlaufenden, eindimensionalen Bewegung zwei der Größen v, Δx und Δt bekannt, so können wir die fehlende dritte Größe berechnen.

Methode

Umstellen einer Formel

Der Ausgangspunkt für die Berechnungen ist die Definitionsgleichung des Betrags der Geschwindigkeit: $v = \frac{\Delta x}{\Delta t}$

Umformen nach Δx: Multiplizieren der beiden Seiten mit Δt

$v \cdot \Delta t = \Delta x$

Umformen nach Δt: Dividieren beider Seiten der neuen Gleichung durch v

$\Delta t = \frac{\Delta x}{v}$

Kurzform: $v = \frac{\Delta x}{\Delta t} \Longleftrightarrow \Delta x = v \cdot \Delta t \Longleftrightarrow \Delta t = \frac{\Delta x}{v}$

i Vergleich mit einfachen, natürlichen Zahlen:

$v = \frac{\Delta x}{\Delta t}$ vgl. $5 = \frac{10}{2}$

$\Delta x = v \cdot \Delta t$ vgl. $10 = 5 \cdot 2$

$\Delta t = \frac{\Delta x}{v}$ vgl. $2 = \frac{10}{5}$

Musteraufgabe

Gemessene Werte einer Radtour:

t in min	0	2,00	4,00
x in km	0	0,750	1,50

a) Erkläre, inwiefern die Messwerte darauf hindeuten, dass der Radfahrer mit konstanter Geschwindigkeit fährt. Berechne deren Betrag.

b) Berechne die Strecke, die der Radfahrer in 5 min zurücklegt, wenn er sich mit der gleichen Geschwindigkeit weiterbewegt.

c) Berechne die Zeit, die er für 1 km benötigt, wenn er sich mit der gleichen Geschwindigkeit weiterbewegt.

Lösung

a) v ist wohl konstant, da der Radfahrer in gleichen Zeitspannen $\Delta t = 2$ min gleiche Strecken $\Delta x = 750$ m zurücklegt. Zur genauen Bestimmung bräuchte man mehr Messwerte mit kleineren Zeitabständen.

$v = \frac{\Delta x}{\Delta t} = \frac{750\,\text{m}}{120\,\text{s}} = 6{,}25\,\frac{\text{m}}{\text{s}} = 22{,}5\,\frac{\text{km}}{\text{h}}$

b) $\Delta x = v \cdot \Delta t = 6{,}25\,\frac{\text{m}}{\text{s}} \cdot 5 \cdot 60\,\text{s} = 1875\,\text{m}$

c) $\Delta t = \frac{\Delta x}{v} = \frac{1000\,\text{m}}{6{,}25\frac{\text{m}}{\text{s}}} = 160\,\text{s} = 2\,\text{min}\;40\,\text{s}$

Arbeitsaufträge

1 \ Der Lift im Wolkenkratzer Taipei 101 in Taipeh/ Taiwan befördert Besucher mit einem Geschwindigkeitsbetrag von 60,6 $\frac{\text{km}}{\text{h}}$ nach oben.

a) Berechne mit diesen Daten die Zeitdauer für eine Fahrt vom Erdgeschoss bis ins oberste Stockwerk in 500 m Höhe.

b) Begründe, dass die Fahrt tatsächlich länger dauert.

2 \ Die Lichtgeschwindigkeit beträgt im Vakuum etwa 300 000 $\frac{\text{km}}{\text{s}}$.

a) Berechne die Zeitdauer, die das Licht von der Sonne zur Erde (Entfernung ca. 150 Mio. km) benötigt.

b) Die astronomische Größe „1 Lichtjahr" ist die Entfernung, die das Licht in der Zeitspanne von 1 Jahr zurücklegt. Gib ein Lichtjahr in der Einheit km an.

3 \ Vielleicht kennst du auch die bekannte Merkregel für Gewitter:

Pro 3 Sekunden Zeitdauer zwischen dem Sehen eines Gewitterblitzes und dem Hören des zugehörigen Donners ist das Gewitterzentrum etwa 1 Kilometer von einem selbst entfernt.

a) Begründe diese Regel physikalisch unter der Berücksichtigung, dass die Lichtgeschwindigkeit etwa 300 000 $\frac{\text{km}}{\text{s}}$ und die Schallgeschwindigkeit etwa 340 $\frac{\text{m}}{\text{s}}$ beträgt.

b) Berechne näherungsweise die Entfernung eines Gewitters, wenn zwischen Blitz und Donner eine Zeit von 4 s vergeht.

Hilfestellung auf Seite 196-198

11 Geschwindigkeit bei zweidimensionalen Bewegungen

Versuche und Materialien zu Kapitel 11.1

M1 Der Vogelzug des Weißstorchs „Michael“

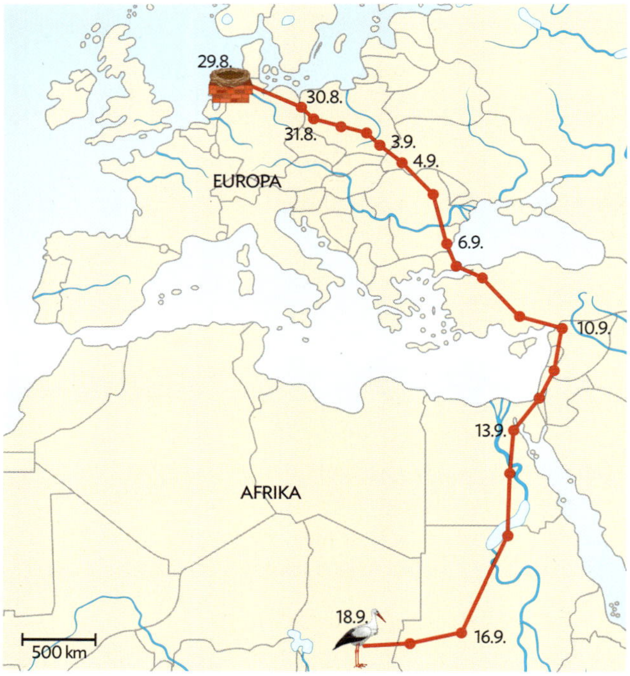

Weißstörche fliegen zum Überwintern nach Afrika. Um diesen Vogelzug zu beobachten und zu erforschen, wird ein kleiner Sender auf dem Rücken eines Storches platziert. Die GPS-Koordinaten des Storches werden automatisch zu einem Satelliten gesendet. Die Koordinaten werden dann ausgewertet und in eine Karte übertragen. Die nebenstehende Karte zeigt den Flug des Storchs „Michael“ im Herbst 2019 von seinem Horst in der Nähe von Hamburg zu seinem Winterquartier in Tschad (Afrika). Störche fliegen nur tagsüber. Die roten Punkte auf der Landkarte markieren jeweils die Stellen, an denen Michael die Nächte verbracht hat. Details zu diesem Forschungsprojekt findest du beispielsweise beim Naturschutzbund Deutschland (www.nabu.de).

Arbeitsauftrag

a) Die Reise des Storchs Michael stellt eine zweidimensionale Bewegung dar, die rund drei Wochen gedauert hat. Beschreibe diese Bewegung, indem du für jedes Datum angibst, in welche Richtung und wie weit Michael am nächsten Tag weitergeflogen ist. Verwende zur Dokumentation die üblichen Schreibweisen für die Haupt- und Nebenhimmelsrichtungen, wie beispielsweise SO für Südost.

b) Berechne den Betrag der Geschwindigkeit von Michael an verschiedenen Tagen seiner Reise. Gehe vereinfachend von jeweils 10 Flugstunden täglich aus. Suche insbesondere die Strecken, die Michael mit dem größten und die Strecken, die Michael mit dem kleinsten Geschwindigkeitsbetrag zurückgelegt hat. Überlege dir mögliche Gründe für die unterschiedlichen Beträge der Geschwindigkeit.

Versuche und Materialien zu Kapitel 11.2

M2 Geschwindigkeitspfeil zur Veranschaulichung bei einer Modelleisenbahn

Die Richtung der Geschwindigkeit kennzeichnen wir mit einem Pfeil. Man kann seine Bedeutung sehr einfach mit einem ferngesteuerten Modellauto oder mit einer Modelleisenbahn veranschaulichen.

Schneide dazu einen etwa 5 cm langen Pfeil aus Pappe aus und klebe ihn auf das Dach des Fahrzeugs. Markiere eine Route für das Modellauto bzw. baue eine Bahnstrecke für die Eisenbahn, die mindestens eine Kurve enthält. Fahre diese Route ab bzw. lasse die Modelleisenbahn fahren.
Fotografiere dabei das Auto bzw. die Eisenbahn in regelmäßigen Zeitabständen, z. B. alle 3 Sekunden, von oben aus der Vogelperspektive.

Arbeitsauftrag

a) Führe den Versuch wie nebenstehend beschrieben durch. (V)
Übertrage die Strecke verkleinert auf ein Blatt Papier und zeichne das Auto bzw. die Lok zu den jeweils fotografierten Zeitpunkten ein. Zeichne ebenfalls jeweils den Geschwindigkeitspfeil ein.

b) Beschreibe die Richtung der Geschwindigkeit zu den jeweiligen Zeitpunkten.

c) Miss für mindestens fünf Streckenabschnitte die zurückgelegte Weglänge sowie die dafür benötigte Zeit und berechne jeweils den Betrag der Geschwindigkeit. (V)

M3 Stroboskopbilder selbst gemacht

Eine Bewegung, insbesondere eine zweidimensionale Bewegung, lässt sich sehr aussagekräftig mithilfe eines Stroboskopbilds dokumentieren.
Für die Erstellung eines Stroboskopbilds benötigen wir einen speziellen Stroboskopblitz. Dies ist eine Lichtquelle, die in festgelegten kurzen Zeitabständen jeweils einen Lichtblitz erzeugt.
Aufgenommen wird das Bild mit einer Kamera, bei der man die Belichtungszeit manuell auf große Werte einstellen kann. Der eingebaute Blitz wird dabei abgeschaltet. Besonders gut gelingen Aufnahmen von hellen Körpern vor einem dunklen Hintergrund, wie du auf dem Foto des hüpfenden Tennisballs sehen kannst.

Arbeitsauftrag

a) Erstelle in Zusammenarbeit mit deiner Physiklehrkraft ein Stroboskopbild einer selbstgewählten Bewegung, z. B. einer fallenden Kugel. (V)

b) Beschreibe die Bewegung mithilfe des Stroboskopbildes.

c) Schätze die Weglängen zwischen zwei Orten des fotografierten Körpers ab. Berechne damit den Betrag der Geschwindigkeit. Die dafür benötigte Zeit Δt erhältst du aus der Einstellung des Stroboskopblitzes bzw. aus der angegebenen Zahl der Bilder pro Sekunde.

d) Zeichne die Geschwindigkeitspfeile der Bewegung maßstabsgetreu in einen ggf. vorliegenden Bildausdruck ein.

Die zweidimensionale Bewegung

Fährt ein Auto auf einer geraden, ebenen Straße, so lässt sich eine Koordinatenachse entlang der Bewegung des Autos legen und darauf der Startpunkt x_0 markieren. Für die Angabe des Orts zum Zeitpunkt t_1 genügt dann die Angabe einer einzigen Koordinate x_1. Wir sprechen deshalb von einer eindimensionalen Bewegung (vgl. B1).

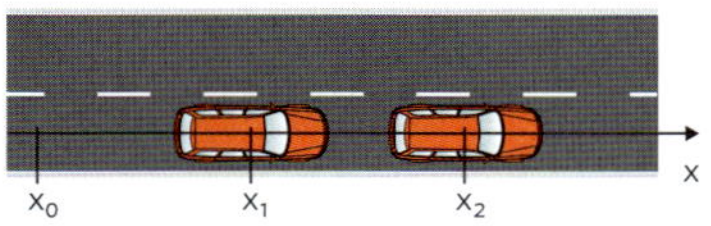

B1 Ein Auto fährt entlang einer geraden Straße – eine eindimensionale Bewegung.

Das Auto kann während der Fahrt seine Richtung ändern und z. B. durch eine ebene Kurve fahren (vgl. B2). Den Ort, an dem sich das Auto zum Zeitpunkt t_1 befindet, können wir mit den Koordinaten x_1 und y_1 angeben. Auch der Startpunkt der Bewegung kann im Koordinatensystem festgelegt werden.

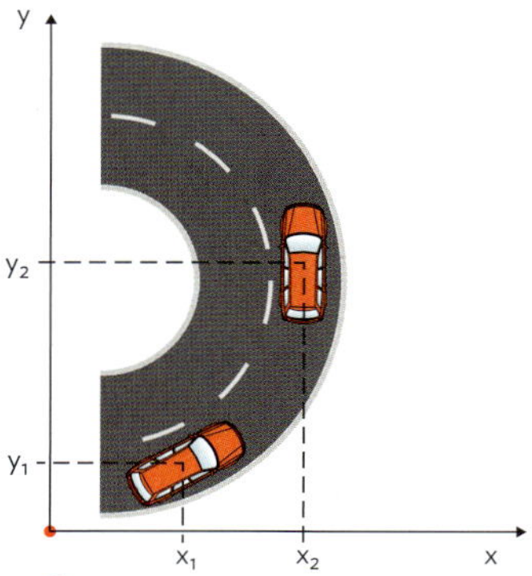

B2 Ein Auto fährt durch eine Kurve – eine zweidimensionale Bewegung.

Es gibt Software, um digital ein Koordinatensystem in das Bild einer zweidimensionalen Bewegung zu legen.

Um bei einer zweidimensionalen Bewegung eines Körpers den Ort anzugeben, an dem der Körper sich zum Zeitpunkt t befindet, kann man zunächst ein ebenes Koordinatensystem in das Bild der Bewegung legen. Dann genügt die Angabe der zugehörigen Werte für x und y.

Geschwindigkeit bei zweidimensionalen Bewegungen

Im Alltag meint man mit dem Begriff „Geschwindigkeit" meist nur den Betrag der Geschwindigkeit. Physikalisch betrachtet gehört zur „Geschwindigkeit" immer auch eine Richtungsangabe.

Bewegt sich ein Körper fort, so besitzt er eine bestimmte Geschwindigkeit. Eine zweidimensionale Bewegung ist zusätzlich durch Richtungsänderungen des Körpers gekennzeichnet.

Um die Bewegung eines Körpers genau zu beschreiben, müssen wir für jeden Punkt der Bewegung angeben können…

1. wie schnell sich der Körper bewegt und
2. in welche Richtung sich der Körper bewegt.

Wir wissen bereits: Der Betrag der Geschwindigkeit wird mithilfe der Formel $v = \frac{\Delta x}{\Delta t}$ berechnet und in der Einheit $\frac{m}{s}$ oder $\frac{km}{h}$ angegeben.

Im Gegensatz zur eindimensionalen Bewegung berechnet sich der zurückgelegte Weg bei einer zweidimensionalen Bewegung nicht als gewöhnliche Differenz zweier Orte. Vielmehr muss man die Geometrie des Wegs genau berücksichtigen (vgl. B3). In der Regel ist deshalb auch der Ort (x|y), an dem sich ein Körper befindet, vom Weg zu unterscheiden, den er zurückgelegt hat.

B3 Eine zweidimensionale Bewegung lässt sich gut mit einem Stroboskopbild veranschaulichen.

Naheliegend ist auch: Die Richtung der Geschwindigkeit veranschaulichen wir mithilfe eines Pfeils.

Der physikalische Begriff der Geschwindigkeit beinhaltet zwei Angaben:
1. Betrag der Geschwindigkeit (Angabe in $\frac{\text{m}}{\text{s}}$ oder $\frac{\text{km}}{\text{h}}$)
2. Richtung der Geschwindigkeit (dargestellt durch einen Pfeil)

i Im Englischen steht „velocity“ für Geschwindigkeit und „speed“ für den Betrag der Geschwindigkeit.

Musteraufgabe

Ein Radfahrer durchfährt eine halbkreisförmige Kurve (Radius r = 10 m) mit konstanter Geschwindigkeit. Er benötigt dafür 6,0 s.

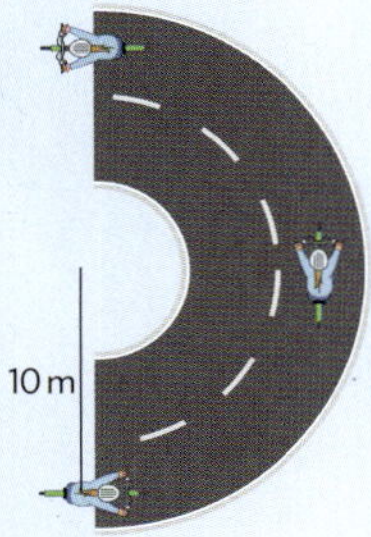

a) Berechne den Betrag seiner Geschwindigkeit in $\frac{\text{m}}{\text{s}}$ und in $\frac{\text{km}}{\text{h}}$.
b) Übertrage die Zeichnung in dein Heft und lege ein zweidimensionales Koordinatensystem hinein. Gib die Ortskoordinaten des Radfahrers für die gezeichneten drei Positionen an.
c) Beschreibe für alle drei Positionen die Richtung der Geschwindigkeit im Koordinatensystem.

Lösung

a) Der zurückgelegte Weg ist ein Halbkreis. Seine Länge beträgt:

$l = \frac{1}{2} \cdot 2\pi r = \pi \cdot 10\text{ m} = 31\text{ m}$

$v = \frac{\Delta x}{\Delta t} = \frac{l}{\Delta t} = \frac{31\text{ m}}{6{,}0\text{ s}} = 5{,}2\ \frac{\text{m}}{\text{s}} = 5{,}2 \cdot 3{,}6\ \frac{\text{km}}{\text{h}} = 19\ \frac{\text{km}}{\text{h}}$

b) Das Koordinatensystem wird so in das Bild gelegt, dass der Ursprung auf der ersten Position des Fahrers liegt.

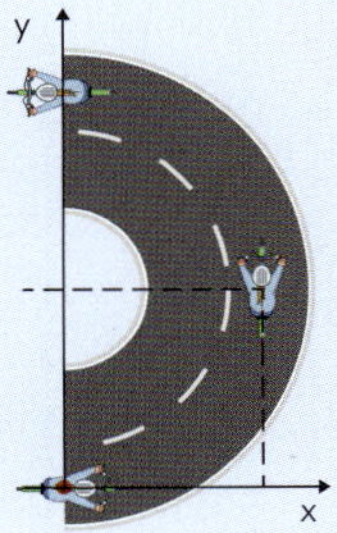

Position 1: (0 | 0)
Position 2: (10 m | 10 m)
Position 3: (0 | 20 m)

c) Position 1: parallel zur x-Achse in positiver Richtung
Position 2: parallel zur y-Achse in positiver Richtung
Position 3: parallel zur x-Achse in negativer Richtung

Arbeitsaufträge

1 \ Suche nach Beispielen für eindimensionale und zweidimensionale Bewegungen.
a) Fertige jeweils eine Skizze für diese Bewegungen an.
b) Zeichne im Fall einer eindimensionalen Bewegung eine Koordinatenachse und im Fall einer zweidimensionalen Bewegung ein Koordinatensystem in die Skizzen ein. Gib jeweils den Ort des Körpers zu drei verschiedenen Zeitpunkten an.
c) Beschreibe jeweils die Richtung der Geschwindigkeit des Körpers zu den gewählten Zeitpunkten im Koordinatensystem.

2 \ a) Schätze mithilfe des Bilds den Durchmesser des „London Eye“ Riesenrads ab. Recherchiere den wahren Wert und vergleiche ihn mit deiner Schätzung.
b) Berechne den Betrag der Geschwindigkeit einer Gondel, wenn man für einen Umlauf 30 Minuten benötigt.

Hilfestellung auf Seite 196-198

Der Geschwindigkeitspfeil

Zur exakten Beschreibung einer Bewegung ist es nötig, für jeden Ort sowohl den Betrag der Geschwindigkeit als auch die Richtung anzugeben. Im Experiment können wir einen Pfeil in Fahrtrichtung auf das Dach eines Modellautos kleben und während der Fahrt in regelmäßigen Abständen ein Bild machen, vgl. B1.

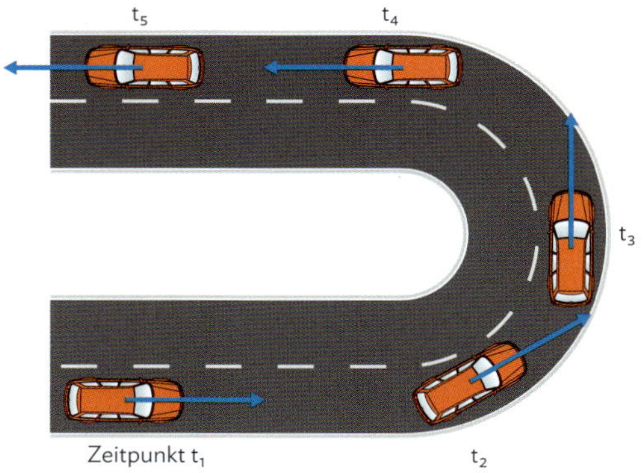

B1 Der Geschwindigkeitspfeil zeigt die Bewegungsrichtung an.

Dieser Pfeil wird in der Physik Geschwindigkeitspfeil genannt. Er gibt die Richtung an, in der sich ein Körper bewegt, wenn er sich zum Zeitpunkt *t* an einem bestimmten Ort befindet.

Auffällig ist insbesondere der Zeitpunkt t_3 in B1. Zu diesem Zeitpunkt bewegt sich das Auto in der Skizze nach oben. Deshalb wird der Geschwindigkeitspfeil nach oben gezeichnet, obwohl das Auto eine Linkskurve fährt. Man kann sich den Halbkreis näherungsweise als Hintereinanderreihung von kleinen geraden Strecken denken (vgl. B2). Je kleiner die Länge der Teilstrecken gewählt wird, umso genauer nähert man sich der gebogenen Linie des Halbkreises an. Der Geschwindigkeitspfeil wird immer als gerader Pfeil entlang einer dieser Strecken gezeichnet.

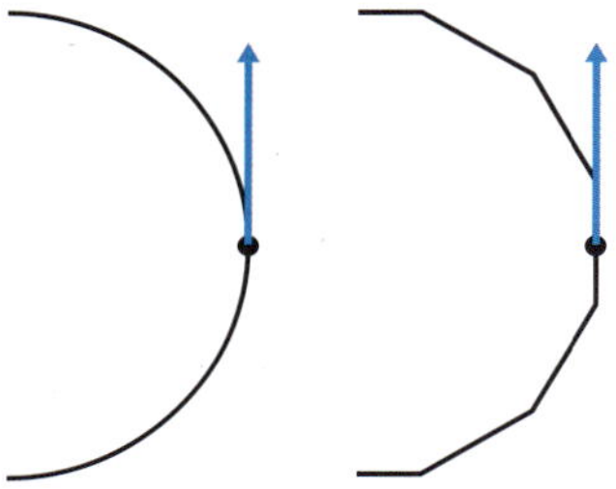

B2 Eine gebogene Linie als Hintereinanderreihung von kleinen Strecken. Der Geschwindigkeitspfeil wird im rechten Bild entlang einer der Strecken und im linken Bild tangential zur Kreislinie eingezeichnet.

Geschwindigkeitspfeil und Betrag der Geschwindigkeit

Im Alltag wird der Begriff der Geschwindigkeit oft auf den Betrag reduziert, obwohl stets auch die Richtung anzugeben wäre.

Man kann den Betrag der Geschwindigkeit bildlich darstellen, indem man den Geschwindigkeitspfeil unterschiedlich lang zeichnet. Je schneller sich der Körper bewegt, desto länger muss der Pfeil sein. Gibt man zusätzlich einen Maßstab an (z. B. $1\,\text{cm} \mathrel{\hat{=}} 8\,\frac{\text{km}}{\text{h}}$), so lässt sich der Betrag der Geschwindigkeit im Rahmen der zeichnerischen Genauigkeit an der Länge des Pfeils ablesen (vgl. B3).

Um zu verdeutlichen, dass eine Geschwindigkeit auch eine Richtung besitzt, wird das physikalische Formelzeichen v in der Fachliteratur mit einem Pfeil versehen: $\vec{v}$. Den Betrag der Geschwindigkeit bezeichnet man dort mit $|\vec{v}|$ oder einfach v.

B3 Je länger der Geschwindigkeitspfeil gezeichnet ist, desto größer ist der Betrag der Geschwindigkeit. $1\,\text{cm} \mathrel{\hat{=}} 8\,\frac{\text{km}}{\text{h}}$.

Bei eindimensionalen Bewegungen lassen sich die beiden möglichen Richtungen der Geschwindigkeit auch ohne Geschwindigkeitspfeil kennzeichnen: durch unterschiedliche Vorzeichen des Betrags der Geschwindigkeit (vgl. B4). Zur Kennzeichnung der Richtung bei zweidimensionalen Bewegungen ist der Geschwindigkeitspfeil jedoch notwendig.

Zur Veranschaulichung der Bewegungsrichtung eines Körpers verwenden wir einen Geschwindigkeitspfeil. Die Länge des Pfeils ist ein Maß für den Betrag der Geschwindigkeit. Bei gekrümmten Bewegungsbahnen zeichnen wir den Pfeil tangential ein.

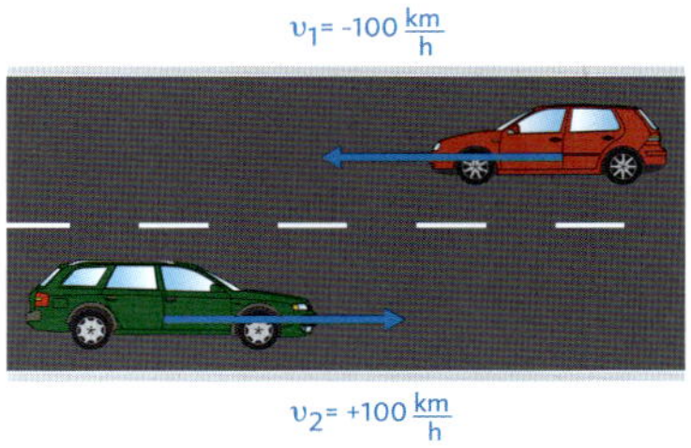

B4 \ Kennzeichnung der Richtung bei eindimensionalen Bewegungen durch unterschiedliche Vorzeichen.

Musteraufgabe

Das nachfolgende Stroboskopbild zeigt die Flugkurve eines Fußballs. Zwischen zwei Aufnahmen liegen jeweils 40 ms.

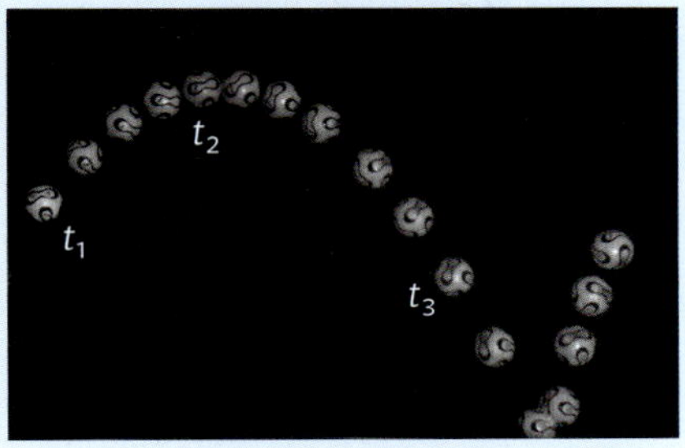

a) Übertrage die Flugkurve in dein Heft.

b) Schätze den Durchmesser des Balls ab. Berechne näherungsweise den Betrag der Geschwindigkeit des Balls zu den drei markierten Zeitpunkten t_1, t_2 und t_3.

c) Zeichne bei jedem der drei Bälle einen passenden Geschwindigkeitspfeil ein.

Lösung

b) Ein Fußball besitzt einen Durchmesser von d = 22 cm.
Die Weglängen werden jeweils abgeschätzt.

Zeitpunkt t_1: $v_1 = \frac{2d}{\Delta t} = \frac{0{,}44\,\text{m}}{0{,}040\,\text{s}} = 11\,\frac{\text{m}}{\text{s}}$

Zeitpunkt t_2: $v_2 = \frac{1d}{\Delta t} = \frac{0{,}22\,\text{m}}{0{,}040\,\text{s}} = 5{,}5\,\frac{\text{m}}{\text{s}}$

Zeitpunkt t_3: $v_3 = \frac{2{,}5d}{\Delta t} = \frac{0{,}55\,\text{m}}{0{,}040\,\text{s}} = 14\,\frac{\text{m}}{\text{s}}$

c) Der Geschwindigkeitspfeil wird jeweils entlang der aktuellen Bewegungsrichtung eingezeichnet. Je schneller der Ball ist, umso länger wird der Pfeil gezeichnet:

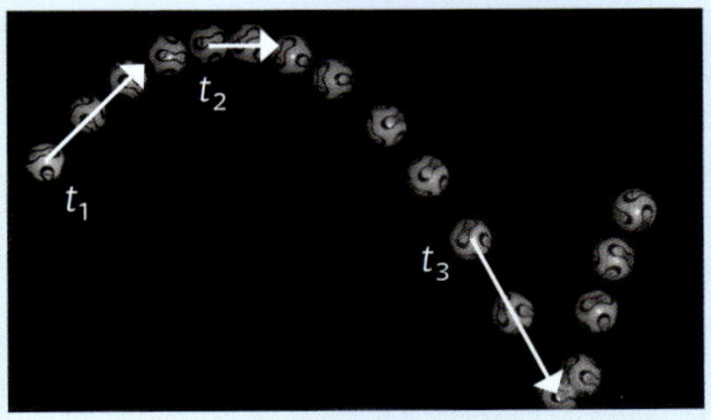

Arbeitsaufträge

1 \ Suche im Internet nach dem Stroboskopbild eines fortbewegten Körpers und drucke es nach Möglichkeit aus. Zeichne Geschwindigkeitspfeile ein.

2 \ Das nebenstehende Bild zeigt den Hockenheimring, eine Rennstrecke in Deutschland. Die roten Zahlen kennzeichnen jeweils den Betrag der Geschwindigkeit, den ein Rennwagen an der jeweiligen Stelle in $\frac{\text{km}}{\text{h}}$ besitzt. Übertrage die Rennstrecke in dein Heft und zeichne maßstabsgetreu die jeweiligen Geschwindigkeitspfeile ein.

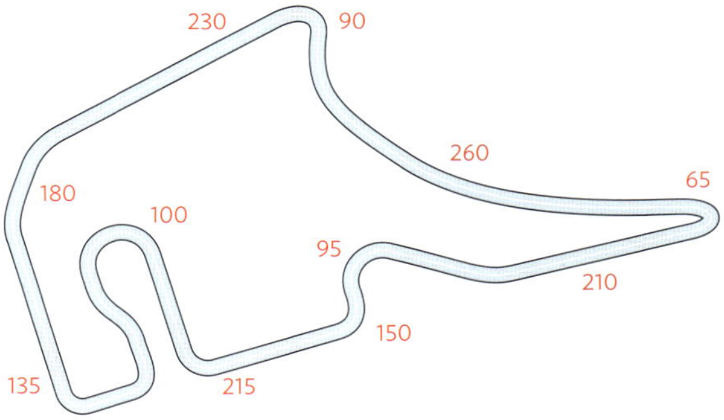

Hilfestellung auf Seite 196–198

↳ weitere passende Aufgaben: S. 121, Nr. 10

12 Geschwindigkeitsänderung

Versuche und Materialien zu Kapitel 12.1

M1 Luftballonrakete – Änderung von Geschwindigkeitsbeträgen

Fädele einen dünnen Faden durch einen Strohhalm und spanne den Faden straff und parallel zum Boden. Halte einen prall gefüllten Luftballon mit den Fingern zu und befestige ihn mit Klebestreifen am Strohhalm. Lass dann den Ballon los, sodass die Luft wieder entweichen kann.

Benötigte Materialien:
- dünner Faden
- Strohhalm
- Luftballon
- Klebestreifen

Aussagen zur Bewegung der „Luftballonrakete“:

Aussage 1: „Der Betrag der Geschwindigkeit ist anfangs klein und wird mit der Zeit immer größer.“

Aussage 2: „Der Betrag der Geschwindigkeit bleibt während der Startphase gleich.“

Aussage 3: „Die Änderung des Betrags der Geschwindigkeit bleibt während der Startphase gleich.“

Aussage 4: „Die Änderung des Betrags der Geschwindigkeit ist anfangs groß und wird dann immer kleiner.“

Arbeitsauftrag

a) Führe den Versuch wie links beschrieben durch. Beobachte dabei ganz genau die Bewegung des Luftballons.

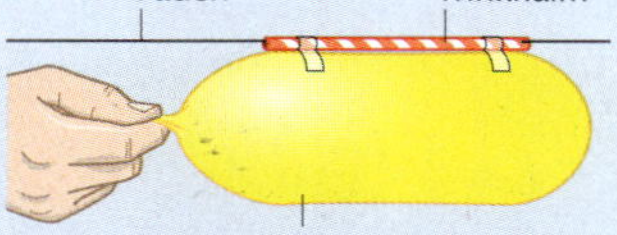

b) Beurteile aufgrund deiner Beobachtungen die Richtigkeit jeder einzelnen Aussage links, wenn Reibung vernachlässigt wird.

M2 Münzstöße – Änderung von Bewegungsrichtungen

Du benötigst vier 1-Cent- und zwei 2-Euro-Münzen. Lege die Münzen in drei verschiedenen Anordnungen auf ein Blatt Papier (1 Cent / 2 Euro; 1 Cent / 1 Cent; 2 Euro / 1 Cent). Die drei linken Münzen werden am linken Blattrand, die drei rechten Münzen an einer dazu senkrechten Linie aufgereiht. Die drei linken Münzen musst du mit dem Finger jeweils in Richtung der rechtsgelegenen Münze anstoßen. Das Ergebnis ist abgebildet.

Benötigte Materialien:
- vier 1-Cent-Stücke
- zwei 2-Euro-Stücke
- Blatt Papier
- Bleistift und Lineal

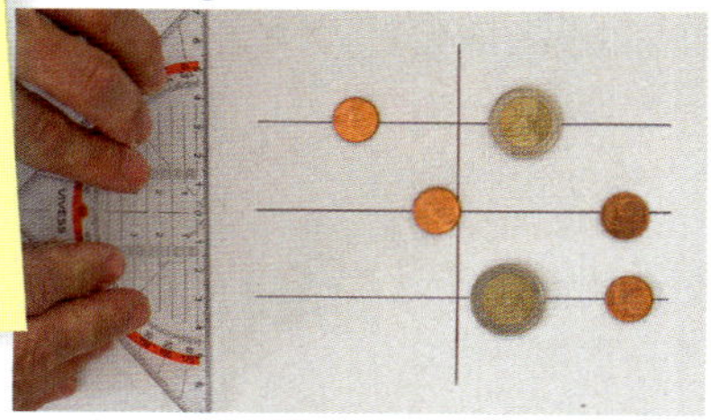

Arbeitsauftrag

a) Beschreibe anhand der Bilder die Bewegungsrichtung für jede der drei linken Münzen vor und nach dem Zusammenstoß an der senkrechten Linie.

b) Erkläre die Richtung der Krafteinwirkung auf die drei linken Münzen beim Zusammenstoß.

c) Führe die drei Münzstöße selbst durch und überprüfe deine Beschreibung aus a).

Versuche und Materialien zu Kapitel 12.2

M3 Airhockey – Addition von Geschwindigkeitspfeilen

Bei einem Airhockey-Spiel kommt es zu folgender, beispielhafter Situation. Wir untersuchen dabei, wie sich der Pfeil der Endgeschwindigkeit bestimmen lässt. Das allgemeine Vorgehen zur Addition von Pfeilen findest du in der Methode.

Schritt 1:

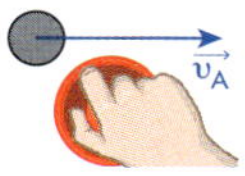

Der sich mit der Anfangsgeschwindigkeit $\vec{v}_A$ nach rechts bewegende Puck (schwarz) wird durch den Pusher (rot) von rechts unten getroffen.

Schritt 2:

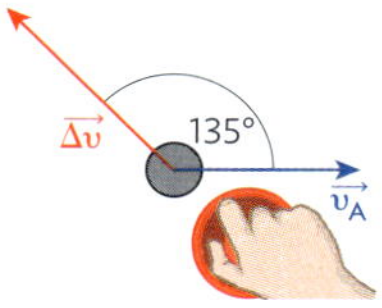

Der Pfeil der Geschwindigkeitsänderung $\Delta\vec{v}$ des Pucks wird mit seinem Fuß an den Pfeil von $\vec{v}_A$ gezeichnet, hier mit einem Winkel von 135° zwischen den beiden Pfeilen.

Schritt 3:

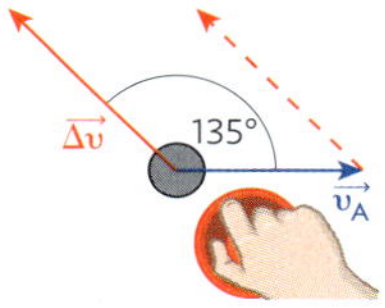

$\Delta\vec{v}$ wird an die Spitze des Pfeils von $\vec{v}_A$ parallel verschoben. Eine Parallele zum Pfeil von $\Delta\vec{v}$ durch die Spitze des Pfeils von $\vec{v}_A$ kannst du mit dem Geodreieck zeichnen:

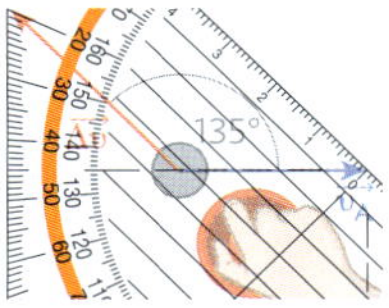

Schritt 4:

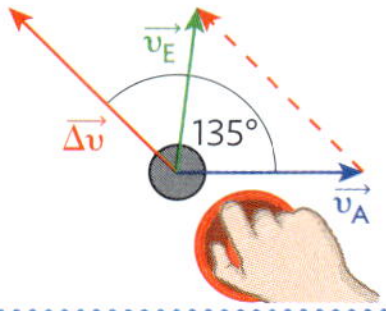

Der Pfeil vom Fuß von $\vec{v}_A$ bis zur Spitze des verschobenen Pfeiles von $\Delta\vec{v}$ stellt die Endgeschwindigkeit $\vec{v}_E$ des Pucks dar.

Arbeitsauftrag

a) Übertrage die Längen der Pfeile und den Winkel in dein Heft und addiere zeichnerisch, wie in der Beschreibung links.

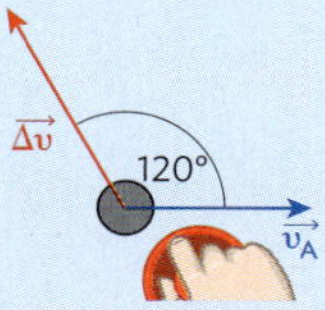

b) Der Puck wird nun stattdessen unter einem Winkel von 150° getroffen, die Beträge von $\vec{v}_A$ und $\Delta\vec{v}$ bleiben unverändert. Addiere beide Pfeile in deinem Heft.

c) Vergleiche $\vec{v}_A$, $\Delta\vec{v}$ und $\vec{v}_E$ in der Abbildung von Schritt 4 mit den Teilaufgaben a) und b). Stelle eine Vermutung über den Betrag an, den $\vec{v}_E$ bei größeren Winkeln (bis 180°) annehmen wird.

d) Erläutere die Bewegung des Pushers in Richtung Puck bei einem Winkel von 180°.

Methode

Addition von Pfeilen mit dem Pfeileparallelogramm

Die erste Ecke E_1 des Pfeileparallelogramms steht für den betrachteten Körper.

- Zeichne die Pfeile $\vec{a}$ und $\vec{b}$ jeweils mit dem Fuß an den Eckpunkt E_1. Sie greifen gleichzeitig am Körper bzw. am Punkt E_1 an.
- Die Spitzen der Pfeile $\vec{a}$ und $\vec{b}$ markieren die Eckpunkte E_2 und E_3.
- Ergänze mithilfe des Geodreiecks die Parallelen zu den beiden Pfeilen so, dass deren Schnittpunkt die Ecke E_4 des Pfeileparallelogramms liefert (Parallelverschiebung der Pfeile $\vec{a}$ und $\vec{b}$).
- Der Diagonalpfeil von E_1 nach E_4 stellt den Pfeil für die Summe beider Pfeile $\vec{a}$ und $\vec{b}$ dar.

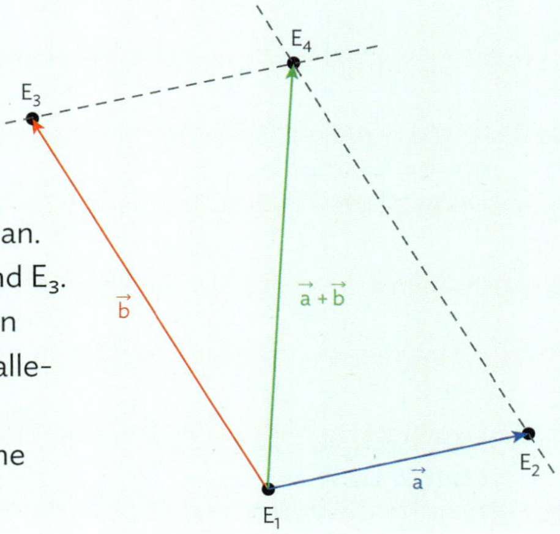

12.1 Geschwindigkeitsänderung bei zweidimensionalen Bewegungen

Geschwindigkeitsänderung

B1 Strafecke beim Hockey mit eingezeichneter Bahn des Balls.

Vor der Ausführung einer Strafecke beim Hockey warten die Verteidiger hinter der Torauslinie, die Angreifer außerhalb des Schusskreises (vgl. B1). Mit Hereingabe des Balles (Zeitpunkt t_0) starten die Verteidiger. Wenn der Ball den Schusskreis verlassen hat, erfolgt der Angriffsschlag (Zeitpunkt t_1). Für den Torerfolg muss der Ball hinter der Torlinie landen (Zeitpunkt t_2).

Abschnitt	Bewegungsrichtung	Geschwindigkeit	Geschwindigkeitsänderung
I (t_0 bis t_1)	von links nach rechts	von links nach rechts	
II (t_1)			von rechts nach links
III (t_1 bis t_2)	von rechts nach links	von rechts nach links	

Die Änderung der Bewegungsrichtung erfolgt aufgrund des Angriffsschlags.

Zwischen den Abschnitten I und III ändert sich die Bewegungsrichtung von „von links nach rechts" zu „von rechts nach links" (vgl. Tabelle). Folglich kommt es im Abschnitt II zu einer Geschwindigkeitsänderung.

Pfeildarstellung

Die Geschwindigkeiten des Balles vor und nach dem Angriffsschlag ($\vec{v_1}$ bzw. $\vec{v_2}$) können mit Pfeilen dargestellt werden (vgl. B2): Zum Zeitpunkt t_1 erfährt der Ball durch den Angriffsschlag eine Geschwindigkeitsänderung $\overrightarrow{\Delta v}$, die von rechts nach links gerichtet ist. Ohne diese Geschwindigkeitsänderung befände sich der Ball zum Zeitpunkt t_2 rechts oben weit außerhalb des Schusskreises. Mit der Geschwindigkeitsänderung befindet sich der Ball zum Zeitpunkt t_2 links oben und bewegt sich in Richtung Tornetz. Die Geschwindigkeitsänderung erfolgt zum Zeitpunkt t_1. Deshalb wird in der sogenannten Pfeildarstellung die Geschwindigkeitsänderung am Ort des Balls zum Zeitpunkt t_1 eingezeichnet und alle anderen Zeitpunkte und Orte des Balls weggelassen (vgl. B3).

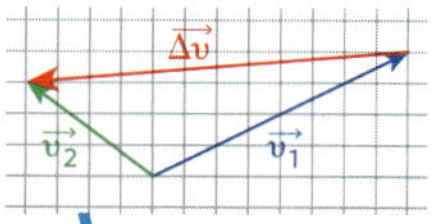

B2 Geschwindigkeiten $\vec{v_1}$ vor und $\vec{v_2}$ nach dem Angriffsschlag sowie Geschwindigkeitsänderung $\overrightarrow{\Delta v}$.

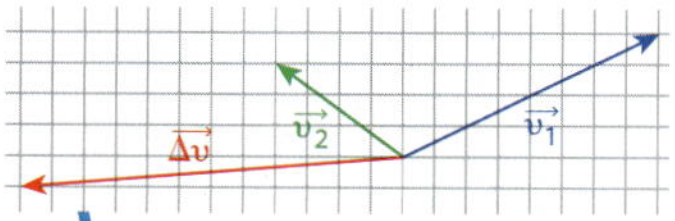

B3 Pfeildarstellung der Geschwindigkeiten und ihrer Änderung zum Zeitpunkt t_1 des Angriffsschlags.

Die Geschwindigkeit eines Körpers ist gerichtet (in die Bewegungsrichtung). Die Geschwindigkeitsänderung ist ebenfalls gerichtet. Wir stellen Geschwindigkeiten und deren Änderung mit Pfeilen dar.

Krafteinwirkung als Ursache

B4 \ Ausführung einer Strafecke.

Die Geschwindigkeitsänderung des Balls wird durch eine äußere Krafteinwirkung hervorgerufen, hier durch den Angriffsschlag des Hockeyspielers. Die Richtung des Schlags bestimmt die Richtung der Geschwindigkeitsänderung und hat somit Einfluss auf die Flugrichtung des Balls (vgl. B2).

Bei einem schwächeren Schlag wäre die Geschwindigkeitsänderung kleiner. B5 verdeutlicht die entsprechend kleinere Geschwindigkeitsänderung $\overrightarrow{\Delta v}^*$ und die veränderte Geschwindigkeit $\overrightarrow{v_2^*}$ des Balls nach dem Schlag – am Tor vorbei.

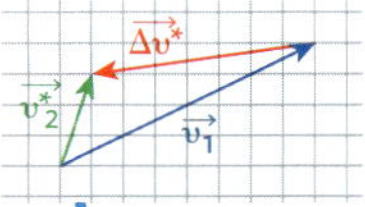

B5 \ Pfeildarstellung des Angriffsschlags bei kleinerem $\overrightarrow{\Delta v}^*$.

Für eine Geschwindigkeitsänderung ist die Ursache stets eine Krafteinwirkung.
Die Richtung der Kraft, die auf einen Körper wirkt, bestimmt die Richtung der Geschwindigkeitsänderung dieses Körpers. Die Stärke der Krafteinwirkung bestimmt den Betrag der Geschwindigkeitsänderung.

Arbeitsaufträge

1 \ Die Strafecke aus dem Hockeyspiel in B1 soll nun etwas genauer untersucht werden. Beachte dafür auch die zugehörige Tabelle.

a) Berechne die Beträge der Geschwindigkeiten $\overrightarrow{v_1}$ und $\overrightarrow{v_2}$, wenn der Ball in Abschnitt I für die Strecke von 18 m eine Zeitdauer von 2,0 s benötigt und entsprechend in Abschnitt III für 15 m eine Zeitdauer von 3,0 s.

b) B3 zeigt diese Geschwindigkeiten $\overrightarrow{v_1}$ und $\overrightarrow{v_2}$ in Pfeildarstellung. Übertrage die Zeichnung in dein Heft. Miss dann den Winkel zwischen ihren Pfeilen. Erläutere, dass damit der spitze Winkel zwischen den beiden Bahnen (Farben Blau und Grün) des Balls bestimmt werden kann. Bestimme seinen Wert.

c) Zeige durch Messen der Pfeillängen und rechnerisch mithilfe von Teilaufgabe a), dass in B3 eine Kästchenlänge einer Geschwindigkeit von 1,0 $\frac{m}{s}$ entspricht.

d) Berechne den Betrag der Geschwindigkeitsänderung $\overrightarrow{\Delta v}$ des Balles in B3. Nutze den Maßstab: 1 Kästchenlänge ≙ 1,0 $\frac{m}{s}$

Als Variante bei der Ausführung der Strafecke werden in B1 zum Zeitpunkt t_1 zwei Spieler eingesetzt: Ein „Stopper“ stoppt den Ball vollständig ab und ein „Angreifer“ führt den Angriffsschlag aus.

e) Nenne einen physikalischen Grund dafür, dass diese Variante größeren Erfolg verspricht als der Einsatz nur eines Spielers.

f) Stelle in einer Skizze die beiden Geschwindigkeitsänderungen dar, die der Stopper und der Angreifer jeweils auf den Ball ausüben. Die Geschwindigkeiten $\overrightarrow{v_1}$ und $\overrightarrow{v_2}$ sollen bei gleichen Werten unverändert wie in B3 gerichtet sein.

g) Berechne die Beträge der Geschwindigkeitsänderungen, die der Stopper und der Angreifer jeweils auf den Ball ausüben.

h) Zeichne im unveränderten Maßstab eine Pfeildarstellung, in der die Geschwindigkeit $\overrightarrow{v_1}$ und die Geschwindigkeitsänderung durch den Stopper $\overrightarrow{\Delta v}_{Stopper}$ enthalten sind. Zeichne eine zweite Pfeildarstellung mit der Geschwindigkeit $\overrightarrow{v_2}$ und der Geschwindigkeitsänderung durch den Angreifer $\overrightarrow{\Delta v}_{Angreifer}$.

Pfeil der Geschwindigkeitsänderung

Nach einer schnellen Hereingabe des Balls von links tritt Luka direkt nach vorne in Richtung Tor gegen den Ball. Dies führt zu einer Geschwindigkeitsänderung $\overrightarrow{\Delta v}$ des Balles. Er rollt mit der Endgeschwindigkeit $\vec{v}_E$ rechts am Tor vorbei (vgl. B1). Anders als von Luka erhofft, nimmt der Ball nämlich nicht die Richtung der Geschwindigkeitsänderung $\overrightarrow{\Delta v}$ an. Die Endgeschwindigkeit $\vec{v}_E$ wird auch durch die Anfangsgeschwindigkeit $\vec{v}_A$ mitbestimmt.

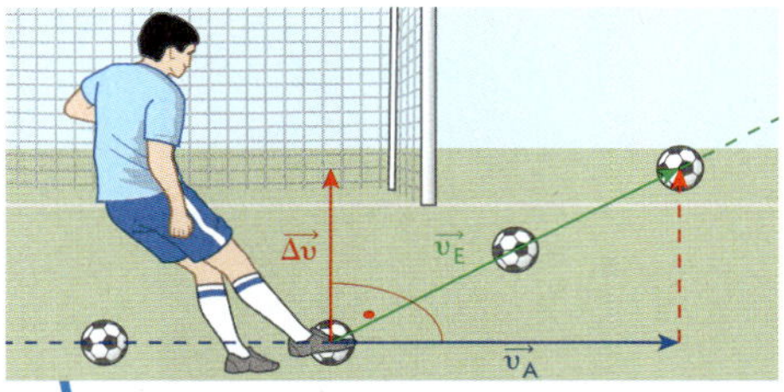

B1 Torschuss nach schneller Hereingabe: Anfangsgeschwindigkeit $\vec{v}_A$, Geschwindigkeitsänderung $\overrightarrow{\Delta v}$ und Endgeschwindigkeit $\vec{v}_E$ des Balls.

Bestimmung der Endgeschwindigkeit

Auf die gleiche schnelle Hereingabe des Balls von links tritt Luka wie zuvor gegen den Ball – diesmal nicht unter einem Winkel von 90° zur Anfangsgeschwindigkeit $\vec{v}_A$, sondern unter einem Winkel von 135°.

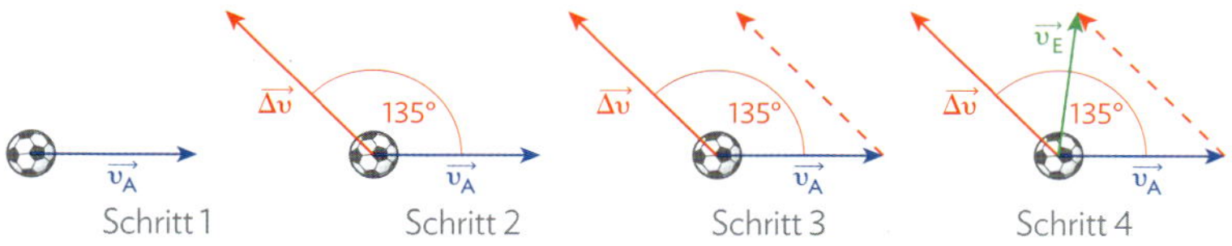

B2 Bestimmung der Endgeschwindigkeit durch Addition von Geschwindigkeitspfeilen.

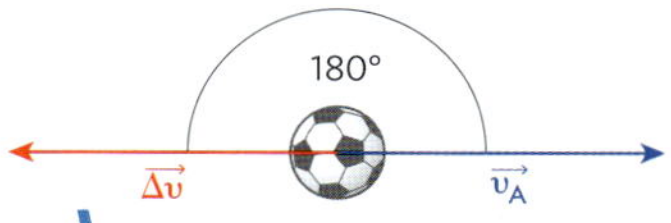

B3 Stoppen des Balls.

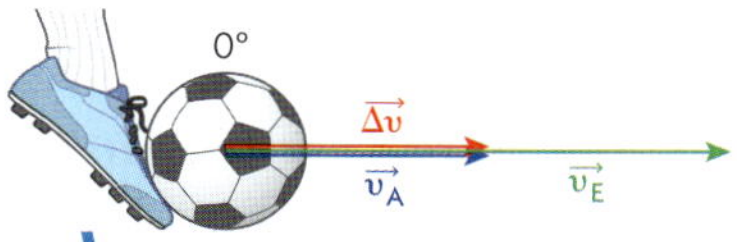

B4 Schuss in Bewegungsrichtung des Balls.

Die Endgeschwindigkeit $\vec{v}_E$ des Balles ist auch diesmal nicht senkrecht nach vorne gerichtet. Außerdem ist der Betrag der Endgeschwindigkeit bei diesen Winkeln kleiner als der Betrag der Anfangsgeschwindigkeit (vgl. B2). Beim Winkel von 180° zwischen den Pfeilen von Anfangsgeschwindigkeit und Geschwindigkeitsänderung kann der Ball sogar liegenbleiben (Stoppen des Balls, vgl. B3).

Wird ein Winkel zwischen Anfangsgeschwindigkeit und Geschwindigkeitsänderung gewählt, der kleiner als 90° ist, dann vergrößert sich der Betrag der Endgeschwindigkeit. Bei einem Winkel von 0° zwischen den gleich langen Pfeilen von Anfangsgeschwindigkeit und Geschwindigkeitsänderung ist der Betrag der Endgeschwindigkeit des Balls doppelt so groß wie der Betrag der Anfangsgeschwindigkeit (Schuss in die Bewegungsrichtung des Balls, vgl. B4).

Mit dem Pfeileparallelogramm kann durch die Addition der Pfeile von Anfangsgeschwindigkeit und Geschwindigkeitsänderung die Endgeschwindigkeit bestimmt werden.

Bestimmung der Geschwindigkeitsänderung

Lukas Trainer zeigt auf dem Flipchart die notwendige Geschwindigkeitsänderung $\overrightarrow{\Delta v}$, um ein Tor zu erzielen. Die Endgeschwindigkeit $\vec{v}_E$ des Balles zeigt senkrecht nach vorne in Richtung Tor und der Betrag der Endgeschwindigkeit ist genauso groß wie bei der Anfangsgeschwindigkeit (vgl. B5).

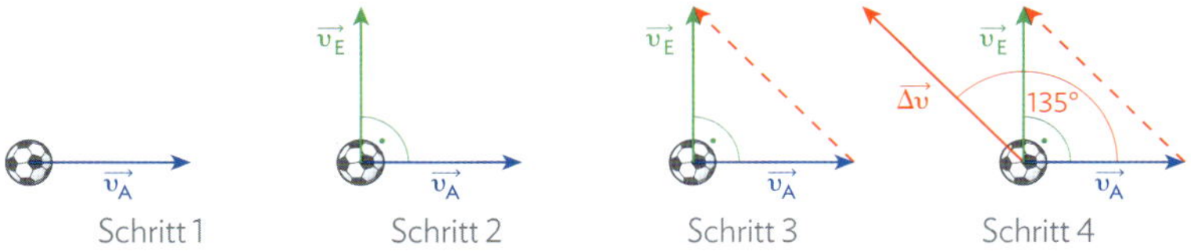

B5 \ Bestimmung der Geschwindigkeitsänderung.

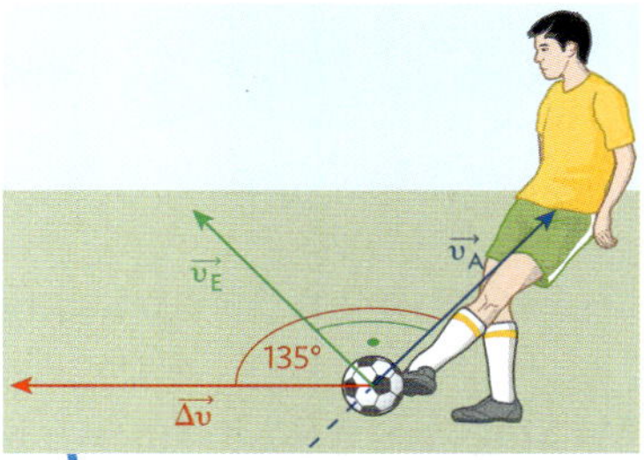

B6 \ Doppelpass: Ablenkung des Balls ohne Änderung des Betrags seiner Geschwindigkeit.

Luka sollte also unter einem Winkel von 135° gegen den Ball treten, jedoch mit stärkerer Krafteinwirkung als zuvor, um den Betrag der Geschwindigkeitsänderung zu erhöhen. So landet der Ball schließlich im Tor.

Mit dem Pfeileparallelogramm kann aus den Pfeilen der Anfangsgeschwindigkeit und der Endgeschwindigkeit der Pfeil der notwendigen Geschwindigkeitsänderung bestimmt werden.

i Das genaue Vorgehen wird auf S. 103 ausführlich beschrieben.

Arbeitsaufträge

1 \ a) Bestimme mit dem Lineal die Länge der Pfeile von $\vec{v}_A$, $\overrightarrow{\Delta v}$ und $\vec{v}_E$ in B2 möglichst genau. Nutze den Maßstab 1,0 cm ≙ 2,0 $\frac{m}{s}$ und gib die Beträge der Geschwindigkeiten bzw. der Geschwindigkeitsänderung an.

b) Bestimme zeichnerisch den Pfeil von $\vec{v}_E$, wenn der Winkel zwischen den Pfeilen von $\vec{v}_A$ und $\overrightarrow{\Delta v}$ 45° beträgt. Verwende die Pfeillängen von B2.

c) Berechne mithilfe des in Teilaufgabe a) verwendeten Maßstabs den Betrag der Geschwindigkeit von $\vec{v}_E$ und vergleiche mit dem Betrag von $\vec{v}_A$. Begründe die Vergleichswerte szenisch.

2 \ a) Bestimme zeichnerisch den Pfeil von $\overrightarrow{\Delta v}$, wenn der Winkel zwischen den Pfeilen von $\vec{v}_A$ und $\vec{v}_E$ 90° und der Winkel zwischen $\vec{v}_A$ und $\overrightarrow{\Delta v}$ 120° beträgt. Verwende die Pfeillängen und das Vorgehen von B5.

b) Vergleiche die Länge der Geschwindigkeitsänderung $\overrightarrow{\Delta v}$ aus Teilaufgabe a) mit der aus B5 und erkläre, dass Luka den Kraftstoß auf den Ball hätte verändern müssen.

c) Zeichne den Pfeil der Geschwindigkeitsänderung $\overrightarrow{\Delta v}$ für einen Rückpass, bei dem die Beträge von $\vec{v}_A$ und $\vec{v}_E$ gleich sind.

↳ weitere passende Aufgaben: S. 120, Nr. 4, 5

3 \ Beim Passtraining soll der Ball zwischen vier auf den Ecken eines Quadrats stehenden Spielern mit einem konstanten Betrag der Geschwindigkeit gegen den Uhrzeigersinn gespielt werden.

a) Zeichne zunächst die Positionen der Spieler ein. Ergänze jeweils für den Moment, an dem der Ball weitergespielt wird, die Pfeile der Geschwindigkeit und der Geschwindigkeitsänderung des Balles. Verwende die Pfeillängen von B6.

b) Erkläre anhand einer zu B5 ähnlichen Zeichnung, dass sich der Betrag und die Richtung von $\overrightarrow{\Delta v}$ verändern müssen, wenn der Ball mit dem doppelten Betrag der Geschwindigkeit gespielt werden soll.

4 \ V Die Stroboskopaufnahme zeigt einen Ball, der in der Sporthalle „über Bande" nach vorne gespielt wird.

a) Erstelle mithilfe einer Bewegungsanalyse-Software eine ähnliche Aufnahme.

b) Bestimme die Richtung des Pfeils der Geschwindigkeitsänderung. Fertige eine passende Skizze an, in der du auch die Pfeile von $\vec{v}_A$, $\overrightarrow{\Delta v}$ und $\vec{v}_E$ einträgst.

13 Das zweite Newtonsche Gesetz

Versuche und Materialien zu Kapitel 13.1

M1 Start beim Radrennen – Kraft und Geschwindigkeit

Lina, Marie und Stefan veranstalten ein Radrennen. Dabei ergeben sich die folgenden Situationen.

1. Marie und Lina wiegen gleich viel, d. h. sie haben die gleiche Masse. Lina hat nach 5 s einen höheren Geschwindigkeitsbetrag als Marie erreicht.
2. 5 s nach dem Start hat Marie einen höheren Geschwindigkeitsbetrag als Stefan.
3. Lina schafft es, nach dem Startschuss 6 s lang gleich fest in die Pedale zu treten. Nach den 6 s hat sie einen höheren Geschwindigkeitsbetrag erreicht als nach 3 s.

Arbeitsauftrag

Beim Start hat jeder Teilnehmer die Anfangsgeschwindigkeit $v_0 = 0$. Kurz nach dem Start (z. B. nach 5 s) kann jeder Teilnehmer seinen Geschwindigkeitsbetrag vom Tacho ablesen.

a) Vergleiche für die Situationen 1. und 2. jeweils die verschiedenen möglichen Ursachen dafür, dass die Geschwindigkeitsbeträge 5 s nach dem Start bei Marie und Lina bzw. Marie und Stefan unterschiedlich groß sind.
b) Diskutiere für die Situation 3 die Ursache für die höheren Geschwindigkeitsbeträge nach 6 s.

M2 Unterschiede zwischen Fußball und Medizinball

Je stärker man auf einen Körper einwirkt, umso stärker verändert sich der Betrag der Geschwindigkeit des Körpers. Wenn du z. B. so fest du kannst mit deinem Fuß gegen einen Fußball trittst, wird dieser sehr schnell werden und damit sehr weit fliegen. Im Profifußball treten Geschwindigkeitsbeträge von bis zu 150 $\frac{km}{h}$ auf.

Arbeitsauftrag

a) Stelle dir vor, du trittst jeweils mit gleicher
V Kraft erst gegen einen Fußball und danach gegen einen Medizinball. Stelle eine Vermutung darüber auf, was passieren wird. Du kannst auch ein kleines Experiment durchführen, um deine Vermutung zu bestätigen.
b) Erläutere anhand des Beispiels einen Zusammenhang von Kraft, Masse und Geschwindigkeitsänderung.

! Du solltest nur locker gegen die Bälle treten, um dich nicht zu verletzen!

Versuche und Materialien zu Kapitel 13.2

M3 Seitenwind beim Skispringen

Beim Skispringen spielt der Wind eine große Rolle. Je nachdem, aus welcher Richtung er bläst, kann er positive oder negative Auswirkungen für die Springer haben.
Rückenwind drückt auf den Körper des Springers, sodass dieser früher zur Landung ansetzen muss. Wind von vorne dagegen hilft dabei, große Weiten zu erzielen, denn er drückt den Springer nach oben (Aufwind). Es gibt auch noch den Seitenwind. Und der ist beim Skispringen besonders tückisch. Wenn Seitenwind bläst, kann es passieren, dass es den Skispringer zur Seite versetzt. Das kann zu gefährlichen Stürzen führen.
Dabei spielt nicht nur die Stärke des Windes eine Rolle, sondern auch die Zeitspanne. Es kommt also auch darauf an, wie lange der Wind von der Seite bläst.

Arbeitsauftrag

Führe einen Modellversuch durch, um dir der Problematik des Seitenwinds bewusst zu werden. Dazu benötigst du eine Kugel (z. B. einen Gummiball) und einen Föhn.

a) V Um die Bahn des Skispringers ohne Wind zu simulieren, lass die Kugel gerade den Tisch entlang rollen. Skizziere die Bahn der Kugel in deinem Heft.

b) V Nun beeinflusst du die Bahn der Kugel mit dem Föhn. Positioniere dazu die Richtung des Luftstroms senkrecht zur ursprünglichen Bewegungsrichtung der Kugel. Beobachte, in welche Richtung eine Geschwindigkeitsänderung stattfindet. Skizziere die Bahn wieder in deinem Heft. Vergleiche mit der Bahn aus Teilaufgabe a).

c) Diskutiere Möglichkeiten zur Simulation der Stärke und der Zeitspanne des Seitenwinds.

Versuche und Materialien zu Kapitel 13.3

M4 Kraftmessung beim Turnen

Mithilfe einer Kraftmessplatte kann man den zeitlichen Verlauf der Kraft messen, die auf die Platte ausgeübt wird. Die Grafik zeigt jeweils diesen Kraftverlauf von zwei unterschiedlichen Landungen einer Turnerin auf einer Kraftmessplatte. Sie landet dabei jeweils mit beiden Füßen auf der Platte.

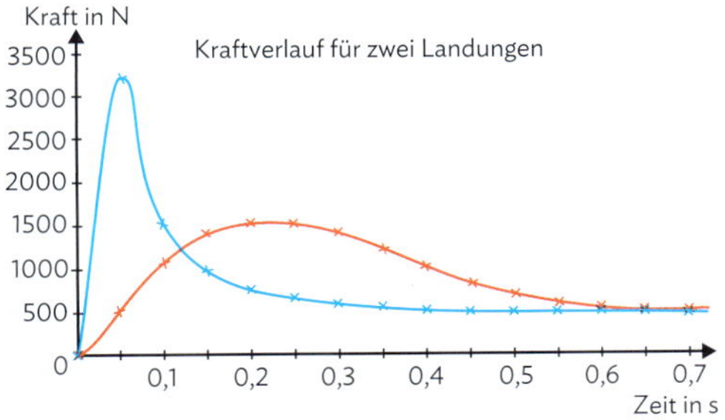

Arbeitsauftrag

a) Interpretiere den Verlauf der beiden Kurven. Gehe dabei sowohl auf die Kraft als auch auf die Zeit ein.

b) Beschreibe die Art der Landung auf der Messplatte jeweils nach dem Sprung.

c) Schätze durch Rechnung die Geschwindigkeitsänderung der jungen Turnerin ($m = 45$ kg) in der Hundertstelsekunde der jeweiligen maximalen Kraftwirkung ab.

d) Begründe, dass die rot dargestellte Landung körperschonender ist.

Betrag der Kraft und Geschwindigkeitsänderung

Wenn du schon mal Fußball gespielt hast, wirst du es wissen: Je stärker du gegen den Ball trittst, desto schneller wird er fliegen. Je größer also die Kraft gegen den Ball ist, desto stärker verändert sich der Betrag seiner Geschwindigkeit (vgl. auch M1, M2). Wie du bereits weißt, wird die Geschwindigkeitsänderung durch einen Pfeil dargestellt. Da auch die Kraft durch ihren Betrag und ihre Richtung gekennzeichnet ist, wird sie ebenfalls mit einem Pfeil dargestellt. Als Symbol für die Kraft verwendet man F. Der Pfeil der Geschwindigkeitsänderung Δv eines Körpers und der Pfeil der Kraft F, welche diese verursacht hat, zeigen in die gleiche Richtung (vgl. B2).

B1 Beim Fußball spielen Stärke und Richtung eines Schusses eine große Rolle.

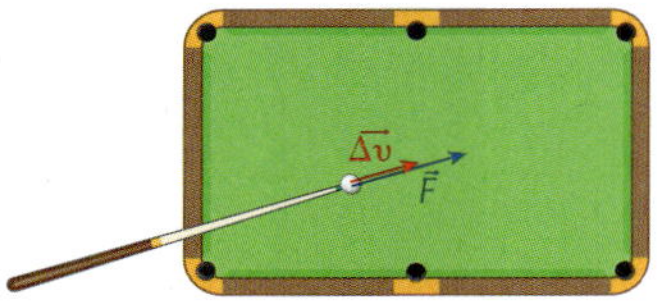

B2 Pfeile von $\vec{F}$ und $\overrightarrow{\Delta v}$ beim Billard.

i englisch: Force = Kraft

i Beschreibt man nur den Betrag einer Größe, so notiert man über dem Symbol keinen Pfeil (z. B. Δv statt $\overrightarrow{\Delta v}$).

> Je größer die Kraft F ist, die auf einen Körper ausgeübt wird, desto größer ist die Geschwindigkeitsänderung Δv des Körpers.
> Der Pfeil der Kraft F, die auf einen Körper ausgeübt wird, zeigt in die gleiche Richtung wie der Pfeil der Geschwindigkeitsänderung Δv, die der Körper dadurch erfährt.

Dauer der Krafteinwirkung und Geschwindigkeitsänderung

Beim Fußball wirkt meistens nur für sehr kurze Zeit eine Kraft auf den Ball. Beim Skispringen dagegen kann die vom Seitenwind ausgeübte Kraft viel länger wirken (vgl. auch M3). Der Skispringer erfährt in seitlicher Richtung eine vergleichsweise große Geschwindigkeitsänderung. Die Dauer der gleichbleibenden Krafteinwirkung wird mit Δt bezeichnet und hat als Einheit s für Sekunden.

> Je länger die Krafteinwirkung auf einen Körper dauert (Δt), desto größer ist die dadurch bewirkte Geschwindigkeitsänderung Δv.

Masse und Geschwindigkeitsänderung

Ein lockerer Schuss mit einem Medizinball führt sicher zu einer kleineren Geschwindigkeitsänderung als der mit einem Fußball (vgl. M2). Somit lässt sich die Bildunterschrift zu B3 leicht vervollständigen:

> Je größer die Masse m eines Körpers ist, desto kleiner ist, bei gleicher Krafteinwirkung und gleicher Zeitdauer, die bewirkte Geschwindigkeitsänderung Δv.

B3 Je größer die Masse m eines Körpers ist, desto …

Das zweite Newtonsche Gesetz

Die Kraft F, die Dauer der Krafteinwirkung Δt und die Masse m eines Körpers beeinflussen den Betrag der Geschwindigkeitsänderung Δv. Sir Isaac Newton hat im Jahr 1687 eine Formel veröffentlicht, welche die wechselseitige Abhängigkeit dieser Größen beschreibt. Sie wird für gewöhnlich als das zweite Newtonsche Gesetz bezeichnet.

Zweites Newtonsches Gesetz: $F \cdot \Delta t = m \cdot \Delta v$

Die Kraft F und die Geschwindigkeitsänderung Δv stehen jeweils auf verschiedenen Seiten der Gleichung. Zum einen, weil die beiden zugehörigen Pfeile in die gleiche Richtung zeigen. Zum anderen, weil die Geschwindigkeitsänderung mit wachsender Kraft größer wird. Auch die Zeitdauer Δt und die Geschwindigkeitsänderung Δv stehen auf verschiedenen Seiten, da mit größerer Zeitdauer die Geschwindigkeitsänderung größer wird. Die Masse m steht nicht auf der Seite von F und Δt, da mit wachsender Masse m die Geschwindigkeitsänderung Δv kleiner wird.

Arbeitsaufträge

1 \ Eine Kraft wird als Pfeil dargestellt. Damit sollen Richtung und Betrag der Kraft sichtbar gemacht werden. Nenne ein paar Beispiele aus dem Alltag, bei denen eine Kraft auf einen Körper wirkt. Erkläre, dass durch die Pfeildarstellung Richtung und Betrag der Kraft gut veranschaulicht werden.

2 \ Sepp erreicht mit seinem Auto bei leerem Kofferraum in 12 s einen Geschwindigkeitsbetrag von 100 $\frac{km}{h}$. Nachdem er es voll beladen hat, erreicht er in der gleichen Zeit nur 90 $\frac{km}{h}$. In beiden Fällen drückt er das Gaspedal voll durch.

a) Finde den passenden der drei Merksätze auf Seite 106, der diese Geschichte physikalisch erklärt.

b) Schreibe zu einem der beiden verbleibenden Merksätze eine geeignet abgewandelte Geschichte.

3 \ Britti spielt in der Volleyballmannschaft. Beim Aufschlag ist sie die beste ihres Teams. Auch beim Volleyball-Aufschlag gilt natürlich das zweite Newtonsche Gesetz. Beschreibe physikalisch, wie Britti mit ihrer Aufschlagtechnik den Betrag der Geschwindigkeit des Balls variieren kann. Erläutere, dass in diesem Beispiel m unveränderbar ist.

↳ weitere passende Aufgaben: S. 120, Nr. 6; S. 121, Nr. 9

4 \ Die zwei Kugeln K_1 und K_2 bewegen sich jeweils mit gleich großem Betrag der Anfangsgeschwindigkeit v_A von links nach rechts. Mit einer Feder wird auf die Kugel K_2 eine Kraft ausgeübt. Die Kraft wirkt senkrecht zur Bewegungsrichtung der Kugel (vgl. Abbildung).

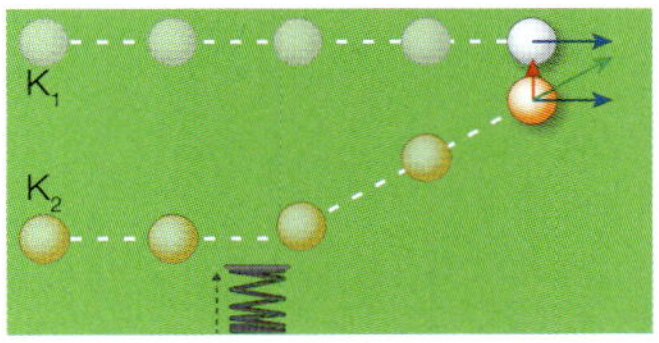

a) Begründe, dass die Kugel K_2 eine Geschwindigkeitsänderung $\overrightarrow{\Delta v}$ erhält.

b) Diskutiere die Auswirkungen auf die Bahn der Kugel K_2, wenn die Masse der Kugel, die Zeitdauer der Einwirkung oder die Stärke der Kraft jeweils variiert werden. Gehe dabei jeweils auf die Geschwindigkeitsänderung Δv ein.

c) Begründe, dass die beiden Kugeln nach dem Stoß von Kugel K_2 durch die Feder immer in einem Punkt aneinanderstoßen, wenn die Anfangsgeschwindigkeit v_A für beide Kugeln während des Experiments stets gleich ist.

Hilfestellung auf Seite 196-198

Auffahrunfall eines Autos

Ein Auto fährt mit 40 $\frac{km}{h}$ gegen eine Betonwand, ein anderes Auto gleichen Typs fährt mit gleicher Geschwindigkeit in einen Drahtzaun. Beide Autos kommen dadurch zum Stillstand. Gefühlsmäßig erwarten wir, dass die Kräfte auf die Autos und ihre Fahrer unterschiedlich sein werden, obwohl Anfangs- und Endgeschwindigkeit in beiden Fällen gleich sind.

B1 Crashtest eines Autos mit Dummy.

Unsere Erwartung trifft tatsächlich zu, denn es gibt einen wichtigen Unterschied: die Dauer der Einwirkung Δt der Wand bzw. des Zauns auf das Auto. Das Abbremsen durch den Drahtzaun dauert 10-mal so lange wie das Abbremsen durch die Betonmauer. Somit entspricht die durchschnittliche Kraft, die der Zaun ausübt, einem Zehntel der durchschnittlichen Kraft, die die Mauer ausübt.

Diese Schlussfolgerung ergibt sich aus dem zweiten Newtonschen Gesetz. Der auf der rechten Formelseite stehende Wert des Produkts $m \cdot \Delta \boldsymbol{v}$ ist für beide Autos gleich groß und gleich dem Wert von $F \cdot \Delta t$. Für den Fall, dass Δt größer ist, muss also die Kraft F entsprechend kleiner sein, damit das Produkt $F \cdot \Delta t$ den gleichen Wert behält.

Knautschzone

Bei der Konstruktion von Autos wird darauf geachtet, dass das Verletzungsrisiko bei Unfällen für die Insassen möglichst klein ist: Wie wir bereits gelernt haben, muss dafür gesorgt werden, dass die Zeitspanne vom Auffahren bis zum Stillstand möglichst groß ist. Autohersteller bauen daher „Knautschzonen“ ein, die sich bei einem Aufprall verformen. Der Vorgang des Verformens verlängert die Dauer der Krafteinwirkung und verringert dadurch die durchschnittliche Kraft auf das Fahrzeug. Die Fahrgastzelle selbst ist dagegen sehr steif konstruiert. Sie soll sich bei einem Unfall möglichst nicht verformen, damit die Insassen nicht eingeklemmt werden.

B2 Bus ohne Knautschzone (links) und mit Knautschzone (rechts).

Werden zwei Körper mit gleicher Masse und identischen Geschwindigkeiten zum Stillstand gebracht, so bestimmen die jeweiligen „Knautschzonen“ die Kräfte, die auf die Körper wirken. Eine große und gut konstruierte Knautschzone sorgt dafür, dass bei einem Unfall die Dauer der Kraftwirkung Δt groß wird.

Ein Fahrradhelm als Geschenk – Bewertungskriterien

David hat bald seinen 14. Geburtstag und wünscht sich einen Fahrradhelm. Bei einem Sturz mit dem Fahrrad prallt man auf die Hartschale des Helms und somit nicht direkt mit dem Kopf auf den Boden. Die gesamte Konstruktion wirkt durch den dicken Hartschaumstoff als Knautschzone. Anna, Ben und Clara haben fünf Möglichkeiten für das Geschenk im Blick und diskutieren ernsthaft. Einig sind sie sich jedoch nicht.

Anna: *„Für mich ist die Sicherheit des Helms bei einem Sturz das allerwichtigste Kriterium. Die technische Konstruktion des Helms mit einer physikalisch optimalen Knautschzone steht deshalb im Vordergrund. Wichtig ist natürlich auch, dass der Helm ganz gut aussieht und dass er nicht allzu viel Geld kostet. Der aufgedruckte Markenname ist mir vollkommen gleichgültig. Wenn es nach mir ginge, würde ich mich für das schlichte Modell Nussschale entscheiden."*

Ben: *„Sehr wichtig ist mir, dass unser Geschenk farblich hervorsticht und auf keinen Fall langweilig wirkt. Es muss für David ein Knaller sein! Klar muss der Helm auch genügend Schutz bieten, wenn David wieder einmal in der Gegend herumbrettert. Auf den Preis sollten wir nicht allzu sehr achten. Wir teilen uns die Kosten doch ohnehin auf. Außerdem ist David nicht eitel. Ob also seine Frisur durch den Helm zerzaust wird, ist nicht besonders wichtig. Meine Entscheidung steht somit fest. Ich bin für das grüne Modell Fullface."*

Clara: *„Eure Physik, die beste Knautschzonentechnik, knallige Farben – das sind für mich keine wichtigen Kriterien. Beim Fahrradfahren ist Vernunft und Rücksicht angesagt. Knautschzonen vorne, hinten, Airbag rundherum – durch all das wiegt sich David bestimmt nur in Sicherheit, fährt schnell und waghalsig durch die Gegend. Ich halte dagegen für wichtig, dass er unser Geschenk schick, bequem und praktisch findet. Außerdem – und das hat für mich oberste Priorität – habe ich gerade nicht viel mehr als 10 € zur Verfügung. Durch einen hohen Preis würde für mich eine finanzielle Schwelle überschritten werden. Ich stimme deshalb ganz klar für die schwarze Fahrradmütze."*

Modell Nussschale - grau
- Günstiger Preis
- Schlichtes Aussehen (Form und Farbe)
- Gute Passform
- Sehr guter Schutz, auch für den kompletten Hinterkopf

Modell Sport - rot
- Gehobener Preis
- Sportliche Optik (Form und Farbe)
- Sehr guter Schutz
- Hoher Tragekomfort (leicht, gute Belüftung)
- Bekannte Marke

Modell Airbag - unsichtbar
- Sehr hoher Preis
- Unauffällige Optik
- Wenig Erfahrungen zur Verlässlichkeit der Schutzfunktion
- Hoher Tragekomfort
- Frisur bleibt unbeeinflusst
- Der Akku muss stets geladen sein.

Modell Fullface - grün
- gehobener Preis
- auffälliger Motocross-Look
- Sehr guter Komplettschutz, auch im Bereich des Gesichts durch den Kinnbügel

Modell Mütze - schwarz
- sehr günstiger Preis
- einfach und schick
- Keine Knautschzone, kein Schutz bei einem Sturz
- Wärmt bei Wind und Kälte
- Einfache Aufbewahrung

Arbeitsaufträge

1 a) Beschreibe die grundsätzliche Vorgehensweise von Anna und Ben bei ihren jeweiligen Entscheidungen.

b) Formuliere – nach der Vorgehensweise von Anna und Ben – deine eigene Argumentation für eines der fünf Modelle, wenn du dir selbst einen Fahrradhelm als Geschenk von deinen Eltern wünschst.

c) Beschreibe den Teil von Claras Argumentation, der eine grundsätzlich andere Vorgehensweise darstellt, als der ihrer Freunde.

d) Diskutiert in der Gruppe, welche Probleme man besser wie Anna und Ben entscheidet bzw. so, wie Clara es teilweise tut.

2 Beim Formel-1-Rennen ist zu sehen, dass rot-weiß gefärbte Reifen in den Kurven gestapelt werden. Erläutere die Funktion dieser Reifenstapel. Verwende dazu das zweite Newtonsche Gesetz.

3 „Fully" ist die englische Kurzbezeichnung für „Full-Suspension-Bikes". Es handelt sich um vollgefederte Fahrräder, bei denen sowohl die Gabel als auch der Hinterbau gefedert ist. Beschreibe und erkläre die Maßnahmen, die bei einem „Fully" die Einwirkdauer vergrößern, damit die Kraft auf den Fahrradfahrer bei der Abfahrt möglichst gering ist.

Die Kraft als entscheidende Größe

Ein Profifußballer kann beim Elfmeterschießen so stark auf den Ball einwirken, dass dieser eine Geschwindigkeitsänderung Δv von bis zu 150 $\frac{km}{h}$ erhält. Weil dabei die Zeitspanne der Einwirkung und die Masse des Fußballs nahezu unbeeinflussbar sind, spielt die Beinkraft die entscheidende Rolle für die Größe der Endgeschwindigkeit des Balls. Mithilfe des zweiten Newtonschen Gesetzes kann man durch eine Rechnung gut abschätzen, wie groß die Kraft sein muss, um eine bestimmte Ballgeschwindigkeit zu erzielen.

B1 Abschuss beim Elfmeter.

Für Berechnungen werden Einheiten benötigt. Für die Masse m, die Zeitdauer Δt und die Geschwindigkeitsänderung Δv kennen wir die Einheiten kg, s sowie $\frac{m}{s}$ bereits. Damit lässt sich nun die Einheit für die Kraft festlegen.

Eine Einheit für die Kraft

Die Maßeinheit für die Kraft heißt Newton N. Mithilfe der Einheiten der Dauer der Krafteinwirkung Δt (s), der Masse m (kg) und der Geschwindigkeitsänderung Δv ($\frac{m}{s}$) ergibt sich folgende Einheitengleichung:

$$1\,N \cdot 1\,s = 1\,kg \cdot 1\,\frac{m}{s} \Rightarrow 1\,N = 1\,\frac{kg \cdot m}{s^2}$$

Zur Erinnerung:
$F \cdot \Delta t = m \cdot \Delta v$

Damit können wir genauer festlegen, was wir unter einer Kraft bzw. einer Kraft von 1 N verstehen wollen.

Die Ursache dafür, dass ein Körper der Masse 1 kg innerhalb einer Zeitdauer von 1 s eine Geschwindigkeitsänderung von 1 $\frac{m}{s}$ erfährt, ist eine Kraft von 1 N, die auf den Körper wirkt.

Eindimensionale Bewegungen

Um mit dem zweiten Newtonschen Gesetz Berechnungen anstellen zu können, betrachten wir nur Beispiele, bei denen die Bewegungsrichtung und die Geschwindigkeitsänderung in dieselbe Richtung zeigen. In allen anderen Fällen, z. B. bei einem seitlichen Stoß, können wir noch keine Berechnungen vornehmen, sondern nur Pfeilkonstruktionen.

Abschätzung der Kraft auf einen Fußball beim Elfmeter

Ein Fußball hat eine Masse von ca. 0,40 kg. Die Zeitdauer Δt für die Einwirkung der Kraft des Schussbeins auf den Fußball ist sehr kurz und betrage nur 0,010 s. Gehen wir von einer Endgeschwindigkeit des Balls von 100 $\frac{km}{h}$ aus, d. h. von ca. 28 $\frac{m}{s}$, können wir dazu die nötige Kraft berechnen:

Zur Erinnerung:
Rechne zuerst in die Grundeinheit um.
Die Geschwindigkeit muss hier in $\frac{m}{s}$ umgewandelt werden.

$$F \cdot 0{,}010\,s = 0{,}40\,kg \cdot 28\,\frac{m}{s}$$
$$F \cdot 0{,}010\,s = 11{,}2\,\frac{kg \cdot m}{s}$$

Um die Gleichung zu lösen, kann man sich beispielsweise überlegen, mit welcher Zahl man 0,010 multiplizieren muss, um den Wert 11,2 zu erhalten (vgl. auch Methode auf S. 95). Die Antwort lautet 1120.

$F = 1120 \frac{\text{kg} \cdot \text{m}}{\text{s}^2} = 1{,}1\,\text{kN}$ (zwei gültige Ziffern!)

Man benötigt also eine Kraft von 1,1 kN. Soll der Ball die doppelte Geschwindigkeitsänderung erhalten, benötigt man die doppelte Kraft, also 2,2 kN.

i Erinnere dich an die Methode zur Angabe der gülitgen Ziffern von S. 22. Bei der Rechnung hier hat von den vier Werten (0,40; 0,010; 100; 28) der ungenaueste Wert zwei gültige Ziffern.

Methode

Bestimmung der Kraft bei eindimensionalen Bewegungen

1. Bestimme in kg die Masse m des Körpers, auf den die Kraft wirkt (z. B. mit einer Waage).
2. Bring den Körper von der Anfangsgeschwindigkeit $v_A = 0$ auf eine bestimmte Endgeschwindigkeit v_E. Miss die Endgeschwindigkeit v_E in $\frac{\text{m}}{\text{s}}$ (z. B. mit einem Tacho).
3. Bestimme die Zeitdauer Δt der Krafteinwirkung in Sekunden (z. B. mit einer Stoppuhr).
4. Setze alle drei bestimmten Größen Masse m, Geschwindigkeitsänderung $\Delta v = v_E - v_A$ und Zeitdauer Δt in die Gleichung $F \cdot \Delta t = m \cdot \Delta v$ ein und berechne die Kraft F.
5. Gib das Ergebnis in sinnvoller Genauigkeit an (gültige Ziffern).

Arbeitsaufträge

**1 ** Du möchtest die Größenordnung der Kraft bestimmen, mit der du deinen Freund oder deine Freundin auf einem Skateboard ziehen musst, damit er oder sie eine Geschwindigkeit von $5\,\frac{\text{km}}{\text{h}}$ erhält. Du hast dafür ein Skateboard, eine Personenwaage, Stoppuhren und ein Maßband zur Verfügung.

a) Plane das Experiment.

b) Begründe, dass du mit dem Experiment keinen genauen Wert für die Kraft bestimmen kannst.

**2 ** Berechne die Kraft auf einen Puck beim Eishockey, wenn er eine Geschwindigkeitsänderung von $150\,\frac{\text{km}}{\text{h}}$ erhalten soll und die Kontaktzeit wie beim Fußball 0,010 s sein soll. Die Masse des Pucks beträgt 170 g.

**3 ** Das Auto von Herrn Müller wiegt inklusive Fahrer 1,2 t. Es fährt $100\,\frac{\text{km}}{\text{h}}$, als ein Wildschwein auf die Straße springt. Herr Müller benötigt zum Reagieren 0,60 s. Dann macht er eine Vollbremsung und es dauert weitere 2,0 s, bis das Auto zum Stehen kommt.

a) Berechne die Strecke, die Herr Müller während der Reaktionszeit zurücklegt.

b) Bestimme die durchschnittliche Bremskraft auf das Auto.

**4 ** Barnabas liefert Äpfel aus. Diskutiere den Wert der Kraft, die aufgewendet werden muss, um sein Fahrrad mit gefüllter Transportkiste auf eine Fahrgeschwindigkeit von $15\,\frac{\text{km}}{\text{h}}$ zu bekommen. Gehe auf die Auswirkung ein, wenn er eine zusätzliche Kiste voller Äpfel transportiert.

Hilfestellung auf Seite 196-198

↳ weitere passende Aufgaben: S. 121, Nr. 11

14 Beschleunigung

14.1 Schülerexperiment: Bestimmung der Beschleunigung eines Körpers

V1 Beschleunigung in Abhängigkeit von der Zugkraft (Lichtschranke)

Um den Zusammenhang zwischen Kraft, Masse und Beschleunigung zu untersuchen, messen wir die Beschleunigung eines Wagens in Abhängigkeit von der Zugkraft. Die Masse des Wagens bleibt konstant. Zur Messung stehen verschiedene Möglichkeiten zur Auswahl. Eine häufig verwendete und sehr präzise, dafür aber auch technisch aufwändige Methode ist die Lichtschranke.

1. Die Geschwindigkeit messen

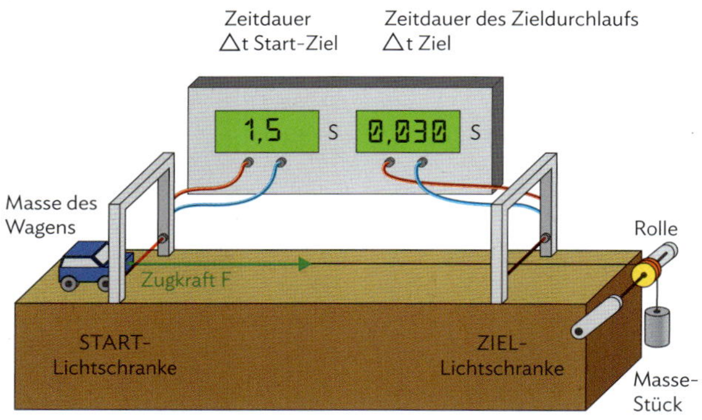

Die Geschwindigkeit des Wagens am Start und im Zieldurchlauf lässt sich mit dem abgebildeten Aufbau ermitteln. Da der Wagen aus der Ruhe startet, ist die Geschwindigkeit am Start $v_{\text{Start}} = 0\,\frac{\text{m}}{\text{s}}$.

2. Die Beschleunigung messen

Mithilfe der Geschwindigkeiten des Wagens v_{Start} am Start und v_{Ziel} am Ziel wird die Geschwindigkeitszunahme $\Delta v = v_{\text{Ziel}} - v_{\text{Start}}$ bestimmt. Mit der ebenfalls gemessenen Zeitdauer $\Delta t_{\text{Start-Ziel}}$, die der Wagen zwischen Start und Ziel benötigt, wird die Beschleunigung a des Wagens zwischen Start und Ziel berechnet.

Die Beschleunigung beschreibt die Geschwindigkeitsänderung in einem Zeitintervall und wird durch die Gleichung $a = \frac{\Delta v}{\Delta t}$ berechnet.

Arbeitsauftrag

1 \ Plane anhand des skizzierten Versuchsaufbaus ein Experiment, mit dem du die Beschleunigung eines Wagens ermitteln kannst. Wenn du eine Anleitung benötigst, gehe zur Auswertung schrittweise nach den Arbeitsaufträgen 2 und 3 vor.

2 \ Anleitung: Bestimme die Geschwindigkeit des Wagens im Zieldurchlauf v_{Ziel} wie folgt:

1. Miss mit dem Lineal die Wagenlänge Δx.
2. Miss mit der Lichtschranke die Zeitdauer des Zieldurchlaufs Δt_{Ziel}.
3. Berechne die Geschwindigkeit $v_{\text{Ziel}} = \frac{\Delta x}{\Delta t_{\text{Ziel}}}$.

3 \ Anleitung: Bestimme nun die Beschleunigung des Wagens zwischen Start und Ziel wie folgt:

1. Berechne die Geschwindigkeitszunahme Δv.
2. Miss die Zeitdauer $\Delta t_{\text{Start-Ziel}}$ zwischen Start und Ziel.
3. Berechne die Beschleunigung $a = \frac{\Delta v}{\Delta t_{\text{Start-Ziel}}}$.

V2 Beschleunigung in Abhängigkeit von der Zugkraft (Videoanalyse)

1. Verwendung eines Videoanalyse-Programms

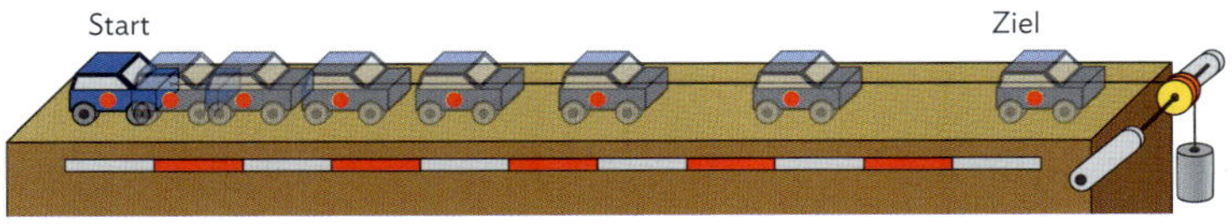

Der fahrende Wagen wird mit einer Kamera aufgenommen. Diese sollte direkt von vorne filmen, senkrecht zur Bewegungsrichtung, und äußerst ruhig gehalten werden. Die Darstellung erfolgt mithilfe eines Videoanalyse-Programms, beispielsweise einer Smartphone-App. Damit der Wagen vom Videoanalyse-Programm auf allen Einzelbildern automatisch erkannt werden kann, wird er vorher mit einem aufgeklebten großen roten Punkt markiert. Es ist auch hilfreich einen gleichmäßigen Hintergrund zu wählen, der sich farblich vom Wagen und dem Markierungspunkt abhebt.
Das Abbilden eines Gegenstandes bekannter Größe, beispielsweise eines Zollstockes, erlaubt die automatische Berechnung der Geschwindigkeiten zu jedem gemessenen Zeitpunkt.

2. Bestimmung der Beschleunigung

Das Videoanalyse-Programm stellt die Geschwindigkeit des Wagens zu jedem gemessenen Zeitpunkt in der Regel in einem Zeit-Geschwindigkeits-Diagramm dar.

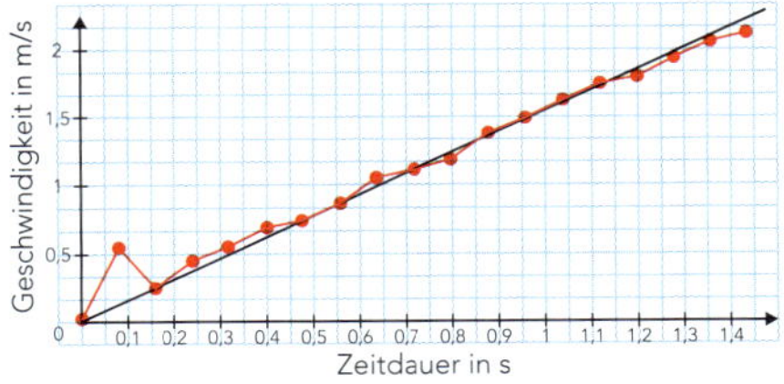

Durch die Messpunkte der Geschwindigkeiten kann eine Ursprungsgerade so gelegt werden, dass die Abweichungen oberhalb und unterhalb gleich groß sind. Dies zeigt, dass im Experiment die Geschwindigkeit des Wagens zwischen Start und Ziel gleichmäßig zunimmt.

3. Zusammenhang von Kraft, Masse und Beschleunigung

Bei mehrfacher Wiederholung des Experiments V1 oder V2 mit Wagen verschiedener Masse, aber gleichbleibender Zugkraft, werden unterschiedliche Beschleunigungen gemessen und in das dargestellte Diagramm eingetragen.
In das Masse-Beschleunigungs-Diagramm kann eine mittelnde Kurve in Form einer Hyperbel gezeichnet werden.

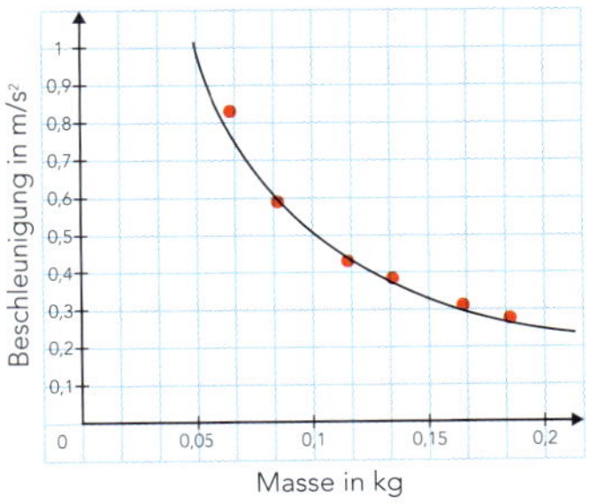

Arbeitsauftrag

1 \ Erstelle eine Aufnahme des Wagens auf der Schiene – inklusive der Aufnahme des Zollstocks – und erzeuge die abgebildete Überlagerung der Einzelbilder mithilfe eines Programms oder einer App zur Videoanalyse.

2 \ a) Bestimme mithilfe der vom Programm erstellten Ursprungsgeraden des Zeit-Geschwindigkeits-Diagramms die Zeitdauer $\Delta t_{\text{Start-Ziel}}$ sowie die Geschwindigkeitsänderung $\boldsymbol{\Delta v}$ und berechne damit die Beschleunigung a des Wagens.
b) Ersetze □ und ○ geeignet in deinem Heft: „Bei □ der Zugkraft am Wagen, ○ sich seine Beschleunigung, wenn die Masse des Wagens gleichbleibt."

3 \ a) Betrachte das dargestellte Masse-Beschleunigung-Diagramm. Notiere dir drei der Wertepaare (Masse | Beschleunigung).
b) Berechne daraus jeweils die wirkende Kraft F.
c) Ersetze □ und ○ geeignet in deinem Heft: „Bei □ der Masse des Wagens, ○ sich dessen Beschleunigung, wenn die Zugkraft am Wagen gleichbleibt."

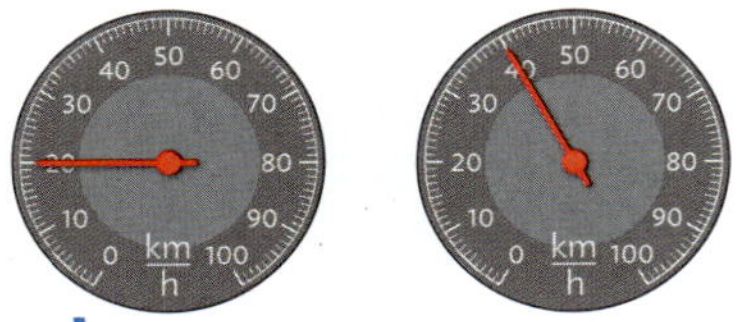

B1 Geschwindigkeiten von Herrn Fausers Auto zu verschiedenen Zeitpunkten.

ⓘ Umrechnung der Geschwindigkeitseinheiten: siehe Methode auf Seite 93.

Beschleunigung

In Kapitel 12 haben wir bereits untersucht, wie wir Betrag und Richtung von Geschwindigkeitsänderungen bei zweidimensionalen Bewegungen zeichnerisch ermitteln können. Häufig interessiert uns aber nur der Betrag der Geschwindigkeitsänderung. Insbesondere solche Änderungen, die sich über einen bestimmten Zeitraum ergeben (vgl. auch das Schülerexperiment auf den Vorseiten). Betrachten wir ein Beispiel:

Im Stadtverkehr blickt Herr Fauser auf den Tachometer seines Autos. Er stellt fest, dass sich seine Geschwindigkeit innerhalb von 5,0 s von 20 $\frac{\text{km}}{\text{h}}$ auf 40 $\frac{\text{km}}{\text{h}}$ geändert hat (vgl. B1). Die Geschwindigkeit hat sich also im Intervall $\Delta t = 5{,}0$ s um den Wert $\Delta v = 20\ \frac{\text{km}}{\text{h}} = \frac{20}{3{,}6}\ \frac{\text{m}}{\text{s}} = 5{,}6\ \frac{\text{m}}{\text{s}}$ geändert.

Anders gesagt: Die Geschwindigkeit hat sich innerhalb des betrachteten Zeitraums von $\Delta t = 5{,}0$ s um durchschnittlich 1,1 $\frac{\text{m}}{\text{s}}$ pro Sekunde geändert. Wir sagen auch: Die Beschleunigung a betrug 1,1 $\frac{\text{m}}{\text{s}^2}$.

ⓘ Die Umformungen der Gleichung nach den anderen Größen kannst du analog zur Geschwindigkeit in der Methode auf Seite 95 durchführen.

Als Beschleunigung bezeichnen wir die Änderung der Geschwindigkeit in einem bestimmten Zeitintervall. Mit Formelzeichen: $a = \frac{\Delta v}{\Delta t}$

Damit lässt sich auch das 2. Newtonsche Gesetz umschreiben:

$$F = m \cdot a$$

ⓘ Sprich $\frac{\text{m}}{\text{s}^2}$ „Meter pro Sekunde im Quadrat".

Die Einheit der Beschleunigung ist 1 $\frac{\text{m}}{\text{s}^2}$.

Beschleunigung im Diagramm

ⓘ Die Verwendung von Diagrammen ist zur Bestimmung von Beschleunigungswerten nicht notwendig. Allerdings veranschaulichen Diagramme unterschiedliche Bewegungsvorgänge. Sie sind somit sehr hilfreich.

Die Bewegung des Autos von Herrn Fauser wird mit einer Kamera aufgenommen und mithilfe einer Videoanalyse-Software als Zeit-Geschwindigkeits-Diagramm dargestellt: Die Geschwindigkeiten des Autos zu verschiedenen Zeitpunkten sind darin als Messpunkte eingetragen (vgl. B2).

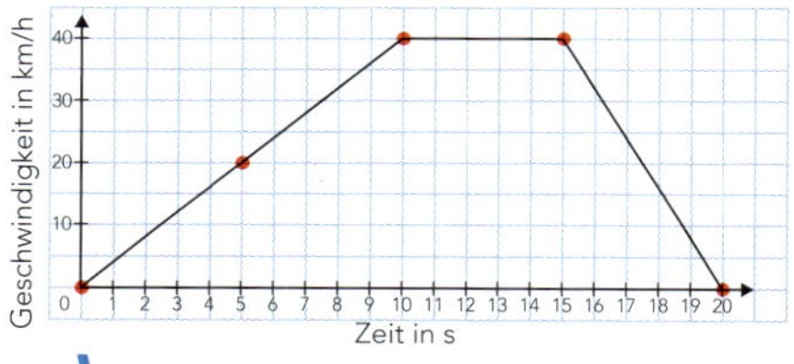

B2 Zeit-Geschwindigkeits-Diagramm der Bewegung von Herrn Fausers Auto.

In B2 nimmt die Geschwindigkeit zunächst zu, bleibt dann gleich und nimmt schließlich ab. Steigen die Werte der Geschwindigkeiten mit der Zeit an, dann beschleunigt das Auto, bleiben sie gleich, dann fährt es mit konstanter Geschwindigkeit und fallen sie, dann bremst es ab.

Eine konstante Beschleunigung wird als steigende Gerade, eine Bewegung mit konstanter Geschwindigkeit als waagrechte Gerade und konstantes Bremsen als fallende Gerade dargestellt.

In reale Messwerte eines Zeit-Geschwindigkeits-Diagramms werden mittelnde Geraden eingefügt, um mittlere Beschleunigungen vergleichen zu können.

Musteraufgabe

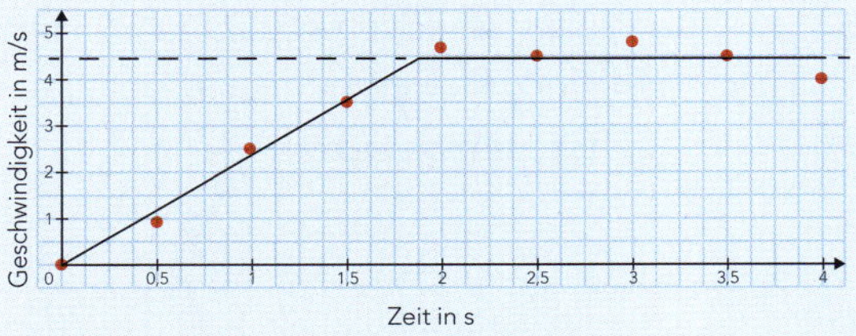

Um den Anlauf beim Weitsprung mithilfe einer Videoanalyse zu verbessern, wird ein Zeit-Geschwindigkeits-Diagramm erstellt: Einer Zeitdauer mit Beschleunigung folgt eine Zeitdauer ohne Beschleunigung (vgl. Diagramm). Berechne mithilfe des Zeit-Geschwindigkeits-Diagramms der Videoanalyse die Beschleunigung des Weitspringers zu Beginn der Anlaufphase und gib Empfehlungen zur Verbesserung der Länge seiner Anlaufstrecke.

Lösung

Die durchgezogene Linie zeigt innerhalb der Zeitdauer $\Delta t = 1{,}9$ s die Geschwindigkeitsänderung $\Delta \boldsymbol{v} = 4{,}5\ \frac{\text{m}}{\text{s}}$ an. Die Beschleunigung beträgt in diesem Zeitraum also:

$a = \frac{\Delta \boldsymbol{v}}{\Delta t} = \frac{4{,}5\ \text{m/s}}{1{,}9\ \text{s}} = 2{,}4\ \frac{\text{m}}{\text{s}^2}$

In den folgenden 2,1 s bleibt die Anlaufgeschwindigkeit nahezu konstant und bringt dem Springer dadurch keinen weiteren Vorteil: Er hat seine Endgeschwindigkeit erreicht. Während dieser Zeit bewegt er sich mit $\boldsymbol{v}_{\text{E}} = 4{,}5\ \frac{\text{m}}{\text{s}}$ fort und legt eine Strecke von $\Delta x = \boldsymbol{v}_{\text{E}} \cdot t = 4{,}5\ \frac{\text{m}}{\text{s}} \cdot 2{,}1\ \text{s} = 9{,}5$ m zurück. Der Anlauf kann also um 9,5 m gekürzt werden.

Arbeitsaufträge

1 \ Eine U-Bahn hat beim Anfahren eine gleichförmige Beschleunigung von $1{,}0\ \frac{\text{m}}{\text{s}^2}$.

a) Berechne die Geschwindigkeit nach 10 s, wenn sie aus der Ruhe startet. Gib das Ergebnis in den Einheiten $\frac{\text{m}}{\text{s}}$ und $\frac{\text{km}}{\text{h}}$ an.

b) Berechne die Zeitdauer, bis die Geschwindigkeit $15\ \frac{\text{m}}{\text{s}}$ erreicht ist.

2 \ Ein Auto erhöht innerhalb von 10 s seine Geschwindigkeit von $36\ \frac{\text{km}}{\text{h}}$ auf $108\ \frac{\text{km}}{\text{h}}$.

a) Berechne die Beschleunigung des Autos.

b) Vergleiche mit der Beschleunigung beim Abbremsen, wenn es für die gleiche Geschwindigkeitsänderung nur 5,0 s benötigt.

3 \

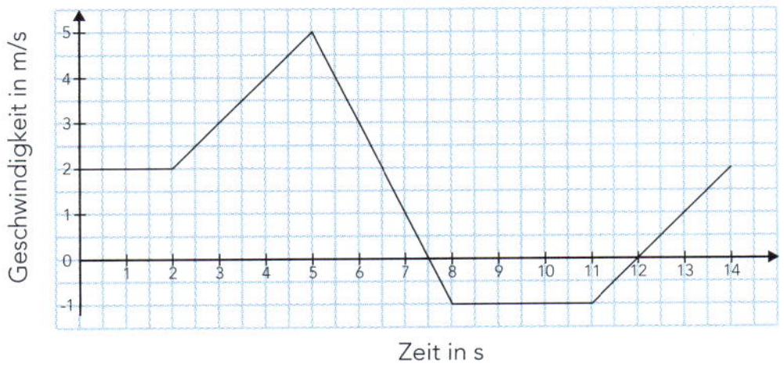

Teile das Zeit-Geschwindigkeits-Diagramm in sinnvolle Zeitabschnitte ein. Erkläre, ob der Körper darin beschleunigt oder bremst und berechne den jeweiligen Wert in $\frac{\text{m}}{\text{s}^2}$.

↳ weitere passende Aufgaben: S. 120, Nr. 7, 8

4 \

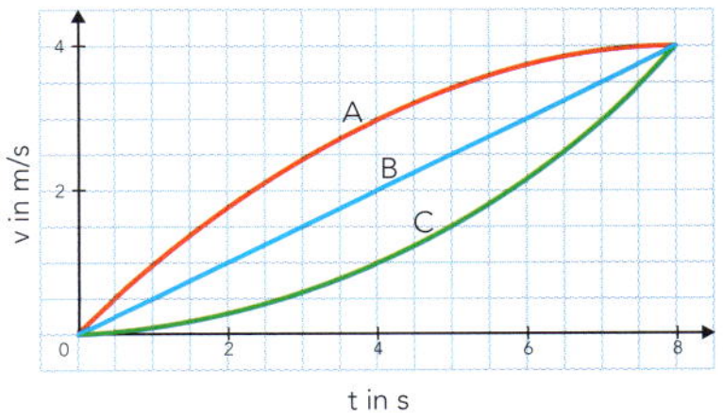

Im Diagramm ist die Startphase eines Wettlaufs dreier Läuferinnen A, B und C dargestellt.

a) Nenne die Geschwindigkeiten der drei Läuferinnen zu den Zeitpunkten $t_1 = 4{,}0$ s und $t_2 = 8{,}0$ s.

b) Erkläre, welche Läuferin innerhalb der Zeitdauer von $\Delta t = 8{,}0$ s am weitesten kommt.

5 \ Bastle einen handtellergroßen Papierkegel. Du kannst auch einen aufgefalteten Kaffeefilter nehmen.

a) Lass den Trichter mit der Spitze nach unten aus **V** einer selbst gewählten Höhe fallen. Beschreibe den Fall des Trichters und skizziere das Zeit-Geschwindigkeits-Diagramm.

b) Führe eine Videoanalyse des Falls durch und ver- **V** gleiche deren Ergebnisse mit der Skizze aus Teilaufgabe a).

c) Skizziere das Zeit-Geschwindigkeits-Diagramm eines Fallschirmsprungs aus einem Hubschrauber (Tipp: Beachte Beschleunigungs-, Sink- und Bremsphase).

Vermischte Aufgaben

Basisaufgaben

1 \ In vielen Zügen befinden sich Displays, die die Geschwindigkeit des Zugs anzeigen.

a) Beschreibe die Aussage dieser Anzeige.

b) Gib die Länge der Strecke an, die der Zug in einer Stunde, in 2,5 Stunden oder in 20 Minuten zurücklegt.

c) Beschreibe die Fahrt des Zuges, wenn sich die Anzeige nicht ändert.

2 \ Ein Gegenstand bewegt sich gleichförmig und legt in 5,00 Minuten 2100 m zurück.

a) Gib die Geschwindigkeit in $\frac{m}{s}$ an.

b) Rechne die Geschwindigkeit in $\frac{km}{h}$ um. Finde Situationen im Alltag, in denen eine solche Geschwindigkeit vorkommt.

c) Berechne den Weg, den der Gegenstand in 9,00 Minuten bzw. in 1,5 Stunden zurücklegt.

3 \ a) Ein Flugzeug benötigt für die 9600 km lange Strecke von München nach Los Angeles 11 h 20 min. Gib seine Geschwindigkeit in $\frac{m}{s}$ sowie in $\frac{km}{h}$ an.

b) Bewegt sich ein Flugzeug mit „Mach 1", so bedeutet dies, dass es genauso schnell ist wie der Schall. Berechne die Schallgeschwindigkeit, wenn dieser in 2,9 s eine Strecke von 1,00 km zurücklegt.

4 \ Bestimme jeweils zeichnerisch den Pfeil der Endgeschwindigkeit bzw. der Geschwindigkeitsänderung.

a)

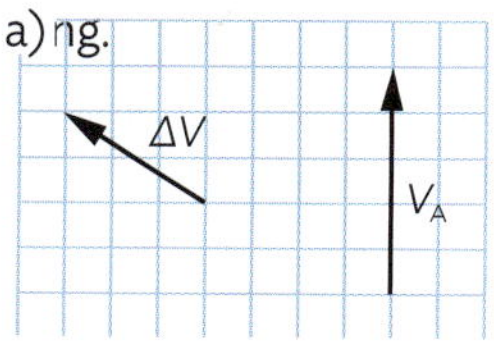

b)

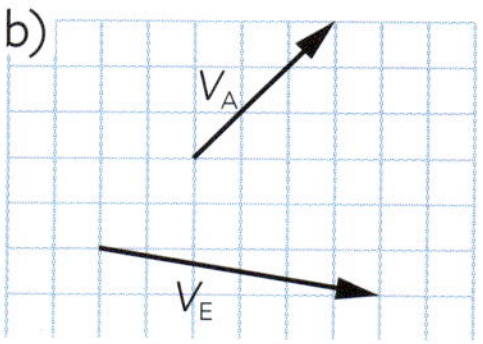

5 \ Der Zug einer Modelleisenbahn fährt immer gleich schnell in der eingezeichneten Richtung.

a) Zeichne zuerst den Pfeil der Endgeschwindigkeit an der zweiten Stelle (heller Kreis) ein. Bestimme dann zeichnerisch die Geschwindigkeitsänderung des Zugs zwischen den beiden Stellen.

b) Annika sagt: „Wenn der Zug nicht schneller wird, dann muss natürlich auch die Geschwindigkeitsänderung null sein." Gib an, ob Annika Recht hat und begründe mit physikalischen Fachbegriffen.

6 \ Beurteile die folgenden Aussagen. Korrigiere sie in deinem Heft, falls nötig.

a) Die Einheit für die Kraft lautet $\frac{kg \cdot m}{s}$.

b) Die Kraft ist unabhängig von der Dauer der Einwirkung.

c) Je größer die Masse, desto größer die Kraft.

7 \ Ein ferngesteuertes Auto beschleunigt aus dem Stand heraus 5 Sekunden lang gleichmäßig mit 1,2 $\frac{m}{s^2}$. Danach behält es die Geschwindigkeit bei und fährt 3 Sekunden weiter geradeaus. Es folgt ein Bremsvorgang mit 4,0 $\frac{m}{s^2}$, bis das Auto zum Stillstand kommt.

a) Berechne die Höchstgeschwindigkeit, die das Auto erreicht hat.

b) Bestimme die Dauer des Bremsvorgangs.

c) Stelle die Fahrt in einem Zeit-Geschwindigkeits-Diagramm dar.

8 \ Bei einem Seifenkistenrennen startet Marie mit einer Beschleunigung von 1,5 $\frac{m}{s^2}$.

a) Berechne die Geschwindigkeit, die sie 4 Sekunden nach dem Start hat.

b) Marie erreicht das Ziel mit einer Geschwindigkeit von 18 $\frac{km}{h}$. Sie bremst danach 5 Sekunden lang ab und kommt zum Stillstand. Berechne die Beschleunigung, mit der sie abbremst.

Zusammenfassende Aufgaben

9 \ Umlauf des Mondes um die Erde

Der Mond bewegt sich innerhalb eines Monats einmal um die Erde. Er legt dabei auf seiner Bahn eine Strecke von etwa 2,415 Millionen km zurück.

a) Wiederhole anhand deiner Aufzeichnungen die Entstehung der Mondphasen. Beschreibe dafür zu jedem Zeitpunkt die Form des sichtbaren Mondes für einen Betrachter. Erstelle Skizzen zur besseren Veranschaulichung.

b) Berechne die Geschwindigkeit des Mondes auf seiner Bahn um die Erde.

c) Der Mond kann sich nur deshalb auf einer Bahn um die Erde bewegen, weil auf ihn eine Kraft wirkt: die sogenannte Gewichtskraft, die du im nächsten Kapitel untersuchen wirst.
Jonas sagt: „Wenn es eine Kraft gibt, dann muss es auch eine Geschwindigkeitsänderung geben. Das haben wir doch beim zweiten Newtonschen Gesetz gelernt."
Sofie ist anderer Meinung: „Aber der Mond ist doch nicht einmal schneller und einmal langsamer! Seine Geschwindigkeit bleibt immer gleich, also gibt es keine Geschwindigkeitsänderung!"
Untersuche, ob die Argumente der beiden überzeugend sind und löse damit die Streitfrage. Begründe deine Entscheidung.

10 \ Autorennen mit Papier und Stift

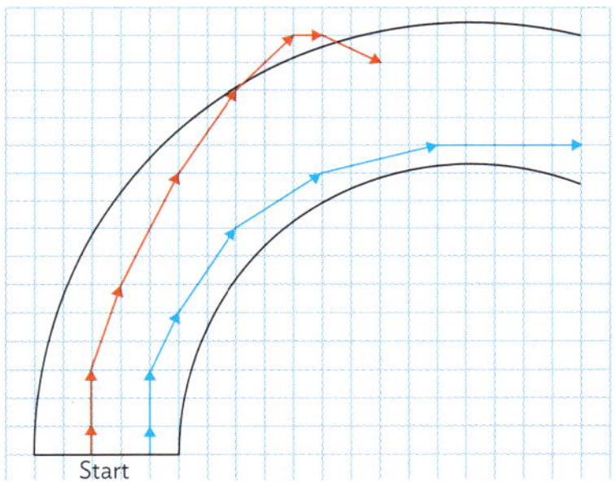

Für ein Autorennen mit Papier und Bleistift brauchst du ein Blatt kariertes Papier. Zeichne eine Rennstrecke auf, die etwa 5 bis 7 Kästchen breit ist. Die Fahrt (Verschiebung) geht immer von einem Gitterkreuzungspunkt zu einem anderen nach festen Regeln: Am Start beginnen alle mit einem Kästchen vorwärts. Danach dürfen die Verschiebungspfeile bei jedem Schritt um jeweils ein Kästchen in x- und y-Richtung verändert werden oder gleich bleiben. Wer aus der Bahn fliegt, scheidet aus oder muss wieder langsam anfahren, wenn er noch im Randstreifen (1 bis 2 Kästchen außerhalb) ist. Erfinde weitere Regeln.

11 \ Hundespaziergang

Labrador Neo geht spazieren. Er läuft mit gleichmäßiger Geschwindigkeit, bis sein Herrchen an der Leine zieht.
Neo ($m = 38$ kg) läuft acht Sekunden lang mit $v = 1{,}5\ \frac{\text{m}}{\text{s}}$. Ab der vierten Sekunde wird er den Rest der Zeit mit der Kraft $F = 19$ N nach rechts gezogen, so wie in der Abbildung dargestellt. Zeichne den Weg, den Neo läuft, indem du auf kariertem Papier seine Position nach 1, 2, 3, ... Sekunden markierst und auch die jeweiligen Geschwindigkeitspfeile einträgst. Berechne die Geschwindigkeitsänderung zwischen der vierten und fünften Sekunde und zeichne die neue Position ein. Setze dieses Verfahren bis 8 Sekunden fort.

i Die Richtung der Kraft bleibt dabei immer gleich. Sinnvoller Maßstab: 1 cm ≙ 1 m.

Selbsttest-Checkliste

- ✓ Bearbeite die Aufgaben schriftlich in ordentlicher Form. Die Auswertungstabelle zeigt die Kompetenzerwartungen und Hilfestellungen.
- ✓ Vergleiche deine Lösungen mit den Lösungsskizzen auf Seite 190.
- ✓ Bewerte nun deine Lösungen selbst mit den Symbolen ☺, 😐 oder ☹.

i Marathondistanz: 42,195 km

i 1 Meile = 1609 m

1 Wenn eine deiner Mitschülerinnen im Sportunterricht die Sprintstrecke von 75 m in einer Zeit von 11,3 s schafft, dann gehört sie bei den Mädchen sicherlich zu den Besten der Klasse. Die berühmte britische Langstreckenläuferin Paula Radcliffe bewältigte im Jahre 2003 den London Marathon (siehe Abbildung) in der Weltbestzeit von 2 h 15 min 25 s. Die 8-Meilen-Marke passiert sie in diesem Rennen bei einer Zwischenzeit von 41 min 17 s.

a) Berechne die durchschnittliche Sprintgeschwindigkeit deiner Mitschülerin in $\frac{m}{s}$, $\frac{km}{h}$ und mph.

b) Berechne Paula Radcliffes Langstreckengeschwindigkeit in $\frac{km}{h}$ und vergleiche sie mit ihrer 8-Meilen-Geschwindigkeit. Ermittle, ob sie auf der restlichen Strecke von rund 30 km merklich langsamer wurde.

c) Berechne die Strecke, die Paula Radcliffe während des gesamten Rennens in London durchschnittlich alle 11,3 s vorankam.

d) Berechne die fiktive Marathonzeit, wenn deine Klassenkameradin die volle Distanz ununterbrochen mit ihrer Sprintgeschwindigkeit durchlaufen könnte.

2 Der Abschlag beim Golf ist ein komplexer Bewegungsablauf für den Spieler. Nebenstehend sind deutlich über 40 Einzelbilder in einer Stroboskopaufnahme dargestellt.

a) Übertrage zunächst grob den Spurverlauf des Schlägerkopfes (clubhead) während des Abschlages vergrößert in dein Heft. Markiere darauf grob die Positionen des Schlägerkopfes für jedes 5. Bild so, dass du schließlich 7-9 solche Markierungen erhältst.

b) Du erkennst in der Originalabbildung deutlich die verschieden großen Schlägerkopfabstände zwischen den Einzelbildern. Zeichne nun für jede der Markierungen im Heft einen Geschwindigkeitspfeil so ein, dass neben den Richtungen der jeweiligen Geschwindigkeiten auch grob die Verhältnisse hinsichtlich des Betrags der Geschwindigkeiten ersichtlich werden.

3 a) Notiere das zweite Newtonsche Gesetz einmal mit und einmal ohne Verwendung der Beschleunigung..

b) Auf dem Tisch liege eine kleine Papierkugel in der Größe eines Tischtennisballs. Du könntest die Kugel doch einfach wegpusten, oder etwa nicht? Setze folgenden Satzanfang physikalisch korrekt so fort, dass der Zusammenhang *Je kleiner die Masse, desto größer die Endgeschwindigkeit* passend zum Ausdruck kommt: „Ich puste kurz und kräftig in Richtung der Papierkugel. Das zweite Newtonsche Gesetz besagt nun, dass …“

4 a) Bei einem kräftigen Aufschlag erfahre ein Tennisball der Masse 57,5 g von der Schlägerbesaitung während der Kontaktzeit von 7,5 ms eine mittlere Schlagkraft von rund 230 N. Berechne nachvollziehbar die Geschwindigkeit in $\frac{\text{km}}{\text{h}}$, die der Ball nach diesem Aufschlag annehmen kann. Achte auf eine sinnvolle Ergebnisgenauigkeit.

b) Bei einer Fahrradtour fährst du zunächst gleichmäßig gemütlich mit einer Geschwindigkeit von 12 $\frac{\text{km}}{\text{h}}$. Plötzlich packt dich der Ehrgeiz und du trittst für 5,3 s gleichmäßig mit größter Kraft in die Pedale, sodass du dabei während der ganzen Zeit konstant mit 1,1 $\frac{\text{m}}{\text{s}^2}$ beschleunigst. Berechne die Geschwindigkeit, die dein Tacho nun anzeigt. Erläutere, unter welchen äußeren Voraussetzungen du in dieser Situation möglicherweise eine noch größere Beschleunigung und damit eine noch größere Endgeschwindigkeit erreicht hättest.

5 Du hast im Schülerexperiment aus der Messung von Geschwindigkeitsänderungen den Beschleunigungswert einer Bewegung ermittelt.

a) Skizziere für eine bestimmte Bewegung einen geeigneten Versuchsaufbau zur Bestimmung der Beschleunigung. Benenne die nötigen Materialien.

b) Beschreibe stichwortartig die experimentelle Vorgehensweise von der Ermittlung der Messwerte bis hin zu deren Auswertung für ein Messergebnis.

Auswertungstabelle

	Ich kann...	Hilfe
1	die Definitionsgleichung der Geschwindigkeit anwenden, Berechnungen mit Einheiten durchführen und Ergebnisse sinnvoll genau angeben.	S. 92-95
2	Pfeile zur Darstellung der Geschwindigkeit von Körpern und deren Geschwindigkeitsänderung fachtypisch korrekt verwenden.	S. 100 ff
3	mit dem zweiten Newtonschen Gesetz in seiner vereinfachten Form argumentieren und auch alltägliche physikalische Vorgänge analysieren.	S. 108-111
4	das zweite Newtonsche Gesetz und die Größe Beschleunigung nutzen, um für eindimensionale Bewegungen Berechnungen und Argumentationen anzustellen.	S. 108-119
5	ein Experiment zur Bestimmung von Beschleunigungen planen, durchführen und auswerten.	S. 116-117

15 Gewichtskraft

Versuche und Materialien zu Kapitel 15.1

M1 Fallschirmflug und freier Fall eines Balls

Nach dem Fallschirmsprung aus großer Höhe wird der Körper durch die Erdanziehungskraft beschleunigt. Je schneller er wird, desto stärker bremst ihn die Reibungskraft der Luft, bis er nach ca. 10 s mit konstanter Geschwindigkeit von etwa 200 $\frac{km}{h}$ fällt. Sobald der Fallschirm ausgelöst wird, wird die Reibungskraft größer und bremst den Fall solange, bis der Springer wieder eine konstante Sinkgeschwindigkeit von etwa 20 $\frac{km}{h}$ erreicht.
Neben der Darstellung eines solchen Fallschirmsprungs ist der freie Fall eines Balls in stroboskopischer Mehrfachbelichtung abgebildet. In der Physik versteht man unter „freiem Fall“ die Bewegung, bei der jeder im freien Raum losgelassene Körper zur Erdoberfläche hinfällt, wobei seine Geschwindigkeit größer wird, je größere Strecken er durchfällt. Insofern stellt der Fallschirmflug nur ganz am Anfang einen (nahezu) freien Fall dar.

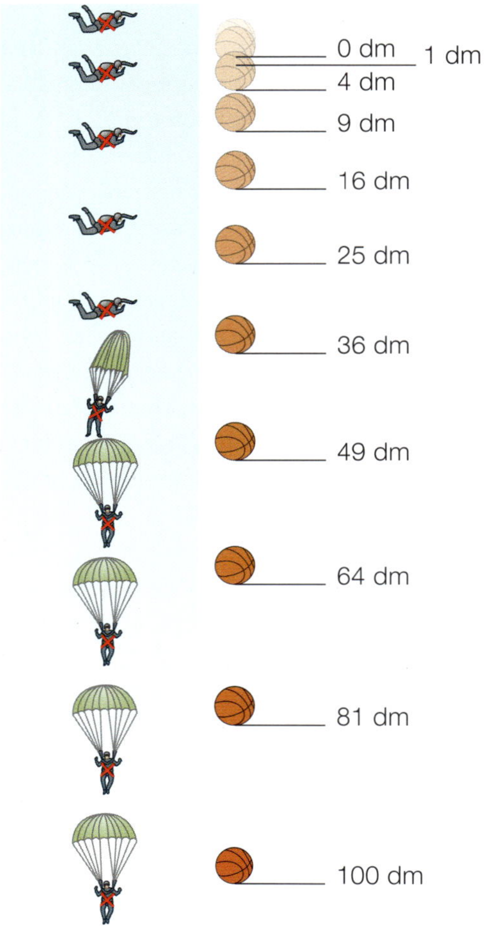

Arbeitsauftrag

a) Teile die Beschreibung des Fallschirmflugs in vier Abschnitte und ordne diesen die Begriffe „beschleunigte Bewegung“ und „gleichförmige Bewegung“ zu. Ordne dann die einzelnen Bilder den Abschnitten zu.
b) Übertrage ins Heft und zeichne an den Schwerpunkt jedes Körpers einen passenden Geschwindigkeitspfeil.
c) Zeichne an den Schwerpunkt eines jeden Körpers einen Pfeil für die Gewichtskraft F_G und einen für die Reibungskraft der Luft F_R. Achte jeweils auf eine sinnvolle Länge.
d) Verfahre für die Bewegung des Balls wie bei b) und c), wobei die Luftreibung vernachlässigbar ist.

ⓘ Unter der Gewichtskraft versteht man die Erdanziehungskraft.

M2 Stroboskopaufnahme: Stoß eines Medizinballs

Mithilfe einer App wurde ein Video von dem Stoß eines Medizinballs aufgenommen und anschließend ein Stroboskopbild hergestellt. Die Einzelbilder sind immer im gleichen zeitlichen Abstand zueinander erzeugt worden.

Arbeitsauftrag

a) Beschreibe genau den Vorgang, der in der Abbildung zu sehen ist.
b) Skizziere die Flugbahn des Balls.
c) Interpretiere das Stroboskopbild in Hinblick auf seinen physikalischen Aussagewert.
d) Beurteile den Nutzen solcher Stroboskopbilder für den Alltag.
e) Installiere eine App zur Erzeugung von Stroboskopbildern und mache ein Bild für eine Bewegung aus dem Sportunterricht. V

Versuche und Materialien zu Kapitel 15.2

M3 „Masse" oder „Gewichtskraft" oder „Gewicht"?

Im Alltag macht man oft keinen Unterschied zwischen „Masse", „Gewichtskraft" und „Gewicht". Beispielsweise sagt man zu dem abgebildeten Massestück auch Gewichtsstück. Wiegen sich Menschen auf einer Personenwaage, stören uns folgende unsauberen Formulierungen nicht: „Ich messe mein Gewicht!" „Mein Gewicht beträgt 75 kg."
Den Begriff „Gewicht" werden wir in diesem Buch nicht gebrauchen, weil er nur umgangssprachlich und damit unphysikalisch verwendet wird. Die Formel aus Kapitel 15.2 stellt den Zusammenhang zwischen Masse m und Gewichtskraft F_g her: $F_g = m \cdot g$. Hierbei ist g die Fallbeschleunigung. Diese ist vom Ort abhängig, also ist auch die Gewichtskraft vom Ort abhängig. Anders die Masse m, die bleibt immer gleich, egal ob man auf der Erde oder zum Beispiel auf dem Mond ist.
So hatte der Raumfahrtanzug von Neil Armstrong sowohl auf der Erde als auch auf dem Mond eine Masse von 84 kg. Er hat sich auf dem Mond allerdings viel leichter angefühlt als auf der Erde, da die Gewichtskraft des Anzugs auf dem Mond viel kleiner ist.

Arbeitsauftrag

a) Entscheide und begründe, ob der abgebildete Gegenstand ein Maß für die Masse oder die Gewichtskraft ist.
b) Von den beiden Aussagen links zur Personenwaage sollte man in einem Fall statt Gewicht besser von Masse, im anderen Fall besser von Gewichtskraft sprechen. Verbessere die Sätze.
c) Begründe die Gültigkeit folgender Aussagen:
„Die Masse einer Tafel Schokolade beträgt 100 g."
„Die Tafel Schokolade hat auf der Erde eine Masse von 9,81 N."

B1 Stroboskopaufnahme eines Snowboarders.

B2 Untersuchung der Fallbeschleunigung.

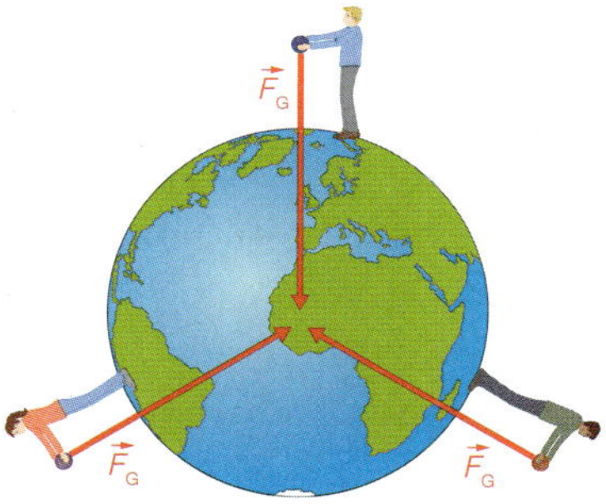

B3 Die Gewichtskraft auf einen Körper (hier: auf die Steine) wirkt immer in Richtung des Erdmittelpunkts.

i Physikalische Ursache für die Gewichtskraft ist die Massenanziehung, auch Gravitation genannt.

Passendes Applet:

MC 67048-26

Bewegungen unter dem Einfluss der Gewichtskraft; freier Fall

Es gibt viele unterschiedliche Bewegungen unter dem Einfluss der Gewichtskraft, z. B. die Flugbahn eines springenden Snowboarders (vgl. B1) oder die Bewegung auf den Stroboskopbildern in M1, M2 oder auf dem Buchcover. Einen Spezialfall stellt der sogenannte „freie Fall" dar. Man erzählt, dass Galileo Galilei im Jahr 1590 vom schiefen Turm von Pisa zwei Steine unterschiedlicher Masse herunterfallen ließ (vgl. B2). Wenn der Luftwiderstand so gering ist, dass wir ihn vernachlässigen können, so beobachtet man, dass beide Steine stets annähernd zur gleichen Zeit ankommen, egal aus welcher Höhe man sie fallen lässt. Beide Steine erfahren also stets dieselbe „Fallbeschleunigung" und die zugehörige Bewegung heißt „freier Fall". Nach dem zweiten Newtonschen Gesetz muss eine Kraft vorliegen, die die Beschleunigung hervorruft. In dem oben beschriebenen Fallexperiment beschleunigt die Erdanziehungskraft die Steine, man nennt sie „Gewichtskraft" $\vec{F}_G$ (vgl. B3).

Bei der Bewegung des Snowboarders aus B1 handelt es sich hingegen um keinen freien Fall, da eine Anfangsgeschwindigkeit vorliegt und die Bewegung von der Seite betrachtet zweidimensional ist.

Der „freie Fall" ist eine geradlinige, beschleunigte Bewegung aus der Ruhe heraus in Richtung Erdmittelpunkt. Die Beschleunigung wird durch die Gewichtskraft $\vec{F}_G$ verursacht.

Die Fallbeschleunigung

Die oben angesprochenen Fallversuche von Galilei und ähnliche Versuche kommen allesamt zu dem Ergebnis, dass die Körper zu gleicher Zeit am Boden aufschlagen. Die Folgerung, dass alle Gegenstände gleich schnell fallen, unabhängig von Gestalt, Art und Masse, wird scheinbar durch folgendes Experiment widerlegt: Bei einer Feder kann man den Luftwiderstand nicht vernachlässigen. Lässt man also eine leichte Feder und ein Bleistück in einer Röhre gleichzeitig fallen, so könnte man zu dem falschen Schluss kommen, dass schwere Gegenstände schneller fallen als leichte, und dann wäre unsere Folgerung von oben nicht mehr richtig. Pumpt man allerdings die Luft aus der Röhre und erzeugt so ein Vakuum, dann schlagen beide Körper, Feder und Bleistück, gleichzeitig unten auf (vgl. B4).

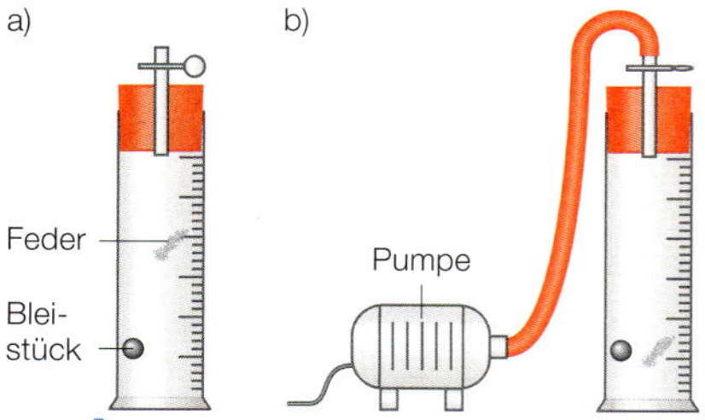

B4 Fallröhre: a) ohne, b) mit Vakuum.

Im luftleeren Raum fallen alle Körper gleich schnell.

Für die folgenden Überlegungen wollen wir der Einfachheit halber den Luftwiderstand vernachlässigen. Dann gilt, dass für alle Körper auf der Erdoberfläche eine einheitliche Fallbeschleunigung herrscht, die aber noch vom genauen Ort auf der Erde abhängt. In Deutschland misst man für die Fallbeschleunigung einen mittleren Wert von $g = 9{,}81\ \frac{m}{s^2}$. Auf dem Mond misst man eine geringere Fallbeschleunigung $g_{Mond} = 1{,}62\ \frac{m}{s^2}$, weil der Mond eine geringere Anziehungskraft als die Erde hat.

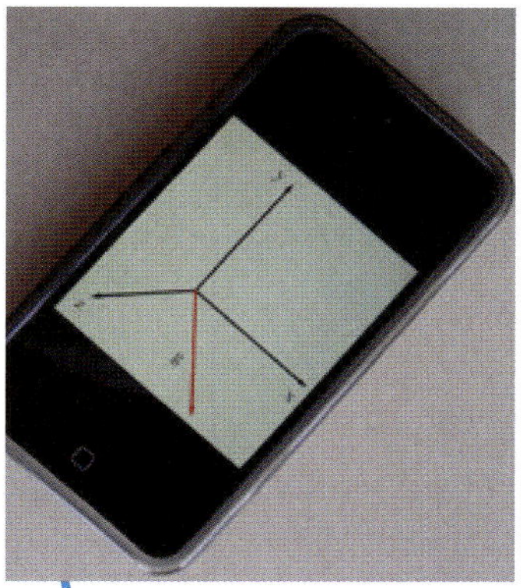

B5 \ Die Neigung des Smartphones wird mit Beschleunigungssensoren sichtbar gemacht.

Die Fallbeschleunigung kannst du auch mit einer App messen, vgl. S. 150, Nr. 15 oder B5. Im weiteren Verlauf des Kapitels wollen wir zur Vereinfachung unter „Gewichtskraft“ nur den Betrag der Gewichtskraft verstehen.

Musteraufgabe

Smartphones haben einen Beschleunigungssensor eingebaut (vgl. B5). Im dargestellten Graphen wurde ein Smartphone fallen gelassen und am Boden durch ein Kissen aufgefangen. Interpretiere den Graphen.

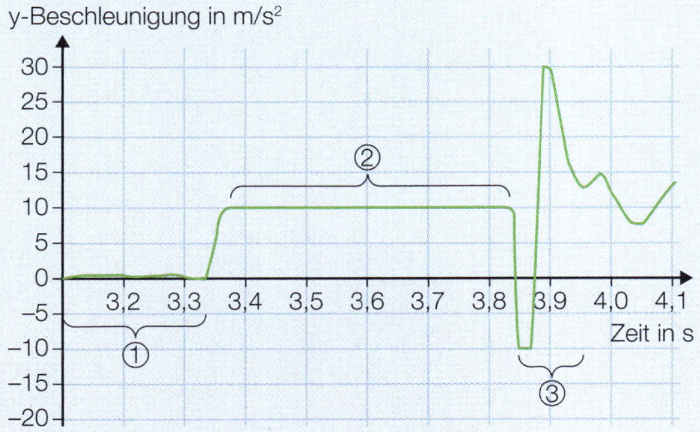

Lösung

1. Das Smartphone wird mit der Hand vertikal gehalten. Es zeigt in y-Richtung eine Fallbeschleunigung von $a = 0\ \frac{m}{s^2}$ an, weil sich das Smartphone in Ruhe befindet. Die von der Hand ausgeübte Kraft gleicht die Gewichtskraft gerade aus. Solange das Smartphone also ruht, wird keine Beschleunigung gemessen.
2. Das Smartphone fällt, es wird mit der Fallbeschleunigung $g = 10\ \frac{m}{s^2}$ in Richtung Boden beschleunigt.
3. Das Smartphone trifft am Boden bzw. auf dem Kissen auf, wo es dann abgebremst wird. Das „Auf und Ab“ rechts im Graphen ist auf die Erschütterungen bei der Landung zurückzuführen.

Arbeitsaufträge

1 \ a) Galileo Galilei wird das Fallexperiment vom schiefen Turm in Pisa zugeschrieben. Beschreibe das Fallexperiment und deute es.
b) Suche im Internet nach der Meinung des griechischen Philosophen Aristoteles zum freien Fall und erläutere, wie man ihn mit Galileis Fallexperiment widerlegen konnte.

↳ weitere passende Aufgaben: S. 148, Nr. 2; S. 150, Nr. 15; S. 151, Nr. 17

2 \ a) Beim Sprung vom 5-m-Brett dauert es etwa eine Sekunde, bis du ins Wasser eintauchst. Du hast dann eine Geschwindigkeit von ca. 10 m/s erreicht. Berechne deine Beschleunigung.
b) Erkläre, dass a) unabhängig von der Masse der Person lösbar ist.

3 \ Nenne Anwendungen des Beschleunigungssensors in mobilen Telefonen.

Eine Formel für die Gewichtskraft

Der Zusammenhang zwischen Masse und Gewichtskraft auf der Erde ergibt sich aus dem zweiten Newtonschen Gesetz, wenn man für die Kraft F die Gewichtskraft F_G und für die Beschleunigung a die Fallbeschleunigung g einsetzt (vgl. auch Kap. 14.2 und 15.1).

Gewichtskraft $F_G = m \cdot g$

mit *Fallbeschleunigung* $g = 9{,}81\ \frac{m}{s^2}$

Die Fallbeschleunigung g ist unabhängig von der Masse, Art und Gestalt des Körpers, wenn keine Reibungskräfte wirken; sie hängt aber vom Ort ab (Erde oder Mond, Äquator oder Pol).

Mit dieser Formel können wir zum Beispiel die Gewichtskraft von einem Körper der Masse ein Kilogramm auf der Erde berechnen:

$F_G = m \cdot g = 1{,}0\ kg \cdot 9{,}81\ \frac{m}{s^2} = 9{,}81\ \frac{kg \cdot m}{s^2} = 9{,}81\ N = 9{,}8\ N$

Unterscheide Masse und Gewichtskraft

Stellen wir uns einmal vor, wir reisen mit einer Mondfähre zum Mond. Wir nehmen ein Wägestück der Masse 1 kg mit auf die Reise und wollen dessen Gewichtskraft auf dem Mond messen (vgl. B1). Wir müssen jetzt in der Formel $F_G = m \cdot g$ statt mit der Fallbeschleunigung auf der Erde mit derjenigen auf dem Mond rechnen, $g_{Mond} = 1{,}62\ \frac{m}{s^2}$. Wir erhalten für die Gewichtskraft auf dem Mond ca. 1/6 der Gewichtskraft auf der Erde (vgl. B2 und Aufgabe 1). Die Gewichtskraft hängt also vom Ort ab. Die Masse des Körpers selbst hat sich auf der Reise aber nicht geändert, weil der Körper ja immer noch aus denselben Teilchen wie vorher besteht.

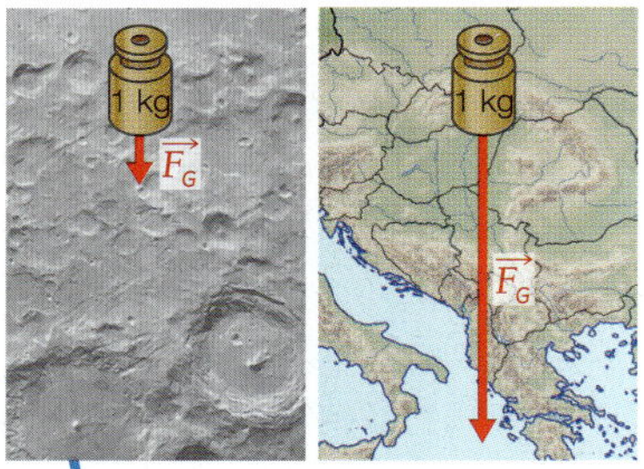

B2 Vergleich der Gewichtskräfte des gleichen Körpers auf dem Mond (links) und auf der Erde (rechts).

B1 Astronaut mit „Wägestück".

Da die Fallbeschleunigung vom Ort abhängt, ist die Gewichtskraft ebenfalls ortsabhängig. Die Masse eines Körpers ist festgelegt durch die Art und Anzahl der Teilchen, aus denen er besteht, und ist an allen Stellen die Gleiche. Man muss daher zwischen Masse und Gewichtskraft unterscheiden.

Formulierungen aus dem Alltag

Im Alltag werden die Begriffe Masse, Gewichtskraft und Gewicht oft unsauber oder falsch verwendet (vgl. M3). Wir wollen den Begriff „Gewicht" vermeiden und stattdessen, je nach Zusammenhang, von Masse (in kg) und Gewichtskraft (in N) sprechen.

Musteraufgabe

Lies die Beispieltexte durch und prüfe jedes Mal, wo Gewicht steht, ob man besser von Masse oder Gesichtskraft sprechen sollte:

1. Wie viel wiegen Elektrofahrräder? Welches Gewicht haben Motoren und Akkus? – Als Faustregel gilt, dass die elektrischen Komponenten in etwa 7 Kilogramm wiegen. Ein leichtes, jedoch nicht auf Gewicht optimiertes Fahrrad wiegt etwa 14 Kilogramm. Damit kommt man auf ein Standardgewicht von etwa 21 Kilogramm für ein E-Bike.
2. Auf dem Mond herrscht eine Fallbeschleunigung, die in etwa $\frac{1}{6}$ derjenigen auf der Erde entspricht. Daher würde auf dem Mond ein 80 kg schwerer Mann nur mit einem Gewicht von 129,6 N auf eine Personenwaage drücken.
3. Die Lehrerin soll die Gewichtung aller kleinen Leistungsnachweise in Physik angeben.

Lösung

1. Wie viel wiegen Elektrofahrräder? Welche *Masse* haben Motoren und Akkus? – Als Faustregel gilt, dass die elektrischen Komponenten in etwa 7 Kilogramm wiegen. Ein leichtes, jedoch nicht auf *Masse* optimiertes Fahrrad wiegt etwa 14 Kilogramm. Damit kommt man auf eine Standardmasse von etwa 21 Kilogramm für ein E-Bike.
2. Auf dem Mond herrscht eine Fallbeschleunigung, die in etwa $\frac{1}{6}$ derjenigen auf der Erde entspricht. Daher würde auf dem Mond ein 80 kg schwerer Mann nur mit einer *Gewichtskraft* von 129,6 N auf eine Personenwaage drücken.
3. Hier bleibt es bei dem Begriff „Gewichtung", da es sich um keinen innerphysikalischen Kontext handelt und weder Masse noch Gewichtskraft passen.

Arbeitsaufträge

1 a) Berechne die Gewichtskraft, die ein Körper der Masse 42 kg auf der Erde erfährt. Rechne mit $g_{\text{Erde}} = 9{,}81\ \frac{\text{m}}{\text{s}^2}$.

b) Bestimme die Gewichtskraft des Körpers aus a) auf dem Mond.

c) Bestimme die Masse und die Gewichtskraft von 1 Kilogramm auf dem Mond.

2 Vervollständige die Tabelle im Heft:

Masse *m*	200 g	?	1,20 kg	?
Gewichtskraft F_G	?	500 N	?	20,0 N
Masse *m*	17,0 t	?	4,2 mg	?
Gewichtskraft F_G	?	20 kN	?	13,0 cN

(Hinweis: Gehe von der Erdoberfläche aus und rechne mit g auf drei geltende Ziffern genau! Achte insgesamt auf die geltenden Ziffern!)

3 Entscheide, welche der Einheiten zur ...

a) Masse *m* gehören: kg (Kilogramm); *l* (Liter); N (Newton); t (Tonne)

b) Gewichtskraft F_G gehören: N (Newton); kN (Kilonewton); m^3 (Kubikmeter); kg (Kilogramm)

4 Die folgenden Sätze enthalten das Wort „Gewicht". Ersetze es, wenn erforderlich, durch „Masse" oder „Gewichtskraft".

a) Wichtig ist in jedem Fall, dass das Fahrrad für ausreichend Gewicht zugelassen ist – für viele Pedelecs sind das nur bis zu 120 kg, bei schweren Fahrer*innen ist das schnell zu wenig.

b) Das Gewicht ist abhängig von der Entfernung zum Erdmittelpunkt. An den Polen ist das Gewicht anders als am Äquator.

c) In einigen Schulfächern haben große und kleine Leistungsnachweise ein Gewicht von 2:1.

↳ weitere passende Aufgaben: S. 148, Nr. 1, 3, 4, 6; S. 149, Nr. 12; S. 150, Nr. 14

16 Zusammensetzung und Zerlegung von Kräften

Versuche und Materialien zu Kapitel 16.1

M1 Große Schiffe manövrieren - Kräfteaddition

Um große Schiffe manövrieren zu können, werden diese von kleinen starken Schleppern bewegt. Hier wird ein Containerschiff zum Entladen der Ladung an ein Dock in einem Hafen geschoben.

Arbeitsauftrag

a) Skizziere nebenstehendes Bild im Heft und zeichne die Kräfte ein, die von den Schleppern auf das Containerschiff ausgeübt werden.
b) Diskutiere die Schubkräfte der Schiffe, damit das Containerschiff parallel zum Dock an den Anlegeplatz geschoben wird. Nutze dafür deine Kenntnisse über die Addition von Geschwindigkeitspfeilen.
c) Begründe, ob das Containerschiff im Bild senkrecht zum Dock geschoben werden kann.
d) Zeichne die resultierende Kraft ein, mit der das Containerschiff zum Dock geschoben wird.

M2 Fallschirmspringer - Kräfteaddition

Fallschirmspringer werden nicht beliebig schnell. Sie erreichen nach einer gewissen Zeit eine konstante Endgeschwindigkeit, da sich die Gewichtskraft und die Reibungskraft, die durch Verwirbelung der Luft hinter dem Körper entsteht, gegenseitig aufheben (vgl. auch S.124, M1). Wie du im nächsten Kapitel ausführlich lernen wirst, ist die Summe aller einwirkenden Kräfte null, wenn sich der Körper mit konstanter Geschwindigkeit (Betrag und Richtung) bewegt.

Arbeitsauftrag

Fertige zwei Skizzen der Fallschirmspringerin (Gewichtskraft 600 N) nebeneinander im Heft an. Zeichne alle auf die Springerin wirkenden Kräfte ein (100 N ≙ 1 cm), wenn sie sich...

- in der Beschleunigungsphase befindet.
- in der Phase mit konstanter Sinkgeschwindigkeit befindet.

Achte dabei darauf, dass alle Kräfte vom Massenschwerpunkt ausgehen.

Versuche und Materialien zu Kapitel 16.2

M3 Skifahren – Kräftezerlegung an der schiefen Ebene

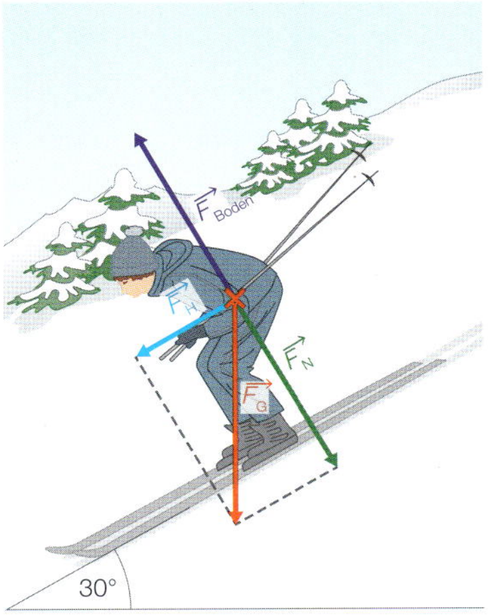

Beim freien Fall, wie in M2, wird ein Fallschirmspringer mit der gesamten Fallbeschleunigung senkrecht nach unten in Richtung Erdmittelpunkt beschleunigt. Beim Skifahren fährst du einen schrägen Hang hinunter. Bei dieser Bewegung ist, anders als beim freien Fall, nicht die gesamte Gewichtskraft $\vec{F}_G$ für die Beschleunigung verantwortlich. Vielmehr teilt sich die Gewichtskraft auf verschiedene Kräfte auf. $\vec{F}_N$ ist der Teil der Gewichtskraft, mit dem der Skifahrer auf den Hang „gedrückt" wird. $\vec{F}_H$ ist der Teil, der für die Beschleunigung zuständig ist. Den Bewegungsablauf bei der Abfahrt kannst du auch gut an dem Foto eines Skirennfahrers mit stroboskopischer Mehrfachbelichtung erkennen. Achtung: Es handelt sich bei dem Foto nicht um eine Synchronfahrt sondern um eine Stroboskopaufnahme einer einzelnen Person!

Arbeitsauftrag

a) Erkläre den beschriebenen Sachverhalt mit eigenen Worten.

b) Erkläre Ursache und Bedeutung der Kraft $\vec{F}_{Boden}$. Erläutere insbesondere die Folgen, die auftreten würden, wenn diese Kraft nicht vorhanden wäre.

c) Versuche nun, eine Kraft einzuzeichnen, die dazu führt, dass der Skifahrer nicht mehr beschleunigt. Greife dafür auf deine Erkenntnisse vom Arbeitsauftrag M2 zurück.

d) Betrachte das Stroboskopbild des Skifahrers unten links. Ordne den Bewegungsablauf (näherungsweise) einem der beiden Fälle zu:
Fall 1: Die Bewegung des Skifahrers aus der Teilaufgabe a) (siehe Skizze oben).
oder
Fall 2: Die Bewegung passend zu Teilaufgabe c).
Treffe eine Auswahl, nenne die physikalische Bewegung und begründe deine Entscheidung.

e) Übernimm ein einzelnes Bild des Skifahrers aus der Stroboskopaufnahme in dein Heft und skizziere alle dabei auftretenden Kräfte passend zu der Entscheidung aus Teilaufgabe d).

Mehrere Kräfte wirken; Pfeil der Kraft

In M1 und M2 hast du gemerkt, dass meist mehr als eine Kraft auf einen Körper wirkt. Häufig wirken diese Kräfte in unterschiedliche Richtungen. Die Kraft ist eine gerichtete Größe, genauso wie die Geschwindigkeit und die Beschleunigung. Daher wird die Kraft, wie bereits die Geschwindigkeit in Kapitel 11.2, durch einen Pfeil dargestellt. Dabei ist der Anfang des Pfeils der Punkt, in dem die Kraft angreift. Die Richtung der Kraftwirkung wird durch die Richtung des Pfeils angezeigt und die Länge des Pfeils ist die Stärke bzw. der Betrag der Kraft. Geben wir nun an, wie viel Kraft einem cm entspricht, kannst du die Kraft einfach messen.
Beispiel: 1 cm ≙ 5 N. Dann entspräche ein 3,5 cm langer Pfeil einem Betrag der Kraft von $3{,}5 \cdot 5\,\text{N} = 17{,}5\,\text{N}$.

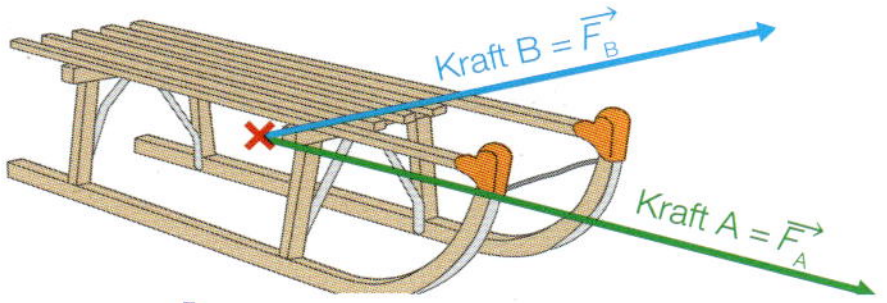

B1 Zwei Kräfte mit unterschiedlicher Richtung wirken im Schwerpunkt auf einen Körper.

Massenschwerpunkt und Kräfteaddition

Wenn eine Kraft auf einen Körper wirkt, zeichnen wir den Kraftpfeil so ein, dass er im Massenschwerpunkt ansetzt. Für solche Betrachtungen kannst du dir die gesamte Masse des Körpers in einem Punkt vereinigt vorstellen. In B1 wird gezeigt, wie mehrere Kräfte mit unterschiedlichen Richtungen auf einen Körper einwirken. Wir stellen uns nun die Frage, welche Gesamtkraft sich ergibt, wenn zwei Kräfte auf einen Körper wirken. Die Gesamtkraf $\vec{F}_{ges}$ konstruieren wir wie bei der Pfeiladdition von Geschwindigkeiten in Kapitel 12. Wir setzen den Pfeil der Kraft B an die Spitze vom Pfeil der Kraft A, vgl. Abbildung B2.

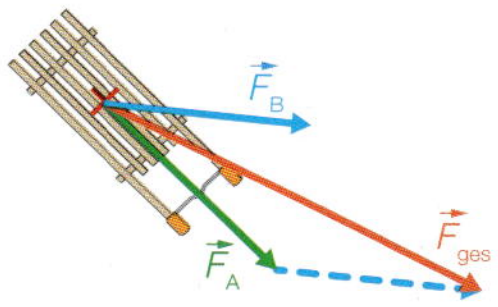

B2 Gesamtkraft $\vec{F}_{ges}$ bei einem Schlitten mit zwei Zugkräften $\vec{F}_A$ und $\vec{F}_B$.

Kräfteparallelogramm und Bewegung unter dem Einfluss mehrerer Kräfte

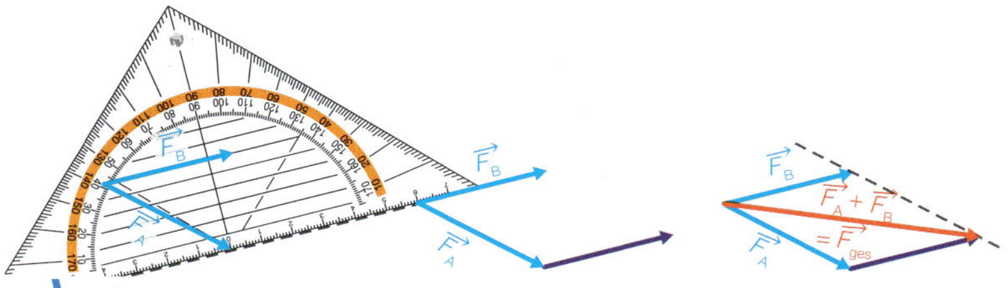

B3 Konstruktion der Addition von Kräften mit einem Kräfteparallelogramm.

Um zwei Kräfte einfach addieren zu können, zeichnen wir ein Parallelogramm, dessen Seiten die Pfeile der beiden Kräfte darstellen (vgl. B3 und Methode auf S. 133). Die sich ergebende Diagonale stellt die Gesamtkraft dar. Der Betrag der Gesamtkraft $\vec{F}_{ges}$ ist dabei kleiner als die Summe der Beträge der einzelnen Kräfte.

Die Addition der Pfeile von zwei Kräften führt man durch, indem man ein Kräfteparallelogramm konstruiert. Die entstandene Diagonale ist der Pfeil der Gesamtkraft $\vec{F}_{ges}$.

i Kräfteaddition ist also im mathematischen Sinn die Konstruktion eines Parallelogramms. Das Ergebnis der Addition ist die Diagonale des Parallelogramms.

i Das Verfahren zur Kräfteaddition lässt sich verallgemeinern.

MC 67048-30

Die gesamte Bewegung, beispielsweise des Schlittens in B2, verläuft dann so, als ob die Kräfte $\overrightarrow{F_A}$ und $\overrightarrow{F_B}$ durch die Gesamtkraft $\overrightarrow{F_{ges}}$ ersetzt würden. Fuhr der Schlitten in B2 ursprünglich in die Richtung von $\overrightarrow{F_A}$, so erhält er eine Zusatzgeschwindigkeit in Richtung von $\overrightarrow{F_B}$. Er macht damit eine Linkskurve und fährt in Richtung von $\overrightarrow{F_{ges}}$ weiter.

Methode

Konstruktion eines Kräfteparallelogramms

Das Vorgehen ist ganz analog zur Addition von Geschwindigkeitspfeilen (vgl. S. 103):

- Miss zunächst die Längen der beiden Pfeile.
- Lege das Geodreieck so an die Spitze des ersten Pfeils, dass du eine zum zweiten Pfeil parallele Strecke zeichnen kannst. Diese Strecke zeichnest du in der Länge des zweiten Pfeils (vgl. B3).
- Analog wird an die Spitze des zweiten Pfeils eine zum ersten Pfeil parallele Strecke mit der Länge des ersten Pfeils gezeichnet.
- Zeichne die Diagonale des Parallelogramms ein, ausgehend vom Angriffspunkt beider Kräfte. Das ist der Pfeil der Gesamtkraft. Miss dessen Länge, um den Betrag der Gesamtkraft zu erhalten.

Musteraufgabe

Ein kleiner Hundeschlitten wird von zwei Hunden mit der Kraft $\overrightarrow{F_A}$ bzw. $\overrightarrow{F_B}$ gezogen. Entnimm der Zeichnung die Beträge der Kräfte, wenn 1 cm einer Kraft von 60 N entspricht. Ermittle anschließend zeichnerisch den Betrag der resultierenden Kraft.

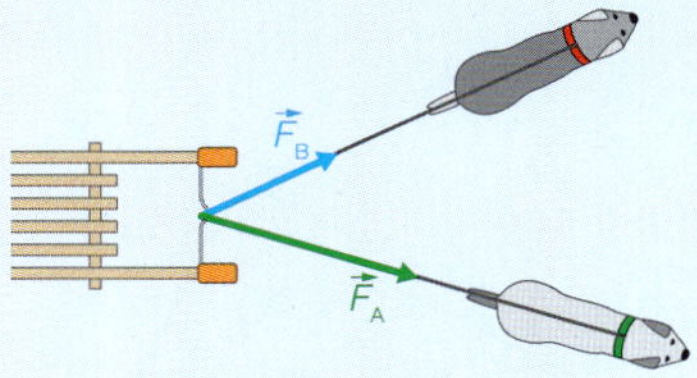

Lösung

Zunächst messen wir die Längen der beiden Pfeile. Es ergeben sich die Werte 1,5 cm und 1,0 cm. Daraus lassen sich dann die Beträge der beiden Kräfte bestimmen: $F_A \mathrel{\hat=} 90$ N; $F_B \mathrel{\hat=} 60$ N

Danach wird das Kräfteparallelogramm gebildet. Das Geodreieck wird dazu mit dem Nullpunkt an die Spitze des grünen Pfeils gelegt, parallel zum blauen Pfeil. Nun kann dort ein Pfeil der Länge 1,0 cm eingezeichnet werden.

Die Gesamtkraft ist dann der Pfeil, der zwischen dem Startpunkt von $\overrightarrow{F_A}$ und der Spitze des gestrichelten Pfeils gezeichnet wird.

Er ist 2,3 cm lang. Damit ist der Betrag der Gesamtkraft $F_{ges} = 140$ N.

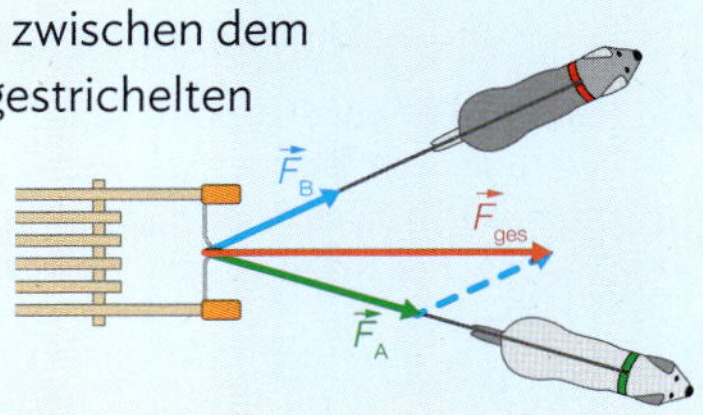

Arbeitsaufträge

**1 ** Felix und Jacob tragen gemeinsam eine Kiste. Jeder hält die Kiste unter einem Winkel von 30 Grad zur Senkrechten und zieht mit einer Kraft von je 65 N.

a) Bestimme zeichnerisch (1 cm ≙ 10 N) die Gesamtkraft beider zusammen.

b) Beurteile, ob sie damit einen Korb mit der Gewichtskraft von 100 N tragen könnten.

**2 ** Ein Magnet 1 bewegt sich waagrecht und ein Magnet 2 dazu senkrecht in einer Ebene. Beide Magnete treffen sich, haften aneinander und der zusammengesetzte Körper bewegt sich weiter. Der Körper erfährt durch den Zusammenstoß eine Kraft von 4,0 N in waagrechter Richtung und eine Kraft von 3,0 N in senkrechter Richtung.

a) Zeichne die Kräfte $\overrightarrow{F_A}$ und $\overrightarrow{F_B}$ und addiere diese zeichnerisch. Verwende hierfür 1,0 N pro 1,0 cm.

b) Bestimme den gesamten Betrag der Kraft, die beim Stoß wirkt und bestimme zeichnerisch ebenfalls die Richtung, die beide Magnete nach dem Stoß haben.

16.2 Zerlegung von Kräften

Kraftaufteilung bei Aufhängungen

In Kapitel 16.1 hast du gelernt, wie sich Kräfte addieren. Jetzt gehen wir den umgekehrten Weg: Wir zerlegen eine Kraft. Eine Situation, in der das sinnvoll erscheint, ist in B1 dargestellt. Die Lampe wird durch die Gewichtskraft senkrecht nach unten gezogen und übt so eine Kraft auf das Seil aus. Wenn wir diese Kraft nun zerlegen, können wir bestimmen, welche Kräfte direkt in Richtung der Seile wirken. So können wir ermitteln, welche Kraft benötigt wird, um die Seilenden an den Häuserwänden zu befestigen.

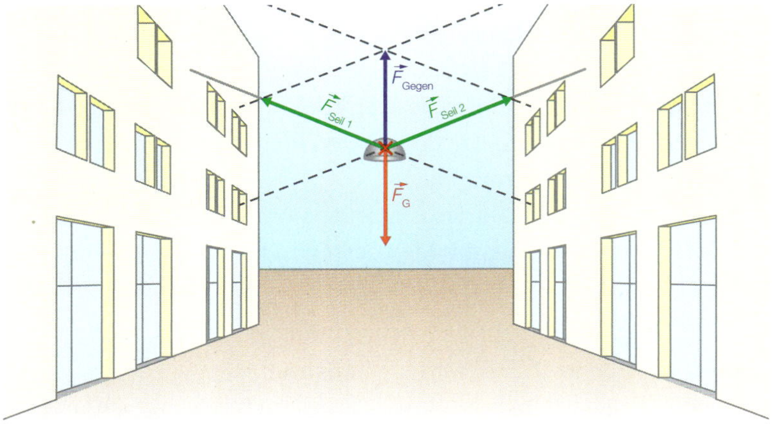

B1 Kräftezerlegung bei einer aufgehängten Laterne.

Kräfte lassen sich in verschiedene Komponenten zerlegen, die in unterschiedliche Richtungen zeigen.

Die schiefe Ebene

Die schiefe Ebene stellt einen Spezialfall für die Kräftezerlegung dar. Hier wird die Gewichtskraft zerlegt in eine Kraft, die einen Körper nach unten beschleunigt (Hangabtriebskraft $\vec{F}_H$) und eine zweite Kraft (Normalkraft $\vec{F}_N$). $\vec{F}_H$ verläuft parallel zur Ebene, $\vec{F}_N$ wirkt senkrecht zur schiefen Ebene. Die Summe der Kräfte muss die Gewichtskraft ergeben, die sich auf die beiden Kräfte aufteilt. Daher müssen $\vec{F}_H$ und $\vec{F}_N$ aus der gegebenen Kraft $\vec{F}_G$ konstruiert werden. Die Beschleunigung einer Kugel aufgrund von $\vec{F}_H$ zeigt das Stroboskopbild B3.

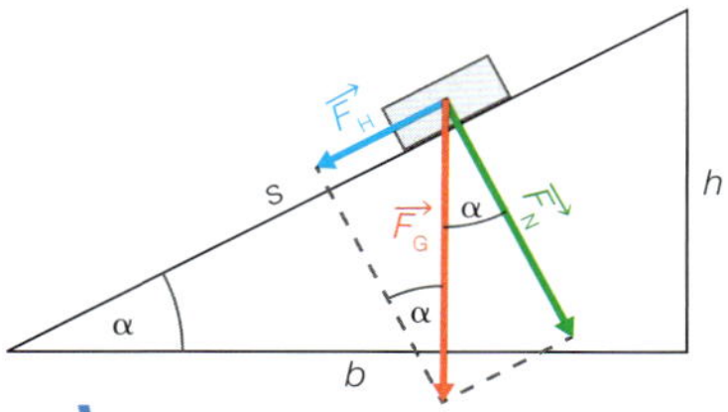

B2 Kräftezerlegung bei einer schiefen Ebene.

Die Gewichtskraft $\vec{F}_G$ lässt sich auf einer schiefen Ebene in eine senkrecht zur Ebene gerichtete Normalkraft $\vec{F}_N$ und eine parallel zur Ebene gerichtete Hangabtriebskraft $\vec{F}_H$ zerlegen.

i Je steiler die Ebene ist, desto größer ist F_H und desto kleiner ist F_N. Im Extremfall ist $F_H = F_G$ und $F_N = 0$. Dies stellt den freien Fall dar.

i Der Begriff „Normalkraft" leitet sich von der „Normalen" ab, was im mathematischen Sinn senkrecht heißt.

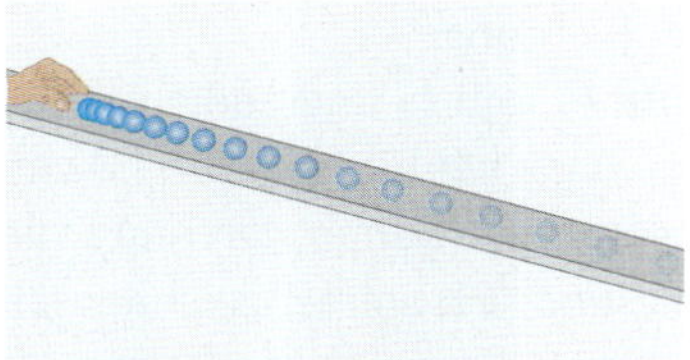

B3 Rollende Kugel auf einer schiefen Ebene.

Methode

Zerlegung von Kräften

1. Die Kraft $\vec{F}$ und die Richtungen der Komponenten $\vec{F_1}$ und $\vec{F_2}$, in die die Kraft zerlegt werden soll, einzeichnen. Die Komponenten können der jeweiligen Situation entsprechend gewählt werden. Bei der schiefen Ebene sind es $\vec{F_H}$ und $\vec{F_N}$.
2. Parallelverschiebung der beiden Komponenten so durchführen, dass sie die Pfeilspitze von $\vec{F}$ berühren.
3. Die Schnittpunkte von den Komponenten bilden die Eckpunkte des Kräfteparallelogramms. Bei der schiefen Ebene handelt es sich um ein Rechteck.
4. Die Pfeile vom Angriffspunkt der Kräfte zu den Eckpunkten des Parallelogramms zeichnen. Die Pfeile stellen die Kraftkomponenten $\vec{F_1}$ und $\vec{F_2}$ dar, die nun die richtige Länge haben.

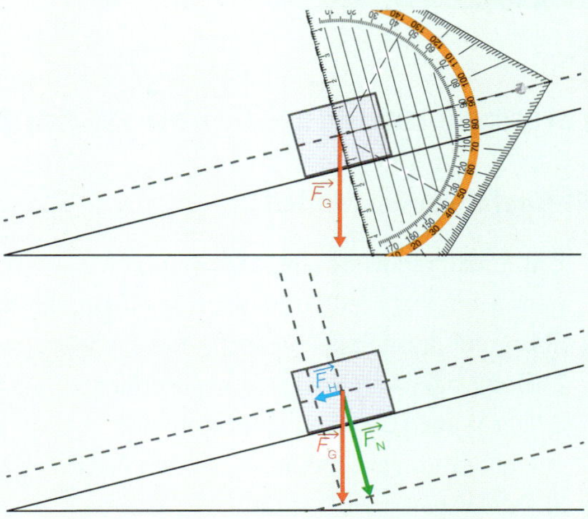

Musteraufgabe

Ein Auto mit der Masse 1,1 t rollt ungebremst eine Straße herunter. Die Straße hat einen Neigungswinkel $\alpha = 25°$.
Bestimme die Hangabtriebskraft des Autos.
Zeichne dafür zunächst durch eine geometrische Konstruktion an der schiefen Ebene die Pfeile der Kraftkomponenten ein. Wähle eine geeignete Länge des Pfeils für die Gewichtskraft, um von dessen Länge auf den Betrag der Hangabtriebskraft zu schließen.

Lösung

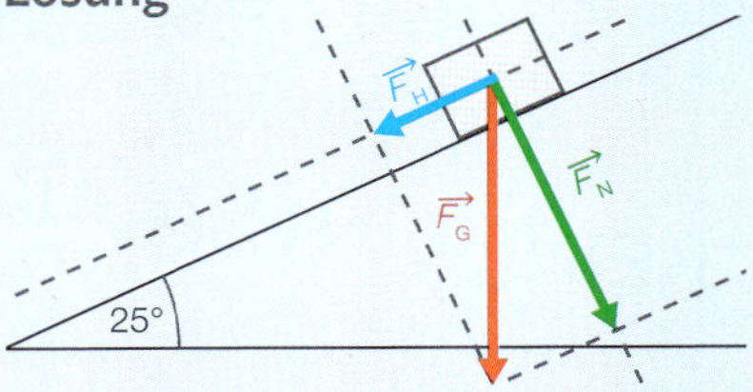

Mit der Skala 1 cm = 5000 N ist der Kraftpfeil $\vec{F_G}$ 2,2 cm lang. Die Konstruktion ergibt eine Länge von 0,9 cm für $\vec{F_H}$. Damit ist $F_H = 4500$ N.

Arbeitsaufträge

1 \ a) Erkläre mit eigenen Worten die Bedeutung der Hangabtriebskraft und der Normalkraft an der schiefen Ebene.
b) Beschreibe, das Vorgehen zur Zerlegung einer vorgegebenen Gewichtskraft an der schiefen Ebene durch Konstruktion.

2 \ Sylvie ($m_1 = 50$ kg) rollt mit ihrem Fahrrad ($m_2 = 10$ kg) den 12° steilen Berg hinab.
Bestimme die Kraft, mit der das Fahrrad auf die Straße gedrückt wird.

3 \ Ein Skispringer mit einer Masse von 70 kg startet aus der Ruhe am 37° steilen Anlaufturm.
a) Konstruiere die Hangabtriebskraft und die Normalkraft für den Skispringer. Dabei entspricht 1 cm einem Kraftbetrag von 100 N.
b) Bestimme den Wert, den eine auf der Anlaufspur stehende Waage anzeigen würde.
c) Berechne den Betrag der Beschleunigung, mit der der Skispringer schneller wird.
d) Für den Anlauf bis zum Absprung benötigt ein Skiflieger ca. 5 Sekunden. Berechne die Endgeschwindigkeit, die der Sportler mit der ermittelten Beschleunigung erreichen würde.
e) Die Geschwindigkeit am Schanzentisch beträgt in Wirklichkeit ca. 102,6 $\frac{km}{h}$. Begründe das Zustandekommen dieser Abweichung und zeichne die entsprechende Kraft in deine Zeichnung ein.

↳ weitere passende Aufgaben: S. 148, Nr. 5, 7

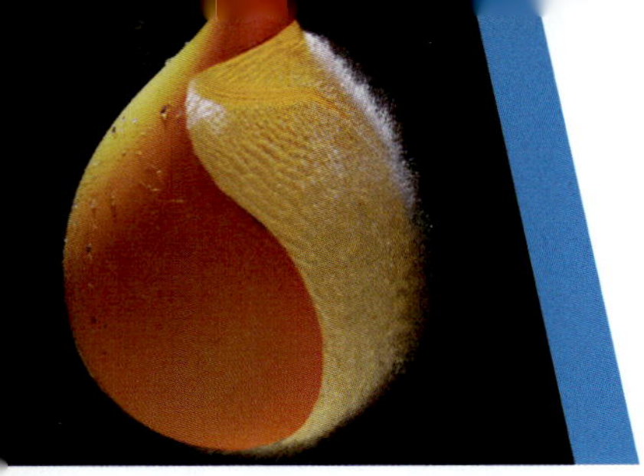

17 Kräftegleichgewicht und Trägheit

Versuche und Materialien zu Kapitel 17.1

M1 Busfahren im Modell

Das Schild rechts besagt, dass man sich während der Busfahrt festhalten soll. Wir wollen mit einem Modellfahrzeug und einer Spielfigur, die du ohne Befestigung auf den Wagen stellst, den Grund für diese Regel herausfinden. Dabei betrachten wir die folgenden Situationen:

1. Der Wagen wird ruckartig angeschubst.
2. Der Wagen und die darauf stehende Figur fahren gleichmäßig über den Tisch.
3. Der Wagen prallt auf ein Buch, das im Weg liegt.
4. Der Wagen fährt durch eine scharfe Kurve.

	Was geschieht mit der Figur?	Wirkliche Situation
1.	Die Figur kippt nach hinten.	Der Bus fährt zügig an.
2.	...	...
3.	...	
4.	...	...

KEINE EINTRAGUNG!

Arbeitsauftrag

a) Übertrage die Tabelle in dein Heft. Führe anschließend die Versuche durch und notiere die Ergebnisse in der passenden Spalte der Tabelle.
V
b) Überlege dir sinnvolle Einträge für die Spalte „Wirkliche Situation“ und notiere diese.

M2 Gedankenexperiment nach Galileo Galilei

Folgendes Gedankenexperiment wird dem Physiker Galileo Galilei zugeschrieben:
Wir stellen uns vor, dass eine Kugel eine Rinne hinunterrollt, dann wird sie auf eine gegenüberliegende Rinne gelenkt, an der sie wieder hinaufrollt. Dabei soll die Abbremsung der Kugel durch Reibung der Einfachheit halber nicht berücksichtigt werden.
Fall 1: Wenn die zweite Rinne so steil ist wie die erste, wird die Kugel wieder auf dieselbe Höhe hinaufrollen, auf der sie gestartet ist.
Fall 2: Ist die zweite Rinne schwächer geneigt, dann rollt die Kugel eine größere Strecke aufwärts und zwar so lange, bis sie wieder dieselbe Höhe erreicht wie zuvor.
Fall 3: Wenn jetzt die zweite Rinne überhaupt nicht mehr ansteigt, dann kann die Kugel die Starthöhe nicht mehr erreichen. Sie muss also für alle Zeit weiterrollen.

Arbeitsauftrag

a) Erkundige dich nach Gedankenexperimenten und erkläre deren sinnvollen Einsatz am Beispiel links.
b) Erstelle für die drei Fälle je eine Skizze, die die Situation wiedergibt.
c) Begründe, dass die Kugel im *Fall 1* wieder auf dieselbe Höhe rollt.
d) Im *2. Fall* rollt sie eine längere Strecke aufwärts als im *1. Fall.* Erkläre mithilfe der Hangabtriebskraft.
e) Fasse die Schlussfolgerung im *3. Fall* in eigenen Worten zusammen.

Versuche und Materialien zu Kapitel 17.2

M3 Zauberei physikalisch erklärt

Das freie Schweben eines Menschen ist eine beliebte Illusion in Zauberveranstaltungen. Wie auf dem Foto dargestellt, lässt der Zauberkünstler seine Assistentin schweben. Um die Täuschung perfekt zu machen, bewegt der Zauberer einen Ring um den schwebenden Körper herum.

Arbeitsauftrag

a) Erkläre, dass dieses Kunststück, vor allem durch den Einsatz des Rings, wie ein Wunder wirkt.
b) Um dem Kunststück auf die Schliche zu kommen, müssen wir uns klarmachen, dass es ein geheimes Hilfsmittel geben muss. Erläutere die Aufgabe dieses Hilfsmittels mithilfe physikalischer Fachbegriffe.
c) Suche im Internet nach einem schwebenden Dekorationsgegenstand und erstelle eine Präsentation, in der du die Technik erklärst, mit der dieser zum Schweben gebracht wird.

M4 Wagen ziehen mit Reibung

Franziska, Michael und Tina ziehen auf einem Ausflug in einem Leiterwagen die Hündin Millie hinter sich her.

Da fällt Franziska etwas ein: „Im Physikunterricht haben wir doch den Trägheitssatz durchgenommen. Der sagt, dass der Wagen wegen seiner Trägheit immer weiterfährt. Wenn das stimmt, dann muss ich mir überhaupt nicht die Mühe machen, ihn zu ziehen, sondern er rollt einfach neben uns her!"
Michael widerspricht ihr: „Das stimmt doch gar nicht: Wenn du den Wagen loslässt, dann bleibt er sofort stehen, weil es ja die Reibung gibt."
Tina meint dazu: „Ihr habt schon beide recht. Es ist aber so, dass die Reibung auch dann wirkt, wenn der Wagen gezogen wird. Die Reibung und die Zugkraft gleichen sich aus. Deswegen musst du auch weniger stark ziehen, wenn die Achsen gut geschmiert sind."

Arbeitsauftrag

a) Vollziehe Franziskas Überlegungen nach. Erläutere die Annahme, unter der ihre Schlussfolgerung richtig wäre.
b) Wenn Michael von Reibung spricht, würden Physiker genauer von Reibungskraft sprechen. Begründe, dass es in dieser Situation besonders auf diesen Begriff ankommt.
c) Michael macht einen Fehler, wenn er meint, dass der Wagen sofort stehen bleiben würde. Beschreibe die Bewegung des Wagens richtig, wenn sie aufhören, zu ziehen.
d) Nenne das physikalische Fachwort, das die Situation, die Tina anspricht, beschreibt.

Die Trägheit von Körpern

B1 Golfball beim Abschlag.

B2 Golf mit Boccia-Kugeln?

Bei unterschiedlichen Ballsportarten werden Bälle mit den verschiedensten Massen eingesetzt. Beispielsweise beträgt die Masse des Balls beim Golfspielen nach internationalen Regeln 42 bis 45 Gramm. Würde man versuchen, beispielsweise eine Kugel wie beim Boccia-Spiel einzusetzen (Masse: ca. 1 kg), dann wäre es unmöglich, sie mit einem normalen Schläger genauso weit zu schlagen. Wir sehen: Je größer die Masse der Kugel ist, desto schwieriger ist es, sie aus der Ruhe in Bewegung zu bringen. Diese Eigenschaft nennen wir Trägheit.
Je größer die Masse eines Körpers ist, desto größer ist auch seine Trägheit.

Die Trägheit sorgt dafür, dass ein Körper, der sich in Ruhe befindet, so lange auch in Ruhe bleibt, bis eine Kraft auf ihn ausgeübt wird.

Wenn ein Abwehrspieler beim Fußball einen bewegten Ball ablenken will, muss er ihm einen Tritt von der Seite geben, also ebenfalls Kraft ausüben. Ohne diesen Tritt würde der Ball einfach geradeaus weiterfliegen. Auch dies ist eine Auswirkung der Trägheit des Balls:

Wenn keine Kraft auf ihn ausgeübt wird, bewegt sich ein Körper, der schon in Bewegung ist, ohne Richtungsänderung weiter. Seine Geschwindigkeit verändert sich nicht.

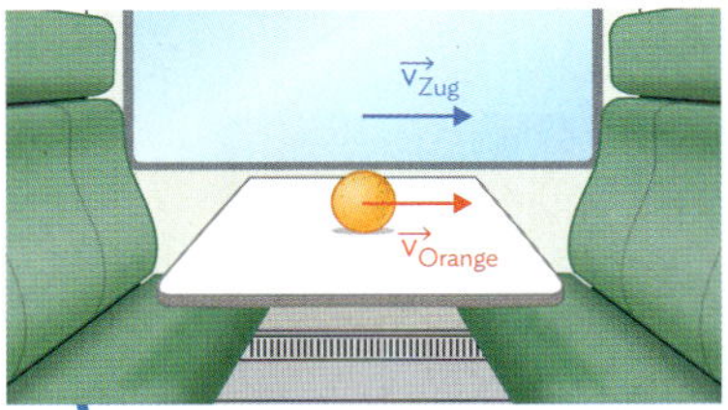

B3 Eine Orange bleibt im Zug auf dem Tisch liegen, da sie aufgrund ihrer Trägheit genau die Geschwindigkeit des Zuges beibehält.

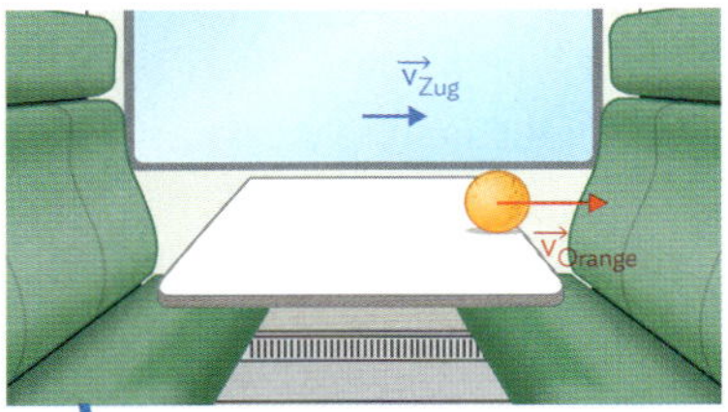

B4 Wenn der Zug bremst, dann bewegt sich die Orange mit der ursprünglichen Geschwindigkeit weiter. Sie rollt also nach vorne.

Der Trägheitssatz

Die Aussagen darüber, wie Körper sich ohne Krafteinwirkung verhalten, werden im sogenannten Trägheitssatz zusammengefasst:

Wenn auf einen Köper keine Kraft ausgeübt wird, dann ändert er seinen Bewegungszustand nicht.

Immer wenn sich der Bewegungszustand eines Körpers verändert, ist das ein Hinweis darauf, dass eine Kraft wirkt. Wenn zum Beispiel ein Boot ohne Antrieb langsamer wird, ist das eine Auswirkung der Reibungskraft im Wasser.

i Der Trägheitssatz wird auch das 1. Newtonsche Gesetz genannt.

i Anders gesagt: Wirkt keine Kraft, bleibt ein ruhender Körper in Ruhe und ein sich bewegender ändert seine Bewegungsrichtung und seinen Geschwindigkeitsbetrag nicht.

Der Trägheitssatz im Straßenverkehr

Wie wir schon in Material M1 beobachtet haben, sind Auswirkungen des Trägheitssatzes häufig im Straßenverkehr zu beobachten. Besonders deutlich, wenn ein Fahrzeug bei einem Auffahrunfall plötzlich anhält und die Passagiere nicht richtig gesichert sind (vgl. B5 und B6): Die Insassen würden die Geschwindigkeit nach vorne beibehalten und gegen die Windschutzscheibe prallen. Um dies zu verhindern, sind im Auto oder Bus Sicherheitsgurte vorgeschrieben, die die Bremskraft des Fahrzeuges auf die Passagiere übertragen.

B5 \ Crashtest eines Motorradunfalls: Der Fahrer bewegt sich nach dem Trägheitssatz weiter.

B6 \ Ein ungesichertes Haustier (hier eine Stoffpuppe) wird bei einem Auffahrunfall durch das Auto geschleudert.

Auch bei Kurvenfahrten wird der Trägheitssatz spürbar: Während das Fahrzeug der Kurve folgt, würden unbefestigte Gegenstände sich geradeaus weiterbewegen.

Musteraufgabe

Erläutere die Auswirkung des Trägheitssatzes auf die Fahrgäste bei einer Busfahrt.

Lösung

Jedes Mal, wenn der Bus anfährt, bremst oder sich in einer Kurve befindet, folgt aus dem Trägheitssatz, dass sich die Körper der Fahrgäste geradlinig in der Ursprungsrichtung weiterbewegen. Für die Fahrgäste wirkt das so, als würden sie plötzlich nach hinten, nach vorne oder seitwärts geschubst werden.

Arbeitsaufträge

1 \ Neben dem Sicherheitsgurt sind die Kopfstützen in einem Auto eine wichtige Sicherheitseinrichtung.

a) Erkläre die Auswirkung auf die Köpfe der Autofahrer, wenn plötzlich auf ein stehendes Auto ein zweites von hinten auffährt.

b) Bei einem Frontalzusammenstoß ist die Kopfstütze natürlich keine Hilfe. Beschreibe die Sicherheitseinrichtung eines Autos, um in diesem Fall Verletzungen zu verhindern, die aufgrund des Trägheitssatzes entstehen können.

2 \ Begründe mithilfe des Trägheitssatzes, dass das Einschlagen der Nägel mit einem Hammer in ein Holzbrett umso einfacher gelingt, je größer die Masse des Hammerkopfes ist.

↳ weitere passende Aufgaben: S. 150, Nr. 16

3 \ Stiere haben eine enorme Masse von bis zu 1,2 t und können eine Geschwindigkeit von bis zu 60 $\frac{km}{h}$ erreichen. Ihr Sehvermögen ist nicht sonderlich stark ausgeprägt, dagegen ist ihr Geruchssinn gut entwickelt. Angenommen, du spazierst über eine Wiese und der Wind weht so, dass der Stier deine Witterung aufgenommen hat. Er rennt auf dich zu und du versuchst dein physikalisches Wissen zu nutzen, um dem wütenden Stier zu entkommen.

a) Beschreibe dein Verhalten, um dem Tier zu entkommen, und begründe diese lebensrettende Methode.

b) Beurteile mit deinem Banknachbarn das Vorgehen von Teilaufgabe a) und entscheidet euch für ein Verhalten!

17.2 Kräftegleichgewicht

Zwei Kräfte in Gegenrichtung

An jedem Ort auf der Erde wirkt die Erdanziehungskraft. Sogar weit von der Erde entfernt wirkt sie sich auf den Mond aus und hält ihn auf seiner Kreisbahn um die Erde fest. Nach dem 2. Gesetz von Newton rufen Kräfte Geschwindigkeitsveränderungen hervor. Das Verblüffende an dem Zaubertrick in M3 ist, dass wir wissen, dass die Gewichtskraft wirkt, aber dennoch die Assistentin nicht nach unten beschleunigt wird, also herunterfällt.

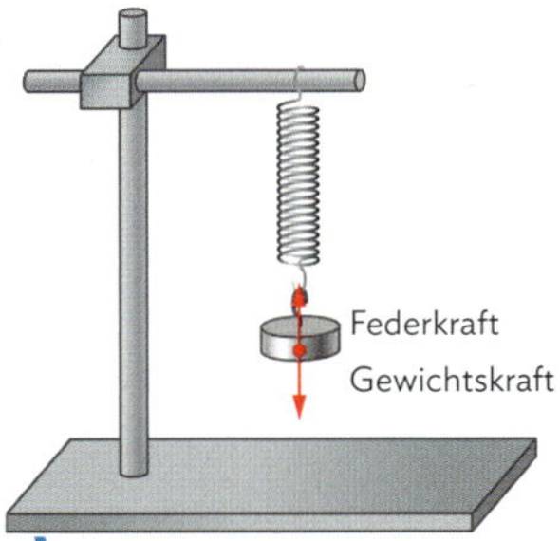

B1 Masse an einer Schraubenfeder.

Betrachten wir eine solche Situation einmal ohne eine Trickaufhängung: An einer Schraubenfeder hängt ein Massestück (vgl. B1). Das Massestück wird von der Federkraft nach oben gezogen und gleichzeitig von seiner eigenen Gewichtskraft nach unten.

Beide Kräfte zeigen in entgegengesetzte Richtungen. Sie gleichen sich gegenseitig aus. Die Feder wird genau so weit ausgedehnt, dass der Betrag der Federkraft genau so groß ist wie der Betrag der Gewichtskraft. Die einfachste Form des Kräftegleichgewichts liegt dann vor, wenn zwei Kräfte an einem Körper angreifen, wie in B1.

Wirken an einem Körper mehrere Kräfte, die sich gegenseitig ausgleichen, dann sagen wir: Der Körper befindet sich im Kräftegleichgewicht.

Kräftegleichgewicht bei mehr als zwei Kräften

Sehr häufig greifen nicht nur zwei Kräfte an einem Körper an. Wenn sie die passenden Beträge und Richtungen besitzen, ist aber auch in solchen Fällen ein Kräftegleichgewicht möglich, wie in den Abbildungen B2 und B3 dargestellt.

In B4 übt die Bogenschützin Muskelkraft $\vec{F}_{Zug}$ auf den Pfeil aus. Der gespannte Bogen übt über die Sehne die Kräfte $\vec{F}_{Sehne1}$ und $\vec{F}_{Sehne2}$ auf den Pfeil aus. Die Summe der drei Kräfte $\vec{F}_{Zug}$, $\vec{F}_{Sehne1}$ und $\vec{F}_{Sehne2}$ addiert sich zu einer Gesamtkraft $\vec{F}_{ges}$ von Null, sie verschwindet also.

B4 Ist der Bogen gespannt, liegt für den Pfeil ein Kräftegleichgewicht vor. $-\vec{F}_{Zug}$ ist die Gesamtkraft aus den Kräften $\vec{F}_{Sehne1}$ und $\vec{F}_{Sehne2}$ und kompensiert gerade $\vec{F}_{Zug}$. Die Kraft $-\vec{F}_{Zug}$ wirkt in entgegengesetzter Richtung von $\vec{F}_{Zug}$, hat aber denselben Betrag.

B2 Drei Kräfte.

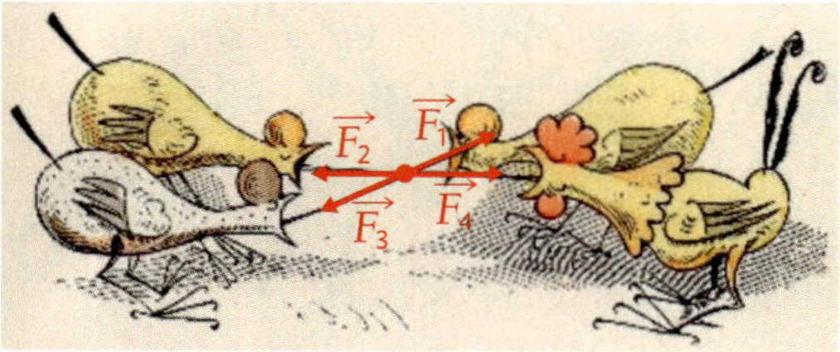

B3 Vier Kräfte *(aus Max und Moriz von Wilhelm Busch)*.

Kräftegleichgewicht und Trägheitssatz

Beim Trägheitssatz werden Körper betrachtet, auf die keine Kräfte wirken. Das ist aber nahezu niemals wirklich der Fall. Wenn aber ein Kräftegleichgewicht vorliegt, dann wirken die Kräfte so zusammen, dass insgesamt keine Wirkung zu sehen ist. Der Körper verhält sich also genauso, als ob keine Kraft wirken würde. Wir können daher den Trägheitssatz erweitern, sodass er auch das Kräftegleichgewicht mit einschließt:

Erweiterter Trägheitssatz:

Ein Körper ändert seinen Bewegungszustand nicht, wenn auf ihn keine Kraft wirkt oder er sich im Kräftegleichgewicht befindet.

Beispiel: Damit ein Auto mit konstanter Geschwindigkeit fahren kann, muss es sich im Kräftegleichgewicht befinden: Die Luftreibungskraft $\vec{F}_{Luftreibung}$ und die Antriebskraft $\vec{F}_{Antrieb}$ stehen im Kräftegleichgewicht. Dadurch bewegt sich das Auto nach dem erweiterten Trägheitssatz geradlinig weiter. Seine Geschwindigkeit ändert sich also nicht.

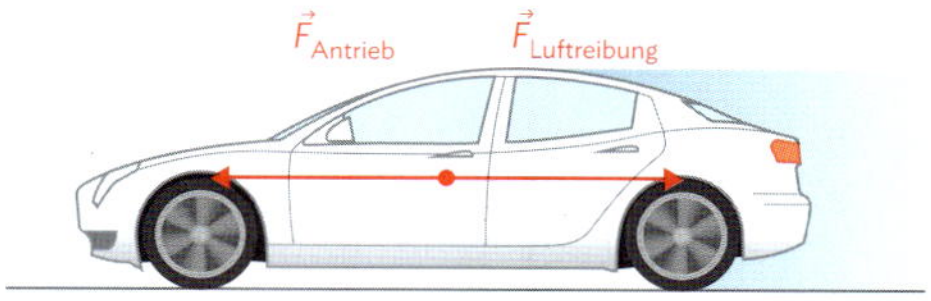

B5 \ Kräftegleichgewicht bei voller Fahrt.

a) Anfahrt

b) Fahrt (Kraftpfeile gleich lang)

c) Abbremsung

B6 \ Lösung zur Musteraufgabe.

Musteraufgabe

Im Turm auf dem Olympia-Gelände in München befindet sich ein Fahrstuhl, der dich mit großer Geschwindigkeit zur Aussichtsplattform befördert. Erstelle für den Anfahrvorgang unten, die Aufwärtsfahrt und den Abbremsvorgang oben jeweils eine Zeichnung. Trage alle wirkenden Kräfte qualitativ ein und entscheide, ob ein Kräftegleichgewicht vorliegt.

Lösung (siehe auch B6)

Anfahrt: $F_{Aufzug} > F_G$

Fahrt: $F_{Aufzug} = F_G$

Abbremsung: $F_{Aufzug} < F_G$

Nur während der Fahrt liegt ein Kräftegleichgewicht vor.

Arbeitsaufträge

**1 ** Ein Vater spielt gegen seine beiden Kinder Tauziehen. Er zieht an seinem Seilende mit einer Kraft von 250 N. Eines der Kinder zieht mit 160 N. Erstelle eine Zeichnung und zeichne die Kräfte ein, wenn es ein „Unentschieden" gibt. Verwende den folgenden Maßstab: Eine Kraft mit dem Betrag 40 N wird mit einem 1 cm langen Pfeil dargestellt.

**2 ** Übertrage die Darstellung in dein Heft, trage die Kräfte ein und gibt ihnen die passenden Bezeichnungen. Schätze dafür die einzelnen Massen ab.

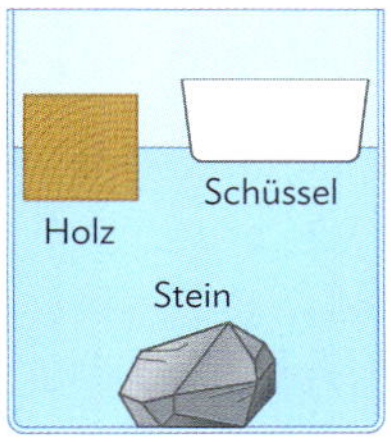

Hilfestellung auf Seite 196–198

**3 ** Begründe physikalisch, dass in folgenden Situationen ein Kräftegleichgewicht vorliegt.

a) Du hältst einen mit Gas gefüllten Ballon an einer Schnur fest.

b) Ein Heißluftballon steigt mit konstanter Geschwindigkeit nach oben.

c) Ein U-Boot fährt mit konstanter Geschwindigkeit unter Wasser.

**4 ** Bei einem Fallschirmsprung ist der Springer zu gewissen Zeiten im Kräftegleichgewicht, zu anderen nicht. Beschreibe einen Sprung vom Absprung bis zur Landung und begründe, wann ein Kräftegleichgewicht vorliegt.

weitere passende Aufgaben: S. 148, Nr. 8, 9, 10; S. 149, Nr. 11

18 Dehnung und Kraft

18.1 Schülerexperiment: Dehnungs-Kraft-Diagramme

V1 Planung und Durchführung des Experiments

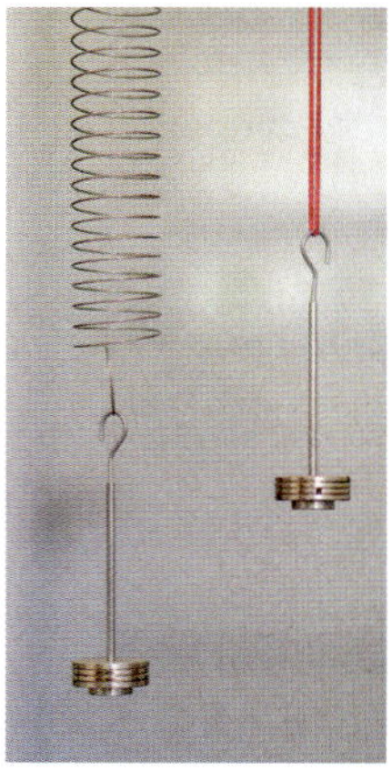

Bei einem typischen Kraftmesser wird die Kraft anhand der Verformung einer Schraubenfeder bestimmt. Wir wollen untersuchen, ob Kraftmesserfedern besondere Federn sind. Denn nur, wenn die Stärke der Verformung ein Maß für die Größe der Kraft ist, eignet sie sich. Dazu untersuchen wir das Dehnungsverhalten einer Schraubenfeder und eines Gummirings. Die Zugkraft erzeugen wir durch Anhängen von Massestücken. Bei der Messung sind folgende Fragen vorab zu klären:

- Welche Größen musst du messen?
- Mit welchen Hilfsmitteln kannst du die Größen messen?
- Welcher Versuchsaufbau ermöglicht diese Messung?

i Unterscheide zwischen der Messgröße (z. B. die Masse m des Massestücks) und der Bestimmungsgröße (z. B. die Gewichtskraft F_G des Massestücks).

Arbeitsauftrag

a) Miss die Dehnung, d. h. die Längenänderung, für zwei verschiedene Kräfte bei einer Feder. Trage die Messwerte in eine Tabelle ein und stelle eine Vermutung für weitere Messwerte auf.

! Erkundige dich bei deinem Lehrer, wie weit du die Feder dehnen darfst!

b) Teste deine Vermutung aus a) durch weitere, sinnvoll gewählte Messwerte. Fertige ein Versuchsprotokoll an. Stelle die Messwerte in einer Tabelle zusammen. Nutze dazu eine Tabellenkalkulation (vgl. Methode).

c) Führe a) und b) auch für einen Gummiring durch. (Hinweis: In der Tabellenkalkulation empfiehlt es sich, ein neues Blatt anzulegen, oft ein Button unten links: Tabelle 1, Tabelle 2, ...)

Methode

Messwerterfassung und Auswertung mit einem Tabellenkalkulationsprogramm

- Überlege dir zunächst, welche Daten du in die Tabelle eintragen willst. Erstelle dann passende Überschriften (mit passender Einheit), z. B. Masse, Position des unteren Endes der Feder, Ausdehnungslänge ...
- Trage die Messwerte in die passenden Zellen ein.
- Berechnungen, wie die der Gewichtskraft, kannst du automatisch durchführen lassen: Im dargestellten Beispiel rechts wird in der Zelle E3 die Zelle C2 von der Zelle C3 subtrahiert, um die Ausdehnungslänge s zu berechnen. Kopiert man die Zelle E3 nach unten, wird eine analoge Berechnung auch in den Zellen E4, E5 etc. durchgeführt.

	A	B	C	D	E	F
1	Nr.	m in kg	x in cm	a in m/s^2	s in cm	F in N
2	1	0	5	9,81	0	=B2*D2
3	2	0,5	6,1	9,81	=C3-C2	
4	3	1	7	9,81	2	
5	4	1,5	7,9	9,81	2,9	
6	5	2	8,9	9,81	3,9	
7	6	2,5	10	9,81	5	

i Die $-Zeichen verhindern, dass beim Ausfüllen nach unten die Spalten bzw. Zeilen aktualisiert werden.

V2 Auswertung und Interpretation: Hookescher Bereich

Vorgehen

Kannst du schon aus den Messwerten von V1 einen Trend erkennen? Zur genaueren Untersuchung solltest du deine Messwerte mithilfe eines Dehnungs-Kraft-Diagramms (s-F-Diagramm) auswerten, wie dir aus der Schülerübung Kap. 3.1, S. 23 bzw. von S. 202 bekannt ist. In der Methode unten ist dargestellt, wie du die Gerade im Diagramm mithilfe eines Tabellenkalkulationsprogramms zeichnen kannst.
Solltest du auf die Art eine Ursprungsgerade näherungsweise durch deine Punkte legen können, dann sollte dir die Interpretation des Ergebnisses leicht fallen.

Hookescher Bereich

Innerhalb eines bestimmten Bereichs kannst du im s-F-Diagramm durch deine Messwerte annähernd eine Ursprungsgerade legen. Dieser Bereich wird Hookescher Bereich genannt. Wird die Belastung auf das Material zu groß, weichen die Messwerte immer weiter von der Geraden ab und es lassen sich keine genauen Vorhersagen mehr darüber treffen.

Arbeitsauftrag

a) Werte das Experiment mit der Feder graphisch aus (vgl. Methode unten) und deute dein Ergebnis. Entscheide, ob ein Hookescher Bereich vorliegt.
b) Verfahre analog mit dem Gummiring.
c) Bewerte, inwiefern eine Feder bzw. ein Gummiring sich als Kraftmesser eignen.
d) Zusatzaufgabe: Teste die graphische Auswertung mithilfe der Wertetabelle, indem du jeweils den Quotienten $\frac{F_G}{s}$ aus Kraft F_G und Auslenkung s betrachtest. Ergänze dazu die Tabelle um eine weitere Spalte.

Methode

Ausgleichsgeraden mit einem Tabellenkalkulationsprogramm zeichnen

Trägt man die Wertepaare einer Messung in einem Koordinatensystem ein, so ergibt sich oftmals ein Muster. In der Physik sind die Punkte solcher Wertepaare häufig annähernd auf einer Geraden angeordnet. Solche Ausgleichsgeraden werden so gezeichnet, dass die Messwerte möglichst nahe an der Geraden liegen. Die Werte werden daher oberhalb, unterhalb oder direkt auf der Geraden liegen.

Voraussetzung: Werte digital in Tabellenform

Setze die Tabelle von der Methode auf der Vorseite fort. Für eine Dehnungs-Kraft-Messung ergeben sich z. B. die dargestellten Werte.

Nr.	m in g	s in cm	F in N
1	0	0	0
2	100	5	1,0
3	200	12	2,0
4	300	15	2,9
5	400	18	3,9
6	500	24	4,9

1. Wertepaare in Koordinatensystem eintragen

Nutze die Funktion *Diagramme → Punkt (XY)* des Programms, um die Wertepaare in einem Koordinatensystem darzustellen. Markiere dazu die jeweiligen Spalten.

2. Ausgleichsgerade zeichnen

Über die Funktion *Trendlinie* kannst du nun automatisch eine Ausgleichsgerade zeichnen lassen. An dem dargestellten Beispiel kannst du gut sehen, dass nicht alle Wertepaare auf dieser Geraden liegen. Sie stellt aber eine gute Beschreibung der Verteilung der Wertepaare dar.

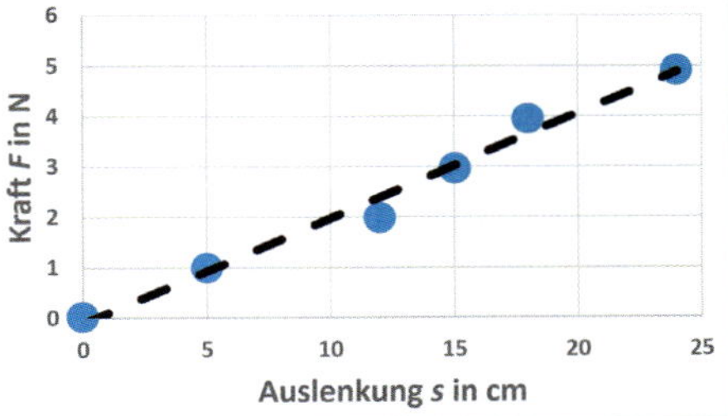

Kräfte als Ursache einer Verformung

Du hast schon einiges darüber gelernt, welche Auswirkungen Kräfte auf Körper haben: Sie können Körper beschleunigen oder abbremsen. Unter Idealbedingungen bleiben die Körper dabei unbeschädigt. In der Realität jedoch können Kräfte dafür sorgen, dass Körper verformt werden. Im Schülerexperimenten hast du bereits festgestellt, dass sich eine Feder proportional zur auf sie wirkenden Kraft ausdehnt. Je größer also die wirkende Kraft, desto größer die Ausdehnung (vgl. B1). Die Position des unteren Endes der unbelasteten Feder ist x_0. Hängt man nun ein Massestück an, ändert sich die Position zu x_1. Wir führen die Auslenkung s ein: $s = x - x_0$ Für das erste Massestück in B1 gilt dann $s_1 = x_1 - x_0$. Analog gilt für das zusätzliche Massestück: $s_2 = x_2 - x_0$. In dem Schülerexperiment auf S. 142/143 hast du festgestellt, dass der Graph der Kraft F auf eine Feder in Abhängigkeit von der Auslenkung s eine Gerade ist (vgl. B2).

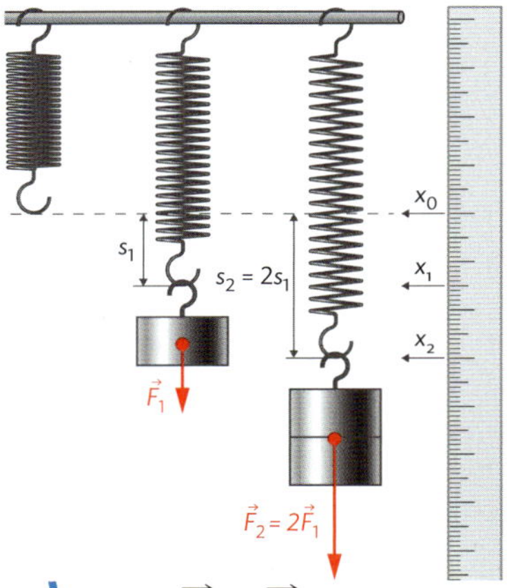

B1 Zugkraft $\vec{F}_1$ bzw. $\vec{F}_2$ an einer Feder in Abhänigkeit von der Auslenkung s_1 bzw. s_2.

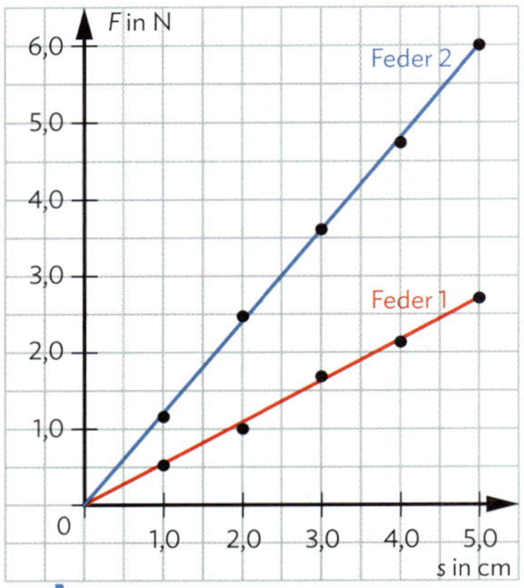

B2 Dehnungs-Kraft-Diagramme zweier Federn im Hookeschen Bereich.

ℹ Die Federkraft $\vec{F} = \vec{F}_{Feder}$ weist in entgegengesetzter Richtung zur Gewichtskraft $\vec{F}_G$, hat im Gleichgewicht aber den gleichen Betrag, vgl. B3.

Für die Feder gilt: $F \sim s$, da das s-F-Diagramm eine Ursprungsgrade darstellt. Lies: „F proportional zu s"

Allerdings gilt das nur, wenn die Kraft nicht zu groß wird. Ab einer bestimmten Zugkraft wird das Material, aus dem die Feder besteht, dauerhaft verformt und somit beschädigt. Bei einem Gummiring hast du im Schülerexperiment kennengelernt, dass das s-F-Diagramm im untersuchten Bereich keine Ursprungsgerade ist (vgl. B3), folglich ist die Auslenkung s nicht direkt proportional zu F. Im grün eingezeichneten Bereich zeigt sich näherungsweise Hookesches Verhalten.

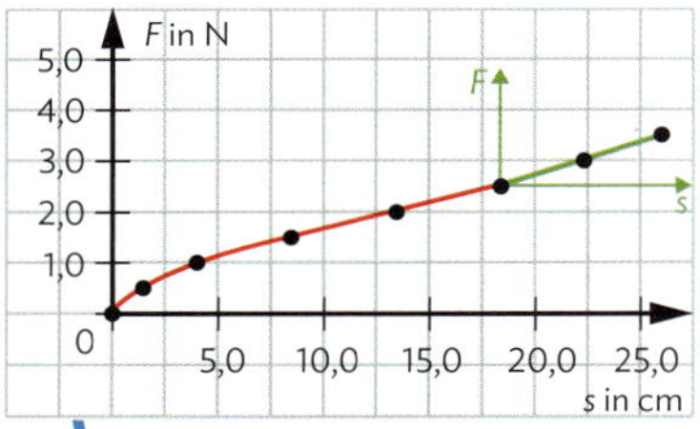

B3 Dehnungs-Kraft-Diagramm eines Gummibands.

Der Bereich, in dem sich die Auslenkung einer Feder proportional zur Kraft verhält, wird Hookescher Bereich genannt.

ℹ Zum Weiterlesen empfiehlt sich der Exkurs zum Hookeschen Gesetz, S. 146.

Statische Kraftmessung

In den vorherigen Kapiteln haben wir die Kraft meist dynamisch gemessen, indem wir Masse und Beschleunigung ermittelt haben. Im Hookeschen Bereich ist es nun möglich, die Kraft statisch zu messen. Damit lässt sich eine Skala erstellen, weil bei gleicher Auslenkung der Feder auch immer die wirkende Kraft gleich sein muss. Ein Federkraftmesser besteht aus einer

B4 Messung der Gewichtskraft eines Apfels.

Feder, an der eine solche Skala angebracht ist. Der Apfel in B3 bewirkt, dass die Feder durch die Gewichtskraft $\vec{F}_G$ des Apfels nach unten ausgelenkt wird, bis sich Gewichtskraft und Federkraft $\vec{F}_{Feder}$ ausgleichen. Die Gewichtskraft kann nun direkt am Kraftmesser abgelesen werden.

Aufbau eines Kraftmessers

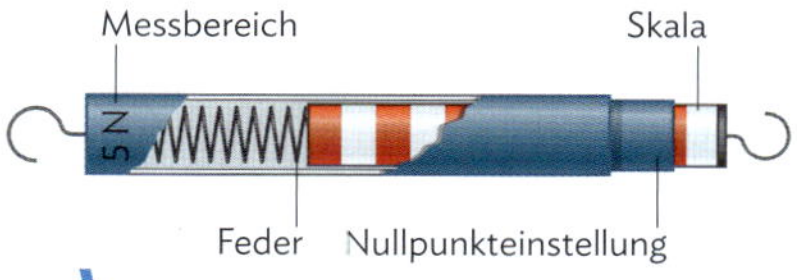

B4 \ Schema eines Federkraftmessers

Der links abgebildete Federkraftmesser besteht aus einer Feder, einem Plastikröhrchen (um den Nullpunkt beim unbelasteten Kraftmesser einzustellen) und einer Skala. Auf der einen Hälfte besitzt die Skala weiße und rote Ringe, auf der anderen Hälfte befindet sich eine genaue Skalenteilung. Auf dem oberen Teil des Kraftmessers ist der Messbereich angegeben, in B4 wären z. B. 5 N die maximale Belastungsgrenze. Verschiedene Messbereiche werden realisiert, indem für andere Kraftmesser andere Federn verwendet werden.

i Die meisten Waagen basieren auf dem Prinzip des Federkraftmessers.

! Achte immer darauf, die maximale Belastungsgrenze nicht zu überschreiten, um den Kraftmesser nicht zu beschädigen!

Methode

Umgang mit einem Kraftmesser

1. Überlege dir genau, in welchem Bereich die zu messende Gewichtskraft liegt. Wähle dann einen Kraftmesser aus, dessen Messbereich geeignet ist, notfalls zuerst einen mit größerer Skala.
2. Hänge den Kraftmesser senkrecht auf, sodass sein unteres Ende frei in der Luft hängt. Stelle dann mithilfe der Nullpunkteinstellung den Nullpunkt ein.
3. Lass die Kraft einwirken und lies die Kraft an der Skala ab. Nutze dafür auch die feine Skaleneinteilung. Achte darauf, dass du beim Ablesen senkrecht auf die Skala blickst.

Arbeitsaufträge

**1 ** V Miss mit einem Federkraftmesser die Gewichtskräfte von verschiedenen Gegenständen. Beschreibe mit eigenen Worten, worauf du dabei achten musst. Notiere deine Ergebnisse in einer Tabelle.

**2 ** Erkläre, was man unter statischer bzw. dynamischer Kraftmessung versteht. Beurteile, wann welche Messmethode sinnvoll sein könnte.

**3 ** Bestimme die Kräfte, die an den folgenden Kraftmessern angezeigt werden. Ein Ring der Skala, egal ob weiß oder rot, steht für 0,5 N.

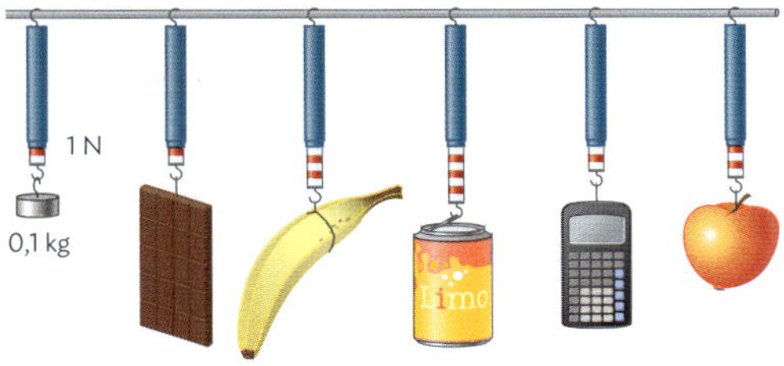

**4 ** Federwaagen werden sehr häufig verwendet. Allerdings wird mit ihnen oft fälschlicherweise die „Masse“ gemessen anstatt der „Gewichtskraft“. Daher müssen Waagen vor dem Gebrauch kalibriert werden, damit sie korrekt messen.

a) Erkläre mit eigenen Worten, weshalb Federwaagen kalibriert werden müssen. Recherchiere dafür auch, wie eine solche Kalibrierung durchgeführt wird.

b) Die Fallbeschleunigung ist vom Ort auf der Erde abhängig. Berechne für folgende Fallbeschleunigungen die Unterschiede zu einer Waage, die in Bayern ($g_{Bayern, Süd} = 9{,}807\ \frac{m}{s^2}$) 100 kg anzeigt:
$g_{Nordpol} = 9{,}832\ \frac{m}{s^2}$; $g_{Äquator} = 9{,}780\ \frac{m}{s^2}$; $g_{Anden} = 9{,}764\ \frac{m}{s^2}$

Hilfestellung auf Seite 196–198

weitere passende Aufgaben: S. 149, Nr. 13

Basisaufgaben

1 \ Suche im Internet nach den Fallbeschleunigungen auf allen Planeten unseres Sonnensystems. Gestalte damit ein Plakat, das die unterschiedlichen Gewichtskräfte veranschaulicht, die auf einen Astronauten wirken.

2 \ Beschreibe mit eigenen Worten und mit physikalischen Fachbegriffen den Begriff „freier Fall“. Gib die Bedingungen an, die erfüllt sein müssen, damit ein Gegenstand in Luft zumindest annähernd frei fällt.

3 \ Berechne die fehlenden Werte in der folgenden Tabelle mit $g = 9{,}81\ \frac{m}{s^2}$.

F_G	85 N		2,3 kN			
m		28 g		65 kg	8,3 mg	2,7 t

4 \ Der Roboter „Curiosity“ hat auf dem Mars ($g_{Mars} = 3{,}69\ \frac{m}{s^2}$) eine Gesteinsprobe entnommen, auf die eine Gewichtskraft von $F_G = 3{,}5$ N wirkt. Berechne die Masse der Gesteinsprobe.

5 \ Ein Rollstuhl, auf den eine Gewichtskraft von 100 N wirkt, wird eine Auffahrt mit einem Neigungswinkel von 30° nach oben gerollt. Erstelle eine Zeichnung mit geeignetem Maßstab und ermittle durch Konstruktion die Beträge der Hangabtriebskraft und der Normalkraft, die auf den Rollstuhl wirken.

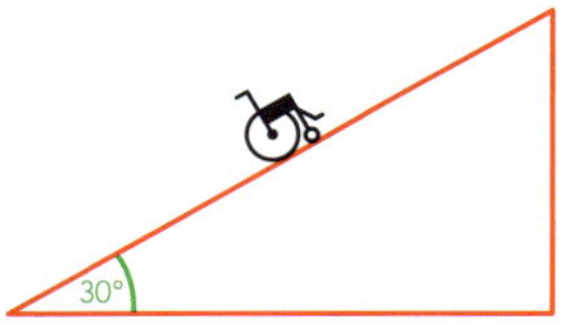

6 \ Eine elektronische Präzisionswaage zeigt die Masse auf 0,01 g genau an. Tatsächlich misst sie aber keine Masse, sondern die Gewichtskraft. Untersuche, ob eine solche Waage ohne Veränderung an jedem Ort der Welt eingesetzt werden kann. Vergleiche dazu ein Massestück am Äquator ($g = 9{,}780\ \frac{m}{s^2}$) mit einem Massestück am Nordpol ($g = 9{,}832\ \frac{m}{s^2}$), dessen Masse aber um 0,01 g geringer ist.

7 \ Auf einem Schlitten ($F_G = 100$ N) sitzt ein Mädchen ($F_G = 350$ N) und rutscht einen schneebedeckten Hang hinab. Die Hangneigung beträgt 40°. Ermittle zeichnerisch (1 N ≙ 1 mm) die Hangabtriebskraft sowie die Normalkraft.

8 \ Zwei Mannschaften üben sich im Tauziehen.
a) Beschreibe die Situation, in der die Kräfte im Gleichgewicht sind. Fertige eine Skizze an.
b) Beschreibe, ob das Kräftegleichgewicht auch in dem Moment existiert, in dem eine Mannschaft gewinnt. Begründe mit Fachbegriffen.

9 \ Ein Flugzeug bewegt sich gleichförmig in der Luft.
a) Übertrage die Abbildung in dein Heft und ordne den eingezeichneten Kräften die Begriffe zu: Schubkraft; Gewichtskraft; Reibungskraft

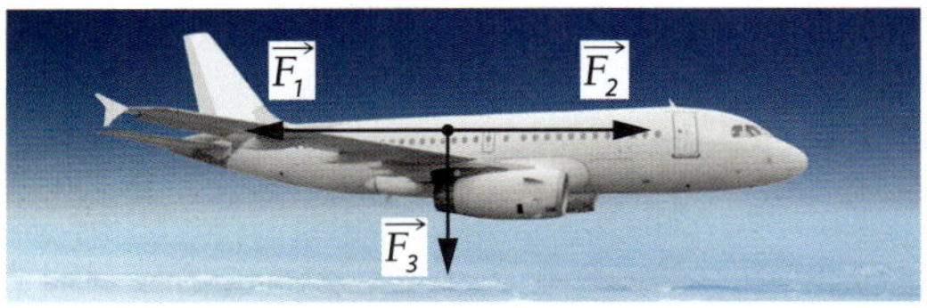

b) Beschreibe die Situation, in der nur diese drei Kräfte auf das Flugzeug wirken würden. Ergänze in der Zeichnung die fehlende Kraft und benenne sie.
c) Die beiden waagrechten Pfeile oben sind gleich lang. Begründe diese Beobachtung.

10 \ V Lege auf einen Versuchswagen eine Pappschachtel, die nach hinten abgestützt wird. Beschleunige den Wagen sehr schnell und lasse ihn nach kurzer Fahrt auf ein Hindernis prallen. Wiederhole den Versuch mit einer Halterung (Gummiband) für die Schachtel. Führe den Versuch auch ohne Rückenstütze für die Pappschachtel durch.

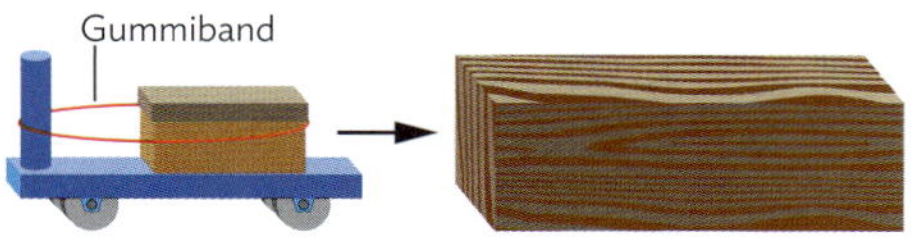

Beschreibe deine Beobachtungen. Trage in einer Skizze die wirkenden Kräfte ein und erkläre das Ergebnis mit physikalischen Fachbegriffen.

Zusammenfassende Aufgaben

11\ Brückenkonstruktion – Verformung durch Masse

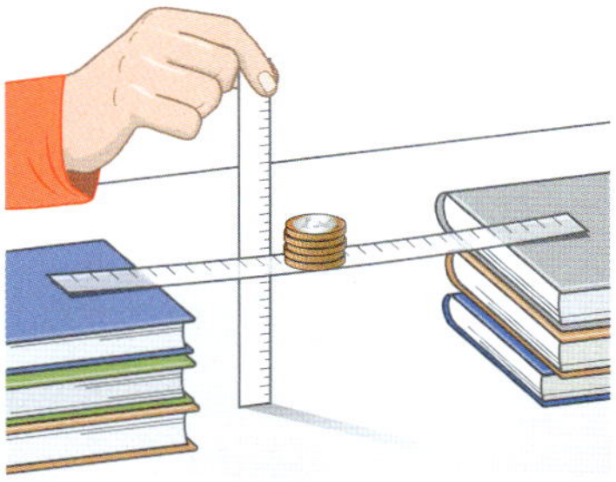

Wir wollen eine Brückenkonstruktion nachempfinden. Lege dazu ein 30 cm langes Plastiklineal zwischen zwei gleich hohe Bücherstapel. Achte darauf, dass auf jeder Seite mindestens 3 cm des Lineals auf den Büchern aufliegen.
Du benötigst noch einen Stapel aus maximal zwanzig 1 €- oder 2 €-Münzen. Belaste das Lineal in der Mitte mit den Münzen und miss mit einem zweiten Lineal, wie weit sich die Modellbrücke dadurch in der Mitte nach unten durchbiegt. Erstelle in deinem Heft eine Tabelle mit „Anzahl Münzen“ und „Verformung in mm“.

V a) Führe den Versuch durch und trage die Ergebnisse in die Tabelle in deinem Heft ein.
b) Erkläre den Rückgang der Biegung, wenn du die Münzanzahl wieder verringerst.
c) Begründe, dass die Verformung von der Münzanzahl abhängt.
d) Ein Mitschüler behauptet, dass man bei einer echten Brücke eine ähnliche Beobachtung machen würde, wie bei dem Modell. Beurteile diese Aussage.

12\ Geschichten schreiben: Der übergewichtige Onkel Theo

Onkel Theo hat Übergewicht. Er hat in einem Buch über Raumfahrt gelesen, dass er auf dem Mond viel leichter ist als hier auf der Erde. Theo beschließt daher, auf den Mond zu fliegen. Schreibe eine kleine Geschichte dazu und kläre physikalisch auf. Hinweis: Du kannst dabei auch an Science-Fiction-Romane denken.

13 \ Untersuchungen mit dem Hookeschen Bereich

In den Abbildungen A bis C siehst du unterschiedliche Gegenstände bzw. Situationen, die Graphen 1 bis 3 zeigen die zugehörigen F-s-Diagramme.

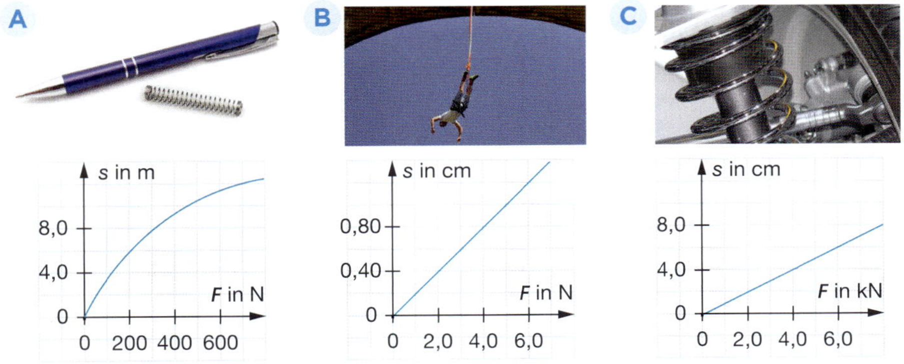

a) Gib die Graphen an, die einen Hookeschen Bereich besitzen.
b) Abbildung A zeigt eine sogenannte „weiche“ Feder, Abbildung C eine „harte“ Feder. Erkläre diese Begriffe mithilfe der Graphen im Diagramm.
c) Beschreibe, die Auswirkungen auf die jeweiligen Gegenstände, wenn man mit immer größerer Kraft an den Federn bzw. dem Gummiband zieht.

14 \ Kräftegleichgewicht im Alltag

a) Übernimm die folgenden Abbildungen als Skizzen in dein Heft und zeichne alle wirkenden Kräfte mithilfe eines geeigneten Maßstabs ein.

1. Buch ($F_G = 4$ N)
2. Birne ($F_G = 2$ N)

b) Erkläre, dass die Bücher nicht zu Boden fallen. Beschreibe dann, unter welchen Umständen die Birne herunterfällt.

15 \ Messung der Fallbeschleunigung mit dem Handy

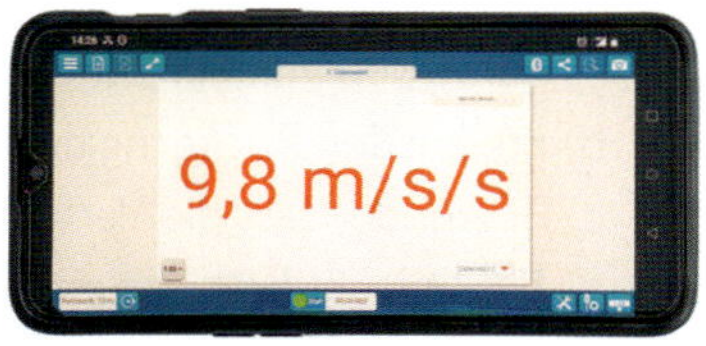

Alle Smartphones sind mit einem Beschleunigungssensor ausgestattet. Lege das Gerät auf eine ebene Fläche (Tisch). Dann kannst du mit einer entsprechenden App ganz bequem die Fallbeschleunigung g messen (siehe Abbildung). Du startest dazu die App und wählst dann noch eine Darstellungsform aus, also z. B. „Graph“ oder „Ziffern“.

a) Suche nach einer App zur Messung von Beschleunigungen auf deinem Handy und installiere sie.

b) Miss den Betrag der Fallbeschleunigung und notiere deinen Messwert.

c) Tatsächlich sind in deinem Handy drei Sensoren verbaut, sie messen die Beschleunigung in x-, y- und zRichtung. Teste sie aus, indem du dein Handy in verschiedenen Positionen hältst.

d) In manchen Fällen ist die Anzeige negativ. Erkläre diese Messwerte.

16 \ Beinahe von Ladung erdrückt

„BRASILIEN – Ein 25jähriger Lkw-Fahrer wäre beinahe von seiner eigenen Ladung erdrückt worden. Der Marmorblock auf seinem Sattelzug war so schlecht gesichert, dass der Felsblock beim Bremsmanöver ins Rutschen geriet. Der Stein durchbrach die Bordwand, drückte die Fahrerkabine ein und und hätte beinahe den Fahrer zerquetscht.“

a) Erläutere die Aussage von Fynn.

b) Erkläre die Funktion der Sicherungssysteme, die für die Ladung notwendig sind. Verwende dabei die physikalische Fachsprache.

c) Verwende das zweite Newtonsche Gesetz, um die Kraft abzuschätzen, die der Marmorblock auf die Fahrerkabine ausgeübt hat. Überlege dir dazu sinnvolle Werte für die Geschwindigkeitsänderung und die Zeitdauer beim Bremsen. Die Masse des Blocks kannst du näherungsweise mithilfe der Dichte von Marmor bestimmen: $\rho_{Marmor} = 2{,}7\ \frac{kg}{dm^3}$.

17 \ Aristoteles und Galileo Galilei

Die Theorien des Aristoteles (384-322 v. Chr.) beherrschen fast 2000 Jahre nahezu unverändert das naturwissenschaftliche Denken. Es ist der in Pisa geborene Galileo Galilei (1564-1642), der seine Argumentationen mit soviel Überzeugungskraft darstellen kann, dass sie schließlich doch den Sturz des Weltbildes von Aristoteles einleiten. Dabei muss er sehr vorsichtig vorgehen, um sich nicht selbst in Gefahr zu bringen.

Nach *Aristoteles* besitzt jeder „schwere Körper" die Eigenschaft, mit einer bestimmten, „von Natur aus" eingeprägten Geschwindigkeit zur Erde zu fallen, denn die Erde sei der „natürliche Ort" dieser Körper. Bei Körpern mit größerer Masse sei dieses Bestreben von „Natur aus" stärker ausgeprägt als bei leichteren. Daher fallen nach Aristoteles schwerere Körper auch rascher zur Erde als leichtere, denn ihnen sei von „Natur aus" nur eine geringere Fallgeschwindigkeit eingeprägt.

Galilei vertritt demgegenüber die Auffassung, dass im Vakuum alle Körper gleich schnell fallen, also derselben Fallbeschleunigung unterliegen. Da er um sein Leben fürchten muss, veröffentlicht er seine Ideen in Form eines Dialogs. Die Person mit Namen „Salvati" steht dabei für Galileo, wohingegen der Gesprächspartner „Simplicio" ein Anhänger von Aristoteles ist. Etwas verkürzt dargestellt argumentiert Salvati so, dass er, Salvati, leider kein Vakuum herstellen kann, um experimentell zu zeigen, dass eine Bleikugel und eine Flaumfeder doch gleich schnell fallen. Er stellt stattdessen andere, für ihn einfacher durchführbare Experimente an. Er untersucht zunächst den freien Fall von Körpern in unterschiedlichen Medien. Diese Medien setzen also den Körpern einen unterschiedlichen Widerstand entgegen. Schon hier ergeben sich Abweichungen gegenüber der alten Lehrmeinung. So erwartet beispielsweise Simplicio, dass für zwei Körper unterschiedlicher Masse im gleichen Medium die Geschwindigkeiten sich proportional zu den Massen der Körper verhalten sollten, was Salvati experimentell widerlegen kann. Nimmt man beispielsweise eine Bleikugel und eine Holzkugel (mit gleichem Volumen), sinkt in Wasser nur die Metallkugel während die Holzkugel sogar schwimmt. Erst im Medium Luft fallen beide nach unten. Salvati nimmt dann ein immer feineres Medium, das quasi einen immer geringeren Widerstand hat, und kommt zu dem Ergebnis, dass sich die unterschiedlichen Massen immer weniger in ihrer Bewegung unterscheiden. Findet man, dass trotz der großen Verschiedenheit der Körper im allerfeinsten Medium der allerkleinste Unterschied verbleibt, „ja eine kaum noch wahrnehmbare Differenz, dann, scheint mir, dürfen wir mit großer Wahrscheinlichkeit annehmen, dass im Vakuum völlige Gleichheit eintreten werde", argumentiert Salvati.

a) Fasse die unterschiedlichen Standpunkte von Aristoteles und Galilei zusammen.
b) Stelle die Argumentation von Salvati dar. Hinweis: Skizzen könnten helfen.
c) Um zu physikalischen Erkenntnissen zu gelangen, führte Galileo eine neue Methode ein. Erkläre diese Methode. Hinweis: Recherchiere auch im Internet.

Selbsttest: Überprüfe deine Kenntnisse und Kompetenzen selbst

Selbsttest-Checkliste

- ✓ Bearbeite die Aufgaben schriftlich in ordentlicher Form. Die Auswertungstabelle zeigt die Kompetenzerwartungen und Hilfestellungen.
- ✓ Vergleiche deine Lösungen mit den Lösungsskizzen auf Seite 193.
- ✓ Bewerte nun deine Lösungen selbst mit den Symbolen ☺, 😐 oder ☹.

1 a) Erläutere die Eigenschaften und Komponenten eines Körpers, die dessen Masse festlegen. Gib die Einheit der Masse an.

b) Erläutere die Notwendigkeit, die Gewichtskraft eines Körpers von dessen Masse unterscheiden zu müssen. Gib die Einheit der Gewichtskraft an.

c) Statt der Körpermasse können Waagen nur die Gewichtskraft messen. Dennoch geben sie das Messergebnis für den Verbraucher umgerechnet in kg an. Beurteile, inwiefern dies einerseits physikalisch falsch, andererseits wenig problematisch ist.

d) Liefert ein Wiegevorgang im abwärts beschleunigenden Aufzug einen Messwert, der im Vergleich zur üblichen Messmethode zu klein oder zu groß ausfällt? Beantworte ohne Begründung.

e) Auf einer Bamberger Baustelle wirkt auf einen Sack Zement eine Gewichtskraft von genau 396,7 N. Diese Angabe empfindet der Maurer vor Ort als ungebräuchlich und seltsam. Berechne die Masse des Zementsacks und gib das Ergebnis mit einer möglichst großen, jedoch sinnvollen Genauigkeit an.

2 a) Ein Auto der Masse 1,2 t steht auf einem Berg mit der Hangneigung 25°. Zeichne die Gewichtskraft des Autos als Kraftpfeil ein (1 kN ≙ 1 cm).

b) Zerlege den Kraftpfeil für die Gewichtskraft des Autos in die beiden Komponenten Hangabtriebskraft und Normalkraft.

c) Zwei Schlepper ziehen einen Tanker an den vorgesehenen Hafenplatz. Der eine Schlepper bringt 700 kN Zugkraft auf, der andere 600 kN, wobei die Kraftrichtungen einen Winkel von 50° einschließen (siehe Abbildung). Konstruiere maßstabsgetreu die Gesamtzugkraft auf den Tanker in Zielrichtung (100 kN ≙ 1 cm) und bestimme deren Wert.

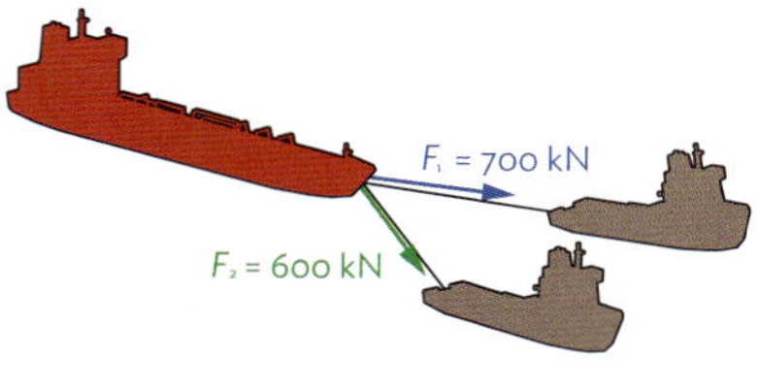

3 a) Der Anhänger eines landwirtschaftlichen Gespanns ist beim viel zu rasanten Versuch des Linksabbiegens mitsamt den geladenen 17 000 Litern Gülle umgekippt. Fertige eine aussagekräftige Skizze an und erläutere unter Verwendung des Trägheitsgesetzes kurz die physikalische Ursache für das Umkippen. Erläutere, dass der Unfall ohne Ladung wohl nicht passiert wäre.

b) Veranschauliche mit Skizzen (einmal mit Seitenwind, einmal ohne) die wirkenden Kräfte auf eine Flugdrohne, die in der Luft „steht". Gehe davon aus, dass die einzelnen Rotoren nicht schwenkbar sind.

4 Erläutere die physikalischen Zielsetzungen und die Funktionsweisen von Sicherheitsgurt, Airbag und Knautschzone im Auto.

5 An einem Herbsttag lässt sich beobachten, wie von den Bäumen Laub auf die Wasseroberfläche fällt und dort obenauf schwimmt. Der sanfte Wind sorgt dafür, dass die Blätter mit konstanter Geschwindigkeit z. B. immer weiter auf den See hinausgetrieben werden. Müssten die Blätter nicht durch die Kraft des Windes beschleunigt und somit immer schneller werden? Begründe, dass dies nicht so ist und veranschauliche deine Argumentation mithilfe einer geeigneten und beschrifteten Skizze.

6 Im Schülerexperiment hast du das Dehnungsverhalten von verschiedenen Materialien untersucht. Die folgende Tabelle stellt, gegebenenfalls mit Messfehlern behaftete, real ermittelte Messwerte für die Dehnung x eines neuen Gummibands dar. Sie ergaben sich durch eine dosierte Zugkraft F beim Belasten und anschließenden Entlasten des Gummibands.

F in N	0	1	1,5	2	3	3,5	4	5	6	7	8	9	10
x in cm	0	2	3	4	7	10	14	22	28	32	35	37	42
F in N	9	8	7	6	5	4	3,5	3	2	1,5	1	0	
x in cm	42	41,5	40,6	39	37,5	35	33	27	17	12	7	2	

a) Erläutere den Grund dafür, dass beim ersten Belasten für eine Dehnung von 7 cm eine Zugkraft von 3 N gebraucht wurde, anschließend beim Entlastungsvorgang dafür aber schon eine Zugkraft von 1 N genügte. Gib an, ob das Gummiband nach diesem Experiment noch so elastisch ist wie im neuen Zustand.

b) Werte die Messwerte zeichnerisch aus. Gib den Hookeschen Bereich des Gummibands an. Erläutere den offensichtlichen Effekt auf das Gummiband durch das einmalige Belasten mit einer Zugkraft von 9-10 N.

Auswertungstabelle

	Ich kann...	Hilfe
1	die physikalischen Größen Masse und Gewichtskraft unterscheiden.	S. 125-129
2	eine Kraft in Komponenten zerlegen. Umgekehrt kann ich Kräfte addieren.	S. 130-135
3	das Trägheitsgesetz und Kräftegleichgewichte in Skizzen und Texten schlüssig verwenden, um alltägliche physikalische Situationen zu erläutern.	S. 136-139
4	die Zielsetzung wichtiger Sicherheitssysteme im Auto erläutern.	S. 110-113
5	intuitiven Alltagsvorstellungen zu Bewegungsursachen mit einer physikalisch fundierten Sichtweise begegnen.	S. 90-115
6	mit ermittelten Messdaten ein Kraft-Dehnungs-Diagramm erstellen, dieses auswerten und darin den Hookeschen Bereich erkennen.	S. 142-145

Zusammenfassung

Geschwindigkeit

Du kannst den Betrag der Geschwindigkeit angeben:

Geschwindigkeit = $\frac{\text{zurückgelegter Weg}}{\text{dafür benötigte Zeit}}$.

Mit Formelzeichen: $v = \frac{\Delta x}{\Delta t}$

Der Betrag der Geschwindigkeit wird in der Einheit m/s oder km/h angegeben. Du kannst die Einheit umrechnen:

$$1\,\frac{m}{s} = 1 \cdot \frac{\frac{1}{1000}\,km}{\frac{1}{3600}\,h} = 3{,}6\,\frac{km}{h}$$

Der allgemeine physikalische Begriff der Geschwindigkeit beinhaltet zwei Angaben:
1. Den Betrag der Geschwindigkeit (in $\frac{m}{s}$ oder $\frac{km}{h}$).
2. Die Richtung der Geschwindigkeit (markiert mit einem Pfeil).

In einer Stroboskopdarstellung einer zweidimensionalen Bewegung kannst du die Geschwindigkeit eines Körpers durch einen Pfeil kennzeichnen.

Experimentelle Untersuchungen und Berechnungen zur Geschwindigkeit beherrschst du (vgl. S. 91, M3 und S. 95, Methodenkasten).

Formelzeichen: v
Einheit: $\frac{m}{s}$ oder $\frac{km}{h}$

Beispiel:
$\Delta x = 150$ m; $\Delta t = 5{,}00$ s; $v = ?$

$v = \frac{150\,m}{5{,}00\,s} = 30{,}0\,\frac{m}{s}$
$= 30{,}0 \cdot 3{,}6\,\frac{km}{h} = 108\,\frac{km}{h}$

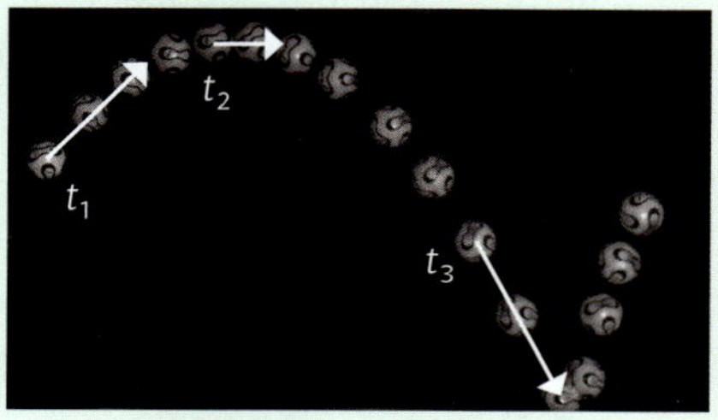

Geschwindigkeitsänderungen und das zweite Newtonsche Gesetz

Für Geschwindigkeitsänderungen ist eine Krafteinwirkung erforderlich.
Die Geschwindigkeitsänderung wird dargestellt als Pfeil mit Länge und Richtung. Durch „Addition“ der Pfeile von Anfangsgeschwindigkeit $\vec{v_1}$ und Geschwindigkeitsänderung $\vec{\Delta v}$ ergibt sich zeichnerisch die Endgeschwindigkeit $\vec{v_2}$.

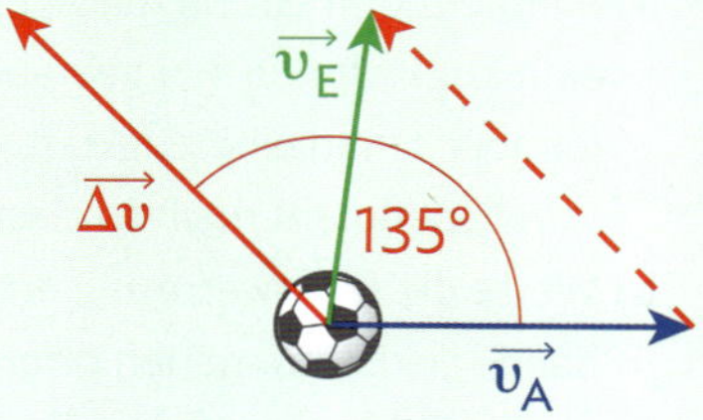

Du kennst das zweite Newtonsche Gesetz:
$F \cdot \Delta t = m \cdot \Delta v$
1. Je größer die Kraft F ist, desto größer ist die Geschwindigkeitsänderung Δv (bei jeweils gleicher Einwirkdauer und Masse). Der Pfeil der Kraft F, die auf einen Körper ausgeübt wird, zeigt in die gleiche Richtung wie der Pfeil der Geschwindigkeitsänderung Δv.
2. Je länger die Dauer der Krafteinwirkung Δt auf einen Körper ist, desto kleiner ist die Kraft F auf den Körper, die nötig ist, um eine bestimmte Geschwindigkeitsänderung hervorzurufen, wenn die Masse gleich bleibt.

Formelzeichen: F
Einheit: $1\,N = 1\,\frac{kg \cdot m}{s^2}$ (N: Newton)

Beschleunigung

Als Beschleunigung bezeichnen wir die Änderung der Geschwindigkeit in einem bestimmten Zeitintervall.
Mit Formelzeichen: $a = \frac{\Delta v}{\Delta t}$
Damit lässt sich das zweite Newtonsche Gesetz auch in der Form schreiben: $F = m \cdot a$
Du kannst Experimente zur Bestimmung der Beschleunigung aus den Geschwindigkeitsänderungen durchführen und beschreiben.

Formelzeichen: a
Einheit: $1\,\frac{\text{m}}{\text{s}^2}$ („Meter pro Sekunde im Quadrat")

Gewichtskraft und freier Fall

Du weißt, dass man unter dem „freien Fall" eine geradlinige, beschleunigte Bewegung aus der Ruhe heraus in Richtung auf den Erdmittelpunkt hin versteht. Die Beschleunigung wird durch die Gewichtskraft F_G verursacht:
$F_G = m \cdot g$ mit $g = 9{,}81\,\frac{\text{m}}{\text{s}^2}$ „Fallbeschleunigung"

Die Fallbeschleunigung g ist unabhängig von der Masse, Art und Gestalt des Körpers, wenn keine Reibungskräfte wirken; sie hängt aber vom Ort ab (Erde oder Mond; Äquator oder Pol; ...).
Du kannst zwischen Masse und Gewichtskraft unterscheiden.

Wirken an einem Körper mehrere Kräfte, die sich gegenseitig ausgleichen, dann sagen wir: Der Körper befindet sich im Kräftegleichgewicht.

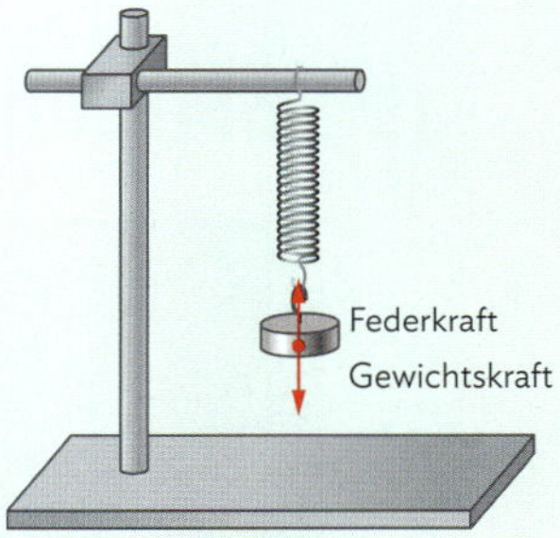

Trägheitssatz und Kräfteaddition bzw. Kräftezerlegung

Der allgemeine Trägheitssatz lautet:
Ein Körper ändert seinen Bewegungszustand nicht, wenn auf ihn keine Kraft wirkt oder er sich im Kräftegleichgewicht befindet.

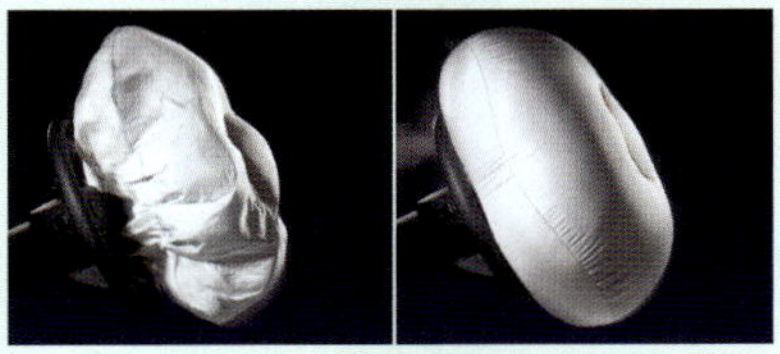

Du kannst mithilfe des Trägheitssatzes und des zweiten Newtonschen Gesetzes wichtige Sicherheitssysteme im Auto erklären, z. B. den Airbag oder die Knautschzone.

In alltäglichen Situationen spielen Kräfteaddition und Kräftezerlegung eine wichtige Rolle, beispielsweise an der schiefen Ebene.

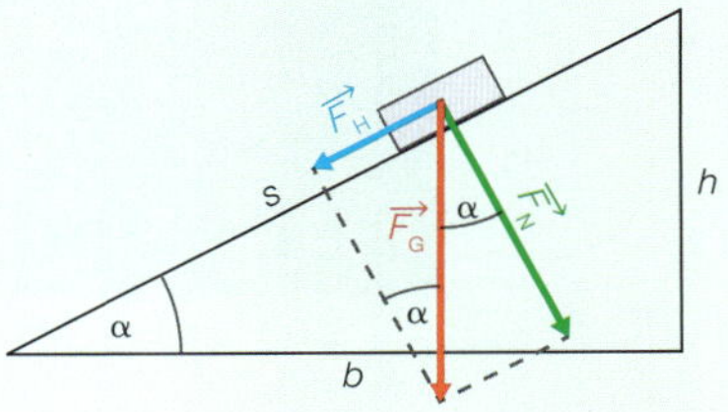

Du weißt, dass der Hookesche Bereich bei einer Feder bedeutet, dass sich die Auslenkung der Feder proportional zur Kraft verhält.

D \ Profilbereich

Du kannst in diesem Kapitel entdecken, …

- wie Solarzellen funktionieren und welche weiteren Spannungsquellen es gibt.
- wie einfach elektrische Geräte aufgebaut sind und wie du solche Schaltungen selbst nachbauen kannst.
- was es für optische Instrumente gibt und wie diese funktionieren.
- wie wir die verschiedenen Farben mit unserem Auge wahrnehmen können.
- wie Bewegungen gemessen und analysiert werden können.

19 Solarzellen und weitere Spannungsquellen

20 Vertiefungen

20.1 Elektrische Schaltungen

20.2 Elektrische Messwerkzeuge

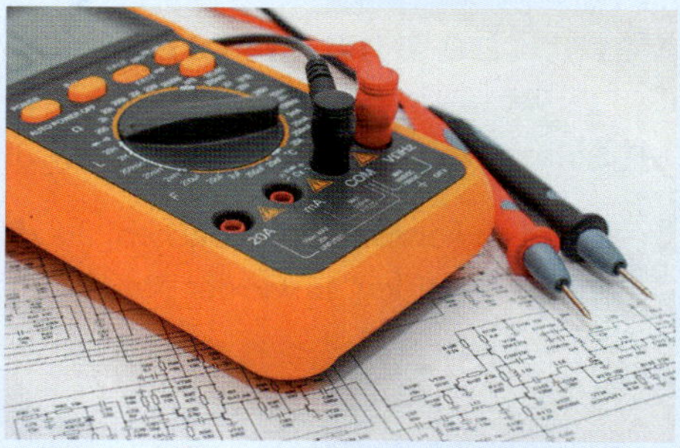

20.3 Farben

20.4 Optische Geräte

20.5 Messen von Bewegungen

19 Solarzellen und andere Elektrizitätsquellen

Versuche und Materialien zu Kapitel 19.2

M1 Solarspielzeug

Sicherlich kennst du Spielsachen, die durch Solarzellen angetrieben werden, so wie der „Wackelfrosch“.

Arbeitsauftrag

a) Beschreibe an dem hier dargestellten oder an einem eigenen Spielzeug, wie die Spannung der Solarzelle in Bewegung umgewandelt wird. Gehe dabei auch auf die Funktion der elektronischen Schaltung auf dem Chip ein.

b) V Untersuche, wie sich die Leistungsfähigkeit dieses Solarmotors ändert, wenn die Solarzelle unterschiedlich stark beleuchtet wird. Prüfe auch nach, ob eine Glasscheibe vor der Solarzelle einen Einfluss hat.

M2 Zitronenbatterie

Um eine einfache Batterie zu bauen, benötigst du eine Zitrone, einen verzinkten Nagel und ein 1-Cent-Stück (oder einen Kupfernagel). Schneide einen Schlitz in die Zitrone und stecke die Münze so hinein, dass ein kleines Stück herausragt. Stecke den Nagel in eine andere Stelle der Zitrone. Verbindest du den Nagel und die Münze jetzt mit den Anschlüssen eines elektrischen Messgeräts, kannst du eine elektrische Spannung messen.

Vorsicht: Nach diesem Versuch ist die Zitrone nicht mehr essbar!

Arbeitsauftrag

a) V Führe den Versuch durch und bestimme die Spannung mit dem Messgerät.

b) V Überprüfe, welcher der Anschlüsse der „+“-Pol und welcher der „-“-Pol der Batterie ist.

c) V Schließe mehrere dieser Batterien hintereinander, um eine größere Spannung zu erhalten. Ermittle, wie viele Zitronen du benötigst, um eine LED zum Leuchten zu bringen.

M3 Speichern von Elektrizität

Weil die Sonnenstrahlung nicht immer und nicht gleichmäßig zur Verfügung steht, werden „Elektrizitätsspeicher" benötigt. Das können Akkumulatoren, kurz Akkus, sein, z. B. die heute gebräuchlichen Lithium-Ionen-Akkus. Ausgelöst durch eine angelegte Spannung finden chemische Reaktionen statt, die beim Entladen wieder rückgängig gemacht werden können.

Anders verhält es sich bei Kondensatoren. Hier bewegen sich nur Elektronen und Ionen, ohne sich mit anderen Elementen zu verbinden. Die Abbildung zeigt den Aufbau und die Funktionsweise eines sogenannten Superkondensators. Er kann sehr schnell auf- und entladen werden.

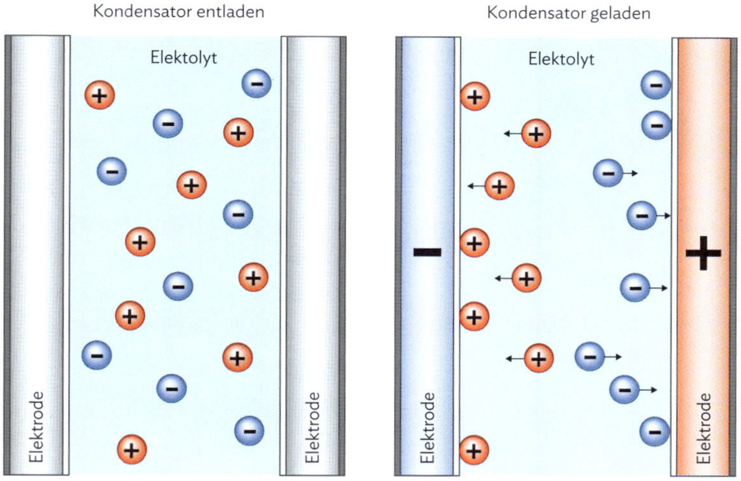

Mit dem folgenden Aufbau kannst du die Wirkungsweise dieses Elektrizitätsspeichers testen. Achte dabei auf die Anschlüsse: Eine falsche Polung beim Aufladen zerstört den Superkondensator!

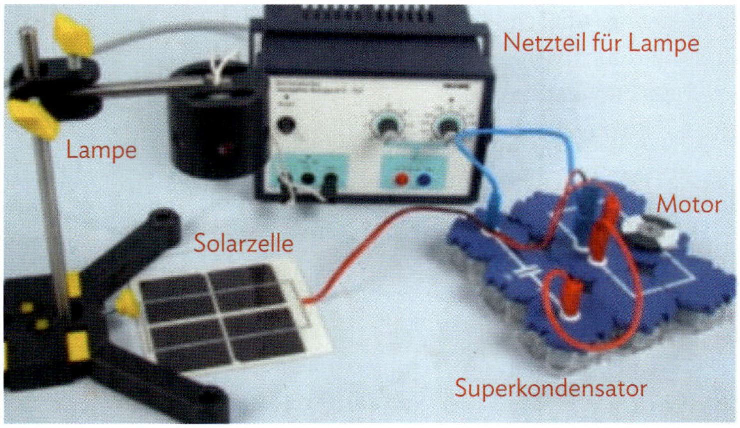

Arbeitsauftrag

a) Beschreibe anhand der Zeichnung, welche Vorgänge im Superkondensator ablaufen, wenn er geladen und anschließend entladen wird. Gehe dabei auf die einzelnen Bereiche ein: positive und negative Elektrode, Elektrolyt.

b) V Verbinde zunächst nur den Motor mit der Solarzelle. Beobachte das Verhalten des Motors beim Ein- und Ausschalten der Lampe.

c) V Schalte jetzt den Kondensator parallel zur Solarzelle und dem Motor. Notiere deine Beobachtungen, wenn du die Lampe ein- und ausschaltest.

d) V Klemme den Motor ab und lade den Kondensator mit der Solarzelle für ca. 2 Minuten auf. Miss die Spannung am Kondensator nach ½ Minute, nach einer Minute und nach 2 Minuten. Danach steckst du die Solarzelle ab und verbindest stattdessen den Motor mit dem Kondensator. Notiere, wie lang sich der Motor mit der gespeicherten Elektrizitätsmenge dreht.

19.1 Schülerexperiment: Solarzellen und Solarmodule

Solarzellen haben in den letzten Jahren eine immer größere Bedeutung erlangt. Während sie früher nur in schwer erreichbaren Gegenden verwendet wurden, tragen heute schon Solarparks deutlich zu unserer Energieversorgung bei. Die folgenden Experimente sollen dir helfen, besser zu verstehen, wie Solarzellen verwendet und wie sie optimal genutzt werden können.
Entscheidend dabei sind die elektrischen Größen, die du im ersten Teil dieses Buches kennengelernt hast: Spannung und Stromstärke.

V1 Spannung und Stromstärke einer Solarzelle bei unterschiedlicher Beleuchtung

Du kannst die Solarzelle direkt an die entsprechenden Buchsen des Messgeräts anschließen. Wichtig ist, dass du die richtigen Messbereiche auswählst. Die Solarzelle liefert eine Gleichspannung (DC); den passenden Größenbereich findest du, indem du vom höchsten Messbereich schrittweise nach unten schaltest.

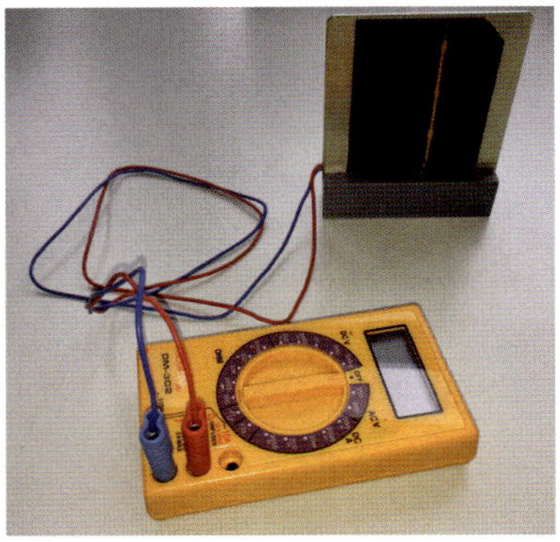

Arbeitsauftrag

Die Beleuchtung der Solarzelle kannst du auf verschiedene Weise verändern, z. B.
- durch unterschiedliche Entfernung von einer festen Lichtquelle
- durch Abdecken der Solarzelle mit unterschiedlich großen Kartonstücken (Hälfte, Drittel, Viertel, ...)

Nimm zu beiden Möglichkeiten selbstständig eine Messreihe auf und miss dabei jeweils die Spannung und die Stromstärke. Denke an die eingeübte Form des Versuchsprotokolls („ZABMA“).

V2 Zusammenschaltung von Solarzellen zu Solarmodulen

Wenn du versuchst, mit der Solarzelle von V1 einen Elektromotor zu betreiben, ist das Ergebnis vermutlich enttäuschend: Die Solarzelle ist zu schwach, d. h. die abgegebene Spannung oder die Stromstärke sind zu gering. Ähnlich wie bei Batterien (vgl. Kap. 2.2) kannst du aber auch mehrere Solarzellen miteinander verschalten. So sind die Solarmodule aufgebaut, die beispielsweise auf Dächer montiert werden.
Auf dem Foto siehst du solche Module. Deren Eigenschaften wollen wir nun untersuchen.

Arbeitsauftrag

Wichtig: Bei diesem Versuch bleibt die Beleuchtung von allen Solarzellen immer gleich.

a) Miss zuerst wieder die Spannung und die Stromstärke an den einzelnen Solarzellen. Je nach Herstellungsbedingungen können diese Werte geringfügig voneinander abweichen.

b) Verbinde dann die Zellen zu einem Solarmodul – einmal in Reihenschaltung und einmal in Parallelschaltung. Ein Schaltbild hilft dir dabei. Zeichne darin auch das Messgerät mit ein.

Du kennst bereits die Reihen- und Parallelschaltung von Widerständen (Kap. 5). Auch Solarzellen lassen sich auf beide Arten miteinander verbinden.

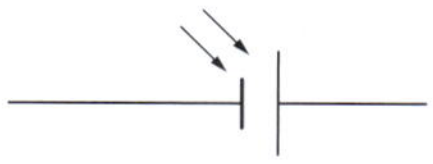

Schaltzeichen für eine Solarzelle

Schaltzeichen für ein Solarmodul aus mehreren Zellen.

Arbeitsauftrag

c) Dokumentiere anschließend für beide Fälle die Spannung und die Stromstärke am ganzen Solarmodul.

d) Überlege, wie die Ergebnisse zu deinen Kenntnissen über die Schaltung von Widerständen passen.

V3 Abschattung von Solarmodulen

Nicht immer liegt ein Solarmodul optimal in der Sonne. Oft kommt es vor, dass ein Schatten, z. B. eines Baumes, auf einzelne Solarzellen fällt. Es kann auch vorkommen, dass eine der Solarzellen defekt ist oder nur noch teilweise funktioniert.

In diesem Versuchsteil wirst du sehen, wie sich dadurch die physikalischen Messgrößen verändern, indem du die Situation unter kontrollierten Bedingungen untersuchst und auswertest.

Arbeitsauftrag

a) Miss zunächst wieder Spannung und Stromstärke an den einzelnen Zellen und an der unbedeckten Parallelschaltung.

b) Decke dann eine, zwei, ... Zellen halb ab und miss erneut.

c) Wiederhole die Messungen entsprechend mit der Reihenschaltung.

d) Versuche, die Messergebnisse zu erklären.

V4 Kennlinie einer Solarzelle

Wenn du an eine Solarzelle oder ein Solarmodul einen kleinen Elektromotor anschließt, dann wird die Spannung daran einen anderen Wert besitzen als die Spannung, die du ohne Elektromotor gemessen hast. Grund dafür ist, dass der Elektromotor einen elektrischen Widerstand hat, der das Verhalten der Solarzelle beeinflusst. Je nach Größe dieses äußeren Widerstands ändern sich die Spannung und die Stromstärke der Solarzelle. Das sollst du hier systematisch untersuchen.

Dazu verwendest du statt des Elektromotors einen einstellbaren Widerstand (Potentiometer, vgl. Kap. 5, M2). Von seinen drei Anschlüssen nutzt du nur einen Randanschluss und den mittleren, verschiebbaren Abgriff.

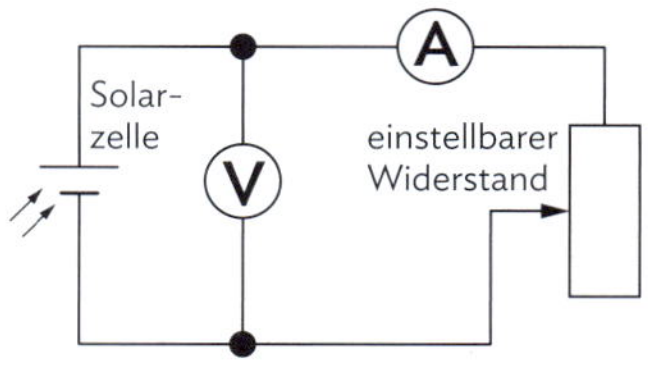

Arbeitsauftrag

a) Baue den Stromkreis wie in der Abbildung auf und stelle den kleinstmöglichen Widerstand ein.

b) Miss jeweils Wertepaare von U und I, indem du den Widerstand schrittweise erhöhst, und trage sie in eine Tabelle ein. Miss besonders sorgfältig dort, wo sich Messwerte sehr schnell ändern.

c) Trage die Wertepaare in einer U-I-Kennlinie auf (vgl. Kap. 3, V2).

d) Miss noch einmal direkt, d. h. ohne das Potentiometer, die Spannung und die Stromstärke an der Solarzelle und vergleiche mit der Kennlinie.

B2 Polykristalline Solarzelle.

B3 Monokristalline Solarzelle.

B4 Organische Solarzelle.

Aufbau einer Solarzelle

Die meisten der heute verwendeten Solarzellen bestehen vor allem aus dem chemischen Element Silizium. Silizium ist ein sogenannter Halbleiter, d. h., dass seine elektrischen Eigenschaften zwischen denen von Leitern und Isolatoren liegen: Reines Silizium leitet den Strom nur schwach. Allerdings besitzt Silizium die Eigenschaft, dass bereits kleinste Mengen von anderen beigemischten Elementen („Dotierung") die Leitfähigkeit drastisch verändern können.

Bringt man nun zwei geeignete, unterschiedlich „dotierte" Siliziumschichten zusammen, so entsteht auf der einen Seite dieser Grenzschicht ein positiv geladener Bereich, auf der anderen Seite ein negativ geladener Bereich. Einfallendes Licht kann Elektronen aus den Siliziumatomen lösen; weil sie negativ geladen sind, werden sie vom positiv geladenen Bereich angezogen. Es baut sich dann dort ein Überschuss von Elektronen auf: der Minuspol der Solarzelle (vgl. B1).

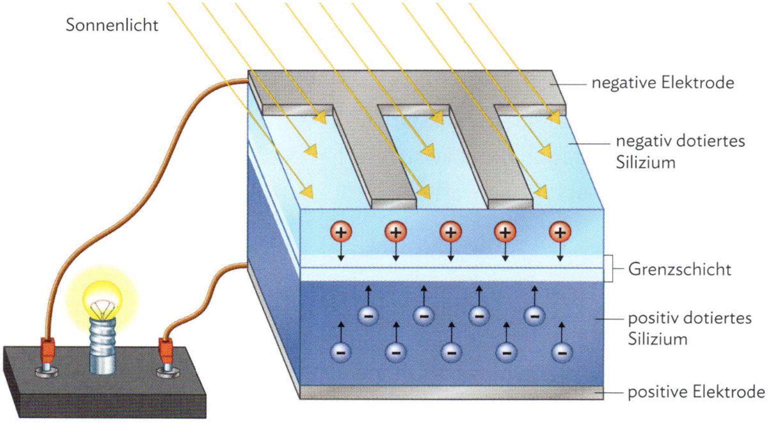

B1 Aufbau und Funktionsweise einer Solarzelle.

Weil das Sonnenlicht bis zur Grenzschicht durchdringen muss, ist die oben liegende Schicht dünner ausgeführt. Gleiches gilt für die Metallkontakte, die nur aus dünnen Stegen bestehen.

In einem Siliziumquader sind die Atome regelmäßig angeordnet; er bildet einen Kristall. Bei Solarzellen unterscheidet man polykristalline (vgl. B2), die aus vielen Einzelkristallen zusammengesetzt sind, und monokristalline Solarzellen (vgl. B3). Bei den letzteren besteht die ganze Solarzelle aus nur einem Kristall. Sie sind schwieriger herzustellen, dafür können sie die Energie von der Sonne besser aufnehmen und sind somit effizienter.

Außer Silizium werden auch andere Materialien und Materialkombinationen für Solarzellen erforscht. In den letzten Jahren wurden daneben organische Solarzellen aus speziellen Kohlenstoffverbindungen entwickelt (vgl. B4). Sie sind zwar momentan noch teurer und haben eine geringere Leistungsfähigkeit als Siliziumzellen, sind aber leicht und biegsam und eröffnen damit ganz neue Einsatzmöglichkeiten.

Kennlinie einer Solarzelle

In V4 hast du Spannung und Stromstärke einer Solarzelle in Abhängigkeit eines angeschlossenen Widerstands gemessen. Dabei fällt auf, dass die Werte für U und I, die du beim Anschließen nur eines Messgeräts erhältst, nicht gleichzeitig anliegen können: Entweder liegt die größtmögliche Spannung U_0 (Leerlaufspannung, also $I \approx 0$) an oder die größtmögliche Stromstärke I_{KS} (Kurzschlussstromstärke, also $U \approx 0$). Der Grund dafür ist der, dass das Messgerät selbst bei Spannungsmessungen einen sehr großen Widerstand besitzt, bei Strommessungen aber einen sehr kleinen.

Führt man Messungen an einer Solarzelle bei unterschiedlichen Beleuchtungsstärken durch, so erhält man Diagramme wie in B5. Auffällig ist, dass bei stärkerer Beleuchtung nur die Kurzschlussstromstärke anwächst (100 mA; 210 mA; 320 mA), die Leerlaufspannung aber fast nicht (bleibt bei ca. 490 mV). Die Erklärung liegt im Aufbau der Solarzelle: Die Spannung gibt den „Antrieb“ für ein einzelnes Elektron an; dieser wird aber nur vom Aufbau der beiden Siliziumschichten bestimmt. Anders verhält sich dagegen die Stromstärke. Sie ist ein Maß für die Anzahl der fließenden Elektronen; bei stärkerer Beleuchtung kann das Licht mehr Elektronen in Bewegung setzen.

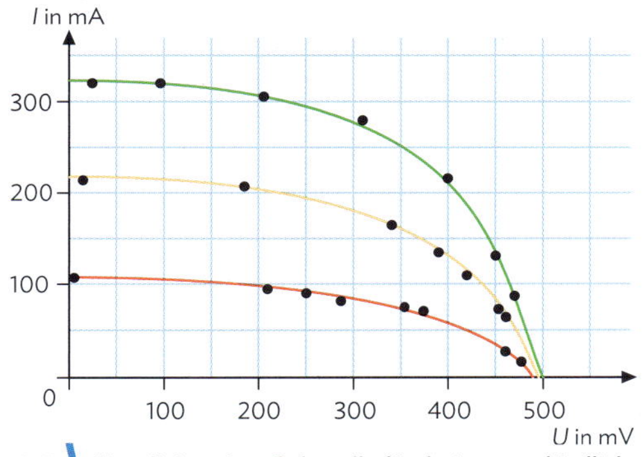

B5 \ Kennlinien einer Solarzelle für drei unterschiedliche Beleuchtungsstärken.

Zusammenschaltung zu Solarmodulen

Diese Vorstellung hilft auch, die Ergebnisse von V2 und V3 zu verstehen. Wie bei Widerständen addieren sich bei einer Reihenschaltung die Einzelspannungen und die Stromstärke bleibt gleich. Bei der Parallelschaltung hingegen addieren sich die Stromstärken und die Spannung bleibt gleich. Ein wichtiger Unterschied tritt jedoch auf, wenn nicht alle Solarzellen eines Moduls gleichmäßig bestrahlt werden. Weil sich das nur sehr gering auf die Leerlaufspannung auswirkt, ist der Effekt bei der Parallelschaltung gering. Bei der Reihenschaltung hingegen wird die Kurzschlussstromstärke durch die Zelle mit der geringsten Stromstärke bestimmt, ähnlich wie eine Baustelle in einem Straßenabschnitt den Verkehr in der ganzen Straße beeinflusst. Für Solarmodule kann ein solcher „Elektronenstau“ gefährlich werden, weil sie in diesem Bereich überhitzen können. In der technischen Anwendung gibt es daher für diesen Fall Überbrückungsleitungen.

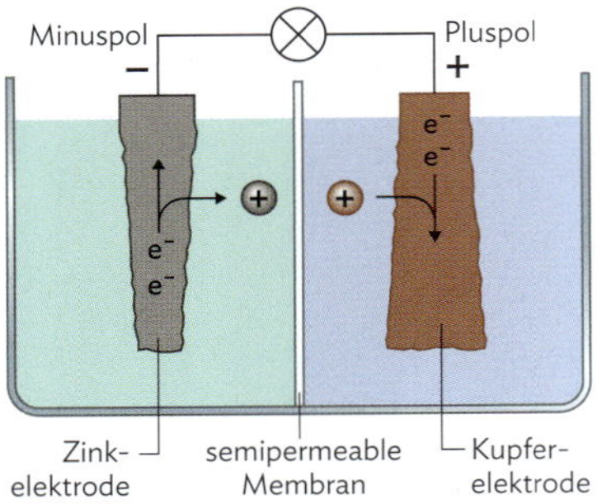

B6 Schematische Zeichnung einer galvanischen Zelle.

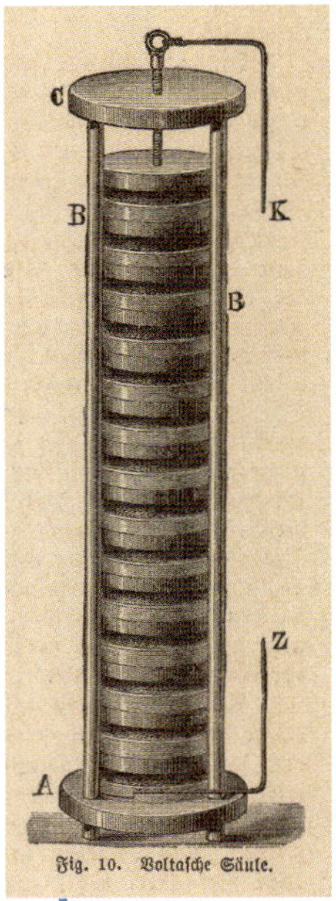

B7 Voltasche Säule.

Aufbau einer Batterie

Die ersten Elektrizitätsquellen, die gleichmäßig Strom liefern konnten, waren sogenannte galvanische Zellen. Im 18. Jahrhundert entdeckte man, dass zwischen zwei unterschiedlichen Metallen, die durch einen flüssigen Leiter („Elektrolyt") in Kontakt stehen, eine Spannung entsteht. Den grundsätzlichen Vorgang zeigt B6: Ein Zink- und ein Kupferblech befinden sich in verdünnter Schwefelsäure. Die Zink-Atome der Elektrode geben jeweils zwei Elektronen ab und werden zu positiv geladenen Ionen. Dadurch liegt dort ein Elektronenüberschuss vor, die Elektrode bildet den Minuspol. Die abgegebenen Elektronen wandern über den äußeren Stromkreis zum Pluspol. Dort nehmen positiv geladene Kupfer-Ionen aus dem Elektrolyt je zwei Elektronen auf. Auf diese Weise lädt sich das Kupferblech positiv auf, das Zinkblech negativ.

In der galvanischen Zelle werden also positive und negative Ladungen auf chemischem Weg voneinander getrennt. Das Kupfer- und das Zinkblech bilden die Pole einer Elektrizitätsquelle. Weil sich die Zinkplatte allmählich auflöst, kann diese Zelle nur eine bestimmte Ladungsmenge bereitstellen.

Die Spannung einer solchen galvanischen Zelle beträgt nur 0,76 V. Der italienische Physiker Alessandro Volta (vgl. Kap. 2.2) hatte deshalb die Idee, viele solcher Elemente zu kombinieren, um so eine höhere Spannung zu erhalten (B7).

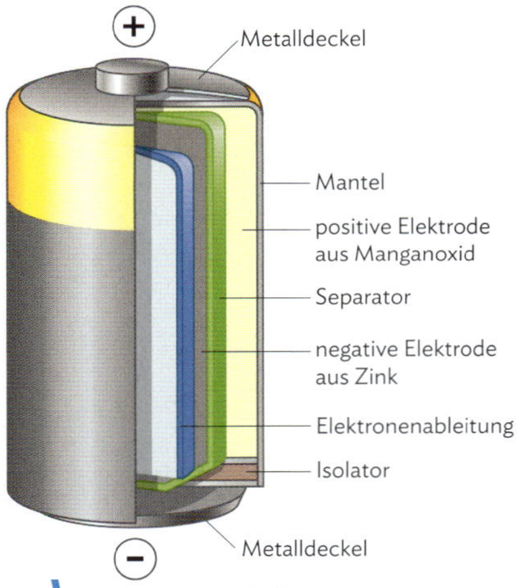

B8 Alkali-Mangan-Zelle.

Heute verwendet man meist Zellen, in denen sich Zink und Mangan (in Form von Braunstein, Mangandioxid) befinden (B8). Die Leerlaufspannung beträgt hier 1,5 V.

Kennlinie einer Batterie

Die Spannung, die tatsächlich an einem Verbraucher anliegt, ist jedoch in der Regel geringer, genau wie bei der Solarzelle. Mit der Schaltung von V4 kannst du auch von einer Batterie die *U*-*I*-Kennlinie aufnehmen. Sie hat die in B9 dargestellte Form.

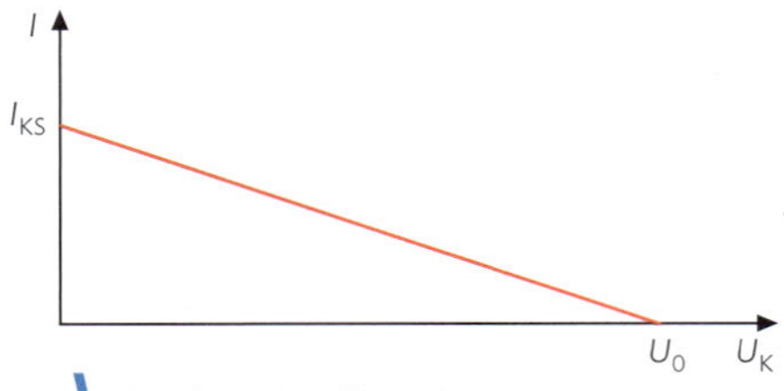

B9 Kennlinie einer Batterie

Im Unterschied zur Solarzelle ist die Spannung zwischen den Anschlüssen (die sogenannte Klemmenspannung) schon bei kleinen Belastungen geringer als die Leerlaufspannung U_0, die auf der Batterie angegeben ist.

Dieses Verhalten lässt sich erklären, wenn wir den Aufbau einer galvanischen Zelle betrachten. Nicht nur im angeschlossenen Stromkreis bewegen sich Ladungen, sondern auch im Inneren durch den Elektrolyten hindurch. Und genauso wie ein Stück Draht besitzt auch dieser Elektrolyt einen elektrischen Widerstand. Dieser „Innenwiderstand" R_i ist nahezu konstant. Eine reale Batterie lässt sich deshalb durch den Ersatzschaltkreis in B10 darstellen. In ihm besteht die Batterie aus einer festen Elektrizitätsquelle mit der Leerlaufspannung U_0 und dem Innenwiderstand R_i; nach außen hin ist aber nur die Klemmenspannung U_K „sichtbar".

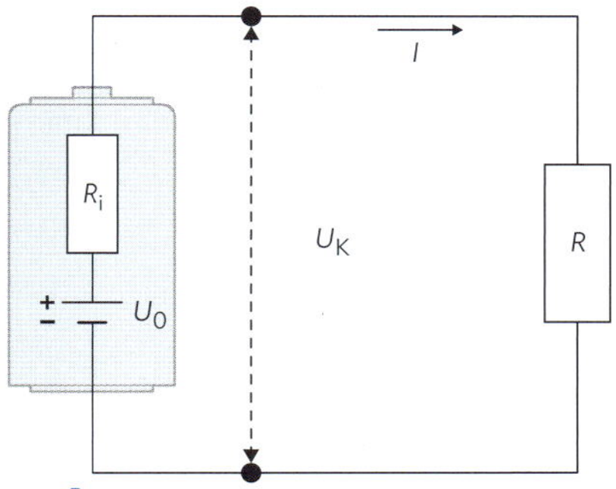

B10 \ Ersatzschaltkreis einer Batterie

Gemäß den Gesetzen aus Kap. 5 teilt sich die Spannung so auf, dass durch beide Widerstände der gleiche Strom fließt: $I = \frac{U_K}{R} = \frac{U_0 - U_K}{R_i}$.

Etwas anders geschrieben wird aus dem letzten Teil $I = \frac{U_0}{R_i} - \frac{1}{R_i} \cdot U_K$.

Das ist die mathematische Beschreibung einer linearen Funktion $I(U_K)$ mit negativer Steigung $-\frac{1}{R_i}$ und Achsenabschnitt $\frac{U_0}{R_i}$.

Arbeitsaufträge

1 \ Überlege und beschreibe Anwendungen, in denen du flexible organische Solarmodule einsetzen würdest und andere, bei denen Siliziummodule besser geeignet sind.

2 \ Solarzellen arbeiten umso effektiver, je besser sie zur Sonne hin ausgerichtet sind.
a) Untersuche selbstständig die Leerlaufspannung **V** einer Solarzelle, die unter verschiedenen Winkeln geneigt ist.
b) Formuliere mit den Versuchsergebnissen eine „Betriebsanleitung" für den optimalen Einbau eines Solarmoduls.
c) Beurteile mit deinen Ergebnissen, ob es sinnvoll ist, Solarzellen mithilfe eines Motors permanent der Sonne nach auszurichten.

3 \ Erstelle eine Folge von Zeichnungen, in der du so wie in B6 die einzelnen Schritte, die in einer galvanischen Zelle ablaufen, darstellst. Ist ein Atom geladen, dann beschrifte es mit einem „+"- oder „-"-Zeichen.

4 \ **V** Das Experiment von Volta kannst du selbst nachvollziehen. Du brauchst dazu 5-Cent-Münzen, verzinkte Beilegscheiben, Löschpapier und Alufolie. Das Löschpapier wird leitfähig, indem es in Haushaltsessig oder in Zitronensaft eingelegt wird. Jetzt stapelst du, wie in der Abbildung, abwechselnd eine Beilegscheibe, ein Stück Löschpapier und eine Kupfermünze übereinander. Die Alufolie dient als Kontakt.

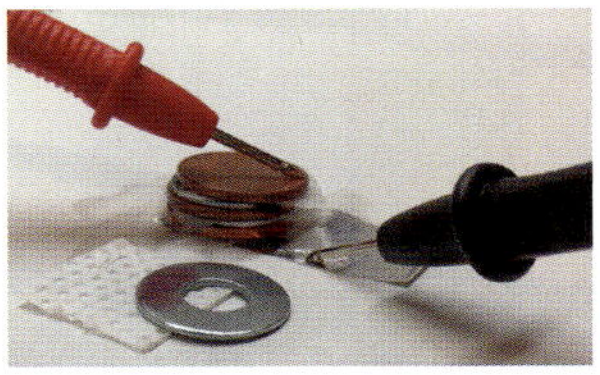

a) Miss nach jeder Schicht die Leerlaufspannung deiner Säule.

> **!** **Vorsicht: Denke an die Höchstspannung von 25 V. Darüber darfst du ohne Aufsicht nicht experimentieren!**

b) Bestimme die vollständige *U*-*I*-Kennlinie deiner Säule und vergleiche sie mit der einer handelsüblichen 4,5-V-Batterie. Berechne in beiden Fällen auch den Innenwiderstand.

M1 Widerstandmessung

Mit einem modernen Multimeter lässt sich der elektrische Widerstand eines elektronischen Bauteils, z. B. eines Glühlämpchens, direkt messen. Das Messgerät besitzt dazu eine interne Elektrizitätsquelle; gemessen wird die Stromstärke und daraus wird der Widerstandswert *R* berechnet und angezeigt.
Natürlich kannst du nach wie vor Spannung und Stromstärke getrennt messen und dann selbst rechnen.
Es stehen also zwei Messverfahren zur Verfügung und es ist wichtig, dass du mit beiden zu dem gleichen Messergebnis gelangst.

Arbeitsauftrag

a) Baue einen einfachen Stromkreis mit einer Elektrizitätsquelle und einem Lämpchen auf.
Miss die Spannung *U*, die Stromstärke *I* und berechne daraus den Widerstand *R* des Lämpchens.

b) Miss nun mit dem Multimeter direkt den Widerstand des Lämpchens.

c) Vergleiche die beiden Werte und diskutiere das Ergebnis.

M2 Heiß- und Kaltleiter

Wie du bei dem einführenden Versuch in M1 bei dem Lämpchen festgestellt hast, ist sein elektrischer Widerstand *R* von der Temperatur seiner Glühwendel abhängig. Die Temperaturabhängigkeit ist bei bestimmten elektronischen Bauteilen noch wesentlich deutlicher zu beobachten. Du sollst jetzt einen Heißleiter („NTC-Widerstand") untersuchen.

Der NTC-Widerstand und das Thermometer tauchen dazu in kaltes Wasser (vgl. Skizze). Mit der Heizplatte wird das Wasser bis ca. 70°C erwärmt und in Schritten von 5°C jeweils Widerstandswert und Temperatur abgelesen. Vergiss nicht umzurühren, um eine gleichmäßige Temperatur im Wasser zu erreichen.

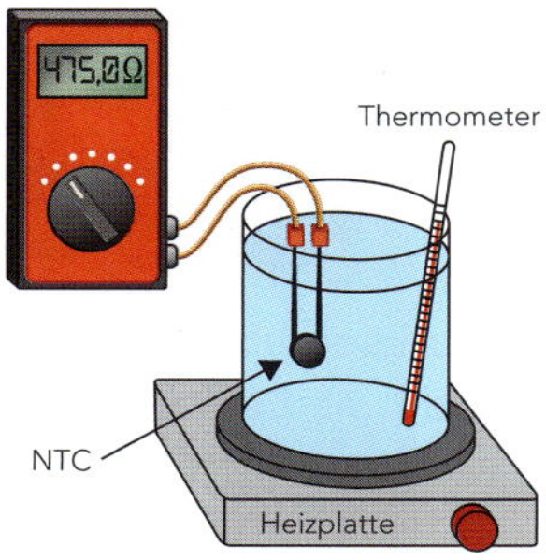

Schaltsymbole für einen Heißleiter (oben) und für einen Kaltleiter:

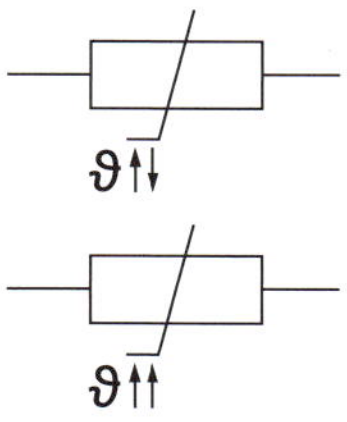

Wenn du die Messwerte in einem Temperatur-Widerstand-Diagramm aufträgst, erhältst du eine Eichkurve des Heißleiters. Aus ihr kannst du auch für andere Widerstandswerte die zugehörigen Temperaturen ablesen. Du kannst den Heißleiter so als elektrisches Thermometer verwenden.

Arbeitsauftrag

a) Baue den Versuch mit den Gerätschaften auf, die dir zur Verfügung stehen. Führe anschließend den Versuch durch und erstelle ein Versuchsprotokoll in der eingeübten Form („ZABMA").

b) Es gibt auch Materialien, die das entgegengesetzte Verhalten zeigen. Man nennt sie entsprechend Kaltleiter („PTC-Widerstand"). Wiederhole den Versuch mit einem solchen Bauteil.

c) Teste, wie sich ein Stück Eisendraht verhält. Für einen größeren Effekt kannst du ihn über einer Kerzenflamme erhitzen.

d) Recherchiere im Internet, was die Begriffe NTC und PTC bedeuten. Erkläre diese Wortwahl, indem du die Eichkurven betrachtest.

M3 Elektrisches Thermometer

Elektrische Thermometer gibt es heute in vielfältigen Bauformen für unterschiedlichste Anwendungen und Temperaturbereiche, z. B. Fieberthermometer oder Innen- und Außenthermometer für Wetterstationen. Sogar mit deinem Smartphone kannst du mithilfe einer App Temperaturen messen.

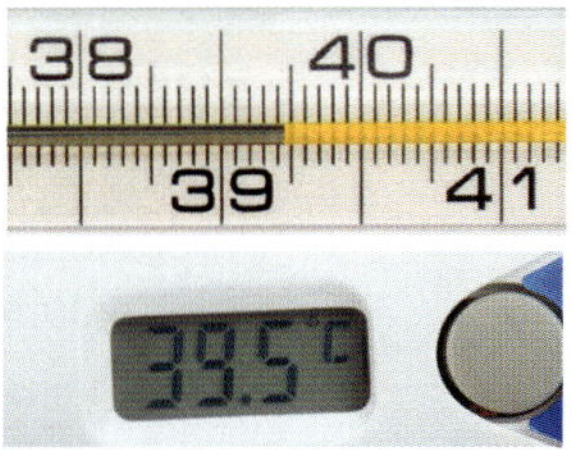

In der Abbildung siehst du parallel die Anzeige eines analogen Fieberthermometers und eines elektrischen Fieberthermometers mit Digitalanzeige.

Arbeitsauftrag

a) Vergleiche die Temperaturanzeige verschiedener Thermometerarten miteinander. Versuche, Kriterien zu finden, nach denen du die Genauigkeit beurteilen kannst.

b) Verwende eines der Bauteile aus M2 als Thermometer. Schreibe eine knappe „Bedienungsanleitung“ dazu.

c) Lade eine Temperatur-App auf dein Smartphone, führe Messungen durch und diskutiere Genauigkeit und Aussagekraft dieser Art der Temperaturmessung.

M4 Lichterkette

Bei modernen Lichterketten leuchten nach dem Ausfall eines einzelnen Lämpchens die übrigen weiter. Dafür ist parallel zur Glühwendel im Birnchen ein NTC-Widerstand verbaut.

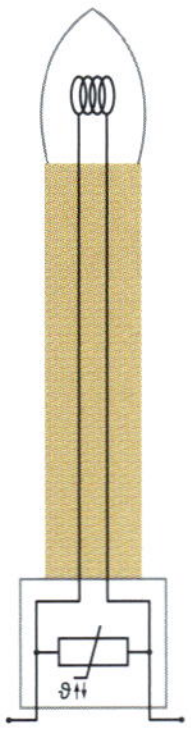

Erklärungsversuch: Im Birnchen muss eine Parallelschaltung vorliegen, wobei der Strom normal durch den Glühdraht fließt, bei defektem Glühdraht aber durch einen Parallelwiderstand. Dieser Widerstand muss veränderlich sein, damit beim Wegfall des Glühdrahtes die ursprüngliche Situation (gleicher Gesamtwiderstand der Parallelschaltung) wieder hergestellt wird. Der Parallelwiderstand muss also kleiner werden. Schaltskizze:

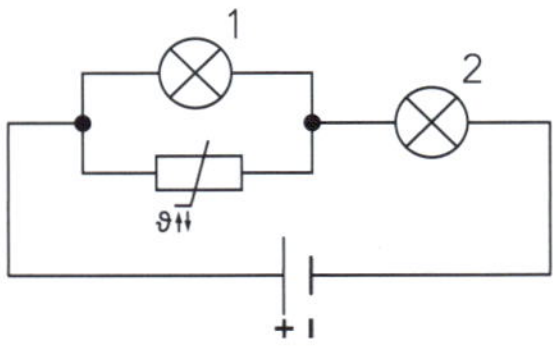

Arbeitsauftrag

a) Erkläre, dass der NTC-Widerstand bei defektem Birnchen von alleine kleiner wird.

b) Baue die Schaltung auf. Achte dabei darauf, dass der Heißleiter im heißen Zustand ungefähr denselben Widerstandswert wie ein Lämpchen besitzt. (Der aufgedruckte Wert muss also größer sein.) Betreibe die Schaltung mit einer Spannung von ca. 4 V.

c) Entferne nun einmal das rechte Lämpchen und einmal das linke. Notiere jeweils deine Beobachtungen.

d) Begründe den unten dargestellten Warnhinweis. Verwende dabei physikalische Fachsprache.

! Defekte Kerzen müssen jedoch sofort ausgewechselt werden, da alle funktionstüchtigen Kerzen ansonsten einer überhöhten Spannung ausgesetzt sind, welche die Lebensdauer der Kerzen auf Dauer erheblich beeinflußt.
Defekte Kerzen müssen durch neue Kerzen gleicher Spannung und Leistung ersetzt werden.

M1 Widerstand eines Metalldrahts

Das Grundprinzip vieler elektrischer Messgeräte ist die Abhängigkeit des elektrischen Widerstands von der Länge des elektrischen Leiters. Bei einem großen Potentiometer (Schiebewiderstand) beispielsweise ist im Wesentlichen ein langer Draht aufgewickelt, der an unterschiedlichen Stellen abgegriffen wird. Den genauen Zusammenhang zwischen Länge des Leiters und elektrischem Widerstand sollst du hier untersuchen.

Versuch 1: Abhängigkeit von der Länge *s*
1 bis 1,5 m Konstantandraht wird auf dem Tisch befestigt. Mithilfe von zwei Krokodilklemmen kannst du direkt den Widerstand für verschiedene Längen bestimmen.

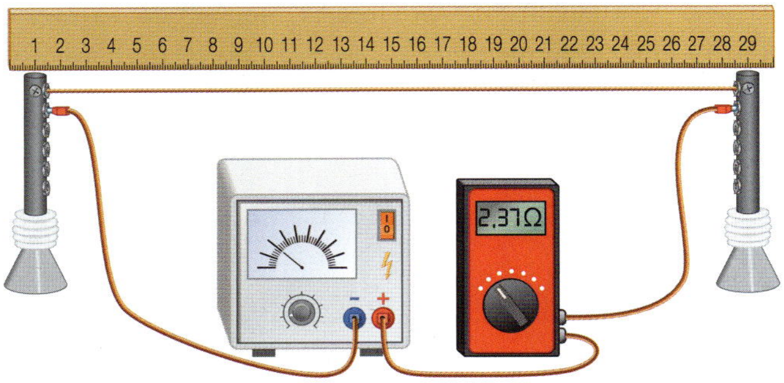

Versuch 2: Abhängigkeit vom Durchmesser *d*
Wiederhole das Experiment mit Konstantandrähten verschiedener Dicke. Die Länge soll dabei jeweils gleich sein.

Arbeitsauftrag

a) Führe die angegebenen Experimente selbstständig durch und protokolliere sie.

b) Formuliere den Zusammenhang zwischen *s* und *R* mathematisch.

c) Statt der Abhängigkeit vom Durchmesser könnte man auch die Abhängigkeit von der Querschnittsfläche untersuchen. Diese Fläche ist proportional zu d^2. Erstelle eine Tabelle mit d^2 und *R*. Gib an, welche mathematische Beziehung hier vorliegt.

d) Fasse die beiden Ergebnisse in einem knappen Merktext zusammen.

M2 Drucksensor

Vorversuch: Feuchte einen Tafelschwamm an (nicht zu nass machen!) und schließe ihn an ein Ohmmeter an (Kabel links und rechts in den Schwamm stecken oder Krokodilklemmen verwenden). Drücke auf den Schwamm und beobachte, wie sich der Widerstand ändert.
Erklärung: Je nach dem, wie man den Schwamm zusammendrückt, ändert sich der Querschnitt oder die Länge. Beide Effekte führen nach den Ergebnissen von M1 zu einer Verkleinerung des Widerstandes. Ein Drucksensor funktioniert nach einem ähnlichen Prinzip.

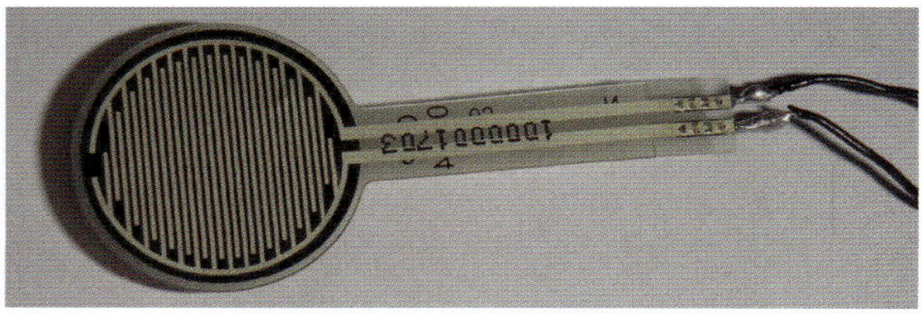

Arbeitsauftrag

a) Untersuche mit einem Ohmmeter, wie sich der Widerstand des Drucksensors ändert, wenn man (vorsichtig) auf den Sensor drückt.

b) Kann man mit dem Drucksensor einen Kraftmesser bauen? Stelle verschiedene Massestücke auf den Sensor und untersuche, ob man aus dem Widerstand auf die Masse schließen kann. Erstelle dazu eine Eichkurve deines Sensors.

M3 Dehnungsmessstreifen

Wird auf einen Draht eine Zugkraft ausgeübt, so verlängert er sich. Da das Volumen konstant bleibt, muss der Querschnitt abnehmen. Beide Effekte führen nach dem Ergebnis von M1 zu einer Vergrößerung des Widerstandes.

Um sehr empfindlich messen zu können, verwendet man in der Praxis nicht nur ein Drahtstück, sondern bringt viele Metallbahnen hin- und herlaufend auf ein Trägermaterial auf.

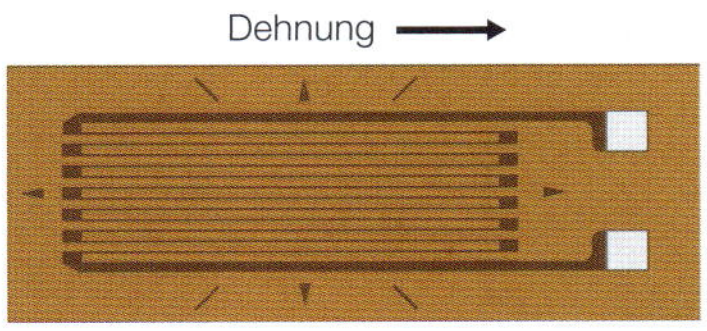

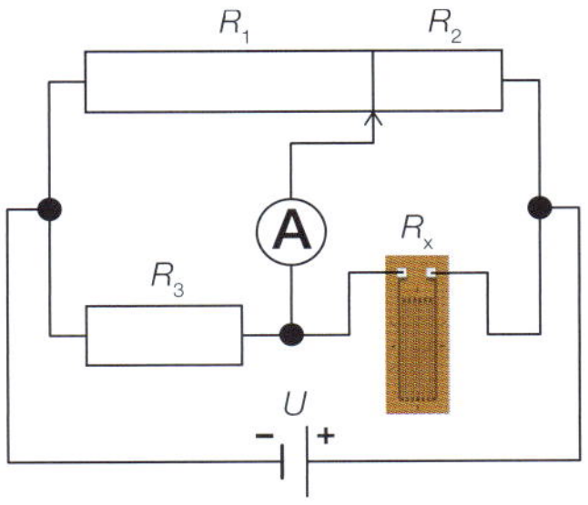

Außerdem verwendet man zur Messung eine sogenannte Brückenschaltung. Dabei ist parallel zu einer Reihenschaltung von R_3 und R_x ein Potentiometer geschaltet (Teilwiderstände R_1 und R_2). Weil sich bei einer Reihenschaltung die Teilspannungen wie die Widerstände verhalten, kann man erreichen, dass die Teilspannungen an R_1 und R_3 sowie die an R_3 und R_x jeweils gleich sind. Durch das Amperemeter fließt dann kein Strom. Das ändert sich, wenn sich R_x verändert. Weil sich bereits sehr kleine Ströme gut messen lassen, ist diese Anzeige sehr empfindlich.

Arbeitsauftrag

a) Hänge an eine Stativstange ein in Salzwasser getränktes Gummiband und miss seinen Widerstand mit einem Multimeter. Beobachte, wie sich der Widerstand ändert, wenn das Band gedehnt wird. V

b) Baue die Brückenschaltung mit dem Dehnungsmessstreifen nach dem Schaltplan auf. Achte darauf, dass R_3 einen ähnlich großen Widerstand besitzt wie R_x. Gleiche dann die Brücke durch Einstellen des Potentiometers ab; die Stromanzeige im Messgerät muss null sein. V

c) Biege vorsichtig das Metallstück mit dem aufgeklebten Dehnungsmessstreifen und protokolliere deine Beobachtungen. V

d) Überlege dir Anwendungen für diesen Sensor. Fasse deine Ergebnisse in einer Übersicht zusammen.

M4 Körperfettmesser

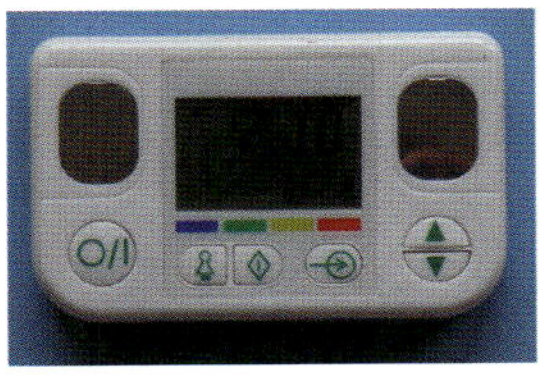

Moderne Personenwaagen haben oft auch eine Einstellung, um Körperfett zu messen. Den entsprechenden Sensor gibt es auch als separates Gerät zu kaufen.

Auch hier beruht die Funktionsweise auf einer Widerstandsmessung. Man geht davon aus, dass unterschiedliche Gewebearten (Muskeln, Fett, etc.) verschiedene elektrische Widerstände besitzen.

Arbeitsauftrag

a) Lies die Beschreibung des Körperfett-Sensors und teste seine Funktionsweise. Du brauchst keine persönlichen Einstellungen vornehmen. V

b) Begründe, warum du vor der Messung verschiedene Angaben machen musst und teste, welchen Einfluss sie auf das Messergebnis haben. V

c) Du kannst statt deiner Finger auch einen Widerstand auflegen. Teste den „Fettgehalt" verschiedener Widerstände. V

d) Verfasse einen kurzen Text, in dem du die Zuverlässigkeit und die Aussagekraft der Messergebnisse beurteilst.

20.3 Vertiefung: Farben

M1 Dispersion von Licht

Wenn die Brechung von Licht quantitativ untersucht wird (indem man Einfalls- und Brechungswinkel genau tabelliert), dann fällt auf, dass der Brechungswinkel von der Farbe abhängt. Bei violettem Licht ist er etwas größer als bei rotem. Dieses Phänomen heißt Dispersion des Lichts.

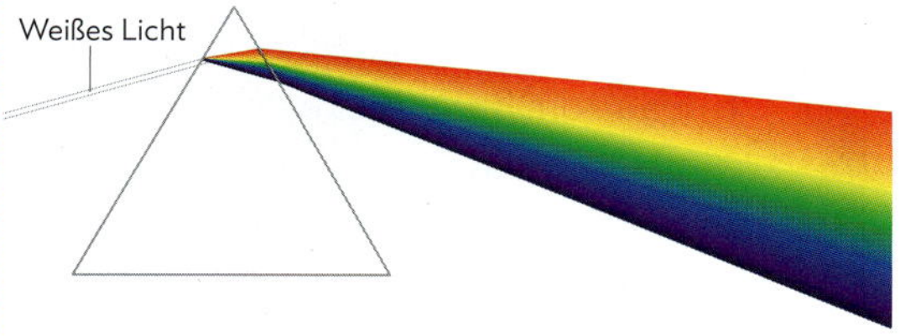

Besonders eindrucksvoll sieht man dies bei zuvor weißem Licht, das durch ein Prisma in ein Farbband – ein Farbspektrum – zerlegt wird. Das violette Licht wird an den beiden Seitenflächen des Prismas am stärksten gebrochen, das rote Licht am schwächsten. Der ursprünglich weiße Lichtstrahl wird zu einem farbigen Band auseinandergezogen, einem Spektrum. Die Farben, die man dabei beobachten kann, heißen deshalb Spektralfarben.

Arbeitsauftrag

a) Stelle das Farbspektrum einer Halogenlampe oder einer Taschenlampe her. Besonders hell wird das Spektrum, wenn du das Prisma in den Strahlengang eines Overhead-Projektors hältst. (V)

b) Schreibe die erscheinenden Spektralfarben in der richtigen Reihenfolge auf.

c) Suche in deiner Umgebung zuhause weitere Situationen, bei denen du ein Farbspektrum beobachten kannst. Notiere sie und versuche, einen möglichen Lichtweg dazu zu zeichnen. (V)
Aber beachte: Nicht alle „Regenbogenfarben"-Erscheinungen sind auf Dispersion zurückzuführen!

M2 Die Versuche von Newton zur Dispersion

Isaac Newton hat als erster Physiker bereits 1672 die Dispersion von weißem Licht genau untersucht und aufgezeichnet.
Zur Durchführung benötigst du: eine helle Glüh- oder Halogenlampe, einen Spalt, zwei Glasprismen, eine Sammellinse, ein Stück Karton („Schirm") zum Auffangen des Lichts

Versuch 1: Ein Bündel weißes Licht trifft auf ein Glasprisma. Was kann man auf dem Schirm dahinter beobachten?

Versuch 2: Mithilfe eines schmalen Spalts lässt man nur eine Spektralfarbe auf das zweite Prisma treffen.

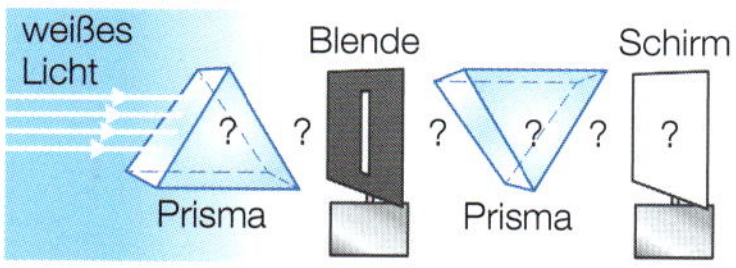

Wie verändert sich die Farbe und der Weg des Lichts durch das zweite Prisma?

Versuch 3: Eine Sammellinse wird hinter dem Prisma so in den Strahlengang gehalten, dass das gesamte

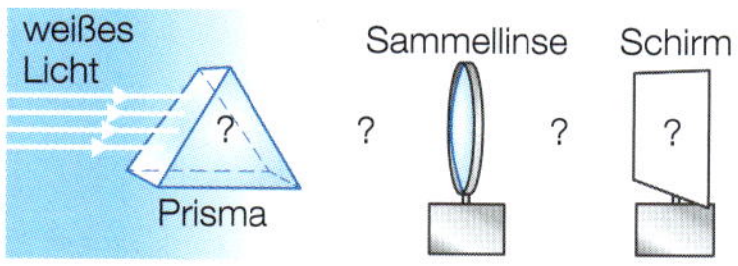

Licht auf die Linse trifft. Was kann man auf dem Schirm beobachten, wenn er genau in der Brennpunktsentfernung hinter der Linse steht?

Arbeitsauftrag

a) Führe die Newtonschen Versuche durch und beantworte die zugehörigen Fragen. Ergänze in deinem Heft die Zeichnungen im Bereich der „?" um den weiteren Strahlenverlauf. Achte dabei darauf, dass die Brechung an beiden Grenzflächen Luft-Glas und Glas-Luft erfolgt. (V)

b) Formuliere deine Folgerungen aus den drei Versuchen. Schreibe abschließend einen kurzen „Merke"-Text. Halte deine Formulierungen möglichst knapp und präzise.

M3 Der Regenbogen

Ein Regenbogen gehört zu den besonders beeindruckenden Naturerscheinungen. Schon als Kind lernt man, dass man einen Regenbogen nur sieht, wenn es regnet und gleichzeitig die Sonne scheint.
Warum aber sieht man diesen Bogen mit den Spektralfarben? Grund hierfür ist die Dispersion des Sonnenlichts bei der Lichtbrechung in den Regentropfen.

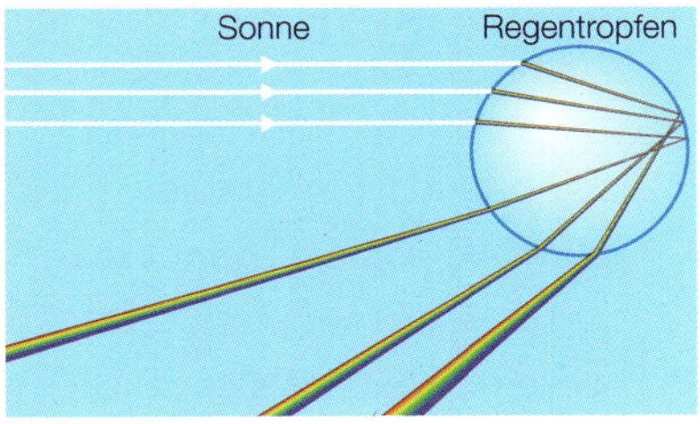

Lichtstrahlen, die von der Sonne auf einen Regentropfen treffen, werden beim Eindringen in den Tropfen gebrochen und ein weiteres Mal beim Austreten. Außerdem wird das Licht an der Innenseite reflektiert. Bei beiden Übergängen zwischen Luft und Wasser sind die Brechungswinkel je nach Farbe unterschiedlich, so dass schließlich jeder (annähernd) weiße Lichtstrahl von der Sonne in ein Farbspektrum zerlegt wird.

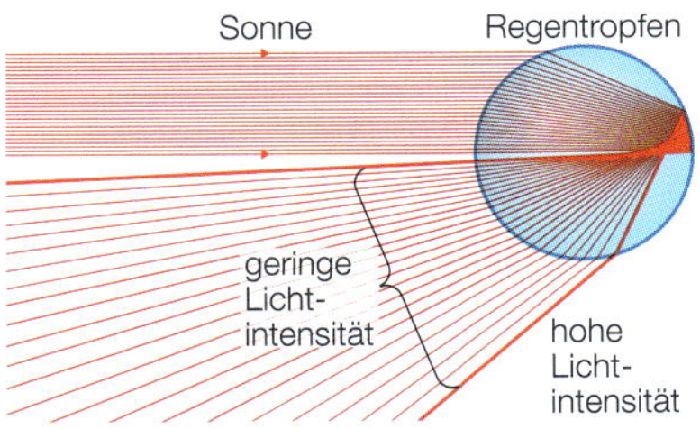

Für eine genauere Betrachtung sieht man sich die Farben im Sonnenlicht getrennt an. Viele solche z. B. rote Lichtstrahlen spalten sich nach dem Durchgang durch den Tropfen zu einem „Fächer“ auf. Aber die Intensität ist an einem Rand besonders hoch. Unser Auge nimmt nur diese Richtung als rot wahr und nur diejenigen Regentropfen, die wir genau unter diesem Winkel sehen, tragen zum roten Teil des Bogens bei. Bei anderen Farben ist dieser Winkel kleiner.

Arbeitsauftrag

a) Betrachte die Reihenfolge der Farben beim Regenbogen und begründe sie mit der Beobachtung aus M1.

b) Suche im Internet nach Abbildungen eines Regenbogens und beurteile, ob jeweils der Farbverlauf korrekt dargestellt ist.

c) Erkläre, in welcher Position sich Sonne, Auge und Regentropfen befinden müssen, damit du einen Regenbogen sehen kannst. Gib auch den Grund für die Bogenform an.

d) V Für eine genauere Untersuchung kannst du ein Simulationsprogramm verwenden, z. B.

MC 67048-29

Wichtig ist, dass nicht nur die Brechung, sondern auch Reflexionen dargestellt werden. Versuche zuerst, die Situation vom unteren linken Bild nachzustellen:

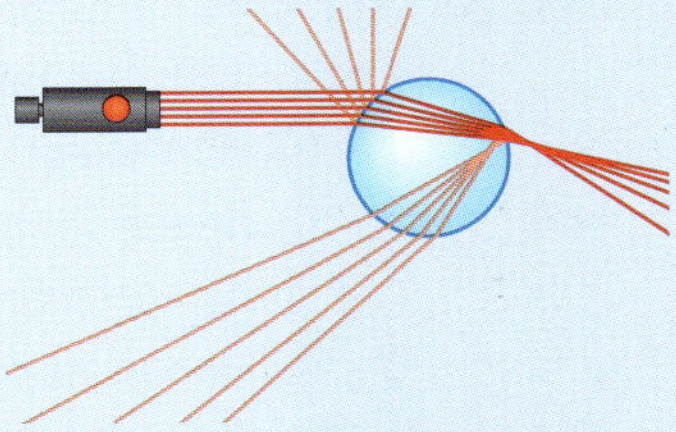

Ändere dann die Farbe des Lichts.

e) V Betrachtet man das Foto des Regenbogens genau, dann sieht man einen zweiten, größeren Bogen. Versuche, ihn in der Simulation zu „erzeugen“.

M1 Erweitertes Reflexionsgesetz

Trifft ein Lichtstrahl senkrecht auf eine ebene, spiegelnde Oberfläche, so wird er in sich reflektiert. Trifft er schräg auf, gilt für ihn das Reflexionsgesetz aus Kap. 6.2. Dieses lässt sich auch auf gewölbte Oberflächen übertragen:

Trifft der Lichtstrahl senkrecht auf die Oberfläche, wird er in sich reflektiert (rote Linie). Für jeden anderen Strahl gilt auch bei gewölbter Oberfläche, dass Einfallswinkel und Reflexionswinkel stets gleich groß sind und mit dem Lot in einer Ebene liegen.

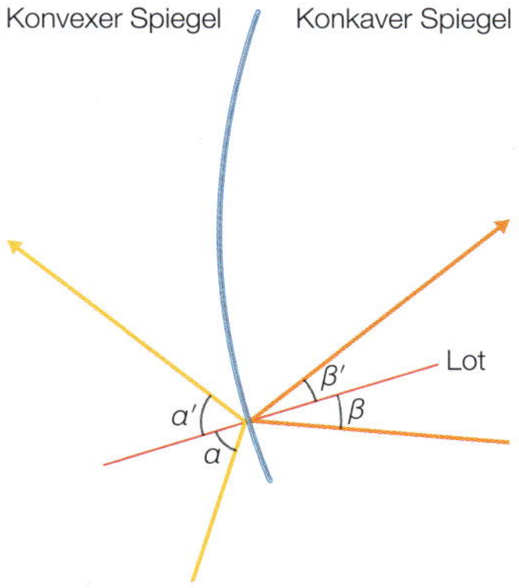

Arbeitsauftrag

a) Spiegel, die nur in einer Dimension gewölbt sind, werden auch als Zerrspiegel bezeichnet.
V Baue dir selbst einen Zerrspiegel, indem du spiegelnde Haushaltsfolie um eine 1,5 l PET Flasche wickelst.

b) Beschreibe deine Beobachtungen, wenn du deinen Spiegel aus der senkrechten Position um 90 Grad drehst.
V

M2 Bilder von gewölbten Spiegeln

Die beiden Bilder zeigen die Spiegelung desselben Hauses in einem Suppenlöffel: links die Innenseite des Löffels, rechts die Außenseite. Der Löffel besteht aus zwei Spiegeln: einem Wölb- und einem Hohlspiegel.

Hohlspiegel (konkaver Spiegel)

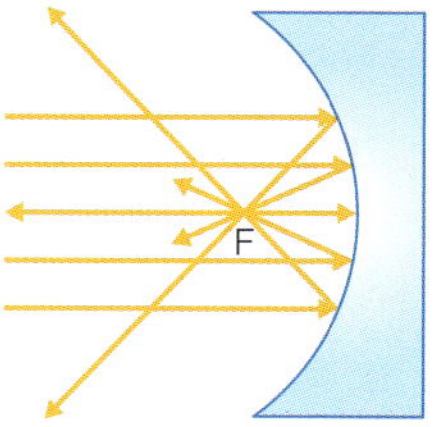

Trifft ein paralleles Lichtbündel auf einen Hohlspiegel, dann treffen sich die reflektierten Strahlen in einem Brennpunkt F. Die Art und Größe des Bildes eines Gegenstands hängt von seinem Abstand zum Spiegel ab.

Wölbspiegel (konvexer Spiegel)

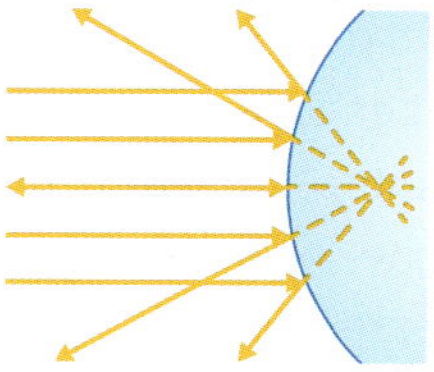

Verlängert man die reflektierten Strahlen eines parallelen Lichtbündels, dann scheinen sie aus einem gemeinsamen Punkt hinter dem Spiegel herzukommen.

Arbeitsauftrag

a) Den scheinbaren Ursprung der reflektierten Strahlen beim Wölbspiegel nennt man „virtuellen Brennpunkt“. Beschreibe, was mit diesem Begriff gemeint sein könnte.

b) Erstelle eine Liste, an welchen Stellen in deinem Umfeld gewölbte Spiegel verwendet werden. Unterscheide dabei zwischen Konkav- und Konvexspiegeln. Gib an, welchem Zweck die Spiegel dienen.

c) Plane einen geeigneten Versuch, mit dem du näherungsweise die Brennweite eines Suppenlöffels bestimmen kannst. Führe ihn durch und dokumentiere ihn.
V

d) Beschreibe, was Linsen und gewölbte Spiegel gemeinsam haben und worin sie sich unterscheiden.

M3 Astronomisches Teleskop (Fernrohr)

Aus einem Brillenglas, das als Sammellinse geschliffen ist (Weitsichtigkeit) und einer Lupe oder auch aus zwei Lupen mit unterschiedlichen Brennweiten kannst du dir ein einfaches Linsenfernrohr bauen.

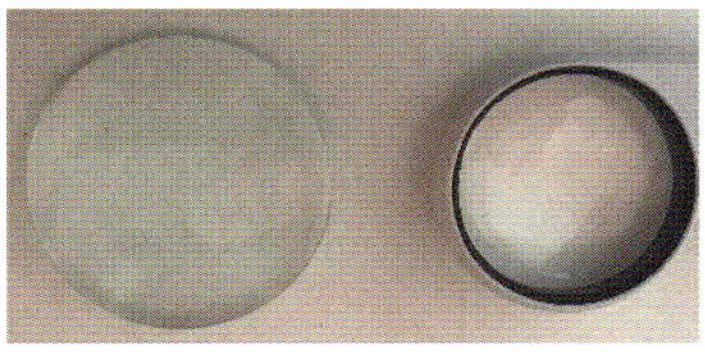

Die erste Linse wirkt als Objektiv (Objekt = Gegenstand), die zweite als Okular (lat. „oculus" = Auge).

Die beiden Linsen sind so angeordnet, dass sich der Brennpunkt des Objektivs an der gleichen Stelle befindet wie der Brennpunkt des Okulars. Lichtstrahlen, die parallel in das Teleskop eintreten, verlassen es deshalb auch wieder parallel. Das Licht wird aber auf eine viel kleinere Querschnittsfläche gebündelt; das ist der Grund dafür, dass man bei einem Fernrohr schwächere Sterne wahrnehmen kann als mit dem bloßem Auge.

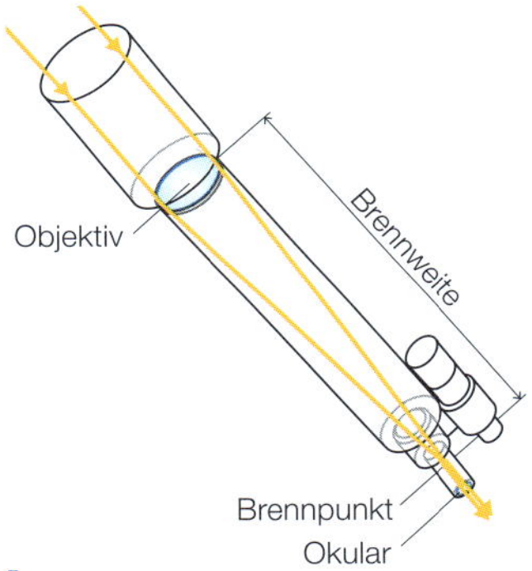

Lichtverlauf im Linsenfernrohr.

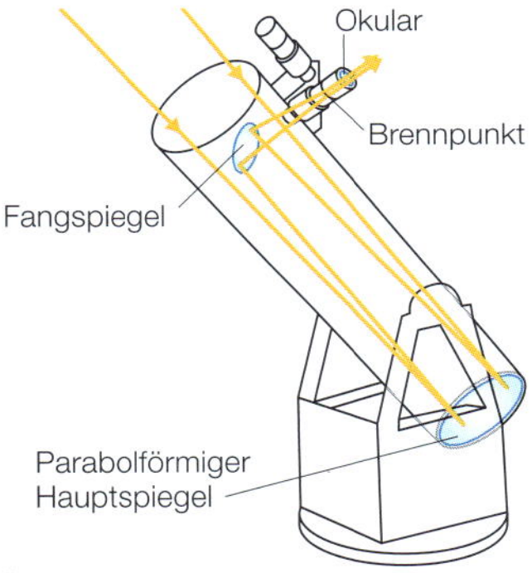

Lichtverlauf im Spiegelfernrohr.

Hauptspiegel und Montierung des ELT.

Arbeitsauftrag

a) Experimentiere mit zwei Sammellinsen. Teste dabei verschiedene Kombinationen und Abstände und protokolliere deine Beobachtungen.

b) Simuliere den Strahlenverlauf im Linsenfernrohr mit einem geeigneten Programm. Beschreibe, was geschieht, wenn die beiden Brennpunkte nicht zusammenfallen.

c) Bei einem Spiegelfernrohr ist die Objektivlinse durch einen geeignet gewölbten Spiegel ersetzt. Begründe, welche Art von Krümmung er aufweisen muss. Beschreibe den Strahlenverlauf und gehe dabei auch auf die Funktion des Fangspiegels (vgl. Bild links) ein. Welche Art von Spiegel ist das?

d) „Der Spiegeldurchmesser ist entscheidend für die Leistungsfähigkeit eines Teleskops." Begründe diese Aussage und erläutere, weshalb Teleskope für die Forschung immer größer gebaut werden. Suche nach Gründen, weshalb diese Teleskope heute immer Spiegelfernrohre sind.

e) Ein Projekt der Europäischen Südsternwarte (ESO) ist ein Teleskop mit einem Spiegeldurchmesser von 39 Metern. Informiere dich im Internet über dieses „Extremely Large Telescope" (ELT). Finde heraus, mit welchem Trick es möglich ist, einen solchen Spiegel zu bauen.

M4 Spiegel des Lebens – Verkehrssicherheit

Gerade erst kam ein Elfjähriger in München durch einen abbiegenden Lkw ums Leben. Dabei kämpft ein Vater seit Jahren darum, die Straßen sicherer zu machen.

[...] Ein Junge ist hier einen Tag zuvor gestorben, elf Jahre alt. Er kam mit dem Fahrrad von der Schule, fuhr über die Brücke, wollte weiter geradeaus, als ein Lastwagenfahrer rechts abbog und ihn übersah. [...] Ein Lkw dieser Bauart gegen einen Jungen auf dem Fahrrad, das sind 15 Tonnen Masse gegen 40 Kilo Mensch, „da hast du keine Chance", sagt Ulrich Willburger. Er saß mit seiner Tochter Beatrix im Auto, als er von dem Unfall in München vor zwei Wochen hörte. Sie hätten sich kurz angeschaut und dann lange geschwiegen, jeder seinen Gedanken nachhängend. Was sollten sie schon groß dazu sagen? [...] Vor 25 Jahren ist seine Tochter Beatrix von einem Betonmischer auf dem Heimweg von der Schule überfahren worden, sie wollte geradeaus, der Fahrer abbiegen, es ist eigentlich fast die gleiche Geschichte. Der Lastwagen erwischte ihr Vorderrad, zog sie zwischen beide Achsen, überrollte sie von den Rippen bis zu den Sprunggelenken. Sie war 13 Jahre alt. Bis Mitternacht wurde sie operiert, unklar, ob sie überleben würde, dann wachte sie auf. Halbseitig gelähmt ab der Hüfte. Über zehn Jahre immer wieder Klinikaufenthalte. Ein Gutachten bescheinigte lapidar, Unfälle dieser Art passierten und seien unvermeidlich.

Das war ein Befund wie ein Affront, zumindest für Ulrich Willburger. Er ist Betriebswirt, aber auch ein Tüftler [...] Also hat er einen Spiegel erfunden, benannt nach seiner Tochter, den „Trixi-Spiegel". Kreisrund und konvex gewölbt; wird er richtig am Ampelmast angebracht, können Lkw-Fahrer mit einem Blick in den toten Winkel neben sich sehen. Anschaffungspreis je nach Größe ab 70 Euro, leicht montierbar, seit 20 Jahren nahezu unverändert, ein ausgereiftes Modell, das funktioniert und die Zahl dieser oft so tödlichen Unfälle erwiesenermaßen verringert, allein in der Schweiz hängen 3000 Spiegel. Nur in Deutschland sind sie weniger im Einsatz. [...]

Abbiegeassistenten, ausgerüstet mit Kamera und Sensoren, sind das wirksamste Mittel, um solche Unfälle zu verhindern, weil hier die Technik, zum Teil mit eingebauter Bremsautomatik, verlässlich hilft, wenn der Mensch etwas übersehen oder nicht reagiert hat. [...] Aber erst seit Anfang des Jahres gilt eine EU-Verordnung, nach der alle neuen Lastwagen bis 2024 verpflichtend mit Abbiegeassistenten ausgerüstet sein müssen. [...] Aber ein Assi, den in fünf Jahren ein paar Lastwagen haben, ist nicht wirklich ein Konzept. Man könnte also über weitere, andere Maßnahmen nachdenken.

Arbeitsauftrag

a) Stelle in einer Zeichnung den Unfallhergang dar und beschreibe, warum manche Kreuzungen besonders gefährlich sind.

b) Experimentiere mit verschiedenen Wölbspiegeln und suche eine Anordnung, in der der tote Winkel neben dem Lkw möglichst klein ist oder sogar ganz verschwindet. Begründe, dass die Beschreibung des Spiegels im Zeitungsartikel einen physikalischen Fehler enthält.

c) In einem Leserbrief wird der elektronische Abbiegeassistent bevorzugt: „Der Trixispiegel ist schon deshalb untauglich, weil er dem Fahrzeugführer nicht während des gesamten Abbiegevorgangs eine Beobachtung des vorfahrtberechtigten Verkehrs rechts hinter ihm ermöglicht."
Gib diese Begründung mit eigenen Worten wieder. Sammle Argumente, die für oder gegen die beiden im Text genannten Lösungen sprechen.

d) Formuliere selbst eine Bewertung, z. B. in Form eines Leserbriefs.

M1 Stroboskopbilder und Videoanalyse

Stroboskopbilder, wie in Kapitel 11, kannst du auch selbst herstellen. Statt mit einer Blitzlampe zu arbeiten, musst du dafür nur ein Video aufnehmen und einzelne Bilder („Frames") daraus überlagern, z. B. mit einer App fürs Smartphone.

Das Ergebnis könnte wie diese Stroboskopaufnahme einer Modelleisenbahn aussehen. Achte darauf, dass sich die Kamera nicht bewegt; am besten verwendest du ein Stativ. Außerdem sollte sich der bewegende Gegenstand gut vom Hintergrund unterscheiden. Hier wurde auf die Lokomotive ein roter Karton geklebt. Um aus dem Bild physikalische Größen, wie z. B. die Geschwindigkeit, messen zu können, musst du an weitere Vorbereitungen

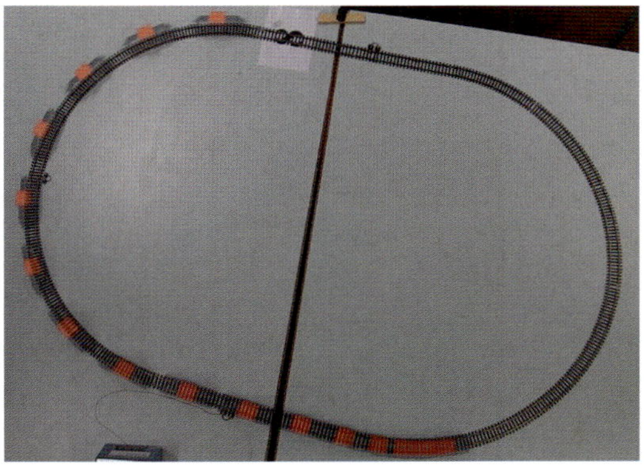

denken. So muss der Maßstab des Videos bekannt sein; das geschieht am einfachsten durch Gegenstände bekannter Größe, die im Video zu sehen sind. Der zeitliche Abstand zweier Frames ergibt sich aus der Bildrate. Üblicherweise sind das heute 30 Bilder pro Sekunde. Wenn du sehr schnelle Vorgänge darstellen möchtest, kannst du Zeitlupenaufnahmen machen.

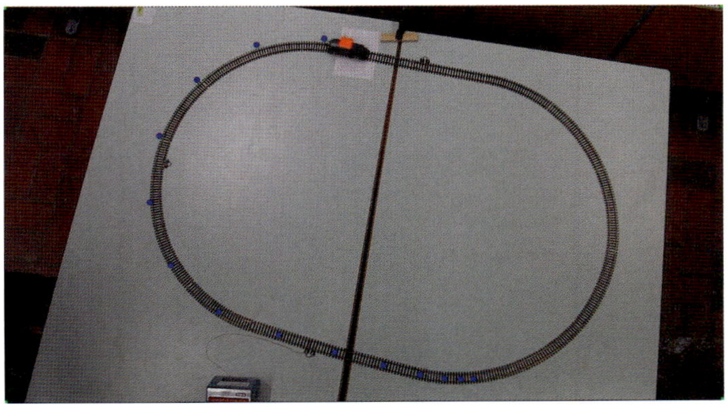

Durch eine automatische Videoanalyse lassen sich auch Markierungen in festen Zeitabständen erzeugen. Für Berechnungen eignet sich dieses Verfahren oftmals besser.

Arbeitsauftrag

a) Betrachte die Stroboskopaufnahme links und beschreibe die Bewegung der Lokomotive. Sie startet rechts unten.
Gib an jeder Stelle die Richtung der Geschwindigkeit an und begründe, wo die Bewegung schneller oder langsamer verläuft.

b) Werte das untere Bild aus. Zum Vergleich kannst du den Tisch verwenden, auf dem die Bahn aufgebaut ist. Er ist 80 cm breit. Das Video wurde mit 30 fps aufgenommen; nach jeweils 6 Frames wurde ein blauer Punkt erzeugt.
Berechne daraus zunächst den Zeitunterschied Δt zwischen zwei Markierungen. Ermittle dann die Geschwindigkeiten an den blauen Stellen.

c) Begründe, dass die Messwerte ungenau werden, wenn der Tisch mit den Gleisen nicht direkt von oben sondern schräg gefilmt wird.

d) V Filme selbst einen Vorgang aus deinem Alltag und bestimme daraus die auftretenden Geschwindigkeiten.

e) Erstelle eine „Bedienungsanleitung" für das von dir verwendete Programm oder die App. Beschreibe dabei insbesondere Schritte oder Einstellungen, die für ein gutes Ergebnis entscheidend sind. Du kannst auch ein Video-Tutorial aufnehmen.

M2 Sensoren zum Messen des Standortes

Bei einer realen Bahnfahrt funktioniert die Videoanalyse nicht mehr. Dein Smartphone besitzt aber viele Sensoren, mit deren Hilfe du eine solche Bewegung trotzdem messen kannst.
Geschwindigkeiten direkt zu bestimmen ist allerdings nicht möglich. Die Erde bewegt sich mit etwa 30 km/s um die Sonne und trotzdem spüren wir von dieser enormen Geschwindigkeit gar nichts. Anders ist es mit Beschleunigungen: Weil sie gemäß $F = m \cdot a$ immer mit einer Kraft auf eine Masse verbunden sind, lassen sich Beschleunigungssensoren vergleichsweise einfach herstellen. Im Smartphone dienen sie u. a. dazu, die Orientierung des Displays festzustellen.
Ortsbestimmungen sind über das GPS („global positioning system“) möglich. Durch Entfernungsmessungen zu mehreren Satelliten kann der Standort eines Smartphones mit hoher Präzision angegeben werden. Wenn das nicht möglich ist, liefern die Verbindungsdaten zu den nächsten Mobilfunkmasten ebenfalls den Ort, wenngleich auch nicht so genau.

Mit GPS wurde im Bild die Position eines Zugs bestimmt, der in einen Bahnhof einfährt. Die Zeitdauer zwischen zwei Markierungen beträgt 10 s.

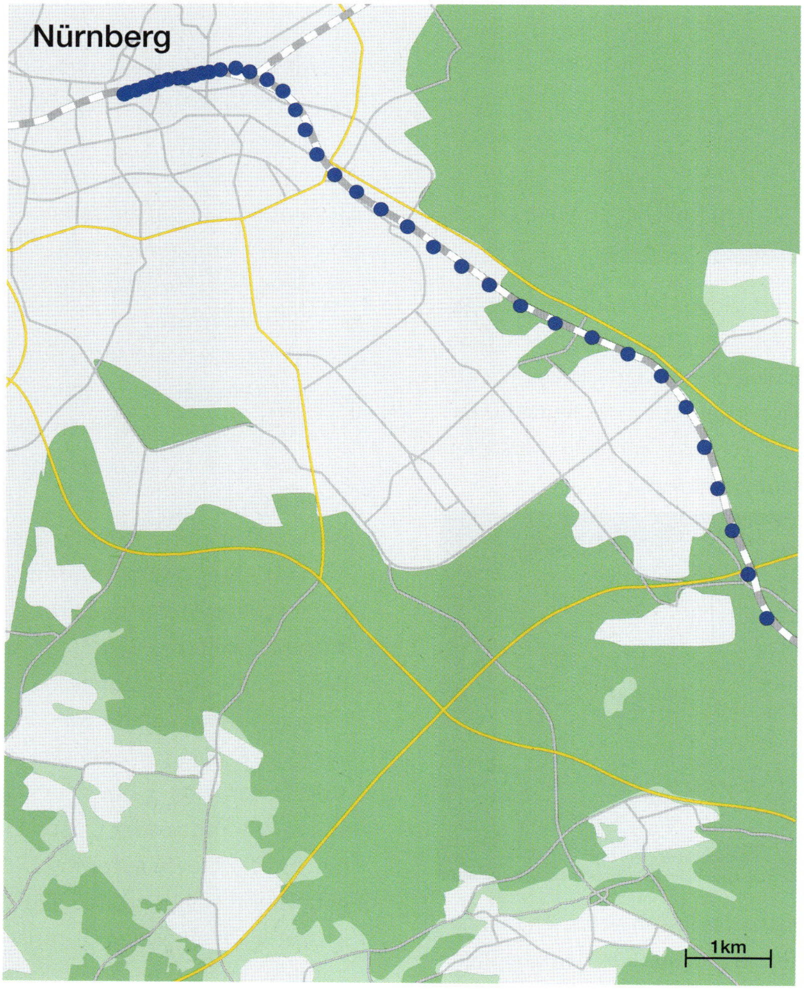

Arbeitsauftrag

a) Beschreibe die Bewegung des Zuges und die Änderung in seiner Geschwindigkeit. Denke daran, dass zur Bestimmung von v immer zwei Bestandteile nötig sind.

b) Begründe, ob du anhand der Abbildung feststellen kannst, in welche Richtung der Zug fährt.

c) Ermittle mithilfe des Maßstabs im Bild die Geschwindigkeit, die der Zug zu Beginn der hier dargestellten Bewegung hat. Vergleiche sie mit dem Geschwindigkeitsdiagramm oben auf der nächsten Seite und bestimme die entsprechende Stelle.

Das Programm kann diese Daten in Geschwindigkeiten umrechnen und direkt darstellen.

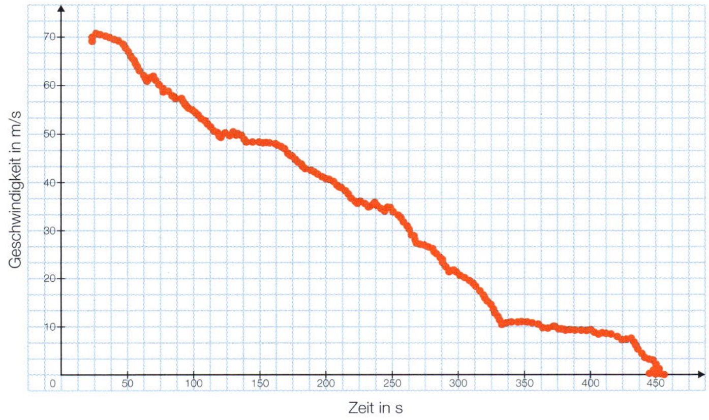

d) Bestimme so wie in V2 auf S. 117 aus dem Zeit-Geschwindigkeits-Diagramm die mittlere Beschleunigung, mit der der Zug abbremst. Vergleiche mit deinen Nachbarn und diskutiere die Genauigkeit eurer Ergebnisse. Beschreibe, welche Konsequenz das für die Anzahl der Ziffern hat, die du sinnvollerweise angibst.

M3 Sensoren zum Messen von Beschleunigung und Höhe

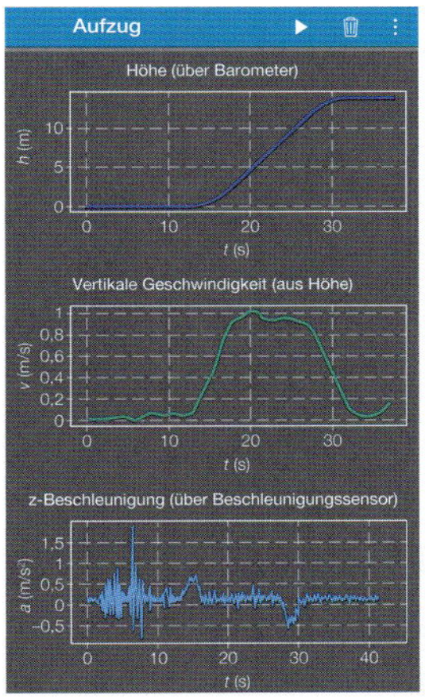

Beschleunigungssensoren enthalten ein sehr kleines Massestückchen, das durch die Beschleunigung eine Kraft erfährt. Diese Kraft kann entweder direkt gemessen werden oder sie führt zu einer minimalen Verformung, aus der die Kraft ermittelt werden kann (vgl. Kap. 18). Die meisten Sensoren können die Beschleunigung in allen drei Raumrichtungen (x-, y- und z-Achse) messen und darstellen.

Manche Smartphones sind mit einem Luftdrucksensor (Barometer) ausgestattet, der sehr genau arbeitet. Weil auf einer Stelle am Erdboden mehr Luft lastet als auf eine höher gelegene, kann der Luftdruck dazu verwendet werden, Höhen zu bestimmen.

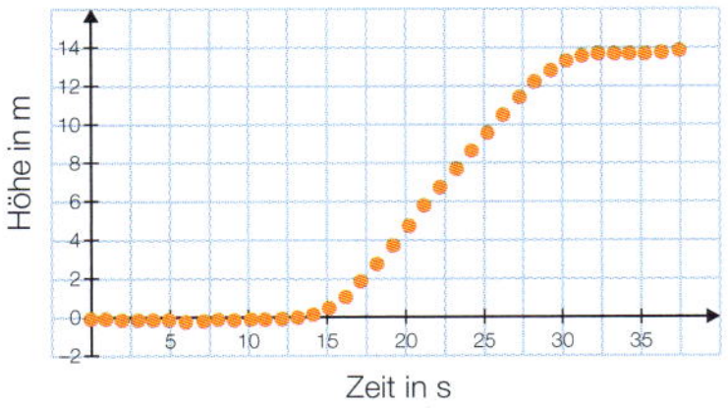

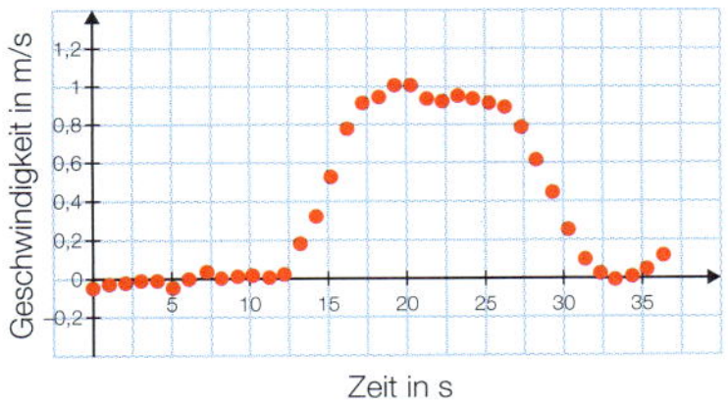

Oben siehst du ein Beispiel für verschiedene Messungen der Bewegung eines Aufzugs mit einem Smartphone, die rechts nochmal dargestellt sind.

Arbeitsauftrag

a) Erläutere, dass beim Beschleunigungssensor die Trägheit des Massestücks eine wichtige Rolle spielt.

b) Teste den Beschleunigungssensor in deinem Handy, indem du es ruckartig bewegst oder auf den Tisch klopfst. Welches ist die x-, y- bzw. die z-Achse?

c) Bestimme aus der Höhe, die der Aufzug aus dem Beispiel in einer bestimmten Zeit ansteigt, seine durchschnittliche Geschwindigkeit. Vergleiche mit den Werten im Geschwindigkeitsdiagramm.
Begründe, dass nur zu Beginn und am Ende der Fahrt eine Beschleunigung auftritt.

d) Führe selbst ähnliche Messungen durch.
V

Zusammenfassung

Solarzellen

Du weißt, dass die meisten Solarzellen aus Silizium aufgebaut sind. Man kann Silizium dotieren, d. h. durch die Beimischung einer ganz kleinen Menge eines anderen Elements verändern. Bringt man zwei geeignet dotierte, unterschiedliche Siliziumschichten zusammen, so entsteht eine Grenzschicht, die durch Licht beeinflusst wird, wodurch sich eine elektrische Spannung zwischen beiden Seiten der Grenzschicht aufbauen kann.
Bei der Kennlinie einer Solarzelle kannst du die verschiedenen Bereiche, Leerlaufspannung (also $I \approx 0$) bzw. Kurzschlussstromstärke (also $U \approx 0$), unterscheiden und weißt, dass die Kennlinie von der Beleuchtungsstärke abhängt, vgl. dazu die drei Kurven in der Abbildung.
Schaltest du mehrere Solarzellen zusammen, gelten ähnliche Gesetze wie bei der Reihen- und Parallelschaltung von Widerständen:
Bei der Reihenschaltung addieren sich die Spannungen, die Stromstärke bleibt hingegen gleich. Bei der Parallelschaltung addieren sich umgekehrt die Stromstärken und die Spannungen bleiben gleich. Allerdings ergeben sich deutliche Abweichungen, wenn nicht alle Solarzellen eines Models gleichmäßig bestrahlt werden.

Schaltzeichen für eine Solarzelle:

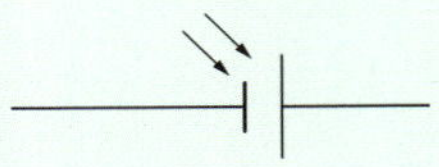

Schaltzeichen für ein Solarmodul:

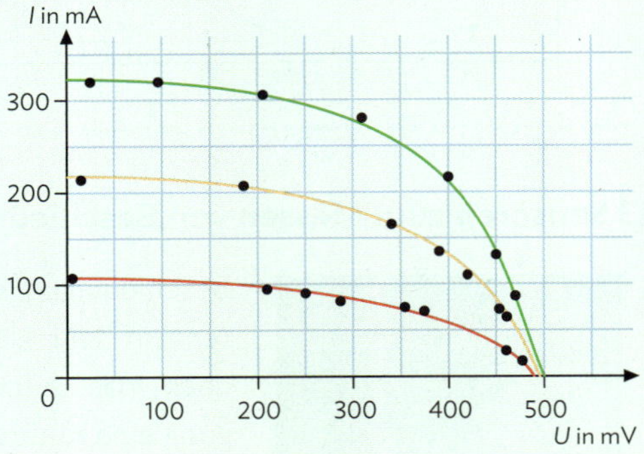

Aufbau und Eigenschaften von Elektrizitätsquellen

Du kannst den Aufbau einer Batterie angeben. In einer galvanischen Zelle werden positive und negative Ladungen auf chemischem Weg voneinander getrennt. Du hast verstanden, dass man durch passende Kombination mehrerer Zellen, die Gesamtspannung erhöhen kann.
Du verfügst über die Kompetenz, die *U*-*I*-Kennlinie einer Batterie experimentell zu bestimmen (vgl. Abb rechts; I_{KS}: Kurzschlussstromstärke, U_K: Klemmspannung, I: elektrische Stromstärke, U_0: Leerlaufspannung).

Mithilfe eines Ersatzschaltkreises bzw. Ersatzschaltbilds kannst du verständlich machen, warum die Kennlinie einer Batterie die angegebene Form hat.

Kennlinie einer Batterie:

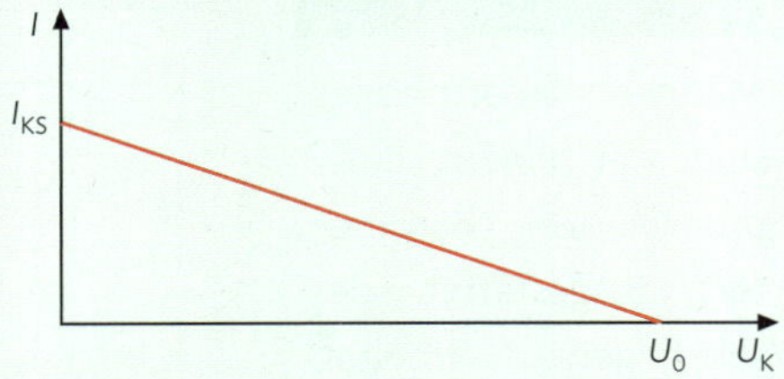

Ersatzschaltkreis einer Batterie:

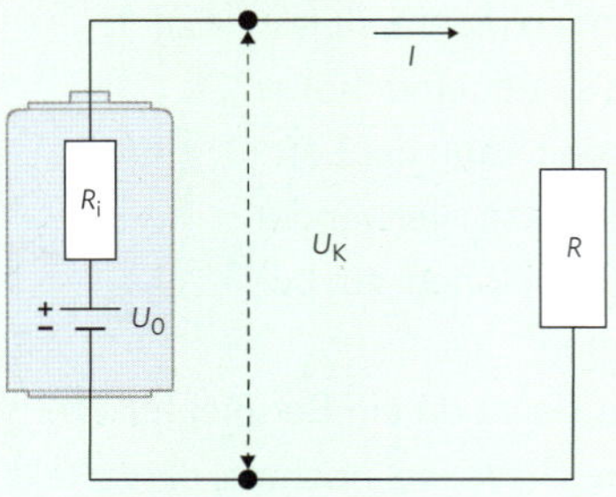

1 a), b)

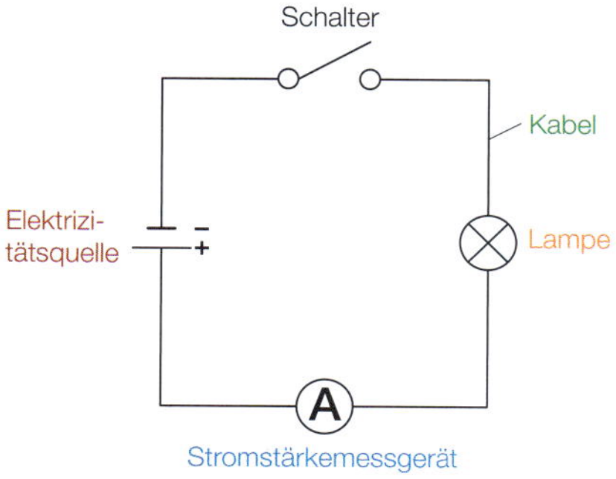

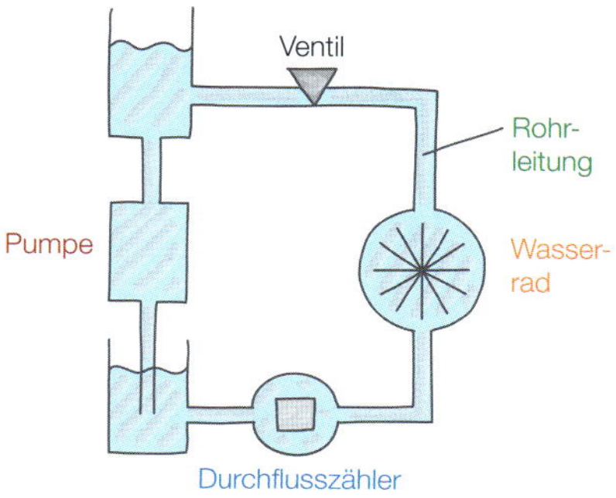

c) *I* groß: Es bewegen sich vergleichsweise viele Elektronen vergleichsweise schnell durch das Kabel und die Bauteile.

U groß: Jedes einzelne fließende Elektron wird besonders stark angetrieben.

R groß: Die Bauteile hemmen den Fluss der Elektronen besonders stark. Es bedarf einer großen Spannung, wenn eine angemessene Stromstärke erreicht werden soll.

d) *I* groß: Das Wasser fließt schnell.

U groß: Die Pumpe sorgt für ein hochgelegenes Wasserreservoir.

R groß: Das Wasserrad ist schwer zu drehen, z. B. weil damit eine Maschine angetrieben wird.

2 a)

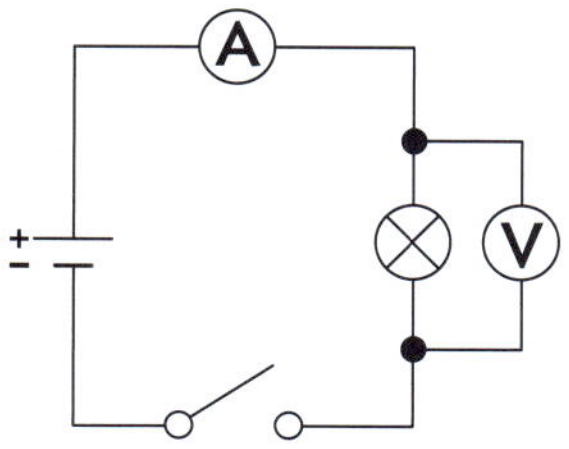

***U* in V**				
***I* in mA**				
***R* in Ω**				

KEINE EINTRAGUNG!

b) Amperemeter: in Reihe zum Bauteil
Voltmeter: parallel zum Bauteil

c) Aufgrund eines Versehens oder eines technischen Defekts wird der Widerstand der Bauteile teilweise oder komplett überbrückt. Der Widerstand im stromdurchflossenen Teil wird dadurch extrem klein, die Stromstärke extrem groß. Es droht Hitzeentwicklung und Brandgefahr. Ein Gerätebrand kann zum Brand des ganzen Gebäudes führen!
Gründe für solche ungewollten Überbrückungen (Kurzschlüsse) können z. B. sein:

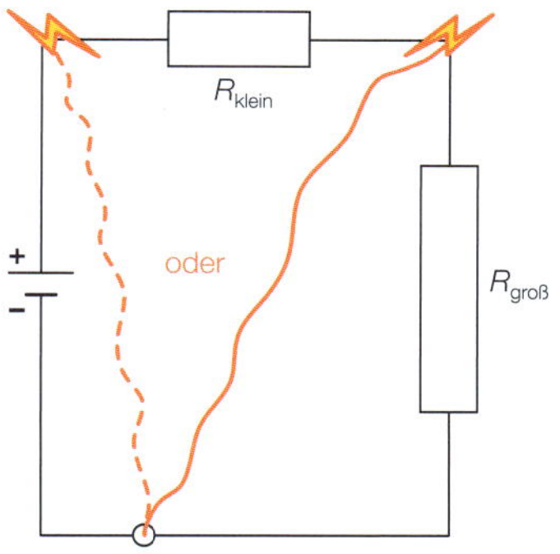

- Wasser im elektrischen Gerät
- mechanische Beschädigung des Geräts von außen
- Hitzeeinwirkung auf das Gerät von außen

d) Sicherheitshinweise zum Experimentieren mit elektrischem Strom:

- die verwendete Spannung sollte höchstens 25 V betragen
- keinen Kurzschluss verursachen
- Schaltung durch die Lehrkraft prüfen lassen
- für trockene Hände sorgen
- offene Stromleitungen nicht anfassen

3 a) Gegeben: $U = 2{,}5\ \text{V};\ I = 0{,}0073\ \text{A}$
Gesucht: R
Berechnung: $R = \frac{U}{I} = \frac{2{,}5\ \text{V}}{0{,}0073\ \text{A}} = 0{,}34\ \text{k}\Omega$

b) Gegeben: $R_1 = 200\ \Omega;\ R_2 = 50\ \Omega;\ I = 0{,}75\ \text{A}$ (Parallelschaltung)
Gesucht: U
Berechnung: $U = U_1 = R_1 \cdot I_1 \quad (*)$

$\frac{I_1}{I_2} = \frac{R_2}{R_1} = \frac{50\ \Omega}{200\ \Omega} = \frac{1}{4}$

Teile I durch $(4 + 1) = 5$, um I_1 zu erhalten:

$I_1 = \frac{I}{5} = \frac{0{,}75\ \text{A}}{5} = 0{,}15\ \text{A} \qquad (I = I_1 + I_2)$

in (*) einsetzen: $U = 200\ \Omega \cdot 0{,}15\ \text{A} = 30\ \text{V}$

c) Gegeben: $R_2 = 6{,}3\ \Omega;\ I = 0{,}73\ \text{A};\ U = 8{,}8\ \text{V}$ (Reihenschaltung)
Gesucht: R_1
Berechnung: $U_2 = R_2 \cdot I_2 = R_2 \cdot I \qquad (I = I_1 = I_2)$

$= 6{,}3\ \Omega \cdot 0{,}73\ \text{A} = 4{,}6\ \text{V}$

$U_1 = U - U_2 \qquad (U = U_1 + U_2)$

$= 8{,}8\ \text{V} - 4{,}6\ \text{V} = 4{,}2\ \text{V}$

$R_1 = \frac{U_1}{I_1} = \frac{U_1}{I} = \frac{4{,}2\ \text{V}}{0{,}73\ \text{A}} = 5{,}8\ \Omega$

d) Gegeben: $R_1 = 1{,}12\ \text{k}\Omega;\ R_2 = 60{,}3\ \Omega;\ U = 8{,}8\ \text{V}$ (Parallelschaltung)
Gesucht: I
Berechnung: $I = I_1 + I_2 \quad (*)$

$I_1 = \frac{U_1}{R_1} = \frac{U}{R_1}$

$= \frac{8{,}8\ \text{V}}{1120\ \Omega} = 7{,}9\ \text{mA}$

$I_2 = \frac{U_2}{R_2} = \frac{U}{R_2}$

$= \frac{8{,}8\ \text{V}}{60{,}3\ \Omega} = 146\ \text{mA}$

in (*) einsetzen: $I = 7{,}9\ \text{mA} + 146\ \text{mA} = 0{,}15\ \text{A}$

4

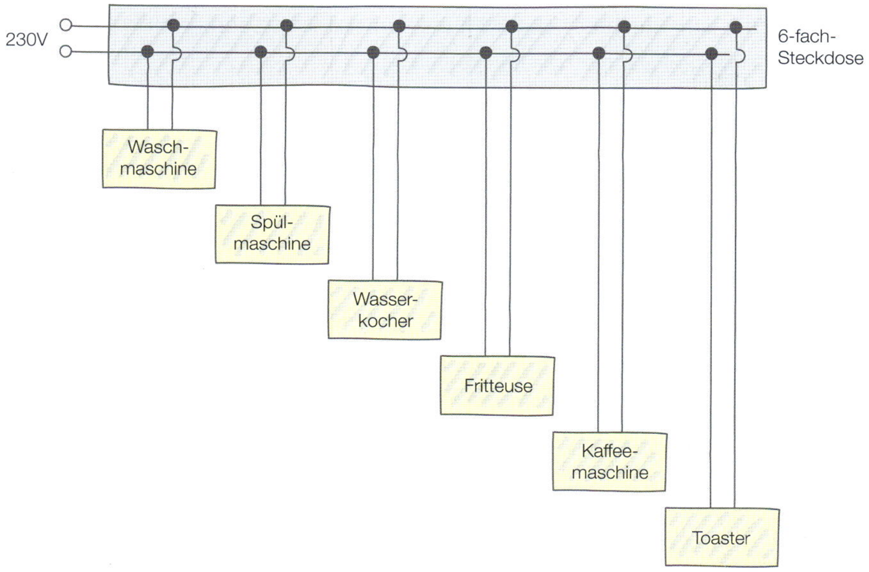

! Nicht zu viele Geräte mit hoher Wattzahl anschließen! Insgesamt maximal 3500 W! Es droht Überhitzung der Steckdosenleiste. Brandgefahr! Gefahr eines Kurzschlusses!

5 a) **Ziel:** Experimentelle Bestimmung von Spannung und Stromstärke an Widerständen einer Parallelschaltung.
Welche Messgrößen bleiben gleich bzw. ändern sich bei Variation der angelegten Spannung?

Aufbau:

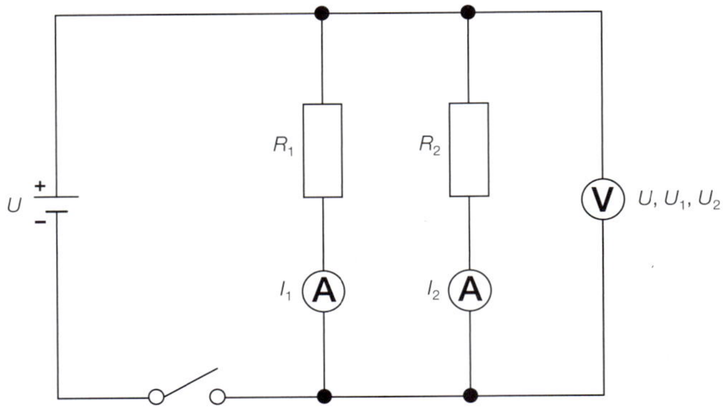

Beschreibung:
- Parallelschaltung von zwei Bauteilen (Ohmsche Widerstände, verschiedene Werte: $R_1 = 100\ \Omega$, $R_2 = 1\ \mathrm{k}\Omega$)
- Messung von U (U_1, U_2), I_1 und I_2. Variation von U!

Messergebnisse

U_1 in V						
U_2 in V						
I_1 in mA						
I_2 in mA						
$\frac{U_1}{I_1}$ in Ω						
$\frac{U_2}{I_2}$ in Ω						

KEINE EINTRAGUNG!

Auswertung: Je nach Tabelleneinträgen in „Messergebnisse“: Beantwortung der „Ziel“-Fragestellung, ggf. mit grafischer Auswertung.

b) Erwartung:
- stets gilt $U_1 = U_2 = U$
- stets gilt (näherungsweise) $I_1 \approx 10 \cdot I_2$
- stets gilt (näherungsweise) $\frac{U_1}{I_1} \approx 100\ \Omega$ und $\frac{U_2}{I_2} \approx 1000\ \Omega$

6 Gegeben: $I = 0{,}20\ \text{A}$; $R_1 = 50\ \Omega$; $R_2 = 100\ \Omega$; $R_3 = 300\ \Omega$

a) Der Strom teilt sich in der Black Box (über R_2 und R_3) auf. Es gilt: $I = I_2 + I_3$.
Dabei fließt der größere Stromanteil durch den kleineren Widerstand.
Da $R_2 < R_3$ ist, gilt $I_2 < I_3$.

Es gilt: $\frac{I_2}{I_3} = \frac{R_3}{R_{32}} = \frac{300\ \Omega}{100\ \Omega} = \frac{3}{1} \Rightarrow I_2 = 3 \cdot I_3$.

b) Teile I durch (3+1) = 4, um I_3 zu erhalten:

$I_3 = \frac{1}{4} = \frac{0{,}20\ \text{A}}{4} = 0{,}05\ \text{A}$

$I_2 = I - I_3 = 0{,}20\ \text{A} - 0{,}05\ \text{A} = 0{,}15\ \text{A}$

$U_1 = R_1 \cdot I_1 = R_1 \cdot I = 25\ \Omega \cdot 0{,}20\ \text{A} = 5{,}0\ \text{V}$

$U_{BB} = U_2 = R_2 \cdot I_2 = 100\ \Omega \cdot 0{,}15\ \text{A} = 15\ \text{V}$

$U = U_1 + U_{BB} = 5{,}0\ \text{V} + 15\ \text{V} = 20\ \text{V}$

1 a) Ich skizziere den realen Betrachter von der Seite, ebenso wie den Spiegel im vorgegebenen Abstand. Per Achsenspiegelung deute ich das grundsätzlich mögliche Spiegelbild an. Ausgehend vom Ort der Augen zeichne ich die Randstrahlen zum oberen bzw. unteren Spiegelrand und verlängere diese gestrichelt auf die Seite hinter dem Spiegel. Dadurch sind die sichtbaren Ausmaße des Spiegelbilds festgelegt.

b) Maßstab: 1 Kästchen ≙ 10 cm

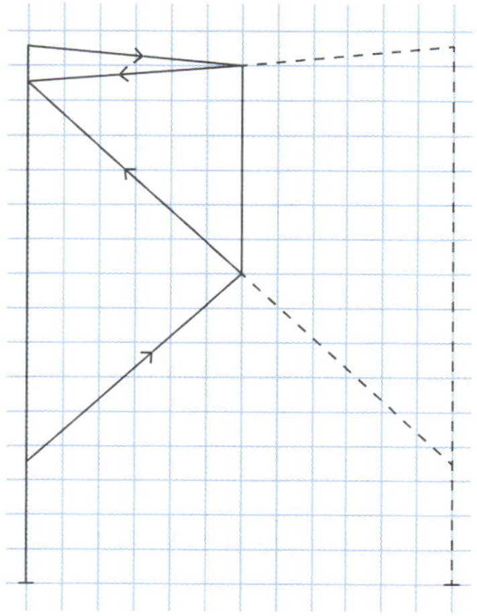

Alle Körperteile, die oberhalb von ca. 35 cm liegen, sind als Spiegelbild sichtbar. Die Knie dürften somit zu sehen sein, die Füße dagegen nicht.

c)

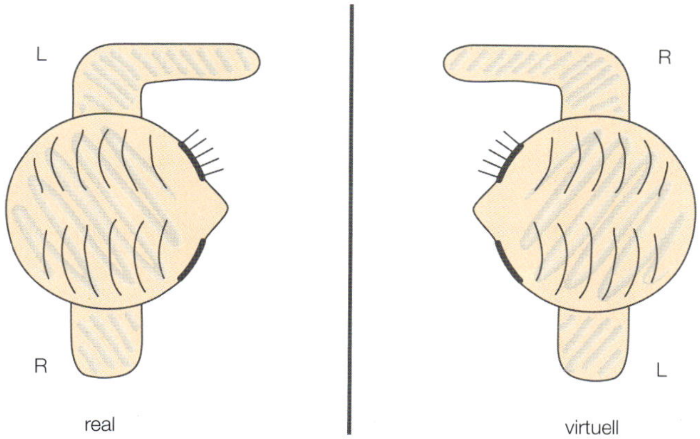

2 a) Gegenstandsgröße G, Bildgröße B, Gegenstandsweite g, Bildweite b, Brennweite f

g	**Beobachtung**	**b**
$g \geqslant f$	$B < G$	$f < b < 2f$
$g = 2f$	$B = G$	$b = 2f$
$f < g < 2f$	$B > G$	$b > 2f$
$g < f$	kein Bild auf dem Schirm sichtbar	…

b)

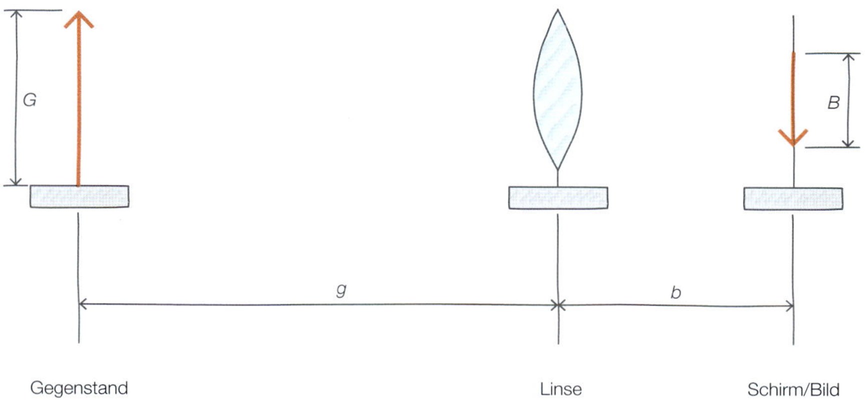

c)
- Ablesen der Linsenbrennweite bzw. Bestimmung der Linsenbrennweite durch Erzeugen eines Brennpunkts
- Montage der Materialien auf einer optischen Bank. *G* und *f* liegen fest.
- Beginne mit großer Gegenstandsweite und bewege den Schirm so, dass ein scharfes Bild auf dem Schirm zu sehen ist.
- Notiere *B*, *g* und *b*.
- Schrittweise Verkleinern von *g*; jeweils Notieren von *B*, *g* und *b*.

3 a)

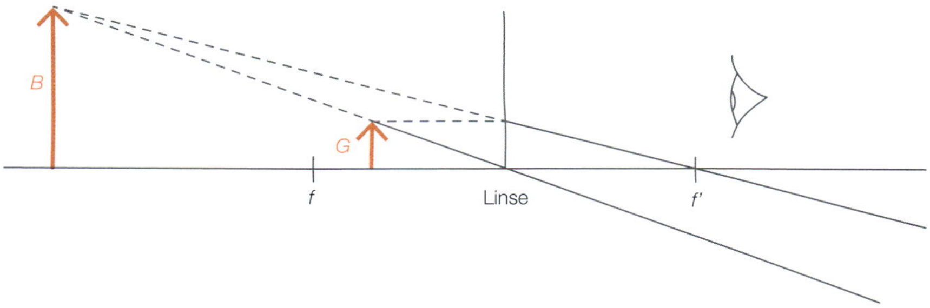

Der Betrachter muss durch die Linse in Richtung des realen Gegenstands blicken, um das virtuelle Bild zu sehen.

b)

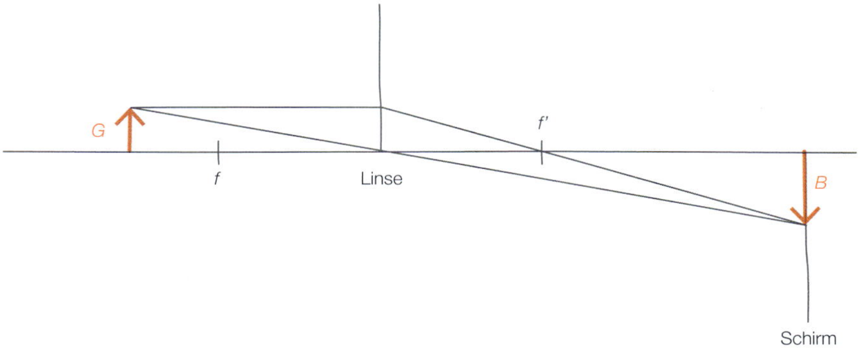

Der Betrachter muss auf den Schirm blicken, um das reelle Bild zu sehen

4
- Helles Licht nicht in Richtung von Augen lenken, auch auf Reflexionen achten.
- Nicht direkt in helle Lichtquellen, insbesondere Laser oder Sonne, blicken.
- Niemals durch eine Linse in helle Lichtquellen blicken.

Im Unglücksfall könnte helles Licht die Netzhaut des Auges schädigen oder gar zerstören. Im schlimmsten Fall könnte das zur Erblindung führen.

5 Die drei Präsentationsfolien könnten folgendermaßen aufgebaut sein:

I)
- Bild/Skizze von Auge/Sehnerv/Gehirn
- Text
  - Der Sehnerv leitet pro Sekunde über 10 Millionen Informationen ans Gehirn weiter – durch Nervenimpulse.
  - Das Bild, das wir uns von der Blume, die wir ansehen, machen, entsteht letztlich im Gehirn.

II)
- Bild/Skizze von Sehzellen/Netzhaut
- Text
  - 95 % unserer Sehzellen befinden sich im Zentrum der Netzhaut, der Makula. Sie ist nur etwa 5 mm^2 groß. Vergleich: Ein Kästchen im Heft ist 25 mm^2 groß.
  - Zwei Typen von Sehzellen:
    - Zapfen für das Farbsehen
    - Stäbchen für das Nachtsehen bzw. das Sehen während Dämmerung (hell/dunkel)

III)
- Bild/Skizze vom Aufbau des Auges
- Text
  - Das einfallende Licht durchläuft die Bestandteile des Auges und gelangt bis zur lichtempfindlichen Netzhaut.
  - Weg: Hornhaut, vordere Augenkammer, Regenbogenhaut mit Pupille als Blende, Augenlinse, Glaskörper, Netzhaut (scharfes Abbild der unterschiedlich weit entfernten Dinge)

6 a) Lichtübergang vom optisch dichten Medium zum optisch dünnen Medium: teilweise Reflexion, teilweise Brechung:

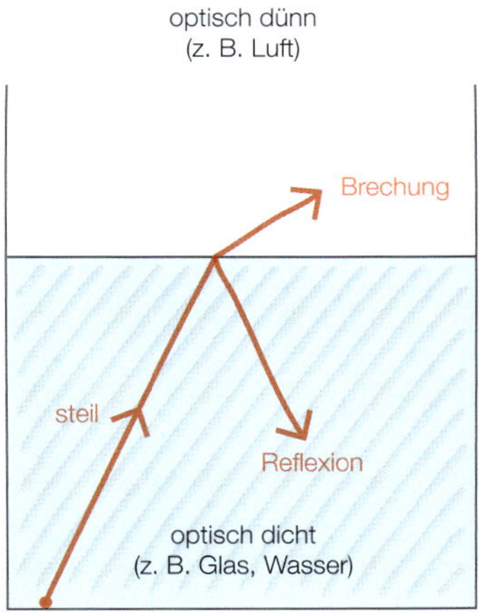

Wenn der Einfallswinkel dabei so groß (flach) wird, dass keine Brechung in das optisch dünne Medium erfolgen kann, dann wird das einfallende Licht an der Grenzfläche komplett (total) zurückreflektiert in das optisch dichtere Medium:

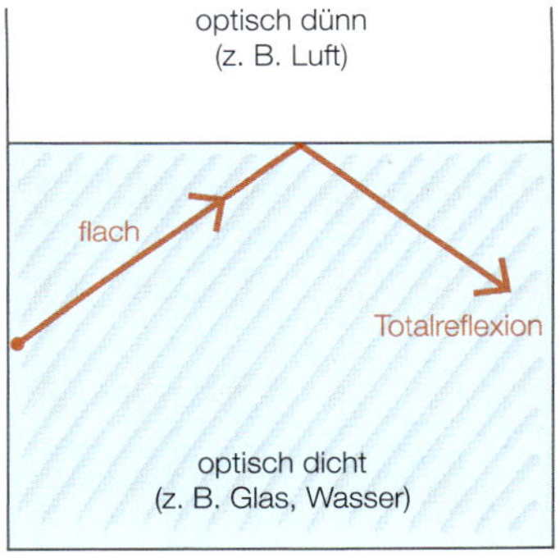

b)
- Lichtleitung im Glasfaserkabel mit nahezu verlustfreier Übertragung von hochfrequenten Lichtimpulsen. Damit gelingt schnellste Datenübertragung im digitalen Zeitalter.
- Lichtleitung als punktgenaue und ungefährliche Beleuchtung von Gewebe im Körperinneren, z. B. bei einer minimalinvasiven Operation eines Kniegelenks. Für gute Kamerabilder ist dort eine gute Ausleuchtung nötig.

1 Gegeben: $\Delta x_S = 75\ \text{m}$; $\Delta t_S = 11{,}3\ \text{s}$
$\Delta x_M = 42{,}195\ \text{km}$; $\Delta t_M = 2\ \text{h}\ 15\ \text{min}\ 25\ \text{s}$
$\Delta x_{M8} = 8 \cdot 1609\ \text{m}$; $\Delta t_{M8} = 41\ \text{min}\ 17\ \text{s}$

a) $$\bar{v}_s = \frac{\Delta x_s}{\Delta t_s} = \frac{75\ \text{m}}{11{,}3\ \text{s}} = 6{,}6\ \frac{\text{m}}{\text{s}}$$
$$= \frac{75\ \text{km} \cdot 3600}{1000 \cdot 11{,}3\ \text{h}} = 24\ \frac{\text{km}}{\text{h}}$$
$$= \frac{75\ \text{Meilen} \cdot 3600}{1609 \cdot 11{,}3\ \text{h}} = 15\ \text{mph}$$

b) $$\bar{v}_M = \frac{\Delta x_M}{\Delta t_M} = \frac{42{,}195\ \text{km}}{\left(2 + \frac{15}{60} + \frac{25}{3600}\right)\text{h}} = \left(18{,}7\ \frac{\text{km}}{\text{h}}\right) = 19\ \frac{\text{km}}{\text{h}}$$
$$\bar{v}_{M8} = \frac{\Delta x_{M8}}{\Delta t_{M8}} = \frac{8 \cdot 1{,}609\ \text{km}}{\left(\frac{41}{60} + \frac{17}{3600}\right)\text{h}} = \left(18{,}7\ \frac{\text{km}}{\text{h}}\right) = 19\ \frac{\text{km}}{\text{h}}$$

Nein, offensichtlich hielt sie diese hohe Geschwindigkeit dauerhaft durch.

c) Gesucht: Δx_{fiktiv} für $\Delta t_{\text{fiktiv}} = \Delta t_s$

Berechnung: $\bar{v}_M = \frac{\Delta x_{fiktiv}}{\Delta t_{fiktiv}}$

$$\Delta x_{\text{fiktiv}} = \bar{v}_M \cdot \Delta t_{\text{fiktiv}} = \frac{\Delta x_M}{\Delta t_M} = \Delta t_{\text{fiktiv}}$$
$$= 42\,195\ \text{m} \cdot \frac{11{,}3\ \text{s}}{(2 \cdot 3600 + 15 \cdot 60 + 25)\ \text{s}} = 59\ \text{m}$$

d) Gesucht: $\Delta t_{s,\text{fiktiv}}$ für $\Delta v_{s,\text{fiktiv}} = \bar{v}_s$

und für $\Delta x_{s,\text{fiktiv}} = \Delta x_M$

Berechnung: $v_{s,\text{fiktiv}} = \frac{\Delta x_{s,\text{fiktiv}}}{\Delta t_{s,\text{fiktiv}}}$

$$\Delta t_{s,\text{fiktiv}} = \frac{\Delta x_{s,\text{fiktiv}}}{v_{s,\text{fiktiv}}} = \frac{42\,195\ \text{m}}{6{,}6\ \frac{\text{m}}{\text{s}}} = (6393\ \text{s}) = 1\text{h}\ 46\ \text{min}\ 33\ \text{s}$$

Das ergäbe eine (deutliche) Weltrekordzeit.

2 a), b)

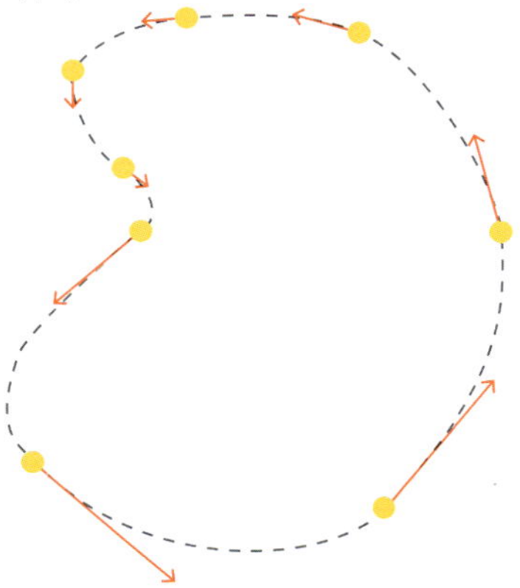

3 a) $F = m \cdot a$ bzw. $F \cdot \Delta t = m \cdot \Delta v$

b) „... die Geschwindigkeit, die die Kugel anfangs erreicht, dann besonders groß ist, wenn die Kugel besonders leicht ist.“

4 a) Gegeben: $m = 57{,}5\ \text{g} = 0{,}0575\ \text{kg}$; $\Delta t = 7{,}5\ \text{ms} = 0{,}0075\ \text{s}$; $F = 230\ \text{N}$; $v_0 = 0$

Gesucht: v in $\frac{\text{km}}{\text{h}}$

Berechnung: $F \cdot \Delta t = m \cdot \Delta v = m \cdot v$

$$v = \frac{F \cdot \Delta t}{m}$$

$$v = \frac{230\ \text{N} \cdot 0{,}0075\ \text{s}}{0{,}0575\ \text{kg}}$$

$$v = 30\ \frac{\text{m}}{\text{s}} = 108\ \frac{\text{km}}{\text{h}}$$

Die Ergebnisangabe von $0{,}11 \cdot 10^3\ \frac{\text{km}}{\text{h}}$ wäre besser, weil dadurch eine sinnvolle Genauigkeit (hier: 2 gülitge Ziffern) gewählt würde.

b) Gegeben: $v_0 = 12\ \frac{\text{km}}{\text{h}}$; $\Delta t = 5{,}3\ \text{s}$; $a = 1{,}1\ \frac{\text{m}}{\text{s}^2}$

Gesucht: v_1

Berechnung: $a = \frac{\Delta v}{\Delta t} = \frac{v_1 - v_0}{\Delta t}$

$$v_1 = v_0 + a \cdot \Delta t$$

$$= \frac{12}{3{,}6}\ \frac{\text{m}}{\text{s}} + 1{,}1\ \frac{\text{m}}{\text{s}^2} \cdot 5{,}3\ \text{s} = \left(9{,}2\ \frac{\text{m}}{\text{s}}\right) = 33\ \frac{\text{km}}{\text{h}}$$

Eine größere Beschleunigung und damit eine größere Endgeschwindigkeit ist beispielsweise aus folgenden Gründen denkbar:

- leichteres Fahrrad
- geringeres eigenes Körpergewicht
- reibungsarmer Straßenbelag, z. B. sehr fein gekörnter Asphalt
- abschüssige Straße

5 a) Beispiel: Beschleunigung auf der geneigten Luftkissenfahrbahn.

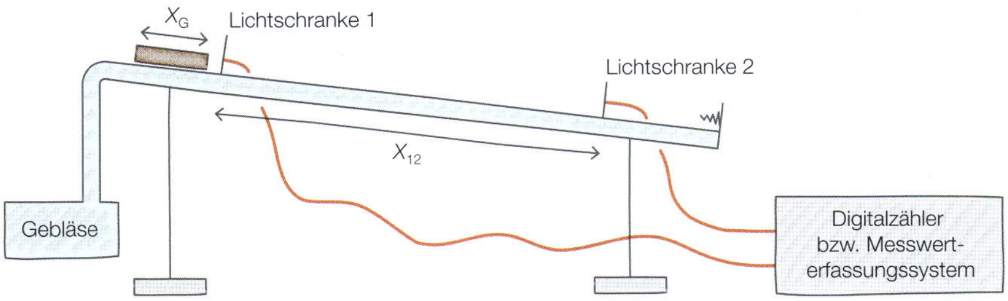

Der Luftkissengleiter beschleunigt bei annähernder Reibungsfreiheit nach rechts unten.

Materialien:

- Luftkissenfahrbahn mit Gebläse und Gleiter
- ggf. Holzklötze zum Unterlegen
- 2 Lichtschranken
- Digitalzähler bzw. softwaregestütztes Messwerterfassungssystem

b) • Loslassen des Gleiters oberhalb der 1. Lichtschranke (fliegender Start)
- Abzulesende Messwerte: Δt_1; Δt_2; Δt_{12}; x_G; x_{12}
- Auswertung:
  - $v_1 = \frac{x_G}{\Delta t_1}$; $v_2 = \frac{x_G}{\Delta t_2} \Rightarrow v_{12} = v_2 - v_1$
  - $a = \frac{\Delta v_{12}}{\Delta t_{12}}$
  - Variation des Neigungswinkels möglich

1 a) Die Masse eines Körpers ist bestimmt durch die Menge und die Art der Materialien seiner Bestandteile, letztlich durch die Menge und die Art der beinhalteten Teilchen. Die Einheit der Masse ist 1 kg.

b) Die Masse eines Körpers ist überall auf der Erde, ja sogar überall im Universum die gleiche. Je nach Ort bzw. je nach dortiger Fallbeschleunigung *g* ist die Gewichtskraft, die auf einen Körper wirkt, unterschiedlich. Die Einheit der Gewichtskraft ist 1 N.

c) Der Messwert wird für eine Kraft ermittelt und müsste deshalb in Newton angegeben werden. Die Umrechnung 9,8 N ≙ 1,0 kg gilt in dieser Genauigkeit aber nahezu überall auf der Erde. Andernorts, z. B. auf dem Mond, werden keine Personenwaagen der üblichen Art eingesetzt.

d) Bei einer Abwärtsbeschleunigung im Aufzug fällt der Messwert auf der Waage zu klein aus.

e) Gegeben: $F_{G,BA} = 396{,}7\ \text{N};\ g_{BA} = 9{,}81\ \frac{\text{m}}{\text{s}^2}$

Gesucht: m

Berechnung: $F_{G,BA} = m \cdot g_{BA}$

$$m = \frac{F_{G,BA}}{g_{BA}} = \frac{396{,}7\ \text{N}}{9{,}81\frac{\text{m}}{\text{s}^2}} = 40{,}4\ \text{kg}$$

2 a), b)

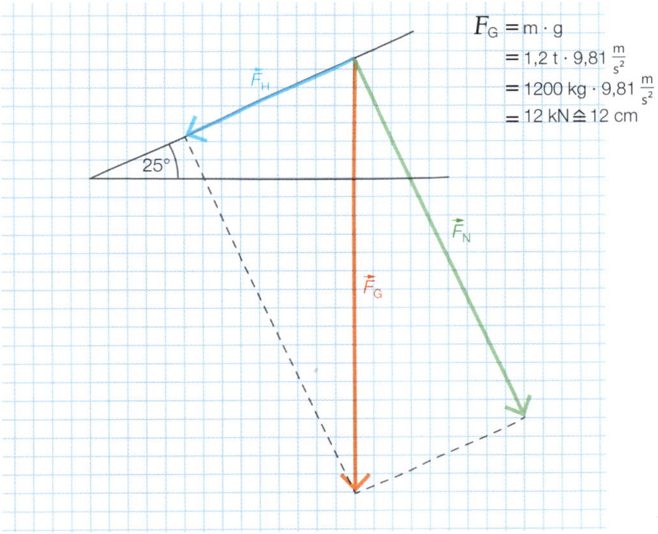

c)

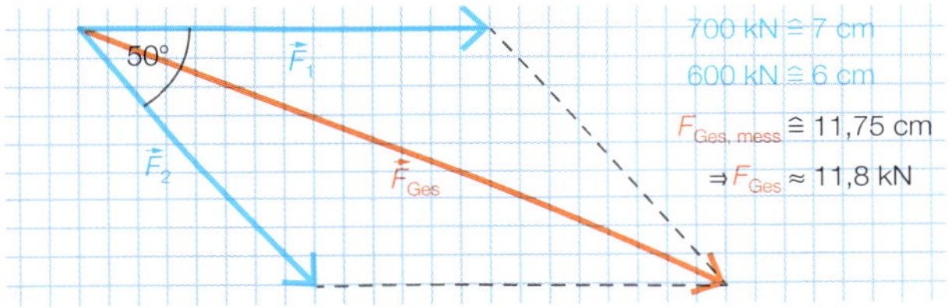

3 a)

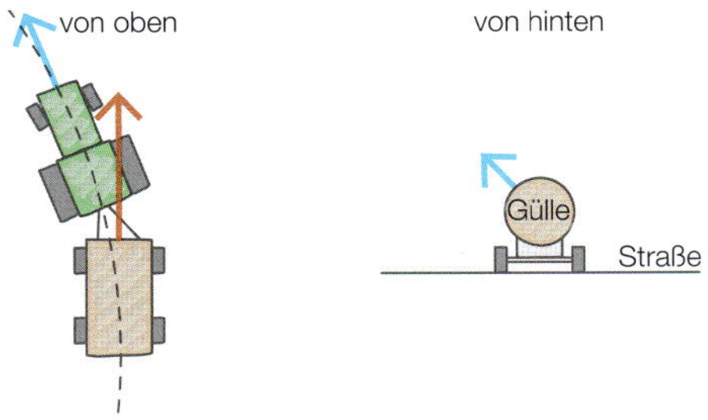

Der Triebwagen steuert scharf nach links, der Anhänger folgt. Gleichzeitig wirkt die große Trägheit der großen Güllemasse beim schnellen Einlenken tangential gerichtet auf den erhöhten Schwerpunkt. Der Anhänger kippt über die kurvenäußeren Räder nach rechts um. Unbeladen wäre der Schwerpunkt nicht so hoch gewesen und die träge Masse im Anhänger viel geringer. Der Anhänger wäre nicht umgekippt.

b) ohne Seitenwind: mit Seitenwind:

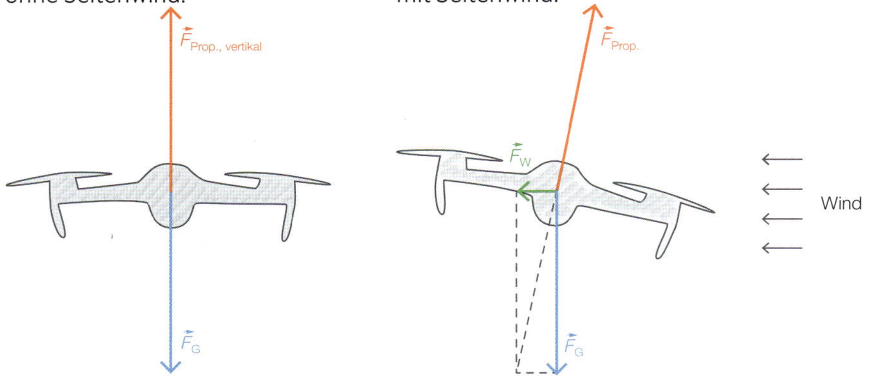

4 **Sicherheitsgurt:** Der Sicherheitsgurt ist ein Rückhaltesystem. Bei einem Auffahrunfall verhindert er, dass die Insassen durch ihre Massenträgheit in Richtung Windschutzscheibe geschleudert werden.

Airbag: Der Airbag ist eine zusätzliche Knautschzone, die innerhalb von wenigen Millisekunden bei einem starken Aufprall bzw. Zusammenstoß aus dem Lenkrad, dem Armaturenbrett, den Seitentüren usw. entfaltet wird. Als Knautschzone verlängert der Airbag die Aufpralldauer der zu schützenden Körperteile der Insassen. Sie unterliegen dadurch nach dem zweiten Newtonschen Gesetz einer geringeren Krafteinwirkung. Die Verletzungsgefahr wird deutlich reduziert.

Knautschzone: Im Gegensatz zur steifen Fahrgastzelle ist die äußere Blechhülle eines Autos so konstruiert, dass sie im Falle eines Aufpralls bewusst stark verformt werden und so die Aufpralldauer verlängern kann. Alle Kräfte, welche durch die Bremsbeschleunigung auf den Körper eines Insassen verursacht werden, nehmen dadurch einen kleineren Wert an. Die Verletzungsgefahr wird reduziert. Deshalb ist ein Auto viel sicherer als ein Motorrad. Beim Motorrad gibt es nahezu keine solche Knautschzone. Ein Aufprall mit hoher Geschwindigkeit verläuft beim Motorrad stets nahezu ungedämpft und deshalb oftmals tödlich.

5 Da die Geschwindigkeit des Blattes konstant ist, muss sich ein Kräftegleichgewicht eingestellt haben. Es muss eine Kraft wirken, die der Kraft des Windes entgegen gerichtet ist und den gleichen Betrag hat. Hier ist die entscheidende Kraft die Wasserreibungskraft.

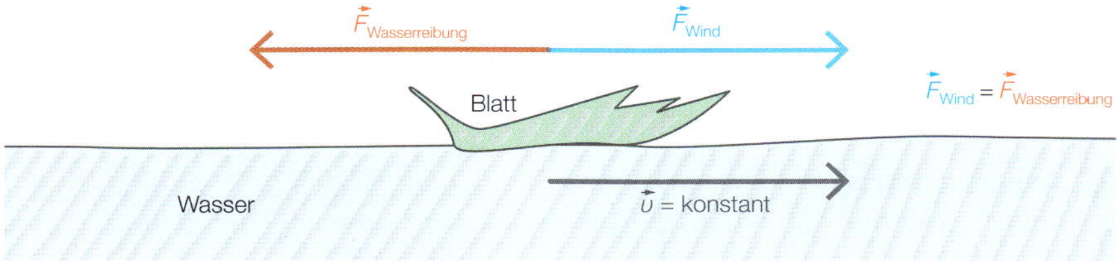

6 a) Das Band wurde überdehnt, als mit hohen Kräften daran gezogen wurde. Es ist nun nicht mehr so elastisch wie zuvor. Es kann einer äußeren Zugkraft nicht mehr wie im Neuzustand entgegenwirken.

b)

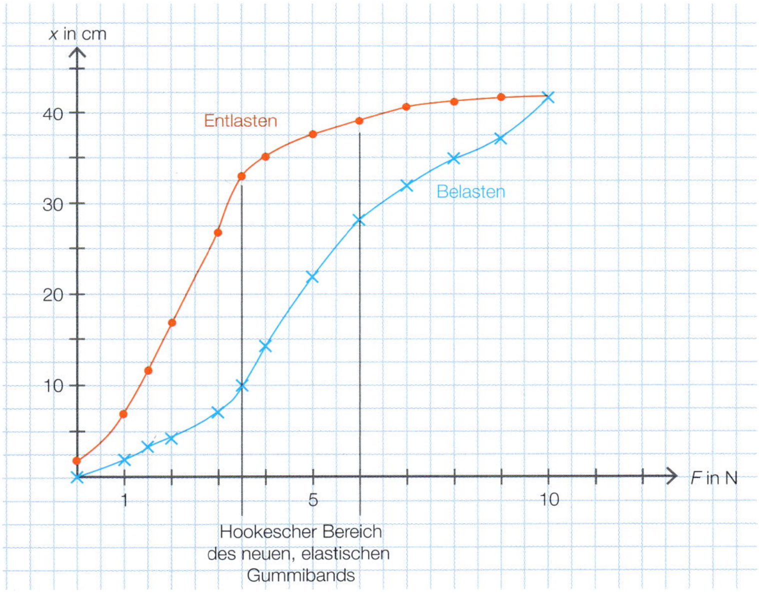

Das Band wurde durch die hohen Kräfte überdehnt und strukturell plastisch verformt. Es hat nun veränderte Eigenschaften.

S. 15, Arbeitsauftrag 3
Geh bei deinen Überlegungen davon aus, dass die beiden Lampen identischen Typs sind.

S. 19, Arbeitsauftrag 3
Erinnere dich an das Schülerexperiment in Klasse 7. Die UND-Schaltung kommt bei einer mit einem Akku betriebenen Heckenschere zum Einsatz. Aus Sicherheitsgründen müssen dort beide Schalter gleichzeitig gedrückt werden, damit der Motor der Schere läuft.
Die ODER-Schaltung kommt z. B. bei einer Türklingel zum Einsatz. Die Klingel soll von zwei Stellen aus bedient werden können.

S. 21, Arbeitsauftrag 6
Wenn du kein Netzteil mit Typenschild findest, kannst du auch nach Bildern im Internet suchen. Nutze die Suchbegriffe „Netzteil“ und „Typenschild“.

S. 69, Arbeitsauftrag 2
Du kannst dir für die Beschreibung eines geeigneten Experiments z. B. nochmal M1 auf Seite 64 ansehen.

S. 71, Arbeitsauftrag 2
Erstelle zunächst eine Zeichnung der Situation. Du musst dir dafür keine festen Werte für Brennweite und Gegenstandsgröße überlegen. Zeichne die Situation einfach so, dass das Bild verkleinert dargestellt wird. Zeichne dabei auch die relevanten Lichtstrahlen ein.

S. 95, Arbeitsauftrag 3
Blitz und Donner finden beide eigentlich zur gleichen Zeit statt.

S. 99, Arbeitsauftrag 2
Suche dir zum Abschätzen eine Vergleichsgröße auf dem Bild, deren Höhe du kennst.

S. 101, Arbeitsauftrag 2
Überlege dir zunächst einen Maßstab für deine Pfeile. Je größer der Maßstab, desto präziser kannst du die Pfeile zeichnen. Beachte allerdings, dass du in deinem Heft nur begrenzt Platz zur Verfügung hast.

S. 111, Arbeitsauftrag 4
Erinnere dich für a) an die Beispiele in Kapitel 12. Betrachte dafür insbesondere die Zeichnungen.

S. 115, Arbeitsauftrag 4
Überlege dir zunächst, welche Masse Barnabas schätzungsweise beschleunigen muss, wenn er keine Ladung bei sich hat.

S. 141, Arbeitsauftrag 2
Betrachte für die Abschätzung der Masse, wie tief die Gegenstände im Wasser versunken sind.

S. 145, Arbeitsauftrag 4
Eine Federwaage funktioniert ähnlich wie ein Kraftmesser: Anhand der Ausdehnung einer Feder wird die Gewichtskraft und daraus dann die Masse bestimmt.

S. 15, Arbeitsauftrag 3
Überlege dir zunächst, an welcher Stelle ein Stromstärkemessgerät im Stromkreis eingebaut werden muss. Macht es einen Unterschied, ob es direkt vor oder direkt nach der Lampe eingebaut wird?

S. 19, Arbeitsauftrag 3
Bei der UND-Schaltung müssen beiden Schalter hintereinander in den Stromkreis eingebaut werden. So wird sichergestellt, dass der Stromkreis nur dann geschlossen ist, wenn beide Schalter geschlossen sind.
Bei der ODER-Schaltung müssen die beiden Schalter parallel zueinander eingebaut werden. So ertönt die Klingel, wenn der eine ODER der andere Schalter geschlossen ist.

S. 21, Arbeitsauftrag 6
Beachte vor allem die Angaben, die hinter „INPUT“ und „OUTPUT“ stehen.

S. 69, Arbeitsauftrag 2
Überlege dir für b), worin der Unterschied zwischen einem Brennpunkt und einer Brennebene bestehen könnte. Schau dir dafür auch B5 nochmal genau an.

S. 71, Arbeitsauftrag 2
Betrachte B2 und überlege dir, ob das Bild größer oder kleiner wird, wenn die Linse näher an das Fenster gerückt wird.

S. 95, Arbeitsauftrag 3
Du kannst den Blitz erst dann sehen, wenn das Licht des Blitzes in dein Auge gelangt. Überlege dir, wie lange es wohl dauert, bis du den Blitz sehen kannst, wenn das Gewitter 1 km entfernt ist. Vergleiche das mit der Zeit, die es dauert, bis du das Gewitter auch hören kannst.

S. 99, Arbeitsauftrag 2
Du kannst als Vergleichsgröße z. B. die Höhe einer der Gondeln nehmen. Diese haben eine Höhe von ca. 2 Metern. Schätze ab, wie viele der Gondeln du stapeln kannst, um die Höhe des Riesenrads zu erreichen.

S. 101, Arbeitsauftrag 2
Erstelle eine Tabelle, in der du die Pfeillängen entsprechend deines gewählten Maßstabs einträgst. Prüfe nochmal nach, ob du auch den längsten Pfeil noch gut einzeichnen kannst.

S. 111, Arbeitsauftrag 4
Berücksichtige bei b) das zweite Newtonsche Gesetz und überlege, wie sich $\overrightarrow{\Delta v}$ verändert, wenn sich jeweils eine der anderen Größen verändert.

S. 115, Arbeitsauftrag 4
Schätze ab, welche Masse die vollbeladenen Kisten haben könnten.

S. 141, Arbeitsauftrag 2
Überlege dir, welche Kräfte auf die Gegenstände wirken. Was muss gelten, damit die Gegenstände nicht noch weiter versinken?

S. 145, Arbeitsauftrag 4
Bei der Kalibrierung wird sichergestellt, dass die Masse an dem Ort, an dem sich die Feder befindet, richtig gemessen wird. Stichwort: ortsabhängige Fallbeschleunigung.

S. 15, Arbeitsauftrag 3
Überlege dir, ob es einen Unterschied macht, ob das erste Stromstärkemessgerät vor der Verzweigung zu den beiden Lampen eingebaut wird oder erst, wenn die Verzweigungen wieder zusammenlaufen.

S. 19, Arbeitsauftrag 3
Sieh dir B2 und die Tabelle auf S. 19 nochmal genau an. Ersetze dann schrittweise jedes Bauteil aus deinem Schaltplan mit dem zugehörigen Bauteil aus dem Wasserstromkreis.

S. 21, Arbeitsauftrag 6
Die Einheiten V und A kennst du bereits. Es gibt aber noch eine weitere Angabe mit der Einheit Hz. Suche zur Erklärung im Internet nach dem Begriff „Netzfrequenz".

S. 69, Arbeitsauftrag 2
Überlege dir für c), inwiefern das Experiment besser zu der in B5 als zu der in B4 dargestellten Situation passt.

S. 71, Arbeitsauftrag 2
Überlege dir, ob der Brennpunkt bei kleinerer Brennweite näher an die Linse heran rückt oder sich weiter von ihr entfernt.

S. 95, Arbeitsauftrag 3
Für Teil b) kannst du näherungsweise annehmen, dass du den Blitz wegen der sehr großen Lichtgeschwindigkeit und der vergleichsweise kleinen Entfernung sofort sehen kannst. Dann musst du nur noch berechnen, welche Strecke der Schall in 4 Sekunden zurücklegt.

S. 99, Arbeitsauftrag 2
Für Teil b) benötigst du die Formel für den Kreisumfang: $U = \pi \cdot d$. Das ist die Strecke, die eine Gondel bei einer vollen Umdrehung zurücklegt.

S. 101, Arbeitsauftrag 2
Markiere jeweils die Punkte, an denen du die Pfeile einzeichnen willst. Zeichne die Pfeile so, dass sie immer tangential zur Rennstrecke an dem jeweiligen Punkt sind.

S. 111, Arbeitsauftrag 4
Überlege dir für c), ob sich die horizontale Geschwindigkeit der Kugel K_2 nach dem Stoß verändert.

S. 115, Arbeitsauftrag 4
Schätze ab, wie lange er in etwa benötigt, um die Geschwindigkeit von 15 km/h bei der jeweiligen Masse zu erreichen.

S. 141, Arbeitsauftrag 2
überlege dir, ob auf den Stein die gleichen Kräfte wirken wie auf die anderen beiden Gegenstände. Was ist die Besonderheit beim Stein im Vergleich zu den anderen beiden Gegenständen?

S. 145, Arbeitsauftrag 4
Berechne bei c) zunächst den Betrag der Gewichtskraft in Bayern anhand von $F_G = m \cdot g$. An den anderen Orten bleibt die Masse bei 100 kg, die Fallbeschleunigung ist aber jeweils unterschiedlich.

Inhalte

Elektrische Ladung

In der Physik unterscheiden wir positive und negative elektrische Ladungen.
Wir wissen, dass sich gleichnamige Ladungen abstoßen, ungleichnamige anziehen.
Wenn unterschiedliche Gegenstände durch Reiben in engen Kontakt kommen, können Ladungen getrennt werden und die Gegenstände sich aufladen. Dieses Phänomen nennen wir Reibungselektrizität.

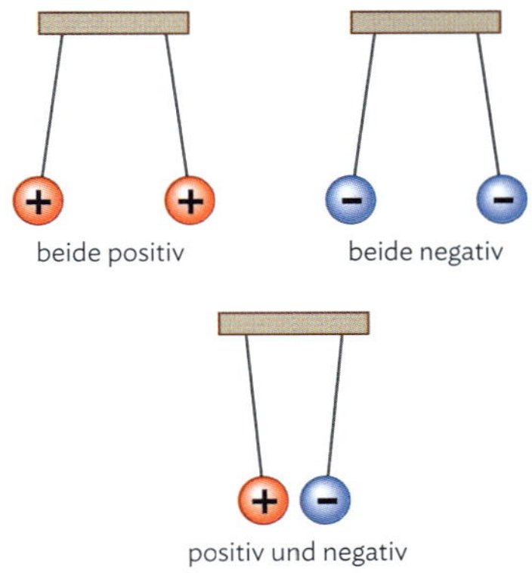

Die Atomvorstellung

Wir können den Aufbau eines Atoms grob skizzieren und damit erklären, wie sich Körper elektrisch aufladen:
Atome kann man sich aus einem sehr kleinen Kern und einer viel größeren Hülle vorstellen. In der Hülle befinden sich negativ geladene Elektronen, der Kern hingegen trägt eine positive Ladung.
Im Normalfall sind Atome neutral, d. h. ungeladen. Die negativen und positiven Ladungen gleichen sich gerade aus.

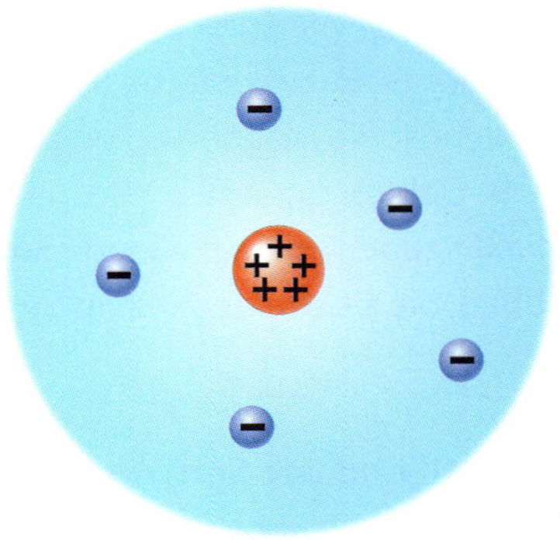

Stromkreise

Wenn wir die Pole einer Elektrizitätsquelle mithilfe von elektrischen Leitern über einen oder mehrere elektrische Verbraucher (z. B. eine Glühlampe) miteinander verbinden, fließt Strom. Das nennen wir einen elektrischen Stromkreis.
Man sollte niemals die Pole einer Elektrizitätsquelle direkt miteinander verbinden. So etwas nennt man einen Kurzschluss.

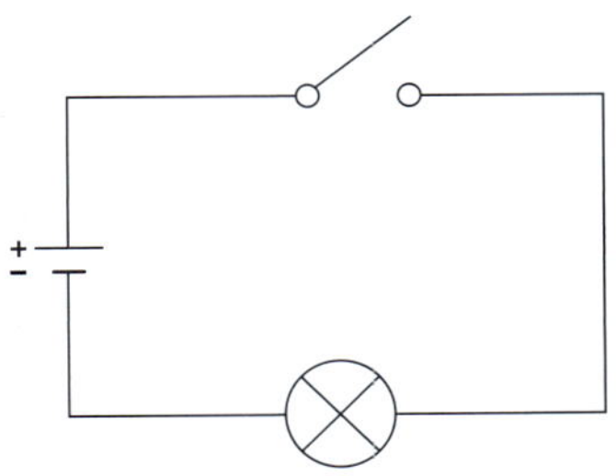

Grundlagen

Elektrischer Strom als Bewegung von Ladungen

Wir können erklären, dass der elektrische Strom in Metallen durch die Elektronen hervorgerufen wird. Dabei arbeitet die Elektrizitätsquelle wie eine Pumpe, die die Elektronen vom Minus- zum Pluspol durch den Leiter transportiert.

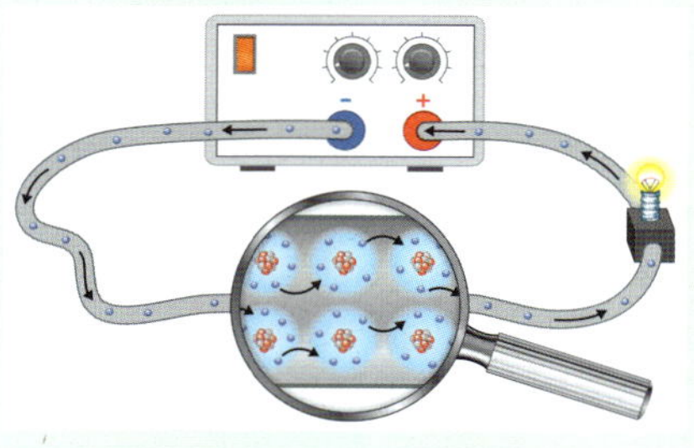

Wirkungen des elektrischen Stroms

Wir können verschiedene Wirkungen des elektrischen Stroms angeben und technische Anwendungen verstehen und erklären:

1. Strom kann Stoffe zum Leuchten anregen. Wir sprechen von der Leuchtwirkung des Stromes (z. B. Glühlampe, LED-Lampe, ...).
2. Fließt Strom durch einen Leiter, dann verursacht er eine Erwärmung. Wir sprechen von der Wärmewirkung des Stromes (z. B. Herdplatte, Schmelzsicherung, ...).
3. Du kennst die Magnetwirkung des elektrischen Stromes (z. B. Elektromagnet).

Du weißt zudem, dass fließende Ströme Kräfte auf Magnetnadeln ausüben, die sie senkrecht zum Stromfluss drehen.

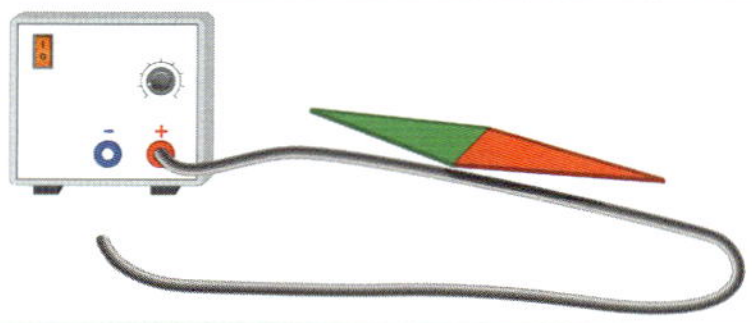

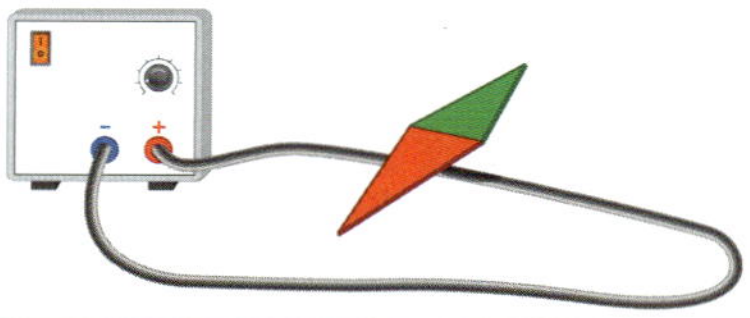

Lichtmodell und der Sehvorgang

Licht breitet sich geradlinig aus. Die Ausbreitung des Lichts kannst du mithilfe von Lichtstrahlen veranschaulichen. Das Licht, das von einem Körper ausgesendet wird, stellen wir durch repräsentative Lichtstrahlen dar.

Wir können einen Gegenstand dann sehen, wenn die Lichtstrahlen, die von ihm ausgehen, in unser Auge treffen. Das Licht breitet sich dabei geradlinig aus und wir können daher nicht „um die Ecke sehen".

Du weißt, dass man nicht direkt in die Sonne oder in einen Laser blicken darf, und kannst daraus Empfehlungen für den Straßenverkehr und den Umgang mit intensiven Lichtquellen ableiten.

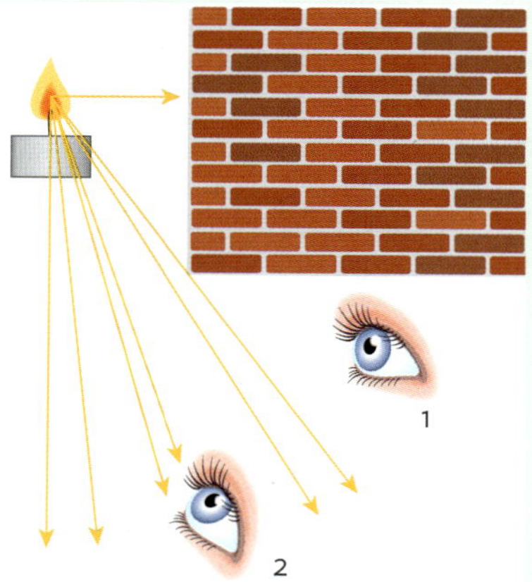

Farben und Farbwahrnehmung

Weißes Licht ist die Summe der Spektralfarben. Fällt weißes Licht auf einen Gegenstand, so wird ein Teil des Lichts absorbiert und der Rest reflektiert. Werden alle Farben bis auf eine absorbiert, diese jedoch reflektiert, so erscheint der Körper in dieser Farbe.

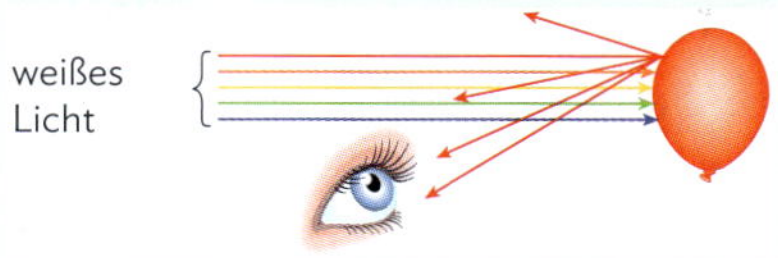

Methoden

Festhalten von Beobachtungen

In den Naturwissenschaften müssen alle Beobachtungen dokumentiert werden, damit man sie auch später noch nachvollziehen kann. Die wichtigsten Arten dabei sind Texte und Bilder.

Texte

Wenn du deine Beobachtungen aufschreibst, verwende einen sachlichen Stil. Du musst den Text nicht besonders ausschmücken, sondern solltest dich kurz fassen. Oft hilft ein Schema, z. B.

- Durchführung: Welche Gegenstände werden verwendet? Was wird mit ihnen gemacht?
- Beobachtung: Was geschieht? Was kann man sehen? Hier darfst du nur wiedergeben, was du direkt oder mit Hilfsgeräten wahrnimmst.

Bilder

Oft ist es viel einfacher, Gegenstände oder Wahrnehmungen mit Bildern statt mit Texten festzuhalten. Ein Foto kann hilfreich sein, aber eine gute Zeichnung hilft dir, dich auf das Wesentliche zu konzentrieren. Meistens reicht dazu eine zweidimensionale Ansicht aus. Auch hier gilt: Schmücke das Bild nicht unnötig aus. Manchmal brauchst du auch zwei Bilder, z. B. als Vergleich von „vorher“ und „nachher“.

Arbeiten mit Texten

1. Überfliege den Text. Überlege, was der Text mit dem zu tun hat, was du schon weißt und was neu ist.
2. Lies die Arbeitsaufträge genau durch oder formuliere eigene Fragen.
3. Lies den Text ein weiteres Mal genau durch. Markiere wichtige Begriffe oder schreibe sie für dich auf. Recherchiere unbekannte Wörter.
4. Erstelle eine Zusammenfassung. Nimm dir dazu die Abschnitte des Textes einzeln vor. Du kannst die Teile auch zeichnerisch miteinander verbinden. Eine solche Art der Zusammenfassung nennt man Mindmap.
5. Überlege, wie du den ganzen Text in wenigen, eigenen Sätzen wiedergeben kannst. Beantworte dazu auch die von dir formulierten Fragen.

Grundlagen

Modelle nutzen

Um die physikalische Wirklichkeit gedanklich erfassbar zu machen, um sie zu verstehen und um nachvollziehbar argumentieren zu können, entwickeln wir Modelle. Das heißt, wir machen uns vereinfachte und möglichst anschauliche gedankliche Vorstellungen von physikalischen Phänomenen oder Objekten. Ein Modell beruht stets auch auf Annahmen und es vernachlässigt Teilaspekte, weshalb ein Modell die Wirklichkeit nie vollständig beschreibt. Dennoch werden physikalische Beobachtungen gut erklärbar, viele Vorgänge und Effekte lassen sich so korrekt vorhersehen.

Versuchsprotokoll

Um die Ergebnisse eines Experiments festzuhalten, fertigt man ein Versuchsprotokoll an.
Ein solches Protokoll besteht aus fünf Abschnitten:

- **Ziel:** Gib das Ziel des Versuchs kurz mit eigenen Worten wieder.
- **Aufbau:** Beschreibe den experimentellen Aufbau. Fertige dazu auch eine Zeichnung an.
- **Beschreibung:** Beschreibe, wie du den Versuch durchführst und welche Größen du misst.
- **Messergebnisse:** Halte die Messergebnisse in Form einer Tabelle fest.
- **Auswertung:** Bestimme anhand der Messergebnisse die gesuchte Größe.

Die fünf Schritte kannst du dir gut über die Anfangsbuchstaben merken: ZABMA.

Einheiten umrechnen

- Um eine zusammengesetzte Einheit in eine andere umzurechnen, gehen wir schrittweise vor:

  Aus $1\,\text{g} = 0{,}001\,\text{kg}$, $1\,\text{cm}^3 = 0{,}001\,\text{dm}^3$ folgt: $1\,\frac{\text{g}}{\text{cm}^3} = 1\,\frac{0{,}001\,\text{kg}}{0{,}001\,\text{dm}^3} = 1\,\frac{\text{kg}}{\text{dm}^3}$

  Aus $1\,\text{t} = 1000\,\text{kg}$, $1\,\text{m}^3 = 1000\,\text{dm}^3$ folgt: $1\,\frac{\text{t}}{\text{m}^3} = 1\,\frac{1000\,\text{kg}}{1000\,\text{dm}^3} = 1\,\frac{\text{kg}}{\text{dm}^3}$

  Aus den beiden Umformungen ergibt sich: $1\,\frac{\text{g}}{\text{cm}^3} = 1\,\frac{\text{kg}}{\text{dm}^3} = 1\,\frac{\text{t}}{\text{m}^3}$

- Es können bei der Umrechnung auch Zehnerpotenzen auftreten:

  $1\,\frac{\text{kg}}{\text{cm}^3} = 1\,\frac{1000\,\text{g}}{0{,}001\,\text{dm}^3} = 1\,\frac{1000 \cdot 1000\,\text{g}}{1000 \cdot 0{,}001\,\text{dm}^3} = 1 \cdot 10^6\,\frac{\text{g}}{\text{dm}^3}$

- Beim Umrechnen von Einheiten kann geschicktes Erweitern helfen:

  $1{,}29\,\frac{\text{g}}{\text{dm}^3} = 1{,}29\,\frac{1000\,\text{g}}{1000\,\text{dm}^3} = 1{,}29\,\frac{\text{kg}}{\text{m}^3}$ (Dichte von Luft)

- Für das Volumen sind auch Literangaben möglich:

  $83\,\frac{\text{kg}}{\text{hl}} = 83\,\frac{\text{kg}}{100\,\text{dm}^3} = 0{,}83\,\frac{\text{kg}}{\text{dm}^3}$ (Dichte von Spiritus)

Grundlagen

Messgenauigkeit

Für eine Spielzeugfigur wurde die Masse $m = 139{,}4\ \text{g}$ und das Volumen $V = 13{,}4\ \text{cm}^3$ gemessen. Daraus soll die Dichte berechnet werden.

1. Ungenauigkeiten der Messungen angeben

Ungenauigkeit beim Wiegen: $0{,}1\ \text{g}$, also: $m = 139{,}4\ \text{g} \pm 0{,}1\ \text{g}$.

Ungenauigkeit bei der Volumenmessung: $0{,}1\ \text{cm}^3$, also: $V = 13{,}4\ \text{cm}^3 \pm 0{,}1\ \text{cm}^3$.

2. Gesuchte Größe ohne Messungenauigkeit berechnen

$\rho = \frac{139{,}4\ \text{g}}{13{,}4\ \text{cm}^3} = 10{,}4029...\ \frac{\text{g}}{\text{cm}^3}$

3. Kleinstmöglichen und größtmöglichen Wert berechnen

Kleinstmögliche Dichte: $\rho = \frac{139{,}4\ \text{g} - 0{,}1\ \text{g}}{13{,}4\ \text{cm}^3 + 0{,}1\ \text{cm}^3} = 10{,}3185...\ \frac{\text{g}}{\text{cm}^3}$

Größtmögliche Dichte: $\rho = \frac{139{,}4\ \text{g} + 0{,}1\ \text{g}}{13{,}4\ \text{cm}^3 - 0{,}1\ \text{cm}^3} = 10{,}4887...\ \frac{\text{g}}{\text{cm}^3}$

4. Messungenauigkeit der gesuchten Größe bestimmen

$\rho = 10{,}4\ \frac{\text{g}}{\text{cm}^3} \pm 0{,}1\ \frac{\text{g}}{\text{cm}^3}$

Umstellen einer Formel

Vergleiche eine gültige Formel mit einem einfachen Zahlenbeispiel. Der Blick auf die Zahlengleichungen liefert die dementsprechend korrekt umgestellten Formeln.

$\rho = \frac{m}{V}$ vgl. $5 = \frac{10}{2}$

$m = \rho \cdot V$ vgl. $10 = 5 \cdot 2$

$V = \frac{m}{\rho}$ vgl. $2 = \frac{10}{5}$

Somit gelten diese drei Formeln gleichwertig:

$\rho = \frac{m}{V} \Leftrightarrow m = \rho \cdot V \Leftrightarrow V = \frac{m}{\rho}$

Digitale Bilder

Um die Ergebnisse eines Experiments festzuhalten, bieten sich aussagekräftige Fotos an. Beachte dabei folgende Kriterien:

- geeigneter Hintergrund
- passender Ausschnitt
- passende Größenverhältnisse
- nichts verdeckt sich gegenseitig
- keine Schattenbildung
- mit oder ohne Blitz
- aussagekräftiger Dateiname zum schnellen Wiederfinden

Erstellen von Versuchsskizzen

Will man physikalische Versuche beschreiben, eignen sich aussagekräftige, beschriftete Skizzen sehr gut, weil man sich hier auf das Wesentliche des Versuchs konzentrieren kann. Achte darauf, mit Bleistift und Lineal zu zeichnen und nur die wichtigen Gegebenheiten mit in die Zeichnung aufzunehmen. Überlege, aus welcher Perspektive du alles gut darstellen kannst. Meist ist das von der Seite oder von oben. Für ein einfaches Experiment zum Thema „Lichtschatten“ kann das von oben betrachtet so aussehen.

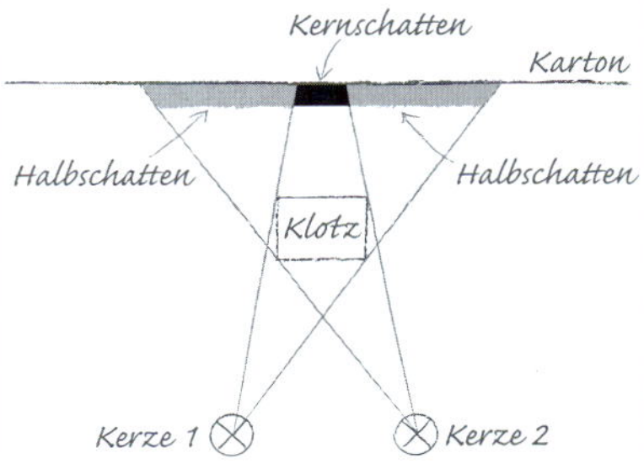

Umgang mit Operatoren

In diesem Buch wirst du einer Vielzahl an Arbeitsaufträgen begegnen und diese bearbeiten. In den Aufgabenstellungen werden dabei sogenannte **Operatoren** verwendet. Operatoren sind immer wiederkehrende Begriffe, die beschreiben, auf welche Art und Weise die Aufgabe gelöst werden soll. So kannst du beispielsweise, je nach verwendetem Operator, einen Versuchsaufbau entweder mit Worten beschreiben oder eine Zeichnung davon anfertigen. Die folgende Liste soll dir zeigen, welche Operatoren in diesem Buch verwendet werden und was sie bedeuten.

Nutze zur Berechnung eine passende Formel.

Operator	Erklärung	Beispiel
abschätzen	Gib durch begründete Überlegungen oder Überschlagsrechnungen den ungefähren Wert einer Größe an.	Schätze den Betrag der Geschwindigkeit des Hunds im Video ab. *Der Hund bewegt sich ungefähr doppelt so schnell wie der Mann und hat daher einen Geschwindigkeitsbetrag von ca.* $10\,\frac{\text{km}}{\text{h}}$.
begründen	Bestätige Aussagen mit (fach-)sprachlich folgerichtigen Argumenten oder bestätige die Aussagen rechnerisch.	Begründe, dass ein Kurzschluss vorliegt. *Aufgrund des defekten Kabels fließt der Strom nicht durch die Glühlampe, sondern auf direktem Weg zur Elektrizitätsquelle.*
berechnen	Ermittle den Wert einer Größe mithilfe einer Rechnung und mit einem nachvollziehbaren Lösungsweg.	Berechne die Stromstärke für $R = 15\,\Omega$ und $U = 1{,}30\,\text{V}$. $I = \frac{U}{R} = \frac{35\,\text{V}}{15\,\Omega} = 2{,}3\,\text{A}$
beschreiben	Gib einen Sachverhalt in eigenen Worten unter Berücksichtigung der Fachsprache strukturiert wieder.	Beschreibe die Änderung der Bildgröße in Abhängigkeit von der Gegenstandsweite durch eine Je-desto-Aussage. *Je größer die Gegenstandsweite wird, desto kleiner wird die Bildgröße.*
bestimmen / ermitteln	Finde eine Lösung oder einen Zusammenhang anhand vorliegender Informationen und des bereits von dir gelernten Fachwissens, ggf. auch mithilfe eigener Berechnungen.	Bestimme die Masse des Gegenstands mithilfe des Federkraftmessers. *Der Federkraftmesser zeigt eine Gewichtskraft von 7,5 N an. Mit der Fallbeschleunigung g= 9,81* $\frac{\text{m}}{\text{s}^2}$ *erhält man:* $m = \frac{F_G}{g} = \frac{7{,}5\,\text{N}}{9{,}81\,\frac{\text{m}}{\text{s}^2}} = 0{,}76\,\text{kg} = 760\,\text{g}$.
beurteilen / bewerten / Stellung nehmen	Gib zu einer Aussage eine fachlich begründete, selbstständige Einschätzung ab. Dabei können neben fachlichen Aspekten auch außerfachliche Kriterien berücksichtigt werden.	Nimm dazu Stellung, ob es sinnvoll ist, beim Fahrradfahren einen Helm zu tragen. *Bei längeren Strecken trage ich immer einen Helm, um mich zu schützen. Bei kürzeren Strecken finde ich das Risiko vertretbar. Außerdem mache ich mir dann meine Frisur nicht kaputt.*

darstellen / anfertigen / erstellen	Gib Sachverhalte, Zusammenhänge, Methoden oder Ergebnisse in geeigneter Form wieder.	Stelle die Ergebnisse des Experiments übersichtlich dar. *Die Messwerte werden zunächst in einer Tabelle festgehalten. Anschließend wird ein Graph mit der zugehörigen U-I-Kennlinie gezeichnet.*
erklären erläutern	Mache Sachverhalte mithilfe von Fachkenntnissen, die du gelernt hast, nachvollziehbar. Füge noch neue Informationen hinzu.	Erkläre die Entstehung einer Fata Morgana. *Bei einer Fata Morgana wird Licht am Übergang zwischen zwei Luftschichten mit unterschiedlicher optischer Dichte (Übergang zwischen kalter und warmer Luft) totalreflektiert.*
herleiten	Stelle mithilfe bekannter Gesetzmäßigkeiten oder Experimente einen neuen Zusammenhang zwischen physikalischen Größen her.	Leite anhand der Kennlinie im *U*-*I*-Diagramm einen Zusammenhang zwischen Strom, Spannung und Widerstand her. *Die Kennlinie zeigt, dass U und I linear zusammenhängen:* $U = R \cdot I$.
nennen / angeben	Gib Beispiele, Sachverhalte, Begriffe oder Daten ohne nähere Erläuterungen wieder.	Nenne alle relevanten Größen des zweiten Newtonschen Gesetzes. *Kraft* F, *Krafteinwirkungsdauer* Δt, *Geschwindigkeitsänderung* Δv, *Masse* m
skizzieren	Reduziere Sachverhalte, Strukturen oder Ergebnisse auf das Wesentliche und stelle diese grafisch dar.	Skizziere den Aufbau des Versuchs.
vergleichen	Die Gemeinsamkeiten und Unterschiede zwischen Sachverhalten / Größen usw. sollen herausgestellt, festgestellt oder herausgearbeitet werden.	Vergleiche die Messergebnisse mit deiner Schätzung. *Ich habe geschätzt, dass sich der Wagen mit 2* $\frac{m}{s}$ *fortbewegt. Die Messergebnisse zeigen, dass er tatsächlich mit 1,8* $\frac{m}{s}$ *fährt, also 10% langsamer ist.*
zeichnen	Erstelle eine möglichst exakte grafische Darstellung.	Zeichne den Verlauf der Strahlenbündel in die Grafik ein.
zeigen / bestätigen	Führe Aussagen durch Argumente, Experimente oder Rechnungen auf bekannte Zusammenhänge zurück.	Zeige, dass ein Kräftegleichgewicht vorliegt. *Die beiden Kräfte setzen am selben Punkt an und zeigen in entgegengesetzte Richtungen. Die Pfeile sind gleich lang und damit die Beträge gleich groß.*

Manchmal hilft auch eine Zeichnung bei der Erklärung.

Manchmal wird auch verlangt, „eine Skizze zu zeichnen“. Gemeint ist hier: skizzieren!

Die Operatoren „untersuchen“, „formulieren“, „ergänzen“, „prüfen“, „ablesen“ oder „konstruieren“ verstehst du sicher auch ohne weitere Erklärung.

Stichwortverzeichnis

Bildnachweis

AdobeStock / Witold Krasowski – S. 80; - / Anita P Peppers – S. 40; Alamy Stock Photo / Jennifer Bosvert – S. 59; - / Cultura Creative, GIPhotoStock – S. 21; - / Ian Dagnall – Cover; - / Matteo Del Grosso – S. 51; - / Dorling Kindersley, Clive Streeter – S. 3, 9, 18; - / EThamPhoto – S. 37; - / Tom Grundy – S. 4, 35, 46; - / Clarence Holmes Photography – S. 47; - / Carolyn Jenkins – S. 18; - / Adam Maloyd – S. 5, 63, 70; - / Military Collection – S. 36; - / Moon Yin Lam – S. 54; - / David Osborn – S. 48; - / robertharding, Nick Servian – S. 47; - / Science History Images, Photo Researchers – S. 48; - / Stocktrek Images, Alan Dyer – S. 48; - / superclic – S. 3, 8, 10; - / United Archives GmbH – S. 41; - / yon marsh Phototrix – S. 5, 63, 76;

Henning Boëtius, Geschichte der Elektrizität / Beltz & Gelberg Verlag, 2006 – S. 65; Bridgeman Images, Berlin – S. 56; - / Musee d'Orsay, Paris, Frankreich – S. 56; - / Musee Marmottan Monet, Paris, Frankreich – S. 56;

Rainer Dietrich, Schweinfurt – S. 16, 26, 27, 28, 38 (4), 55, 57, 83; dpa Picture-Alliance / Patrick Pleul – S. 59; - / Frank Rumpenhorst – S. 58;

Stephan Feuerpfeil, Großheirath – S. 64 (4); Fotolia / Tobias Machhaus – S. 17; - / Gundolf Renze – S. 73; - / David Woods – S. 48;

Rudolf Geipel, Regenstauf – S. 29; Getty Images / DigitalVision Vectors, ZU_09 – S. 43; - / EyeEm, Cletus Waldman – S. 37; - / Photo by Henning K. v. Vogelsang, Liechtenstein – S. 66; - / Primoz Predalic, EyeEm – S. 4, 35, 42; Getty Images Plus / iStockphoto, AlexLMX – S. 78; - / iStockphoto, ballykdy – S. 72; - / iStockphoto, Brilt – S. 37; - / iStockphoto, Michael Burrell – S. 22; - / iStockphoto, ClaudioVentrella – S. 18; - / iStockphoto, demarco-media – S. 86; - / iStockphoto, demypic – S. 20; - / iStockphoto, elbs – S. 18; - / iStockphoto, FooTToo – S. 73; - / iStockphoto, Garsya – S. 18; - / iStockphoto, g-miner – S. 14; - / iStockphoto, happymoon77 – S. 72; - / iStockphoto, JEN_n82 – S. 10; - / iStockphoto, mifid – S. 81; - / iStockphoto, mkarco – S. 39; - / iStockphoto, Oksana00 – S. 53; - / iStockphoto, Photitos2016 – S. 46; - / iStockphoto, _Runis_ – S. 41 (2); - / iStockphoto, schulzie – S. 37; - / iStockphoto, StockSolutions – S. 24; - / iStockphoto, Supersmario – S. 79; - / iStockphoto, Udomsook – S. 22; - / iStockphoto, valdezrl – S. 5, 62, 64; - / View Stock – S. 79;

Oliver Heinl, Rednitzhembach – S. 4, 34, 36;

iStockphoto / Saturated – S. 65 (2);

Robert Jäger, Maßbach-Poppenlauer – S. 16; Rüdiger Janner, Heilsbronn – Cover, 10, 11, 12, 13 (3), 14;

LED-ARENA GmbH, Pfedelbach – S. 81;

NASA Image and Video Library / Saturn Apollo Program / ID 6900951 – S. 57;

Pixabay / skeeze – S. 14;

R&G Faserverbundwerkstoffe GmbH, Waldenbuch – S. 31;

Christian Schulbert, Schwaig bei Nürnberg – S. 50; Science Photo Library / Tommy Eliassen – Cover; Sensorium Rüttihubelbad, Walkringen – S. 43; Shutterstock / Third of November – S 14; Sternfreunde Kelheim e. V., Kelheim – S. 52;

Frederik Töpfer, Bamberg – S. 45;

www.wikimedia.org / Jon Sullivan – S. 53 (6).